Besteuerung der Ärzte, Zahnärzte und sonstiger Heilberufe

mit Vertragsmustern und Arbeitshilfen

Von

Dr. H.-U. Lang
Dipl.-Kfm., Steuerberater

und

A. Burhoff
Vors. Richter am FG a. D.

VERLAG NEUE WIRTSCHAFTS-BRIEFE
HERNE / BERLIN

Es haben bearbeitet:

Dr. H.-U. Lang: Kapitel I, II, III, IV, V, X und XI

A. Burhoff: Kapitel VI, VII, VIII und IX

CIP-Titelaufnahme der Deutschen Bibliothek

Besteuerung der Ärzte, Zahnärzte und sonstiger Heilberufe :
mit Vertragsmustern und Arbeitshilfen / von H.-U. Lang u. A.
Burhoff. – Herne ; Berlin ; Verl. Neue Wirtschafts-Briefe, 1989
(Beruf und Steuern)
ISBN 3-482-42761-5
NE: Burhoff, Armin:

Verlag Neue Wirtschafts-Briefe GmbH & Co., Herne/Berlin

ISBN 3-482-**42761**-5 – 1989

© Verlag Neue Wirtschafts-Briefe GmbH & Co., Herne/Berlin, 1989

Druck: Fotosatz Wahlers, 2815 Langwedel

Lang/Burhoff · Besteuerung der Ärzte, Zahnärzte
und sonstiger Heilberufe

Vorwort

Die Heilberufe sind die größte Gruppe innerhalb der freien Berufe mit insgesamt ca. 300 000 Vertretern. Für sie und ihre Berater gewinnt das Steuerrecht und die betriebswirtschaftliche Steuerlehre zunehmend an Bedeutung.

Einerseits sind die Heilberufe durch ihre herausragende Stellung in der Gesellschaft einer permanenten Kritik ausgesetzt, andererseits hat die Entwicklung des Gesundheitswesens unseren Staat in eine nahezu ausweglose finanzielle Situation gebracht, die nur durch tiefgreifende Reformen geändert werden kann.

Gerade für die Steuerberater waren in der Vergangenheit die Heilberufe als relativ „unkomplizierte Mandanten" kein Thema. Das hat sich nachdrücklich geändert. Es genügt heute nicht mehr, den Arzt einmal im Jahr anzusprechen und die notwendigen Jahresabschlußarbeiten und Steuererklärungen zu erledigen. Eine fortwährende intensive Beratung ist nötig. Hierbei muß der Mediziner Gesprächspartner sein, der so beraten wird, daß er seine Praxis sowohl steuerlich als auch kaufmännisch optimal führen kann. Dies erfordert vom Berater in hohem Maße den Willen, sich mit der Materie der Heilberufe auseinanderzusetzen und den Dialog zum Mandanten zu pflegen.

Sinn und Zweck dieses Buches ist es, den Beratern – seien es Steuerberater, vereidigte Buchprüfer, Wirtschaftsprüfer, Rechtsanwälte, Notare oder sonstige Ärzteberater – in geraffter Form die wichtigsten steuerlichen Hinweise für die Beratung der Heilberufe zu geben. Hierbei wird das entsprechende steuerliche Hintergrundwissen vorausgesetzt.

Auch für den Mediziner ist das Buch ein Nachschlagewerk, das es ihm bei Interesse ermöglicht, seinen Berater auf spezifische Probleme anzusprechen und den Dialog zum Berater zu pflegen.

Es konnten von den Verfassern mit Sicherheit nicht alle Fragen angesprochen werden; hierzu ist das Gebiet zu umfassend. Vor allem Randgruppen der Heilberufe sind unter Umständen zu kurz gekommen. Wir bitten hierfür um Verständnis.

Das Buch ist nicht nach der allgemeinen Systematik gegliedert, sondern folgt einer mehr berufsbezogenen Reihenfolge, in der der Mediziner mit steuerlichen Fragen konfrontiert wird.

Wir sehen dieses Buch auch als Dialog zwischen Beratern und Ärzten. Für Hinweise zur Verbesserung sind wir dankbar.

Für die technische Betreuung des Manuskripts danken wir Frau Ursula Pesch.

Bonn/Köln, im Juli 1989

Dr. Lang · A. Burhoff

Inhaltsübersicht

Inhaltsverzeichnis

Literaturverzeichnis

Becker, Grundlagen der Einkommensteuer, Reprintausgabe 1981

Becker, Die Besteuerung der Ärzte und Zahnärzte, München 1982

Betriebsprüfungskartei der Oberfinanzdirektionen Düsseldorf, Köln, Münster, (Düsseldorf 1957), Teil III: Ärzte, Zahnärzte

Bilsdorfer, Die Außenprüfung, NWB F. 17, 893 ff.

Böhme, Grundlagen und Grenzen der Steuervergünstigungen für Krankenkäuser, DStZ 1987, 552

Bolk/Burhoff/Fischer/Hünnekens/Müller, Lehrbuch der Umsatzsteuer (Mehrwertsteuer), 5. Auflage, Herne/Berlin 1985

Bordewin, Abschreibung des Praxiswerts, NWB, F. 17 a, 899 ff.

Borst, Die steuerliche Behandlung des Geschäftswerts, Praxiswerts, geschäftswertähnlicher Wirtschaftsgüter nach dem Bilanzrichtlinien-Gesetz, BB 1986, 2170

Bunjes, Leistungen ärztlicher Labor- und Apparategemeinschaften an Tierärzte, UR 1987, 316

Burhoff, Die Besteuerung der Zahnärzte, NWB Gewerbedienst, Heft 71, 8. Auflage, Herne/Berlin 1989

Burhoff/Charlier, Was der Praktiker von der AO 77 wissen muß, Herne/Berlin 1977

Costede, Zur einkommensteuerlichen Behandlung der Einkünfte aus einer treuhänderischen Praxisverwaltung, DStR 1981, 303

Erdmann, Entwicklung der wirtschaftlichen Situation niedergelassener Ärzte: Der Beratungsbedarf steigt, DSWR 1986, 277

Förderer, Ausgaben des Zahnarztes für Vorratsgold, DStR 1983, 447

Füstenberg von, Vermeidung des Steuerstrafverfahrens durch rechtzeitige Selbstanzeige, NWB F. 13, 643 ff.

Görke, Betriebsvergleich der Zahnarztpraxen, DSWR 1987, 19

Hardorp, Kunsttherapie als freier Beruf auf dem Gebiet des Heilwesens, BB 1985, 1064

Herrmann/Heuer/Raupach, Einkommensteuer- und Köpperschaftsteuergesetz mit Nebengesetzen, Kommentar, Loseblatt, 19. Auflage, Köln 1986 ff.

Huchartz, Besonderheiten des Steuerrechts für Psychotherapeuten, FR 1982, 479

Jansen, Die Besteuerung laufender Bezüge, NWB, F. 3, 6473 ff.

Jansen/Wrede, Renten, Raten, Dauernde Lasten, 9. Auflage, Herne/Berlin 1986

Korn, Steuerschwerpunkte der Freiberufler-Sozietät und -GmbH, DStZ 1982, 507 ff.; DStZ 1983, 16 ff.
derselbe, Die Besteuerung der Rechtsanwälte und Notare, Köln 1982
Kräusel, Besteuerung der Ärzte, NWB Gewerbedienst, Heft 89, 8. Auflage, Herne/Berlin 1984
Kremerskothen, Aufzeichnungspflichten des Freiberuflers bei Überschußrechnung, BBK F. 8, 267 ff.
Kussmann/Müller, Handbuch der Abgabenordnung für die Steuerberatungspraxis, Herne/Berlin 1986

Lang, Das Finanzamt fährt mit, Der Allgemeinarzt, 1988, 138
Lang/Bauer, Was ist meine Praxis wert?, Nittendorf 1985
Lang/Schade/Lautenschläger, Praxisgründung, Praxisführung, Erlangen 1987
Lang/Mertens, Betriebsveräußerung, Betriebsaufgabe und Betriebsverpachtung des Gewerbebetriebs und der Freiberuflerpraxis, Kissing 1987
Leingärtner, Zur gewerblichen Tätigkeit von Tierärzten, die aus ihrer Hausapotheke Medikamente oder Impfstoffe gegen Entgelt abgeben, RWP/B 1979, 887

Mittelbach, Steuerfragen bei der Gründung und Erweiterung einer Sozietät, DB 1981, Beilage Nr. 22/81

Müller, Goldgeschäfte der Zahnärzte – ihre steuerliche und steuerstrafrechtliche Beurteilung, DStR 1984, 681

Neubrandt, Zur Problematik der Gewerbebesteuerung bei Tierarztpraxen, BB 1982, 552
Niederland, Abschlagszahlungen an Kassenärzte – Regelmäßig wiederkehrende Einnahmen, DStR 1962, 318
Niederland u a., Nochmals: Abschlagszahlung der Kassenärztlichen Vereinigung an die Kassenärzte, Steuerwarte 1982, 132

ohne Verfasser, Einbringung einer Praxis in eine Gemeinschaft, DB 1982, 748
ohne Verfasser, Abschlagszahlungen als regelmäßig wiederkehrende Einnahmen bei Überschußrechnung, BBK F. 17, 1309
ohne Verfasser, Sind Aufwendungen nicht mehr praktisch tätiger Ärzte für Fortbildung in Katastrophenmedizin einkommensteuerrechtlich abziehbar?, FR 1983, 92

Peter/Burhoff, Umsatzsteuer-Kommentar, Loseblatt, 5. Auflage, Herne/Berlin 1983 ff.
Preißer, Psychotherapeutische Zusatzausbildung von Ärzten – Privater Luxus oder fiskalische Subvention?, DStR 1983, 187

Radau/Scheuer, Steuerliche Besonderheiten der Ärzte und Zahnärzte, Freiburg 1981

Ratzl/Lang, Praxiswert und Ehescheidung, Der Frauenarzt, 2/1988, 151 ff.

Rausch, Beteiligungen an Chefarzthonoraren – Steuerrechtliche und versicherungsrechtliche Aspekte –, BB 1983, 173

Richter, Ertragsteuerliche Fragen bei Gründung einer Freiberuflersozietät, NWB F. 3, 5715 ff.

Römermann, Zur Frage der Gewerbesteuerpflicht bei Fachärzten für Laboratoriumsmedizin, BB 1979, 419

derselbe, Zur Frage der Gewerbesteuerpflicht für Ärzte in Laborgemeinschaften, BB 1982, 1049

Schade, Praxisgründung, Praxisführung, Erlangen 1987

derselbe, Zur Wertermittlung einer Praxisübergabe, Arzt und Wirtschaft, Nr. 2/1984, 11 ff.

Scheuffer, Die Arztpraxis als Unternehmen, Loseblatt, St. Augustin 1989

Schmidt, Einkommensteuergesetz, 6. Auflage, München 1987

Schneidewind/Jäger, 415 Steuertips für Ärzte und Zahnärzte, München 1988

Sommer, Die Steuern des Arztes, Wiesbaden 1985

derselbe, Steuerlicher Ratgeber bei Praxisgründung, Praxiserweiterung und Praxisübergabe bei Ärzten und Zahnärzten, Wiesbaden 1987

Tehler, Die „Heimliche Wende" des BFH bei der Behandlung der regelmäßig wiederkehrenden Einnahmen (§ 11 Abs. 1 Satz 3 EStG), DB 1987, 1168

Walkhoff, Einordnung der Tätigkeit eines Arztes, der eine Klinik, ein Kurheim oder ein Sanatorium betreibt, Steuerwarte 1979, 62

Wiegel, Kraftfahrzeug, dent-tax Nr. 3, 1987, 7 ff.

Wittkowski, Einleitung eines Steuerstrafverfahrens im Rahmen einer Betriebsprüfung, NWB F. 13, 631

Wollny, Unternehmens- und Praxisübertragungen – Kauf, Verkauf, Anteilsübertragung in Zivil- und Steuerrecht, Ludwigshafen 1988

Abkürzungsverzeichnis

a A.	anderer Ansicht
a. a. O.	am angegebenen Ort
Abs.	Absatz
Abschn.	Abschnitt
a. E.	am Ende
AfA	Absetzung für Abnutzung
AO	Abgabenordnung
Ap	Außenprüfung
Art.	Artikel
Ba.-Wü.	Baden-Württemberg
BB	Betriebs-Berater (Zeitschrift)
BBK	Buchführung, Bilanz, Kostenrechnung (Zeitschrift)
Bd.	Band
BdF	Bundesfinanzministerium
Beschl.	Beschluß
BewG	Bewertungsgesetz
BFH	Bundesfinanzhof
BFH/NV	Sammlung amtlich nicht veröffentlichter Entscheidungen des BFH (Zeitschrift)
BGB	Bürgerliches Gestzbuch
BGBl	Bundesgesetzblatt
BGH	Bundesgerichtshof
BMF	Bundesfinanzminister(ium)
Bp	Betriebsprüfung
BpO	Betriebsprüfungsordnung
bspw.	beispielsweise
bzw.	beziehungsweise
DB	Der Betrieb (Zeitschrift)
dgl.	dergleichen
DStR	Deutsches Steuerrecht (Zeitschrift)
DStZ	Deutsche Steuerzeitung (Ausgabe A) (Zeitschrift)
DSWR	Datenverarbeitung, Steuer, Wirtschaft, Recht (Zeitschrift)
EFG	Entscheidungen der Finanzgerichte (Zeitschrift)
EN	Eilnachricht
ErbSt	Erbschaftsteuer

Erl.	Erlaß
ESt	Einkommensteuer
EStDV	Einkommensteuer-Durchführungsverordnung
EStG	Einkommensteuergesetz
EStR	Einkommensteuerrichtlinien
EW	Einheitswert
f. (ff.)	folgend (folgende)
FA (FÄ)	Finanzamt (Finanzämter)
FG	Finanzgericht
FinBeh	Finanzbehörde
FinMin	Finanzminister
FinVerw	Finanzverwaltung
FR	Finanz-Rundschau (Zeitschrift)
FVG	Gesetz über die Finanzverwaltung
gem.	gemäß
GewSt	Gewerbesteuer
GewStG	Gewerbesteuergesetz
GG	Grundgesetz
ggf.	gegebenenfalls
GmbH	Gesellschaft mit beschränkter Haftung
HFR	Höchstrichterliche Finanzrechtsprechung (Zeitschrift)
h. M.	herrschende Meinung
HNO	Hals-, Nasen-, Ohrenarzt
i. d. F.	in der Fassung
i. d. R.	in der Regel
i. S.	im Sinne
i. V. m.	in Verbindung mit
KFR	Kommentierte Finanzrechtsprechung (Zeitschrift)
KiSt	Kirchensteuer
KV	Kassenärztliche Vereinigung
KZV	Kassenzahnärztliche Vereinigung
LG	Landgericht
LSt	Lohnsteuer
LStR	Lohnsteuerrichtlinien
MTA	Medizinisch-Technische Assistentin
MwSt	Mehrwertsteuer
Nieders.	Niedersachsen
Nr. (Nrn.)	Nummer (Nummern)

nrkr.	nicht rechtskräftig
NRW (NW)	Nordrhein-Westfalen
NWB	Neue Wirtschafts-Briefe (Zeitschrift)
o. a.	oben angeführt
OFD	Oberfinanzdirektion
Rdnr. (Rdnrn.)	Randnummer (Randnummern)
RFH	Reichsfinanzhof
Rhein.-Pf.	Rheinland-Pfalz
rkr.	rechtskräftig
RStBl	Reichssteuerblatt
RWP	Rechts- und Wirtschaftspraxis (Loseblatt)
S.	Seite
s.	siehe
s. o./s. u.	siehe oben/siehe unten
Schr.	Schreiben
Steufa	Steuerfahndung
StGB	Strafgesetzbuch
Stpfl./stpfl.	Steuerpflichtiger/steuerpflichtig
StPO	Strafprozeßordnung
StRG 1990	Steuerreformgesetz 1990
Tz.	Textziffer
u. a.	unter anderem
u. a. m.	und anderes mehr
UR	Umsatzsteuer-Rundschau (Zeitschrift)
Urt. (U.)	Urteil
UStDV	Umsatzsteuer-Durchführungsverordnung
UStG	Umsatzsteuergesetz
UStR	Umsatzsteuerrichtlinien
usw.	und so weiter
v.	vom
Vfg.	Verfügung
vgl.	vergleiche
VSt	Vermögensteuer
VStG	Vermögensteuergesetz
VStR	Vermögensteuerrichtlinien
z. B.	zum Beispiel
Ziff.	Ziffer

Kapitel I:
Angestelltentätigkeit

Der Arzt oder Zahnarzt sollte vom Berater schon in der Zeit seiner nichtselb- 1
ständigen Tätigkeit am Krankenhaus, in der Zahnklinik oder als Assistent bei
einem niedergelassenen Berufskollegen steuerlich betreut werden. Häufig
gehen diese Berufsgruppen allerdings erst zum Steuerberater, wenn Fehler
gemacht wurden, die nicht mehr reparabel sind. So. z. B. falsch abgeschlossene Praxisübernahmeverträge, falsche Mietverträge, bei Niederlassung überhöht gekaufte Praxen u. a. m. Beim Arzt dauert die Ausbildung bis zum
Facharzt zumeist fünf bis sechs Jahre. Dagegen kann sich der Zahnarzt schon
nach ca. zwei Jahren in eigener Praxis niederlassen. Der Berater kann in dieser Vorschaltzeit auf die Übernahme der späteren Praxis hinweisen und den
niederlassungswilligen Arzt entsprechend vorbereiten.

Viele Ärzte bleiben jedoch als Angestellte im Krankenhaus tätig. Hier treten 2
dennoch wichtige Fragen auf, da neben dem nichtselbständigen Arbeitsverhältnis der Chefarzt häufig selbst liquidiert und Mitarbeiter hat, die unterbe-
teiligt sind. Das heißt, er ist für sie wie ein Arbeitgeber.

Auch die vertragsärztliche Tätigkeit etwa als **Knappschaftsarzt,** als **Vertrags-** 3
arzt einer Justizvollzugsanstalt usw. führt zu der Frage der selbständigen bzw.
nichtselbständigen Tätigkeit.

Im folgenden sollen die wichtigsten steuerlichen Fragen der Ärzte und Zahn- 4
ärzte im Angestelltenverhältnis dargestellt werden. Fragen, die auch den niedergelassenen Arzt betreffen, werden dort behandelt.

1. Abgrenzung nichtselbständiger Tätigkeit gegenüber selbständiger Tätigkeit

5   Ärzte können eine **nichtselbständige** Tätigkeit ausüben, sofern sie im Rahmen eines **Arbeitsverhältnisses** tätig werden. Sie sind bei Ausübung bestimmter **Nebentätigkeiten** oder als **niedergelassene Ärzte** steuerlich **selbständig**.

Bei den folgenden ärztlichen Tätigkeiten liegt Selbständigkeit/Nichtselbständigkeit vor:

a) Arztvertreter

6   Ärzte lassen sich während ihres Urlaubs oder im Krankheitsfall oft von anderen Ärzten vertreten. Das Entgelt für die Vertretung wird unterschiedlich bemessen. Für die (umsatzsteuerliche) Beurteilung ist das jedoch unerheblich. Die Verkehrsauffassung sieht bei der Eigenart des Arztberufs den selbständigen Arzt, der vorübergehend einen anderen vertritt, als **selbständig** handelnden Unternehmer an (BFH v. 10. 4. 53, BStBl III 142).

7   Anders liegt der Fall beim **Assistenzarzt.** Er steht im Gegensatz zum freiberuflich tätigen Arzt schon hauptberuflich in einem Abhängigkeitsverhältnis. Dieses hauptberufliche Abhängigkeitsverhältnis drückt auch der vorübergehenden Vertretertätigkeit ihr Gepräge auf. Die Vertretertätigkeit des Assistenzarztes ist daher als **unselbständige** Tätigkeit anzusehen.

8   Es kommt vor, daß **jüngere Ärzte,** die noch nicht als Kassenärzte zugelassen sind, die **Praxis älterer Kassenärzte,** die sich **zur Ruhe** setzen wollen, als deren **Vertreter** weiterführen. Auf dem Türschild steht weiterhin der Name des bisherigen Praxisinhaber, auf dessen Namen auch die Abrechnungen mit der Kassenärztlichen Vereinigung erfolgen. Der Arzt, dem die Praxis gehört, ist auch weiterhin als Unternehmer i. S. des UStG anzusehen. Der jüngere Arzt ist **unselbständiger Arztvertreter** (so Bp-Kartei, a. a O., Abschn. III A, 13).

b) Betriebsarzt, Hilfsarzt bei Gesundheitsämtern, Bundesbahnvertrauensarzt, Amtsarzt, Knappschaftsarzt, Musterungsvertragsarzt

Übt der Arzt eine **Nebentätigkeit** aus, die in einem engen wirtschaftlichen 9
Zusammenhang mit seiner hauptberuflichen Tätigkeit steht und dieser ihrem
Umfang nach untergeordnet ist, so wird die Nebentätigkeit grundsätzlich als
Ausfluß der selbständigen Haupttätigkeit behandelt.

(aa) **Betriebsärzte, Knappschaftsärzte** einschließlich der **Knappschaftsfach-** 10
ärzte, nicht vollbeschäftigte **Hilfsärzte** bei den Gesundheitsämtern, **Vertrags-**
ärzte der Bundeswehr, **Vertrauensärzte** der Deutschen Bundesbahn und
andere **Vertragsärzte** in ähnlichen Fällen üben in der Regel **neben** der
bezeichneten vertraglichen Nebentätigkeit eine **eigene Praxis** aus. Die Vergütungen aus dem Vertragsverhältnis – der Nebentätigkeit – gehören deshalb
regelmäßig zu den Einkünften aus selbständiger Arbeit (BFH v. 3. 7. 59,
BStBl III 344; v. 19. 11. 59, BStBl 60 III 88; v. 30. 11. 66, BStBl 67 III 331).
Das gleiche gilt, wenn die vorbezeichneten Ärzte eine eigene Praxis nicht ausüben, es sei denn, daß besondere Umstände vorliegen, die für die Annahme
einer nichtselbständigen Tätigkeit sprechen.

(bb) Versicherungsträger bedienen sich vielfach der **Amtsärzte** bei der Erfül- 11
lung öffentlich-rechtlicher Aufgaben, ohne daß die Amtsärzte in dieser ihrer
Eigenschaft dazu verpflichtet sind. Der Amtsarzt wird insoweit im Rahmen
einer **Privatpraxis** tätig, auch wenn er sonst keine Privatpraxis ausübt (RFH
v. 24. 8. 37, RStBl S. 1139). Die Einnahmen sind daher steuerbar. Die
Vornahme der **öffentlichen Impfungen** gehört dagegen zu den Dienstauf-
gaben des Amtsarztes. Die **Impfgebühren** sind daher **Dienstbezüge** des Amtsarztes, die nicht der USt, sondern der LSt unterliegen (RFH v. 19. 6. 42,
RStBl S. 843).

(cc) Einnahmen eines **Knappschaftsarztes,** der eine eigene Praxis **neben** sei- 12
ner Knappschaftstätigkeit unterhält, stellen Einnahmen aus selbständiger
Tätigkeit dar (BFH v. 19. 11. 59, BStBl 60 III 88), die steuerbar sind.

(dd) **Musterungsvertragsärzte** üben ihre Tätigkeit im Rahmen der Muste- 13
rungskommission unselbständig aus (BFH v. 13. 12. 62, BStBl 63 III 167).
Die Einnahmen unterliegen daher nicht der USt, sondern der LSt.

c) Arzt als Rechnungsprüfer

14   Ein selbständiger Arzt/Zahnarzt, der für seine Tätigkeit als Leiter oder Rechnungsprüfer der kassenärztlichen Abrechnungsstellen Vergütungen erhält, muß diese Einnahmen der USt unterwerfen. Es liegt eine im Zusammenhang mit der selbständigen Berufstätigkeit stehende **Nebentätigkeit** vor.

d) Arzt/Zahnarzt als Vorstandsmitglied einer Kassenärztlichen/Kassenzahnärztlichen Vereinigung

15   Ärzte und Zahnärzte, die Vorstandsmitglieder einer Kassenärztlichen bzw. Kassenzahnärztlichen Vereinigung sind, sind in der Regel freipraktizierende Ärzte/Zahnärzte, die dann als Vorstandsmitglieder tätig werden. Sie üben eine **selbständige Tätigkeit** aus, obwohl diese Tätigkeit gewisse Merkmale einer nichtselbständigen Tätigkeit hat. Der BFH (v. 24. 11. 61, BStBl 62 III 37) sieht die Tätigkeit als Ausfluß ihrer Haupttätigkeit an. Der Chefarzt, der zwar im Krankenhaus angestellt ist, jedoch zusätzlich eine eigene Praxis betreibt und Vorstandsmitglied der Kassenärztlichen Vereinigung ist, hat demnach trotzdem Einkünfte aus selbständiger Arbeit. Die **Tätigkeit** eines Kassenarztes als Vorstandsmitglied einer Kassenärztlichen Vereinigung, z. B. gerichtliche oder außergerichtliche Vertretung der Vereinigung, ist jedoch **keine sonstige Leistung** im Rahmen eines Leistungsaustausches, wie sie von einem Unternehmer durch geschäftliche Betätigung gegenüber Dritten erbracht wird. Dies ergibt sich aus der organisationsrechtlichen Stellung der Vorstandsmitglieder innerhalb der Kassenärztlichen Vereinigung (BFH v. 4. 12. 82, BStBl 83 II 156).

e) Weiterbildungsassistent/Zahnarztassistent

16   Bei der **Assistententätigkeit** bei einem niedergelassenen Arzt oder Zahnarzt, sei es als sogenannter **Weiterbildungsassistent** oder **Zahnarztassistent,** liegt in der Regel eine nichtselbständige Tätigkeit vor, wenngleich viele Praxisinhaber versuchen, das Arbeitnehmerverhältnis durch entsprechende Vertragsgestaltung zu umgehen. Dies ist in der Regel nicht von großer Bedeutung, da die betreffenden Jungärzte und Zahnärzte ihre Bezüge versteuern und weiterhin Beiträge zum entsprechenden Altersversorgungswerk bezahlen. Geringfügig kann es sich jedoch auswirken in der Differenz zwischen den Arbeitnehmerfreibeträgen und dem Freiberuflerfreibetrag, der allerdings ab 1990 entfällt.

f) Krankenhausärzte

Soweit Krankenhausärzte **gegen festes Gehalt** zur Behandlung der im Kran- 17
kenhaus untergebrachten Patienten verpflichtet sind, sind sie in der Regel
unselbständig. Betreiben sie **daneben** eine **eigene Praxis,** üben sie insoweit
eine **selbständige** Tätigkeit aus.

(aa) Angestellte Ärzte mit eigenem Liquidationsrecht

Oft sind angestellte Ärzte eines Krankenhauses berechtigt, von den Patienten 18
der Klassen I und II für ihre Tätigkeit nach eigenem Ermessen Vergütungen
zu fordern. Diese Vergütungen werden in der Regel durch die Krankenhäuser eingezogen und dann an den Arzt – ggf. gekürzt um einen Unkostenbei-
trag – abgeführt. **Insoweit** wird der **Krankenhausarzt selbständig** tätig. Die
selbständige Tätigkeit des behandelnden Arztes besteht auch während seiner
Urlaubsabwesenheit, in der er von einem Assistenzarzt vertreten wird. Die
von den Patienten entrichteten Honorare sind ihm auch dann zuzurechnen,
wenn sie unmittelbar dem Assistenzarzt zufließen (RFH v. 4. 9. 35, RStBl
S. 1570).

(bb) Nicht fest angestellte Ärzte mit eigenem Liquidationsrecht

Die in kleineren Krankenhäusern tätigen Ärzte sind oft in vollem Umfang 19
selbständig, da sie nicht fest angestellt sind. Sie haben wie die fest angestellten Ärzte gegenüber den Patienten der Sonderklassen I und II **eigenes Liqui-
dationsrecht.** Für die Behandlung der Patienten der Gemeinschaftsklasse
erhalten sie jedoch von dem Krankenhaus kein festes Gehalt, sondern eine
Vergütung je belegtes Bett. Die gesamten Einnahmen stellen Einnahmen aus
selbtändiger Arbeit dar (Bp-Kartei, a. a. O., Abschn. III A, 14).

(cc) „Sachunkosten" oder „technische Unkosten" als Einnahme des Krankenhausarztes

Im Rahmen der freiberuflichen Tätigkeit der Krankenhausärzte werden oft 20
Einrichtungen der Krankenanstalten in Anspruch genommen. Die Krankenanstalt erhebt für die anfallenden Nebenleistungen feste Gebühren. Auf den
Ausgangsrechnungen der Ärzte werden diese Gebühren als „Sachunkosten"
oder „technische Unkosten" der Krankenanstalt bezeichnet und besonders
kenntlich gemacht. Die Beträge werden von dem Krankenhausarzt vereinnahmt und monatlich in einer Summe an die Krankenanstalt überwiesen.

Diese erhält keine Kenntnis von den Namen der Patienten und den einzelnen Nebenleistungen.

21 Die vereinnahmten „Sachunkosten" oder „technischen Unkosten" werden von den Krankenhausärzten oft als durchlaufende Posten behandelt. **Durchlaufende Posten liegen** jedoch **nicht vor,** weil zwischen der Krankenanstalt und den Patienten keine unmittelbaren Rechtsbeziehungen entstehen. Die **Sachleistungen** der Krankenanstalten gehören daher zu den **Einnahmen des Krankenhausarztes** (Bp-Kartei, a. a. O., Abschn. III A, 14 d).

22 Die Einnahmen aus Sachleistungen sind aber dann nicht dem selbständigen Arzt zuzurechnen, wenn sich der Patient hinsichtlich der Sachleistungen in unmittelbare Rechtsbeziehungen zum Krankenhaus begibt. **Unmittelbare Rechtsbeziehungen** zum Krankenhaus sind außer bei getrennter Rechnungserteilung auch anzunehmen, wenn einerseits das Krankenhaus Kenntnis von den Namen der Patienten und den einzelnen Nebenleistungen erhält und andererseits der Krankenhausarzt die Rechnung ausstellt und dabei klar zum Ausdruck bringt, daß er bei der Einziehung der Sachkosten im Namen und für Rechnung der Krankenanstalt handelt. Die Vergütungen für die Sachleistungen gehören in diesen Fällen nicht zum Entgelt des Krankenhausarztes (Bp-Kartei, a. a. O.).

(dd) Gutachten von Assistenzärzten an Universitätskliniken
        sowie von Ärzten an anderen Kliniken und Krankenanstalten

23 Die Tätigkeit der bei Universitätskliniken **angestellten Assistenzärzte** als **Gutachter** ist dann **unselbständig,** wenn die Gutachten dem Auftraggeber als **solche der Universitätsklinik** zugehen (BFH v. 19. 4. 56, BStBl III 187). Das ist auch der Fall, wenn die Gutachten in einer ärztlichen Konferenz besprochen werden und ihre abschließende Zeichnung durch den Klinikdirektor vorgenommen wird. Nach Auffassung des BFH ändert sich an dieser Beurteilung auch dann nichts, wenn der Auftrag zur Erstellung des Gutachtens nicht an die Universitätsklinik selbst, sondern an den Klinikdirektor oder einen Professor gerichtet wird, da es vielfach üblich ist, die an eine Behörde oder an ein Institut gerichteten Aufträge an den Leiter oder einen Abteilungsleiter zu senden.

24 Geht ein Gutachten als **Gutachten der Klinik** heraus, so sind die dem Bearbeiter zustehenden **Gebühren Einnahmen aus** dem **Arbeitsverhältnis**

bei der Klinik und unterliegen deshalb der **LSt.** Die Gutachtergebühren sind
dem Arbeitslohn zuzurechnen und zusammen mit dem zur Auszahlung kommenden Gehalt der LSt zu unterwerfen. Eine zweite Lohnsteuerkarte ist
nicht erforderlich, da kein zweites Arbeitsverhältnis besteht (Bp-Kartei,
a. a. O., Abschn. III A, 14 e).

Anders ist die Rechtslage in den Fällen, in denen die Gutachten nicht als 25
Gutachten der Klinik, sondern als **persönliche Gutachten** des mit der Erstellung beauftragten Arztes herausgehen. Dann handelt es sich um eine **selbständige** Tätigkeit. Zieht in derartigen Fällen ein Gutachter einen Assistenzarzt zu einzelnen Arbeiten heran oder beauftragt er ihn sogar, einen Entwurf
des Gutachtens vorzulegen und entlohnt er ihn für diese Tätigkeit, so ist **kein**
Arbeitsverhältnis zwischen Gutachter und Assistenzarzt anzunehmen. In diesen Fällen handelt es sich auch bei dem Assistenzarzt um Einnahmen aus
selbständiger Tätigkeit (Bp-Kartei, a. a. O.).

Auch bei der steuerlichen Beurteilung der **Gutachtergebühren** von **Ärzten an** 26
anderen Kliniken oder Krankenhäusern gelten die gleichen Grundsätze.

Eine selbständig ausgeübte **Forschungs-, Beratung- und Gutachtertätigkeit** 27
eines unselbständig tätigen Arztes gehört jedoch dann nicht zu den Hauptein-
künften, wenn sie als **wissenschaftliche Tätigkeit** einzustufen ist (BFH v. 2. 8.
84, IV R 46/82 n. v.).

2. Arbeitsmittel

Die Anschaffung von Arbeitsmitteln eines Arztes/Zahnarztes oder anderen 28
Heilberuflers wie z. B. medizinische Geräte, Arztkoffer, Lichtmikroskop,
Eurofunkgerät usw. ist in voller Höhe der **Kosten,** einschließlich USt, **auf** die
voraussichtliche Nutzungsdauer zu **verteilen** (Ausnahme: Geringwertige Wirtschaftsgüter). Hierbei ist zu beachten, daß die Ausstattung der ärztlichen Mitarbeiter von den Krankenhäusern sehr unterschiedlich vorgenommen wird. In
einzelnen Krankenhäusern wird z. B. der Eurofunk vom Arbeitgeber übernommen, in anderen nicht. Die Aufwendungen einer Notarztausstattung sind
vom Arzt selbst zu tragen, soweit kein Notarztdienst regelmäßig über die
Notarztzentrale oder kein regelmäßiger Dienst organisiert erfolgt. Wegen
weiterer Einzelheiten wird auf Kapitel III: Niedergelassener Arzt/Zahnarzt
verwiesen (vgl. Rdnrn. 4, 55).

3. Bereitschaftsdienste – Zuschläge für Mehrarbeit

29 Im Rahmen von Bereitschaftsdiensten werden in den Krankenhäusern mitunter Zuschläge für tatsächlich geleistete Sonntags-, Feiertags- oder Nachtarbeit neben dem Grundlohn gezahlt. Diese **Zuschläge** sind unter bestimmten Voraussetzungen dann **steuerfrei,** wenn sie tarifvertraglich festgelegt sind. Werden lediglich – wie dies in vielen Krankenhäusern häufig der Fall ist – für Bereitschaftsdienste die normalen stundenmäßigen **BAT-Vergütungen,** also keine Zuschläge gezahlt, sind diese Vergütungen **nicht steuerfrei** (FG München v. 12. 8. 87, EFG S. 542).

30 Voraussetzung der Steuerfreiheit ist, daß die **Zuschläge aufteilbar** auf Sonntags-, Feiertags- und Nachtarbeit und sonstige Mehrarbeit sind (FG Ba.-Wü. v. 30. 3. 76, EFG S. 340; Nieders. FG v. 13. 6. 78, EFG S. 594)

31 Bei **Mischzuschlägen** für Mehr- und Nachtarbeit sind die tarifvertraglichen Vereinbarungen für eine Aufteilung maßgebend (BFH v. 23. 1. 81, BStBl II 371).

32 Die Zuschläge für die tatsächlich geleistete Sonntags-, Feiertags- und Nachtarbeit neben dem Gehalt sind dann steuerfrei, wenn sie für Sonntagsarbeit 50 v. H., für Arbeiten an Feiertagen 125 v. H., für regelmäßige Nachtarbeit 15 v. H., für gelegentliche Nachtarbeit 30 v. H. und für Arbeiten an Weihnachtsfeiertagen und am 1. Mai 150 v. H. des Grundlohns nicht überschreiten.

33 **Ab 1990** sind die **Zuschläge** durch das Steuerreformgesetz 1990 **eingeschränkt** worden. Sie betragen für Nachtarbeit 25 v. H., bei einer Kernnachtzeit von 0 bis 4 Uhr 40 v. H., für Sonntagsarbeit 50 v. H., für Arbeit am 31. 12. ab 14 Uhr sowie an gesetzlichen Feiertagen 125 v. H. und für Arbeiten an Weihnachtsfeiertagen, am 24. Dezember ab 14 Uhr sowie am 1. Mai 150 v. H.

34 **Grundlohn oder Grundgehalt** ist der Betrag an laufenden Geld- und Sachbezügen, die ein Arbeitnehmer im Lohnzahlungszeitraum erhält. Stundenbezüge, Mehrvergütungen und andere steuerfreie Bezüge gehören nicht dazu. Dieser Betrag ist dann in einen **Stundenlohn** umzurechnen.

35 Es ist sinnvoll, wenn sich der Berater eine **Bescheinigung vom Krankenhaus** für die steuerfreien Zuschläge erteilen läßt. Bei der Besprechung der Einkommensteuererklärung sollte in jedem Fall auf die Möglichkeit der steuerfreien Zuschläge hingewiesen werden.

4. Bewerbungskosten

Bewirbt sich ein Arzt, Zahnarzt oder Träger einer anderen Fachrichtung um 36
eine Anstellung, so sind die Aufwendungen für die Bewerbung in voller Höhe
als Werbungskosten abzugsfähig, z. B. für **Inserate** in Zeitungen und Fachzeitschriften, **Reisekosten** usw.

Anders jedoch, wenn sich ein Arzt vorübergehend um eine **Stelle im Ausland** 37
bewirbt.

Beispiel:
Dr. Hans Richrath, Chirurg in einem Bonner Krankenhaus, möchte seine Kenntnisse im Bereich der plastischen Chirurgie verbessern und bewirbt sich an mehreren
Krankenhäusern in den Vereinigten Staaten. Es finden dort auch Vorstellungsge-
spräche statt. Ende des Jahres tritt er eine Stelle in einem Bostoner Krankenhaus an.

Die Aufwendungen für die Bewerbung können steuerlich **nicht** berücksichtigt 38
werden, da sie mit keinen Einnahmen, die der deutschen Besteuerung unterliegen, in Zusammenhang stehen (BFH v. 20. 7. 73, BStBl II 732).

Es spielt also keine Rolle, daß Richrath seine Kenntnisse auf dem Gebiet der 39
plastischen Chirurgie verbessert und damit in Deutschland als angestellter
oder niedergelassener Arzt erheblich höhere Einkünfte erzielen wird, die
letztlich der Besteuerung unterliegen. Entscheidend ist, daß die Aufwendungen keinen augenblicklichen Einnahmen gegenüberstehen.

Diese Auffassung des BFH ist sehr eng, vor allem wenn man berücksichtigt, 40
daß vergebliche Bewerbungskosten in Deutschland in voller Höhe als Werbungskosten berücksichtigt werden können.

5. Förderung wissenschaftlicher Tätigkeit

Beziehen Ärzte oder Zahnärzte im Forschungsbereich **Beihilfen** aus öffentli- 41
chen Mitteln für Zwecke der Wissenschaft, so sind diese Beihilfen nach § 3
Nr. 11 und Nr. 44 EStG i. V. m. Abschn. 6 LStR **kein steuerpflichtiger
Arbeitslohn.**

Werden Beihilfen laufend gezahlt, die die persönliche Lebensführung des 42
Wissenschaftlers sicherstellen sollen, so handelt es sich um keine Förderung
wissenschaftlicher Tätigkeit. Die Zahlungen sind daher nach den §§ 18 oder
19 EStG steuerpflichtig. Im letzteren Fall unterliegen sie somit der Lohnsteuer.

Nach § 3 Nr. 44 EStG gehören zu den steuerfreien Beihilfen Zahlungen der Deutschen Forschungsgemeinschaft, der Max-Planck-Gesellschaft, der Bayerischen Akademie der Wissenschaften, der Akademie der Wissenschaften in Göttingen, Heidelberg und Mainz zur Förderung der wissenschaftlichen Ausbildung und Forschung, die nach besonderen Richtlinien dieser Einrichtungen geleistet werden (Kräusel, a. a. O., S. 39).

43 **6. Gutachtertätigkeit** siehe. Rdnrn. 23 ff.

44 **7. Mehrfahrten zur Arbeitsstätte** siehe Rdnr. 291.

8. Nebeneinkünfte

45 In der Regel haben die Ärzte am Krankenhaus Einkünfte aus **Nebentätigkeiten,** seien es kleinere **Gutachten, Pooleinkünfte, Notarzttätigkeiten,** Einkünfte aus **wissenschaftlichen Fachzeitschriften** und **Fachbüchern** und vieles andere mehr. Hier ist nicht immer einwandfrei festzustellen, ob Einkünfte aus Nebentätigkeiten am Krankenhaus wie z. B. Schwesternunterricht auf der Lohnsteuerkarte enthalten und somit versteuert sind. Sinnvoll ist es, sich eine Bescheinigung vom Krankenhaus geben zu lassen, um spätere Schwierigkeiten zu vermeiden.

46 Der Berater sollte den **Arzt** darauf **aufmerksam machen,** daß **Einnahmen** von Körperschaften des öffentlichen Rechts, wie etwa Polizei, Gesundheitsamt, Krankenkassen an die Finanzämter **gemeldet** werden. Bei Vertretertätigkeiten werden meistens nach Betriebsprüfungen Kontrollmitteilungen versandt, so daß bei **Nichtangabe** der Nebeneinkünfte unerwartete **Nachbelastungen** in späteren Jahren erfolgen. Zwar werden in der Regel die Nachmeldungen ohne Festsetzung von Bußgeldern akzeptiert und so gut wie nie ein Strafverfahren eingeleitet. Doch kann allein die Steuernachzahlung eine erhebliche Härte bedeuten.

47 Bei Einkünften aus Nebentätigkeiten, die Einkünfte aus selbständiger Tätigkeit darstellen, können die **Betriebsausgaben pauschal** in Höhe von 25 v. H., höchstens 1 200 DM, geltend gemacht werden, was in der Regel von der Finanzverwaltung anerkannt wird.

9. Schwesternunterricht

Im Rahmen seiner Angestelltentätigkeit am Krankenhaus hat der Arzt unter 48
Umständen Schwestern **Unterricht** zu erteilen. Die **Einnahmen** aus dieser
Tätigkeit sind dann **Lohnbestandteil,** wenn der Arbeitgeber ein- und derselbe
Krankenhausträger ist. Die Beträge müssen daher auf der Lohnsteuerkarte
erfaßt und der LSt unterworfen werden. Das geschieht jedoch häufig nicht.

Einnahmen aus einer nebenberuflichen Tätigkeit als **Ausbilder** können bei 49
Vorliegen bestimmter Voraussetzungen nach § 3 Nr. 26 EStG als **steuerfreie**
Aufwandsentschädigungen bis zu 2 400 DM jährlich steuerfrei sein. Die
Regelung umfaßt sowohl selbständige als auch nichtselbständige Tätigkeiten.
Einzelheiten enthält das BMF-Schr. v. 19. 6. 81 (BStBl I 502).

Aufwendungen des Arztes, die im Rahmen des Schwesternunterrichts **zusätz-** 50
lich entstehen und vom Auftraggeber nicht übernommen werden, können
Werbungskosten sein, sofern § 3 Nr. 26 EStG nicht angewandt werden kann.
In Betracht kommen können z. B. zusätzliche Fahrtkosten, Lehr- und
Demonstrationsmittel wie Dia-Projektor, Flip Chart, Filme, Video-Kamera
und anderes mehr.

10. Vergütungen an Mitarbeiter (Pool)

Die **Mitarbeiterbeteiligung** der Assistenz- und Oberärzte sowie des übrigen 51
Krankenhauspersonals an den **Liquidationseinnahmen der Chefärzte** wird von
der Finanzverwaltung (BMF v. 27. 4. 82, BStBl I 530) folgendermaßen beurteilt:

Vergütungen, die Arbeitnehmer eines Krankenhausträgers als **Anteil an** den
Liquidationseinnahmen der liquidationsberechtigten Krankenhausärzte erhalten, gehören zu den **Einkünften aus nichtselbständiger Arbeit** (BFH v.
11. 11. 71, BStBl 72 II 213).

Für den Regelfall ist davon auszugehen, daß die **Mitarbeit im Liquidationsbe-** 52
reich im Rahmen des Dienstverhältnisses zum Krankenhausträger geschuldet
wird, und zwar auch dann, wenn die Tätigkeit zwar im Arbeitsvertrag nicht
ausdrücklich vorgesehen ist, ihre Erfüllung aber vom Krankenhausträger
nach der tatsächlichen Gestaltung des Dienstverhältnisses und nach der Verkehrsauffassung erwartet werden kann. Werden die Vergütungen **nicht** vom
Krankenhausträger gezahlt oder ist dieser nicht in die Auszahlung eingeschal-
tet (Abschn. 73 Abs. 1 Satz 1 LStR), stellen sie **Lohnzahlungen Dritter** im
Sinne des § 38 Abs. 1 Satz 2 EStG dar, für die der Krankenhausträger als

Arbeitgeber zusammen mit dem dienstvertraglichen Arbeitslohn die LSt einzubehalten und abzuführen hat. Dabei ist es unerheblich, ob die Vergütungen
vom liquidationsberechtigten Arzt aufgrund einer besonderen Verpflichtung
oder freiwillig erbracht oder ob sie direkt oder aus einem Mitarbeiterfonds,
sogenannter **Liquidationspool,** gewährt werden.

53   Soweit der Krankenhausträger die **Vergütungen** nicht selbst ermitteln kann
     und sie ihm auch nicht vom liquidationsberechtigten Arzt mitgeteilt werden,
     hat sie der **Arbeitnehmer** dem **Krankenhausträger mitzuteilen** (Abschn. 37
     Abs. 2 Satz 3 bis Satz 5 LStR). Hinsichtlich der Haftung für zuwenig einbe-
     haltene Lohnsteuer gilt Abschn. 73 Abs. 5 LStR.

54   Bestehen gegenüber dem Krankenhausträger keine Verpflichtungen zur Mit-
     arbeit im Liquidationsbereich, weil der Arbeitnehmer ausschließlich aufgrund
     einer Vereinbarung mit dem Chefarzt im Liquidationsbereich tätig wird, ist
     der **liquidationsberechtigte Arzt** als **Arbeitgeber** anzusehen, mit allen sich
     daraus im Steuerabzugsverfahren ergebenden Pflichten.

11. Werbungskosten

55   Im Abschnitt „Angestelltentätigkeit" sind nur die speziellen Arbeitnehmer-
     Werbungskosten erwähnt. Aufwendungen, die sowohl für den angestellten als
     auch für den niedergelassenen Arzt steuerlich als Werbungskosten bzw. als
     Betriebsausgaben abzugsfähig sind, werden im Abschnitt „Niedergelassener
     Arzt" dargestellt. Vergleiche dazu die diesbezüglichen Stichworte.

56   Ist bei Ärzten, die sowohl **Einkünfte aus selbständiger wie aus nichtselbstän-
     diger Arbeit** beziehen, zweifelhaft, wie getätigte **Aufwendungen aufzuteilen**
     sind, so sind diejenigen Aufwendungen, die nicht ausschließlich der einen
     oder anderen Einkunftsart zugeordnet werden können, **nach ihrer vermut-
     lichen Veranlassung** im Schätzungsweg in Betriebsausgaben und Werbungs-
     kosten aufzuteilen (BFH v. 4. 11. 65, BStBl 66 III 89). Eine Aufteilung nach
     dem Verhältnis der Einnahmen aus nichtselbständiger und selbständiger
     Tätigkeit kommt hiernach nur in zweiter Linie in Betracht.

57   **12. Zuschläge für Mehraufwendungen für Verpflegung**
     siehe Rdnrn. 402 ff.

Kapitel II:
Gründung/Übernahme einer Praxis

1. Allgemeines

Gründung oder Übernahme einer Praxis ist bei allen freiberuflichen Praxen im Grunde der **gleiche Vorgang**, egal, ob es sich um eine Anwalts-, Steuerberatungspraxis, psychologische Praxis oder Arzt-/Zahnarztpraxis handelt. Dennoch muß der Berater beachten, daß gerade im heilberuflichen Bereich zu den anderen freien Berufen und innerhalb des heilberuflichen Bereichs wiederum bei den einzelnen Sparten **erhebliche Unterschiede** bestehen. So gibt es augenblicklich zwei große Gruppierungen unter den Arztpraxen, die aufgrund ihrer Zahl sehr unterschiedliche wirtschaftliche Voraussetzungen mitbringen. Einmal handelt es sich um die Orthopäden, Dermatologen, Augenärzte, HNO-Ärzte und Röntgenärzte und zum anderen um die Allgemeinmediziner, Internisten, praktische Ärzte, Gynäkologen und Kinderärzte. Die erste Gruppe hat aufgrund ihrer geringen Zahl und den geringen Ausbildungsplätzen nur in wenigen Gebieten eine entsprechende Konkurrenz, die etwa vergleichbar wäre mit der Konkurrenz des Allgemeinmediziners und praktischen Arztes. Somit sind die Honorarumsätze und die Gewinne ganz unterschiedlich einzuschätzen. So liegt z. B. heute die Durchschnittsorthopädiepraxis bei einem durchschnittlichen Jahresgewinn von etwa 381 000 DM, eine Zahnarztpraxis bei einem durchschnittlichen Gewinn von etwa 172 000 DM (dentax spezial 88, 1). Ebenso unterschiedlich wie die Gewinnerwartungen sind, ist die **Kostenstruktur** in der einzelnen Arztpraxis. Die Kostenstruktur kann wiederum je nach Lage der Praxis im Bundesgebiet ganz unterschiedlich aussehen. Zahnarztpraxen z. B. in Schleswig-Holstein erbringen in der Regel nicht die hohen Honorarumsätze wie eine Zahnarztpraxis im Bonner, Kölner oder Düsseldorfer Bereich. **58**

Andererseits ist festzustellen, daß durch die **hohe Zahl von Praxen in den Ballungsgebieten** erheblich niedrigere Scheinzahlen und damit Gewinne erzielt werden als etwa im ländlichen Raum. So kommt es nicht selten vor, daß eine vergleichbare allgemeinmedizinische Praxis in einer Großstadt 800 Scheine erbringt, hingegen als „Landarztpraxis" bei über 1 200 und mehr Scheinen liegt. **59**

Läßt sich ein niederlassungswilliger junger Arzt vom Steuerberater, Wirtschaftsprüfer oder Rechtsanwalt **beraten,** so sollte der Berater darauf achten, **60**

daß die **Niederlassungsplanung langfristig** erfolgt und daß vor allem der Arzt
die entsprechenden **Voraussetzungen** für eine Erlaubnis zur **Niederlassung
erfüllt** hat. In den vergangenen Jahren wurden die Voraussetzungen für eine
Niederlassung in immer größerem Maße erschwert, was teilweise auf die hohe
Zahl vom Krankenhaus abgehender Ärzte zurückzuführen ist.

2. Gründung einer Arzt- oder Zahnarztpraxis

61 **Vor Gründung** der Arztpraxis müssen vor allem die **Finanzierungsfragen
erörtert** werden. Die Kreditinstitute sind heute nicht mehr bereit, jewede
Investition mitzufinanzieren. Nachteilig wirkt es sich in der Regel aus, wenn
der Arzt nicht über eine gewisse Summe an **Eigenkapital** verfügt. Die Kreditinstitute beurteilen auch, ob die zuständige KV oder KZV „grünes Licht" für
die Praxisniederlassung gegeben hat.

62 **Schwierigkeiten** in den **Finanzierungsfragen** können sich ergeben, wenn der
junge Arzt sich schon in der Zeit vor seiner Niederlassung an einem Bauher-
renmodell beteiligt hat, das nicht rentabel ist. **Vermieden** werden sollte auch
in der Startphase der **Bau eines Eigenheims** oder der **Erwerb** eines **Praxisgebäudes,** wobei dies davon abhängig gemacht werden muß, wie stark die Arztpraxis mit Mieten belastet ist. Die anstehenden Fragen sollten eng mit dem
zuständigen Kreditsachbearbeiter der Hausbank abgesprochen werden.

63 Weiterhin muß unbedingt vermieden werden, daß etwa die **Praxis zu groß** ist.
Unrentable Räume, die nicht genutzt werden können, erhöhen nur das Insol-
venzrisiko. Ebenso darf die Praxis nicht zu klein sein. Heute geht man allgemein davon aus, daß eine Praxis wenigstens 100 m^2 groß sein soll und über
zwei Toiletten verfügen muß. Soll etwa später noch ein Ehepartner oder aufgrund der wirtschaftlichen Aussichten ein Gemeinschaftspartner aufgenommen werden, so ist von vornherein darauf zu achten, daß die entsprechenden
Räumlichkeiten gegeben sind.

64 In den letzten Jahren hat es sich als sinnvoll erwiesen, eine **Arztpraxis in den
Anfängen bescheiden einzurichten** und eher nach ein paar Jahren, wenn gute
Gewinne erwirtschaftet werden, weitere wichtige Investitionen zu tätigen. So
ist es heute durchaus möglich, eine gut gehende Allgemeinarztpraxis mit all
den erforderlichen Einrichtungsgegenständen einschließlich Ultraschallgerät
für 80 000 bis 100 000 DM einzurichten. Man muß sich dann eben mit einfa-
cheren Möbeln begnügen und nicht unbedingt schon für den Empfangsraum
30 000 DM investieren.

Das Gleiche gilt für einen zusätzlich mit der Praxiseinrichtung zu finanzieren- 65
den **Pkw**. Auch ein **Computer** muß nicht schon in den ersten Tagen angeschafft werden. In kleineren und mittleren Praxen läßt sich die **Abrechnung**
ohne weiteres manuell erledigen, wenngleich es natürlich schön ist, z. B. in
einer Zahnarztpraxis, den Heil- und Kostenplan durch einen Computer
erstellen zu lassen. Auch sollte am Anfang die Abrechnung nicht auf eine privatärztliche **Verrechnungsstelle** übertragen werden, bis eine entsprechende
Gewinnlage des Arztes oder Zahnarztes erreicht ist.

Was das **Rechnungswesen** anbelangt, sollte der Arzt oder Zahnarzt dazu ver- 66
anlaßt werden, seine Unterlagen für die Buchhaltung von vornherein monatlich dem Berater abzugeben. Dies ist nicht nur für den Berater eine Arbeits-
vereinfachung, sondern auch im Interesse des Mandanten, da für die Kreditinstitute gerade in der Anfangsphase die entsprechenden Unterlagen jederzeit
zur Verfügung stehen sollten. Es ist dabei gleichgültig, ob mit DATEV, Tay-
lorix oder anderen Systemen die Finanzbuchhaltung erstellt wird.

Es ist unerläßlich, nach etwa drei Monaten mit dem Mandanten das Ergebnis
der ersten betriebswirtschaftlichen Auswertungen durchzusprechen. Der
Mandant muß in der Lage sein, aus der Kontenklasse 8 seine Honorareinnahmen zu ersehen, aus den Klassen 4 und 2 die Kosten und Zinsen. Auch muß
es für ihn ersichtlich sein, welchen Gewinn er in welchem Zeitraum erwirtschaftet hat. Vielfach ist festzustellen, daß die Ärzte die sogenannten „grü-
nen" oder „blauen Blätter" einfach ablegen, ohne sich über den informellen
Gehalt im klaren zu sein. Dies gilt genauso für die Lohnbuchhaltung. Der
Arzt sollte wissen, für was z. B. die Umlage bei der AOK erhoben wird,
wann und wie früh er die Anmeldungen zur Krankenkasse und die Lohnsteuer-Anmeldung absenden muß. Gerade ältere Praxisinhaber sind hier
nicht ausreichend informiert, was letztlich auf mangelnden Kontakt zwischen
Berater und Arzt beruht. Es ist erstaunlich, wie wenig sich manche Berater
um ärztliche Mandate bemühen, obwohl gerade dort die Honorare beachtlich
sein können. Es kann keiner Steuerberaterpraxis schaden, einen Stamm von
Ärzten/Zahnärzten in der Klientel zu haben.

Die **Anmeldung** für die **Berufsgenossenschaft** erfolgt bei der „Berufsgenos- 67
senschaft für Gesundheitsdienst und Wohlfahrtspflege", Schäferkampsallee
24, 2000 Hamburg 6. Der Berufsgenossenschaft selbst beizutreten, ist für den
Arzt sicherlich erst dann sinnvoll, wenn die Praxis gut läuft. In der Anfangsphase sollte von einem Beitritt abgesehen werden.

68 In der **Gründungsphase** erhält der Arzt/Zahnarzt für die **Kassenpatienten Abschlagszahlungen.** Die tatsächliche und richtige Höhe ist jedoch erst nach etwa einem Jahr erreicht. Weil die Abrechnungen quartalsweise erstellt werden und der Arzt nicht die volle Höhe der Beträge erhält, muß bei der Finanzierung darauf geachtet werden, daß durch einen **großzügigen Kontokorrentkredit** dieses **Finanzdefizit** gedeckt ist. Denn es ist durchaus nicht selten, daß im ersten und oft auch noch im zweiten Jahr nach Praxisgründung keine Gewinne erwirtschaftet werden.

69 **Kosten,** die in der Gründungsphase – **vor Eröffnung der Praxis** – anfallen, sind als Betriebsausgaben abzugsfähig. Vorbereitende Betriebsausgaben sind im allgemeinen als laufende Unkosten zu behandeln (BFH v. 14. 6. 55, BStBl III 221). Dazu gehören insbesondere die zur Übernahme einer Praxis notwendigen Kosten für **Reisen, Inserate und Verhandlungen;** denn sie sind durch den Zweck, die Praxis zu erwerben, verursacht. Darüber hinaus können aber auch Kosten, die vor der Eröffnung durch die Besichtigung anderer zum Verkauf stehender Praxen entstanden sind, als Betriebsausgaben anerkannt werden, wenn ein Zusammenhang mit der später eröffneten Praxis besteht (RFH v. 29. 1. 36, RStBl S. 588). Diese Voraussetzung ist bei Aufwendungen zur Vorbereitung einer beruflichen Tätigkeit in der Regel erfüllt, wenn es zu der geplanten beruflichen Tätigkeit gekommen ist, wenn also z. B. die Tätigkeit als Arzt in der Praxis, die man übernommen hat, ausgeübt wird. Eine klar erkennbare Bindung kann zwar auch bestehen, wenn es nicht zur Aufnahme der geplanten beruflichen Tätigkeit gekommen ist; dies gilt aber nicht, wenn die Vorbereitungen für die künftige Tätigkeit bereits in einem so frühen Stadium steckengeblieben sind, daß für den Interessenten noch alle Möglichkeiten offenbleiben (BFH v. 3. 11. 61, BStBl 62 III 123).

70 Die **KV- und KZV-Auszüge** sind für den Berater insofern wichtig, als häufig auf ihnen Kosten abgezogen werden, die richtig zugeordnet werden müssen. So enthält ein KV-Auszug in der Regel als Abzüge

(1) die Verwaltungskosten

(2) den Kammerbeitrag

(3) Beiträge zum Altersversorgungswerk

(4) Beiträge zum Hilfswerk.

Die Kosten der Ziffern (1) und (2) sind **Betriebsausgaben,** die Kosten der Ziffern (3) und (4) **Sonderausgaben.** Sie müssen also über privat ausgebucht werden.

71 Da **buchhalterisch** in der Regel die Zahlungseingänge erfaßt werden, müssen entweder in der laufenden Finanzbuchhaltung oder am Jahresende die Erlöse der Klasse 8 um die abgezogenen Beträge erhöht werden. Sinnvoll ist es,

diese Positionen schon **in** der **laufenden Finanzbuchhaltung** zu berücksichtigen, da sonst die Journale zum 31. 12. eines Jahres zu **niedrige Umsätze** und bezüglich der Beiträge zum Altersversorgungswerk und den Spenden einen zu **niedrigen Gewinn** ausweisen.

3. Übernahme einer Praxis

Immer wieder stellt sich die Frage: Ist es günstiger, eine Praxis zu übernehmen oder sie neu zu gründen? Die **Übernahme** hat **erhebliche Vorteile.** So kann man aufgrund der Unterlagen des Vorgängers sehr schnell und sicher die Höhe von Umsatz und Gewinn sowie die Kostenstruktur feststellen. Berücksichtigt werden muß, daß sich der Praxisabgeber den Patientenstamm durch den ideellen **Praxiswert** und die Übernahme des Inventars bezahlen läßt. Hier ist in den letzten Jahren eine deutliche Teuerung von Praxen festzustellen, was letztlich von der hohen Nachfrage herrührt. Pro Jahr werden ca. 2 000 Praxen im Bundesgebiet abgegeben, hingegen ist die Zahl der Nachfrager drei- bis viermal so hoch. 1987 gab es in der Bunderepublik Deutschland ca. 210 000 Ärzte, wovon 70 000 ihren Beruf in eigener Praxis ausübten. Die Planstellen bei den Krankenhäusern sind heute zahlenmäßig begrenzt. Das heißt, es müssen von ca. vier Ärzten, die in Krankenhäusern arbeiten, nach der Facharztausbildung drei Ärzte außerhalb des Krankenhauses eine Tätigkeit suchen. Manche kommen bei der Pharmaindustrie oder bei Gesundheitsämtern sowie als Werksärzte unter. Die große **Mehrheit sucht** jedoch die **eigene Praxis.**   72

Was ist rechnerisch günstiger? Eine **Praxis** zu **kaufen** oder neu zu **gründen?**   73 Versucht man dies anhand von Zahlen zu berechnen, so ergibt sich folgendes Bild:

Im Beispielsfall wurde von einem durchschnittlichen Investitionsbedarf eines   74 Allgemeinmediziners von 130 000 DM ausgegangen, ferner von steigenden Gewinnen von 30 bis 50 % der Honorareinnahmen und von der Übernahme einer Praxis, deren materielle Wirtschaftsgüter 55 000 DM und deren ideeller Praxiswert ¼ aus 300 000 DM = 75 000 DM, somit also insgesamt 130 000 DM beträgt.

Der **Investitionsbedarf** für die **Neugründung** wäre somit genauso hoch wie der   75 Preis für die Übernahme der Praxis (Lang/Schade/Lautenschläger, a. a. O., S. 426 f.). Aus der folgenden Aufstellung ist zu ersehen, daß bei der Neugründung die Zahl der Scheine von 500 bis auf den Durchschnittswert von 1 100 Scheinen im fünften Jahr anwächst. Ebenso wächst der Jahreshonorarumsatz an. Das verfügbare Nettoeinkommen nach Berücksichtigung der Steuern ist erheblich niedriger und erst im fünften Jahr so hoch wie bei der Praxisübernahme.

Jahre	Scheine à 65 DM	Jahres-Honorar (DM)	AfA (DM)	Praxis-kosten (DM)	Gewinn in v. H.	Gewinn*) (DM)	ESt ohne KiSt (DM)	Nettoein-kommen (DM)
Praxisgründung								
1	500 × 65	130 000	26 000	65 000	30	39 000	6 754	32 246
2	650 × 65	169 000	26 000	83 850	35	59 150	12 778	46 372
3	800 × 65	208 000	26 000	98 800	40	83 200	22 426	60 774
4	950 × 65	247 000	26 000	109 850	45	111 150	35 606	75 544
5	1 100 × 65	286 000	26 000	117 000	50	143 000	51 840	91 160
Praxisübernahme								
1	1 100 × 65	286 000	26 000	174 200	30	85 800	23 576	62 224
2	1 100 × 65	286 000	26 000	159 900	35	100 100	30 138	69 962
3	1 100 × 65	286 000	26 000	145 600	40	114 400	37 214	77 186
4	1 100 × 65	286 000	26 000	131 300	45	128 700	44 416	84 284
5	1 100 × 65	286 000	26 000	117 000	50	143 000	51 840	91 160

	1. Jahr	2. Jahr	3. Jahr	4. Jahr	5. Jahr
Nettoeinkommen Praxisgründung:	32 246 DM	46 372 DM	60 774 DM	75 544 DM	91 160 DM
Nettoeinkommen Praxisübernahme:	62 224 DM	69 962 DM	77 186 DM	84 284 DM	91 160 DM
Jährl. Differenz:	29 978 DM	23 590 DM	16 412 DM	8 740 DM	0 DM

*) Sonstige Einkünfte decken Sonderausgaben und Freibetrag, daher zu versteuerndes Einkommen nach Splittingtabelle.

Bei der Praxisübernahme wurden ebenfalls steigende Gewinne von 30 bis 77
50 % unterstellt. Hier könnte auch von vornherein von etwas höheren
Gewinnen ausgegangen werden, doch schadet dies der Berechnung nicht.
Höhere Gewinne würden höchstens das Ergebnis verstärken.

Die Gegenüberstellung zeigt deutlich, daß eine **Praxisübernahme günstiger** ist 78
als die **Praxisgründung.** Die Gesamtdifferenz von fünf Jahren ergibt einen
Betrag von ca. 78 000 DM per anno. Bei einer marktüblichen Verzinsung
beläuft er sich sogar auf ca. 100 000 DM.

Dieses Beispiel, das dem Buch „Praxisgründung/Praxisführung" entnommen
wurde, ist sehr vorsichtig gerechnet.

Man darf allerdings **nicht übersehen,** daß diesem doch zahlenmäßigen Vorteil 79
und dem erheblich geringeren Risiko **gewisse Nachteile** gegenüberstehen.
Der Praxisübernehmer muß letztlich das Inventar übernehmen, ob es ihm
gefällt oder nicht. Er muß durch den Marktdruck den heute hohen ideellen
Wert (dieser geht ja bis zu 50 v. H. des durchschnittlichen Jahresumsatzes)
übernehmen. Er kann also nicht billigst investieren. Ferner muß er das Personal gem. § 613 a BGB übernehmen. Kündigen können lediglich die Mitarbeiter, der Praxisübernehmer nicht, was vor allem dann Probleme verursacht,
wenn langjährige Mitarbeiter übernommen werden, da in diesem Fall der
Kündigungsschutz erhebliche Zeiten umfaßt. Ebenso muß er in andere Verträge einsteigen, seien es etwa Leasingverträge, Mietverträge, wobei er die
Verträge selten in seinem Sinne noch verändern kann.

Den niederlassungswilligen Ärzten sollte empfohlen werden, in einer Über- 80
gangszeit in der zu übernehmenden Praxis mitzuarbeiten. Der Vorteil ist vor
allem die Nähe zu den künftigen Patienten, das Kennenlernen des Personals
und des sozialen Umfelds.

Bei der überwiegenden Zahl der Praxen in guter Lage wird heute ein ideeller 81
Praxiswert von ca. 30 bis 40 v. H. des bereinigten Dreijahres-Durchschnitts-
satzes gefordert. Nicht selten sind Zahlen von bis zu 50 v. H. üblich.

Bei der Praxisveräußerung ist inzwischen **umsatzsteuerrechtlich** geklärt, 82
daß der Praxiswert einer Arztpraxis Gegenstand einer nach § 4 Nr. 28 a
UStG steuerbefreiten Lieferung sein kann (BFH v. 21. 12. 88, BStBl 89 II
430). Es ist deshalb außerhalb des Praxisübernahmevertrages keine vertragliche Vereinbarung mehr erforderlich, nach der der Praxisübernehmer

die USt übernimmt, wenn die Umsatzsteuerpflicht der Lieferung des Praxiswerts bei der Praxisveräußerung bejaht werden sollte.

83 Siehe zur Praxisübergabe (Praxisveräußerung) auch die Rdnrn. 982 ff.

4. Finanzierungsfragen

84 **Praxisgründungen bzw. -finanzierungen** werden heute zu 80 % über **Darlehen** in Verbindung mit **Kapitallebensversicherungen finanziert.** Das klassische Annuitätendarlehen oder andere Finanzierungsformen sind in der Minderheit. Das liegt daran, daß steuerlich die erste Finanzierungsform vorteilhafter ist, wenngleich sie von den Beiträgen her, das heißt Zinsen und Lebensversicherungsbeiträge, etwas teurer ist als ein Annuitätendarlehen. Darüber hinaus wird in der Regel beim Annuitätendarlehen eine Risikolebensversicherung von 0,3 bis 0,5 v. H. gefordert, die verlorenes Kapital darstellt.

85 Bei der **Finanzierung Darlehen und Lebensversicherung** bleiben die Zinsen über die Zinsbindungszeit in voller Höhe erhalten. In der Kapiallebensversicherung werden steuerfrei Beiträge angesammelt, und nach der Laufzeit wird das Darlehen durch die Lebensversicherung getilgt. Die Beeinträchtigung dieses Finanzierungsinstruments durch die Quellensteuer, die ab 1. 1. 1989 erhoben werden sollte, ist inzwischen beseitigt worden. Durch das Gesetz zur Änderung des StRefG 1990 sowie zur Förderung des Mietwohnungsbaus und von Arbeitsplätzen in Privathaushalten wird die sog. kleine Kapitalertragsteuer mit Wirkung ab 1. 7. 1989 – bei Erträgen aus langlaufenden Lebensversicherungen (Vertragsdauer mindestens zwölf Jahre) rückwirkend ab dem 1. 1. 1989 – aufgehoben.

86 Um die **Lebensversicherungsbeiträge gering** zu **halten**, kann die Laufzeit auf 16 oder noch mehr Jahre mit Sonderzahlungsmöglichkeiten gestreckt werden. Auch ein Kind des Arztes kann mit seinem Leben versichert sein. Allerdings muß das Kind beschränkt geschäftsfähig, das heißt also mindestens 7 Jahre alt sein. Es ist zu empfehlen, nicht die gesamte Finanzierung versicherungsmäßig über ein Kind abzuschließen, da im Falle des Todes des Praxisinhabers zu hohe Belastungen auf die Angehörigen zukommen.

5. Kontokorrentzinsen/Abziehbarkeit

87 Gerade bei der Neugründung oder Übernahme einer Praxis ist der Frage der betrieblichen und privaten Konten Aufmerksamkeit zu schenken. Häufig

wickeln die Ärzte und Zahnärzte ihre **gesamten** privaten und beruflichen Tätigkeiten über ein Kontokorrentkonto ab.

Wickelt ein Arzt, der seinen Gewinn durch **Überschußrechnung** gem. § 4 **88** Abs. 3 EStG ermittelt, über ein **Kontokorrentkonto** seinen beruflichen und privaten Geldverkehr ab, so kann er den Teil der Zinsen für den Kontokorrentkredit als Betriebsausgaben abziehen, der auf beruflich veranlaßte Überweisungen oder Abhebungen entfällt (BFH v. 19. 3. 81, BStBl 83 II 723; v. 23. 6. 83, BStBl II 723; v. 10. 6. 86, BStBl II 894). Der beruflich veranlaßte Teil der Zinsen ist nach dem Verhältnis der beruflich und der privat veranlaßten Kontokorrentschulden zu ermitteln.

Ermittelt dagegen der Arzt seinen Gewinn durch **Betriebsvermögensver-** **89** **gleich**, dann ist der am Jahresende ermittelte Kontokorrentsaldo der beruflichen Sphäre zuzurechnen, auch wenn über das Konto private Zahlungen gelaufen sind. Bei Überziehung des Kontos wird vermutet, daß die in der Überziehung liegende Kreditaufnahme beruflich veranlaßt ist und damit die Zinsen Betriebsausgaben sind. Nur in Fällen, in denen bei wirtschaftlicher Betrachtung klar erkennbar ist, daß mit der Erhöhung des Schuldsaldos ein Kredit für private Zwecke aufgenommen worden ist, kann eine Aufteilung der Zinsen in Betracht kommen (BFH v. 23. 6. 83, BStBl II 725; v. 23. 7. 86, BStBl II 328).

Wie kann dem abgeholfen werden? **90**

Es ist sinnvoll, **neben** dem **betrieblichen Kontokorrentkonto** ein **privates Konto zu führen** und auf dieses Konto Honorareinnahmen zu leiten, so daß von diesem Konto die Kosten der Lebenshaltung gezahlt werden können. Logischerweise wird sich dadurch das betriebliche Konto stärker im Minusbereich bewegen. Eine Aufteilung in betrieblich und privat entfällt nunmehr.

In der Praxis ist das häufig nicht immer streng einzuhalten, so daß bei einer **91** Betriebsprüfung mit einer gewissen anderweitigen Aufteilung gerechnet werden muß.

Die Frage, ob die **Unterschiede beim Abzug von Kontokorrentzinsen** je nach **92** Art der Gewinnermittlung sachlich gerechtfertigt sind, hat grundsätzlich Bedeutung. Sie wird demnächst vom BFH entschieden werden (BFH v. 9. 5. 88, BStBl II 725).

Unproblematisch ist es, wenn größere Beträge vom Kontokorrentkonto **93** genommen werden, um **Einkunftsarten** zu finanzieren, die einen **Zinsausgabenabzug erlauben.**

Beispiel:

So wäre es gleichgültig, wenn ein Arzt sein Kontokorrentkonto belastet, um damit eine fremdvermietete Wohnung zu finanzieren. Die Zinsen wären bei Vermietung und Verpachtung als Werbungskosten abzugsfähig, wie eben im freiberuflichen Bereich als Betriebsausgaben.

Kapitel III:
Niedergelassener Arzt/Zahnarzt

Nachfolgend werden steuerliche Fragen der niedergelassenen Ärzte und Zahnärzte in **ABC-Folge** behandelt. Die Ausführungen gelten zum Teil auch für den Arzt im Angestelltenverhältnis. Aufwendungen, die sowohl für den niedergelassenen als auch für den angestellten Arzt steuerlich als Betriebsausgaben bzw. als Werbungskosten abzugsfähig sind, werden in diesem Abschnitt behandelt (vgl. Rdnr. 4).

Inhaltsübersicht
ABC steuerlicher Fragen

1. Abfindung für Aufgabe von Praxisräumen

Die einem freiberuflich tätigen Arzt/Zahnarzt für die Aufgabe der Praxis- **94** räume gezahlte **Abfindung** ist einkommensteuerlich als **Betriebseinnahme** zu behandeln (BFH v. 8. 10. 64, BStBl 65 III 12).

2. Abfließen von Ausgaben   siehe Rdnrn. 417 ff. **95**

3. Abgrenzung freiberuflicher gegenüber gewerblicher Tätigkeit

Die Abgrenzung der freiberuflichen gegenüber der gewerblichen Tätigkeit **96** wird häufig unterschätzt. Angeheizt wird die Thematik noch dadurch, daß vor allem von Städten und Gemeinden immer wieder die Forderung laut wird, alle freien Berufe – eingeschlossen die Heilberufe – gewerbesteuerpflichtig zu machen, da ihrer Auffassung nach heute kein Unterschied mehr besteht zwischen der freiberuflichen Tätigkeit und der Tätigkeit eines kleinen Händlers an der Ecke.

Die Einbeziehung der freien Berufe in die Gewerbesteuer würde zu einer **97** starken Mehrbelastung aller Freiberufler führen. Zusätzlich besteht die Gefahr der Stadtflucht, da die kleinen Gemeinden in der Regel erheblich niedrigere Hebesätze erheben. Besonders der Bundesverband der freien Berufe hat sich bisher erfolgreich gegen eine Einbeziehung der freien Berufe in die Gewerbesteuer gewehrt. Dennoch muß in den kommenden Jahrzehnten damit gerechnet werden, daß sich auf dem Gebiet noch einiges tun wird.

Die **selbständige Berufstätigkeit der Ärzte** und Zahnärzte gehört gem. § 18 **98** Abs. 1 Nr. 12 EStG zu der **freiberuflichen Tätigkeit** und unterliegt daher bislang nicht der Gewerbesteuer. Wichtig ist es hierbei, daß der **Arzt** oder Zahnarzt aufgrund **eigener Fachkenntnisse leitend und eigenverantwortlich** tätig wird. Vorübergehende Vertretung steht der Freiberuflichkeit nicht entgegen.

Auch der **Zusammenschluß** von Ärzten oder Zahnärzten zu **Laborgemein-** **99** **schaften** unter der Voraussetzung der kostendeckenden Leistungserbringung für die beteiligten Ärzte unterliegt nicht der Gewerbesteuer. Erfolgt allerdings bei Laborgemeinschaften die Abrechnung nicht auf Selbstkostenbasis, entsteht Gewerbesteuerpflicht. So unterliegt etwa die Tätigkeit eines Facharztes für Laboratoriumsdiagnostik der Gewerbesteuer, wenn ein umfangreiches Institut vorhanden ist und neben Hilfskräften qualifizierte Ärzte tätig sind (BFH v. 25. 11. 75, BStBl 76 II 155).

100   Die **Beteiligung berufsfremder Personen** an der Praxis, durch die eine Mit-
unternehmerschaft begründet ist, führt dazu, daß die gesamte Tätigkeit, auch
die ärztliche, in vollem Umfang der Gewerbesteuer unterliegt (BFH v.
8. 2. 66, BStBl III 246).

101   Ausnahme ist der **Erbfall**, wenn die Praxis z. B. durch den Sohn, der ebenfalls Arzt ist, fortgeführt und die Mutter am Gewinn beteiligt wird. Dies löst
keine Gewerbesteuerpflicht aus (BFH v. 3. 9. 57, BStBl III 375). Allerdings
muß sich die Beteiligung der berufsfremden Person auf eine kurze Übergangszeit beschränken. Anders ist die Rechtslage jedoch, wenn die Arztwitwe
oder der Arztwitwer die Praxis durch einen Vertreter weiterführen läßt. Hier
werden Einkünfte aus gewerblicher Tätigkeit erzielt.

102   Ein als **wissenschaftlicher Mitarbeiter im Außendienst** für Firmen der **che-
misch/pharmazeutischen Industrie** tätiger Arzt ist gewerbesteuerpflichtig
(BFH v. 2. 11. 61, HFR 62, 191). Der Arzt war sog. freier wissenschaftlicher
Mitarbeiter, und er beriet die vertretenen Firmen, propagierte medizinische
Präparate, führte Werbemaßnahmen durch und hielt den Kontakt zu Universitätskliniken und Krankenhäusern. Ebenso üben selbständige **Ärzte als Pro-
pagandisten** regelmäßig keinen freien Beruf, sondern eine gewerbliche Tätigkeit aus (BFH v. 27. 4. 61, BStBl III 315).

103   Wird ein rechtsfähiger **Verein** des privaten Rechts mit dem Zweck gegründet,
für Ärzte, das heißt Vereinsmitglieder, **Laboratoriumsuntersuchungen** vorzunehmen und unterhält dieser einen wirtschaftlichen Geschäftsbetrieb, so ist
dieser gewerbesteuerpflichtig (BFH v. 18. 1. 84, BStBl II 451).

104   Die Tätigkeit eines **Mitgliedes des Verwaltungsausschusses** einer von einer
Ärztekammer betriebenen **Ärzteversorgung** ist nicht als Leistung im öffentlichen Dienst i. S. des § 3 Nr. 12 Satz 2 EStG anzusehen, da die Ärzteversorgung ein Betrieb gewerblicher Art i. S. des § 1 Abs. 1 Nr. 6 KStG ist
(BFH v. 9. 5. 74, BStBl II 631).

105   Für die Beurteilung der Gewerbesteuerpflicht eines **Untersuchungsinstituts
für medizinische Mikrobiologie und klinische Chemie** kommt es darauf an, in
welchem Umfange der Steuerpflichtige am einzelnen Auftrag mitarbeitet
(BFH v. 25. 11. 75, BStBl 76 II 155).

106   Betreibt ein Arzt eine **Hausapotheke** mit Gewinnerzielungsabsicht, so ist ein
Gewerbebetrieb gegeben (BFH v. 26. 5. 77, BStBl 879). Siehe auch
Rdnr. 332.

Ein **Facharzt für Laboratoriumsmedizin** mit jährlich über 100 000 Unter-   107
suchungen, die unter Einsatz erheblichen Praxispersonals durchgeführt
werden, ist gewerblich tätig (BFH v. 7. 10. 87, BStBl 88 II 17).

Die Honorare, die ein **Augenarzt** für das **Anpassen von Kontaktlinsen** nach   108
einer augenärztlichen Untersuchung erhält, sind Einkünfte aus freiberuflicher
Tätigkeit. Der Verkauf von Kontaktlinsen und Pflegemitteln ist jedoch keine
Ausübung der Heilkunde. Die Einnahmen sind gewerbliche Einkünfte. Siehe
auch Rdnrn. 432 ff.

Betreibt ein Arzt ein **Krankenhaus**, eine **medizinische Badeanstalt**, eine **Kli-**   109
nik, ein **Kurheim** oder ein **Sanatorium**, so kann eine freiberufliche Tätigkeit
vorliegen. Einzelheiten siehe Rdnrn. 439 ff.

Bei der **Herstellung künstlicher Menschen** handelt es sich um eine gewerb-   110
liche Tätigkeit (BFH v. 25. 7. 68, BStBl III 662).

Die sich zu gemeinsamer Berufsausübung in Form einer Gesellschaft bür-   111
gerlichen Rechts – **Gemeinschaftspraxis** – zusammenschließenden Ärzte
erzielen Einkünfte aus freiberuflicher Tätigkeit nach § 18 EStG (BFH v.
13. 3. 66, BStBl III 489). Ist jedoch in einer solchen Gemeinschaftspraxis
einer der **Teilhaber** auch nur **teilweise gewerblich tätig**, so ist die gesamte
Tätigkeit der Gesellschaft gewerblich (BFH v. 1. 2. 79, BStBl II 574). Zur
Vermeidung einer gewerblichen Tätigkeit der Gemeinschaftspraxis wegen
einzelner schädlicher Betätigungen einzelner Gesellschafter wird die
gewerbliche Tätigkeit nicht nur rechtlich, sondern auch organisatorisch **aus-**
gegliedert, so daß die Tätigkeit von der Gemeinschaftspraxis völlig getrennt
ausgeübt wird. Entsprechende Anweisungen der Finanzverwaltung bestehen
für **augenärztliche Gemeinschaftspraxen** (BMF v. 19. 10. 84, BStBl I 588).
Danach ist das Anpassen von Kontaktlinsen freiberuflich, ihr Verkauf
jedoch gewerblich (wegen Einzelheiten siehe Rdnrn. 432 ff.) Diese Anweisungen gelten auch für **tierärztliche Gemeinschaftspraxen** (siehe
Rdnrn. 456 ff.) entsprechend, wenn die **Abgabe von Medikamenten** aus der
eigenen Hausapotheke mit Gewinnerzielungsabsicht erfolgt (Einzelheiten
siehe Rdnrn. 453 ff.).

Apparate- und Laborgemeinschaften unterliegen, wenn die Gewinnerzie-   112
lungsabsicht fehlt, nicht der Gewerbesteuer (Einzelheiten siehe
Rdnrn. 517 ff.).

4. Absetzungen für Abnutzung

113   Für den ärztlichen Bereich sind vor allem die ab 1987 und 1988 geltenden **Sonderabschreibungen** und die **verbesserten Abschreibungsbedingungen für Praxisgebäude von Bedeutung.**

a) Praxisgebäude

114   Die Abschreibungsbedingungen für Wirtschaftsgebäude wurden erheblich verbessert. Hierunter fallen auch die **Praxisgebäude** von Ärzten und Zahnärzten sowie anderen Heilberufen, die zum Praxisvermögen gehören und nicht Wohnzwecken dienen. Entscheidend hierfür ist, daß der Antrag auf Baugenehmigung nach dem 31. 3. 1985 gestellt worden ist. Nach § 7 Abs. 4 Nr. 1 EStG betragen dann bei der **linearen AfA** die jährlichen AfA **4 v. H.** anstatt 2 v. H.

115   Bei der **degressiven AfA** betragen sie gem. § 7 Abs. 5 EStG im Jahr der Fertigstellung oder Anschaffung und in den

folgenden 3 Jahren	jeweils 10 v. H.,
in den darauffolgenden 3 Jahren	jeweils 5 v. H.,
in den darauffolgenden 18 Jahren	jeweils 2,5 v. H.

der Herstellungs- oder Anschaffungskosten.

116   Auf den **Grund und Boden** sind **keine AfA zulässig.**

117   Im Falle der **Anschaffung** darf der Hersteller für das Praxisgebäude bislang keine AfA vorgenommen haben.

118   Bedauerlich ist, daß diese Verbesserung der AfA nur auf neue Gebäude gewährt wird und nicht auf den Altbestand an Praxisgebäuden, der dringend renovierungsbedürftig ist.

b) Praxiseinrichtung

119   Die **linearen AfA-Sätze** nach der **amtlichen AfA-Tabelle** für den Wirtschaftszweig „Anstalten und Freie Berufe der Gesundheitspflege", die seit Jahren trotz einer starken technischen Entwicklung in diesen heilberuflichen Bereiche beibehalten und nicht verändert worden sind, betragen (vgl. Bp-Kartei, a. a. O., Ziff. III B, 34):

Lfd. Nr.	Anlagegüter	Nutzungs-dauer (ND) i. J.	Linearer AfA-Satz v. H.	Bemerkungen
1	2	3	4	5
1	Apparate, Geräte und Anlagen für diagnostische und therapeutische Zwecke sowie Geräte und Apparate für Labortechnik und Sterilisation, soweit nicht unter lfd. Nr. 2 bis 5 aufgeführt	5	20	
2	Röntgenapparate			
	a) für Röntgeninstitute oder - Abteilungen und Röntgenfachärzte	5	20	
	b) für andere Ärzte	8	12	
3	Röntgen-Hilfseinrichtungen, Röntgen-Zubehör, Bildverstärker-Fernseheinrichtungen	5	20	Falls mit Apparat zu Nr. 2 aktiviert, bei Ersatzbeschaffung erfolgsmindernd zu behandeln
4	Vakuumartikel der Röntgentechnik, Röntgenröhren, Bildverstärkerröhren, Fernsehröhren, Hauben sowie Geräte der Nuklearmedizin	3	33	
5	Lichtmikroskope	8	12	

Bilden **Röntgenapparate und seine Zubehörteile** ein einheitliches Wirtschaftsgut, kommt für die Zubehörteile keine Bewertungsfreiheit nach § 6 Abs. 2 EStG in Betracht. Es besteht jedoch die Möglichkeit degressiver AfA, auch der Sonderabschreibung für mittlere Betriebe, die ab 1988 20 v. H. beträgt. Damit kann bei Anschaffung eines Röntgenapparats in der ersten Jahreshälfte 1988 neben der degressiven AfA von 30 v. H. und der Sonderabschreibung von 20 v. H. insgesamt 50 v. H. steuerlich abgesetzt werden (vgl. auch Rdnr. 123 ff.). **120**

Werden **Wirtschaftsgüter der gehobenen Lebensführung**, z. B. Waschmaschine, Heimbügler, Kühlschrank, sowohl privat als auch beruflich genutzt **(gemischte Nutzung)**, so wirkt sich die anteilige AfA als Betriebsausgabe ohne Rücksicht auf die Zugehörigkeit zum Privat- oder Betriebsvermögen aus (BFH v. 13. 4. 61, BStBl III 308), wenn die betriebliche Nutzung nicht nur von untergeordneter Bedeutung ist und der betriebliche Nutzungsanteil sich leicht und einwandfrei anhand von Unterlagen nach objektiven, nachprüfbaren Merkmalen – ggf. im Wege der Schätzung (§ 162 AO) – von den nicht abzugsfähigen Kosten der Lebenshaltung trennen läßt. Liegen die vor- **121** genannten Voraussetzungen vor, so gehören diese Wirtschaftsgüter bei der Gewinnermittlung nach § 4 Abs. 3 EStG in vollem Umfang zum notwendigen Betriebsvermögen, wenn die betriebliche Nutzung mehr als 50 v. H. beträgt. Sonst rechnen sie zum notwendigen Privatvermögen (Bp-Kartei, Ärzte, Abschn. III B, 17).

122 Die **schnelle Entwicklung** auf dem medizinisch/technischen Sektor gibt dem Berater einen gewissen Spielraum für seine Steuerstrategie, da für viele Geräte eine relativ kurze Nutzungsdauer zugrunde gelegt werden kann. Sollte ein Berater mehrere Ärzte oder Zahnärzte betreuen, wäre es sinnvoll, Aufzeichnungen über die Nutzung und den Abgang dieser Geräte zu machen. Gerade bei Betriebsprüfungen können die Unterlagen eine große Hilfe sein. Wegen der **Bewertungsfreiheit** für geringwertige Anlagegüter siehe Rdnrn. 224 ff.

c) Sonderabschreibungen

123 Kleine und mittlere Betriebe – und hierzu zählen Arzt-/Zahnarztpraxen, psychologische und andere heilberufliche Praxen – können für neue
(1) bewegliche Wirtschaftsgüter, die nach dem 31. 12. 1986 angeschafft oder hergestellt wurden, 10 % der Anschaffungs- und Herstellungskosten als Sonderabschreibung geltend machen.
(2) Wurden die Wirtschaftgüter nach dem 31. 12. 1987 angeschafft oder hergestellt, gilt ein Abschreibungssatz von 20 v. H.

124 **Voraussetzung** ist im Falle (1), daß der Einheitswert der Praxis nicht höher als 120 000 DM und im Falle (2) nicht höher als 240 000 DM ist, was in der Regel bei diesen Praxen der Fall ist.

125 Eine weitere **Verbesserung** ist, daß der **Zeitraum**, in dem die Sonderabschreibung in Anspruch genommen werden kann, über das Jahr der Anschaffung oder Herstellung des Wirtschaftsguts hinaus auf die vier folgenden Jahre ausgedehnt werden kann. Das heißt, ab 1988 muß also nicht mehr im ersten Jahr die Sonderabschreibung geltend gemacht werden. Dies ist vor allem **wichtig** für heilberufliche Praxen in der **Startphase**, die die Sonderabschreibung gerne in späteren Jahren geltend machen wollen.

126 **Zu** diesen **Sonderabschreibungssätzen** kommt die **normale Abschreibung** oder die **degressive Abschreibung**. Das heißt, bei einem beweglichen Wirtschaftsgut kann zusammen mit der degressiven Abschreibung für das Jahr 1987 im ersten Halbjahr max. 40 %, für das Jahr 1988 max. 50 % der Gesamtab-

schreibung geltend gemacht werden (20 % Sonderabschreibung und 30 % degressive Abschreibung).

Der **Berater** muß hier **überprüfen**, ob die Inanspruchnahme der Abschrei-   127
bung sinnvoll ist, vor allem auch im Hinblick auf die Steuerreform 1990, durch die doch erheblich geringere steuerliche Belastungen auftreten, und darüber hinaus im Hinblick auf die insgesamt rückgängige Gewinnsituation im freiberuflichen Bereich.

d) Bewertungsfreiheit für abnutzbare Wirtschaftsgüter des Anlagevermögens privater Krankenhäuser

Private Krankenhäuser können nach § 7 f EStG eine Sonderabschreibung gel-   128
tend machen für abnutzbare Wirtschaftsgüter des Anlagevermögens, die dem Betrieb des Krankenhauses dienen. Im Jahr der Anschaffung/Herstellung und in den folgenden vier Jahren können sie **neben** der linearen oder degressiven AfA nach § 7 EStG Sonderabschreibungen vornehmen, und zwar

● bei **beweglichen** Wirtschaftsgütern des Anlagevermögens bis zur Höhe von insgesamt 50 %

● bei **unbeweglichen** Wirtschaftsgütern des Anlagevermögens bis zur Höhe von insgesamt 30 %.

Voraussetzung ist jedoch, daß es sich um einen **Zweckbetrieb** im Sinne des   129
§ 67 AO handelt. Ein Krankenhaus, das in den Anwendungsbereich der Bundespflegesatzverordnung fällt, ist ein Zweckbetrieb, wenn mindestens 40 v. H. der jährlichen Pflegetage auf Patienten entfallen, bei denen nur Entgelte für allgemeine Krankenhausleistungen (§§ 5, 6 und 21 der Bundespflegesatzverordnung) berechnet werden. Ein Krankenkaus, das nicht in den Anwendungsbereich der Bundespflegesatzverordnung fällt, ist ein Zweckbetrieb, wenn mindestens 40 v. H. der jährlichen Pflegetage auf Patienten entfallen, bei denen für die Krankenhausleistungen kein höheres Entgelt als im Satz zuvor berechnet wird.

5. Arbeitszimmer

Die steuerliche Berücksichtigung eines Arbeitszimmers wird im allgemeinen   130
bei Ärzten und Zahnärzten von der Finanzverwaltung ohne Schwierigkeiten akzeptiert. Hilfreich war hier vor allem die Auflockerung der zwischenzeitlich umfangreichen Rechtsprechung des BFH.

131 Gerade der angestellte Arzt hat im allgemeinen ein häusliches Arbeitszimmer
     schon deswegen, weil in Krankenhäusern kaum die Möglichkeit besteht,
     einen zusätzlichen Raum für den Assistenzarzt zur Verfügung zu stellen. Das
     gleiche gilt im zahnärztlichen Bereich sowohl in der Klinik wie als Mitarbeiter
     eines anderes Zahnarztes. Im übrigen gilt für den Arzt und Zahnarzt in
     vollem Umfang die allgemeine Rechtsprechung zur Anerkennung eines häus-
     lichen Arbeitszimmers.

132 **Nicht erforderlich** ist, daß Art und Umfang der Tätigkeit eines angestellten
     Arztes einen besonderen häuslichen **Arbeitsraum erfordern** (BFH v.
     26. 4. 84, BStBl II 467). Erforderlich ist aber, daß die Wohnung entspre-
     chend groß ist, so daß der Familie genügend Wohnraum bleibt (Abschn. 29
     Satz 3 LStR). Man geht im allgemeinen von der Zahl der Familienangehöri-
     gen + 2 = Zahl der Zimmer in der Wohnung, der eindeutigen Trennung von
     den Privaträumen und der Einrichtung als Arbeitszimmer – nicht als Wohn-
     raum – aus (BFH v. 28. 10. 64, BStBl 65 III 16; v. 28. 9. 67, BStBl 68 II 77).

133 Das Arbeitszimmer darf nicht ständig durchquert werden, um andere Räume
     der privaten Wohnung zu erreichen (BFH v. 18. 10. 83, BStBl 84 II 110). Ist
     das Arbeitszimmer ein **Durchgangszimmer**, so hängt es von den Umständen
     des Einzelfalles ab, ob dennoch eine fast ausschließlich berufliche Nutzung
     gegeben ist. Eine unschädliche private Mitnutzung ist der **Durchgang** durch
     das Arbeitszimmer in das eheliche **Schlafzimmer** (BFH v. 19. 8. 88, BStBl II
     1000).

134 Eine **geringfügige private Nutzung** des Arbeitszimmers ist unschädlich (BFH
     v. 28. 9. 67, BStBl 68 II 77).

135 Für die Frage der Abzugsfähigkeit ist auch die **Ausstattung** des Arbeitszim-
     mers von Bedeutung. Enthält es auch Einrichtungsgegenstände, die typisch
     für den privaten Gebrauch bestimmt sind, z. B. Fernseher, Musikinstrument,
     Bett, so spricht dies gegen eine fast ausschließlich berufliche Nutzung (BFH,
     v. 26. 4. 85, BStBl II 467). **Unschädlich** ist jedoch das Vorhandensein einer
     Liege (BFH v. 18. 3. 88, DStZ/A S. 467).

136 Dagegen ist die einheitliche Ausstattung von Arbeitszimmer und anderen pri-
     vaten Räumen mit Tapete, Teppichböden oder Vorhängen kein hinreichen-
     des Beweisanzeichen für eine schädliche private Benutzung (Niders. FG v.
     20. 11. 86, rkr., EFG 87, 242).

137 Über die Ausgestaltung des Arbeitszimmers kann der Arzt/Zahnarzt grund-
     sätzlich frei entscheiden. Es können auch **teure Einrichtungsgegenstände** ver-

wendet werden, sofern ihre berufliche Nutzung zweifelsfrei ist (BFH v. 31. 1. 86, BStBl II 355 betr. einen antiken Schreibtisch im Werte von 7 000 DM und einen antiken Sessel im Werte von 4 000 DM). Bei wertvollen **Bildern** anerkannter Meister kommt jedoch ein Abzug nicht in Betracht (BFH v. 2. 12. 77, BStBl 78 II 164).

Die für die Unterhaltung des Arbeitszimmers anfallenden **Aufwendungen** **138** können in der Regel nur zum Teil dem Arbeitszimmer unmittelbar zugerechnet werden, z. B. Anschaffung von Gardinen, Tapeten, Teppichböden usw. Der größte Teil der Kosten muß aus den Gesamtaufwendungen für die Wohnung herausgerechnet und dem Arbeitszimmer anteilig zugerechnet werden. Die Kosten sind im allgemeinen nach dem Verhältnis der Fläche des Arbeitszimmers zu der gesamten Wohnungsfläche, einschließlich Arbeitszimmer, zu errechnen. Die **Berechnung der Fläche des Arbeitszimmers** erfolgt nach den §§ 42 bis 44 II. BVO. Sie ist häufig falsch, da die Zahl der Quadratmeter nicht richtig ermittelt wird. **Nebenräume** wie Keller, Waschküche und Dachboden sind in die Berechnung nicht einzubeziehen (BFH v. 18. 10. 83, BStBl 84 II 112).

Beispiel:
Die Wohnfläche einschließlich Arbeitszimmer beträgt 125 qm und die Fläche des Arbeitszimmers 25 qm. Auf das Arbeitszimmer entfallen 25 v. H. der Aufwendungen.
Die erwähnte Berechnungsweise ist vom BFH grundsätzlich als zutreffend bezeichnet worden (BFH v. 10. 4. 87, BStBl II 500 in Klarstellung zu BFH v. 18. 10. 83, a. a. O.).

Ein Raum, der im **Kellergeschoß** oder auf dem **Dachboden** als Arbeitszimmer **139** ausgebaut und eingerichtet ist, verliert seine Eigenschaft als Nebenraum. Die anteiligen Kosten eines derartigen Arbeitszimmers sind unter Berücksichtigung der vollen Nutzungsfläche zu errechnen (FG Berlin v. 29. 6. 82, EFG 83, 280).

Die bei den Einkünften aus nichtselbständiger Arbeit zu berücksichtigenden **140** **anteiligen Werbungskosten** berechnen sich nach dem **Verhältnis der Fläche des Arbeitszimmers** zur gesamten Wohnfläche der Wohnung **einschießlich** der des Arbeitszimmers (BFH v. 10. 4. 87, BStBl II 500 in ergänzender Klarstellung des BFH v. 18. 10. 83, BStBl 84 II 112).

Benutzt in einer **Eheleuten** als **Miteigentümer** zu je ½ gehörenden Eigen- **141** tumswohnung oder in einem Haus der Ehemann allein ein Arbeitszimmer, so sind die auf dieses Zimmer anteilig entfallenden **Schuldzinsen** für Verbindlichkeiten zur Anschaffung der Eigentumswohnung grundsätzlich ohne Rücksicht auf den halben Miteigentumsanteil der Ehefrau Werbungskosten bei seinen Einkünften aus nichtselbständiger Arbeit (BFH v. 3. 4. 87, BStBl II 623).

142 Achtzugeben ist, wenn ein Arbeitszimmer auch für eine Tätigkeit als Stadtrat, Ortsvorsitzender oder – was bei Ärzten häufig vorkommt – als **Ausschußmitglied bei der Kammer oder als Vorstandsmitglied** genutzt wird. Wird nämlich ein Arbeitszimmer zu 25 v. H. für solche Arbeiten genutzt, die mit steuerfreien Aufwandsentschädigungen zusammenhängen, so liegt keine nahezu ausschließlich berufliche Nutzung des Zimmers vor (FG Rheinl.-Pf. v. 24. 2. 86, EFG S. 282).

143 **Reinigungskosten** des Arbeitszimmers durch den Ehegatten sind nicht abziehbar (BFH v. 27. 10. 78, BStBl 79 II 80).

6. Arztunfallausstattung (Notfallkoffer)

144 **Aufwendungen** für die Anschaffung einer Arztunfallausstattung sind **abzugsfähig**. Bei Vorliegen der Voraussetzungen des § 6 Abs. 2 EStG kann **Bewertungsfreiheit** für geringwertige Anlagegüter in Anspruch genommen werden (BdF v. 12. 5. 70, DB S. 1004).

145 **7. Aufwandsentschädigung**   siehe Rdnrn. 272 ff.

8. Aufzeichnungspflichten

146 Die weit überwiegende Zahl der Ärzte und Zahnärzte ermitteln ihren Gewinn aus selbständiger Arbeit gem. § 4 Abs. 3 EStG durch **Überschußrechnung**. Im Zusammenhang mit der Beratung dieser heilberuflichen Gruppe stellt sich immer wieder die Frage, in welchem **Umfang** müssen die **Aufzeichnungspflichten** nach der AO gesichert sein. Da jedoch für die Überschußrechnung die **handelsrechtlichen Bestimmungen nicht gelten**, gilt auch die originäre Verpflichtung zur Buchführung nach **§ 141 AO nicht für Freiberufler** (vgl. auch Kremerskothen, BBK F. 8, 267). Das heißt also, die §§ 140 ff. der AO begründen für Freiberufler keine Verpflichtung zur Aufzeichnung oder gar zur Buchführung.

147 Es gibt aber **Aufzeichnungspflichten** in den einzelnen Steuergesetzen, insbesondere im ertragsteuerlichen Bereich. Wegen der umsatzsteuerrechtlichen Aufzeichnungspflichten siehe Rdnrn. 805 ff.

So ist ein besonderers **Verzeichnis für die abnutzbaren Wirtschaftsgüter des** 148
Anlagevermögens laufend zu führen. Auch bei der Einnahme-Überschuß-
Rechnung sind diese Verzeichnisse zwingend für die Inanspruchnahme von
Sonderabschreibungen oder erhöhten Abschreibungen, für die degressive
Abschreibung und für die geringwertigen Wirtschaftsgüter. Auch für den sel-
tenen Fall der Übertragung stiller Reserven nach § 6c Abs. 2 EStG.

Darüber hinaus fordert § 4 Abs. 3 Satz 5 EStG, daß **nichtabnutzbare Wirt-** 149
schaftsgüter des Anlagevermögens unter Angabe des Anschaffungs- und Her-
stellungstages in einem besonderen Verzeichnis festzuhalten sind. Der Sinn
ist vor allem die Erfassung von Veräußerungs- oder Entnahmegewinnen.
Darüber hinaus haben besondere Bedeutung die **Aufwendungen**, die in **§ 4**
Abs. 5 Nrn. 1 bis 5 und 7 EStG genannt sind wie z.B. Geschenke an
Geschäftsfreunde, Arbeitnehmer, Bewirtungsaufwendungen u.a.m.

Die **Form der Aufzeichnung** ist nicht festgelegt. Es sind jedoch die Ordnungs- 150
vorschriften der §§ 145 ff. der AO zu beachten. Entscheidend ist, daß die
Geschäftsvorfälle vollständig, sachlich richtig, zeitgerecht und geordnet aufgezeichnet worden sind. Hier genügt auch die Aufbewahrung im Rahmen von
Datenträgern, wenn diese Daten jederzeit lesbar gemacht werden können.
Auch eine geordnete Belegablage kann als ausreichende Aufzeichnung angesehen werden.

Sind die **Aufzeichnungen unrichtig**, unvollständig oder überhaupt nicht vor- 151
handen, so kann das Finanzamt nach § 162 AO die Besteuerungsgrundlagen
schätzen.

Bei **Betriebsprüfungen** legt die Finanzverwaltung für die Gewinnermittlung 152
durch Einnahme-Überschußrechnung gerne die Maßstäbe der Gewinnermittlung durch Betriebsvermögensvergleich an. Dies muß der Berater beachten.

Bei Einnahme-Überschuß-Rechnungen ist der Arzt nicht gehalten, seine 153
Betriebsausgaben fortlaufend und zeitnah und – soweit es sich um Lohnaufwand handelt – durch Verbuchung auf einem Lohnaufwandskonto festzuhalten (FG Köln v. 3. 6. 87, Stbg S. 262). Die **Steuergesetze** enthalten **keine all-**
gemeinen Aufzeichnungspflichten für Betriebseinnahmen und Betriebsausga-
ben bei Einnahme-Überschuß-Rechnung.

Insofern sollte hier bei Auseinandersetzungen mit der Finanzverwaltung eine 154
kritische Prüfung stattfinden, um die Benachteiligung der Mandanten zu vermeiden.

155 Ob die Buchführung eines Arztes allein deshalb nicht ordnungsmäßig ist, weil die **Barausgaben nicht täglich aufgezeichnet** wurden, ist ernstlich zweifelhaft (FG D'dorf v. 9. 9. 76, EFG 77, 55). Weiterhin erklärte das Finanzgericht, daß eine Bindung des Finanzamts nach Treu und Glauben sich auch aus einer langjährigen abweichenden Beurteilung der Ordnungsmäßigkeit der Buchführung bei anderen Ärzten ergeben kann, deren Buchführung von derselben Privatärztlichen Verrechnungsstelle nach denselben Grundsätzen erstellt worden ist.

156 Anders beim **Betriebsvermögensvergleich**. Bei einem Arzt, der seinen Gewinn nach § 4 Abs. 1 EStG, also nach Betriebsvermögensvergleich, ermittelt, ist jedoch die Buchführung nicht ordnungsmäßig, wenn seine **Honorarforderungen** nicht in einem **Grundbuch** und einem **Geschäftsfreundebuch** verbucht, sondern lediglich Rechnungsdurchschriften gesammelt werden, anhand deren bei der Aufstellung der Bilanz die am Bilanzstichtag vorhandenen Außenstände festgestellt werden (BFH v. 14. 6. 63, BStBl III 381).

157 **9. Ausbildungskosten**   siehe Rdnrn. 158 ff.

10. Berufsfortbildungskosten, Kongresse und Seminare

a) Abgrenzungsfragen bei Fortbildungskosten

158 Der Begriff „Fortbildung" darf gegenüber dem Begriff „Ausbildung" nicht zu eng gefaßt werden (BFH v. 9. 3. 79, BStBl II 37).

159 **Berufsausbildungskosten** sind solche Aufwendungen, die in erkennbarer Absicht gemacht werden, aufgrund der erlangten Ausbildung eine Erwerbstätigkeit auszuüben (BFH v. 17. 11. 78, BStBl 79 II 180). Diese Weiterbildungskosten in einem nicht ausgeübten Beruf sind nach § 10 Abs. 1 Nr. 7 EStG beschränkt als Sonderausgaben abzugsfähig. Zu den nicht als Betriebsausgaben/Werbungskosten abzugsfähigen Ausbildungskosten gehören z. B. die Studienkosten eines **Zahnarztes**, wenn er in die **allgemeine Medizin überwechseln** will (DStZ 42, 581).

160 **Fortbildungskosten im ausgeübten Beruf**, wie z. B. der Besuch von Kongressen, Seminaren u. a. m., sind bei Vorliegen der sonstigen Voraussetzungen als **Werbungskosten/Betriebsausgaben abzugsfähig**. Auch die Fortbildung zum **Facharzt** nach etwa fünfjähriger Tätigkeit im Krankenhaus fällt unter die Fortbildung im steuerlichen Sinne. Aufwendungen eines Zahnarztes für das **Studium der Kiefernchirurgie** sind als Fortbildungskosten abzugsfähig

(DStZ 42, 482). Auch die Aufwendungen eines **Dentisten** zum Besuch eines zahnmedizinischen Fortbildungskurses zur **Erlangung der Approbation als Zahnarzt** sind unter dem Gesichtspunkt der Fortbildung abzugsfähig.

Bei **Zusatzausbildungen** ist die **Abgrenzung** zwischen Fortbildungs- und Aus- 161 bildungskosten, die nur begrenzt im Rahmen der Sonderausgaben abzugs- fähig sind, oft schwierig. So stellen Aufwendungen für das **Psychologiestudium** eines approbierten Arztes, der eine Tätigkeit als Psychotherapeut auf- nehmen will, nichtabzugsfähige Ausbildungskosten dar (FG D'dorf v. 28. 9. 78, EFG 79, 219). Dagegen sind die Aufwendungen einer **Diplom- Psychologin** für die Teilnahme an Veranstaltungen eines Instituts für Psychotherapie mit dem Ziel, **Psychotherapeutin** zu werden, als Berufsfort- bildungskosten abzugsfähige Werbungskosten/Betriebsausgaben (BFH v. 18. 3. 77, BStBl II 547). Läßt sich ein **Arzt für Psychotherapie** oder ein **Nervenfacharzt zusätzlich** zum **Psychotherapeut** ausbilden, so handelt es sich auch hier nach Preißer (DStR 83, 189) um Fortbildungskosten, da es sich um eine organisch-praxisbezogene Vertiefung handelt. Darüber hinaus werde der angehende Psychotherapeut in seiner Erstausbildung, zumindest in den theo- retischen Grundlagen der Psychotherapie unterwiesen und geprüft. Anders dagegen ermöglichen die Ausbildung eines **Arztes für Allgemeinmedizin** und die Zusatzqualifikation dem **Nur-Facharzt** künftig gegenüber Privatpatienten und in erhöhtem Maße auch gegenüber Kassenpatienten, psychotherapeu- tische Leistungen abzurechnen. Er erreicht damit eine bessere wirtschaftliche Stellung. Damit liegt eine berufliche Neuorientierung vor und nicht eine praktische Vertiefung des bisherigen Engagements. Damit sind die Ausbil- dungskosten nur im Rahmen der Sonderausgaben begünstigt (kritisch dazu Preißer, DStR 83, 191).

Psychologen und Psychotherapeuten besuchen vielfach **Supervisionskurse.** 162 Supervision ist eine methodisch angelegte Beratung bzw. Unterrichtung, die problemorientiertes Lernen ermöglicht. Das Ziel ist es, auf Prozesse in Berufsfeldern einzuwirken, die sich mit Erziehung und Bildung, mit Konflikt- lösung, mit der Wiederherstellung gestörter sozialer Beziehungen sowie mit Therapie und sozialer Planung befassen. Bei Psychologen und Psychothera- peuten dient die Supervision vor allem auch der Absicherung und Abklärung bestimmter Methoden bei der Behandlung von Patienten. **Kosten** der **Super- vision** sind als Werbungskosten/Betriebsausgaben **abzugsfähig** (so Hess. FG v. 27. 11. 86, EFG 87, 551 betr. Teilnahme einer Junglehrerin an einem

Supervisionskurs). Bedenklich ist unseres Erachtens jedoch die Forderung des FG, wenn sich aus dem Programmheft, dem Teilnehmerkreis, der fachlichen Leitung des Kurses sowie dem Erfahrungsbericht des Teilnehmers ergeben soll, daß die berufliche Tätigkeit dadurch unterstützt werde. Durch den Erfahrungsbericht können sich unter Umständen Hinweise auf behandelte Patienten ergeben. Das würde die ärztliche Schweigepflicht verletzen.

163 Nach Auffassung von Huchatz (FR 82, 479) ist bei Fortbildungskosten und Ausbildungskosten zwischen Ärzten, Diplom-Psychologen und anderen Berufsgruppen zu **unterscheiden**. Bei den Ärzten und Diplom-Psychologen sind die Kosten für den Besuch von Lehrgängen und Fortbildungsveranstaltungen auch mit **Selbsterfahrungscharakter** Fortbildungskosten. Bei anderen Berufsgruppen handelt es sich um Ausbildungskosten, da sie die Grundlage für die Ausübung eines anderen Berufes bilden.

164 Die Kosten für einen **Fluglehrgang** eines **Facharztes für Augenheilkunde**, der die Anerkennung als **Sportarzt** erstrebt, sind regelmäßig keine Werbungskosten/Betriebsausgaben, sondern in vollem Umfang Lebensführungskosten. Auch die Berücksichtigung eines geschätzten Anteils dieser Aufwendungen ist mangels objektiver Abgrenzungsmerkmale nicht möglich. Es gibt **keinen** „**Flugsportarzt**" (FG Münster v. 28. 6. 70, EFG 71, 128, bestätigt durch BFH v. 24. 2. 72 IV R 197/198/70 n. v.).

165 Ob die Aufwendungen für die **Teilnahme an einem Sportseminar (Skikurs, Wintersportlehrgang)** Werbungskosten/Betriebsausgaben sind, wenn ein Arzt durch die Teilnahme die **Zusatzbezeichnung „Sportmedizin"** anstrebt, ist streitig. Während das Hess. FG (U. v. 22. 1. 87, EFG S. 549), das FG Köln (U. v. 27. 10. 87, EFG 88, 67) sowie das FG Rheinl.-Pf. (U. v. 22. 3. 88, EFG S. 509) den Abzug als Werbungskosten/Betriebsausgaben zulassen, lehnen das FG München (U. v. 25. 7. 88, rkr., EFG S. 629) und das FG Münster (U. v. 21. 6. 88, Rev. eingelegt, EFG S. 630) den Abzug ab. Für die Ablehnung des Werbungskosten/Betriebsausgaben-Abzugs dürften verschiedene Gründe sprechen. Die Reisen dürften zu einem wesentlichen Teil privat mitveranlaßt sein, da sie in bekannte Wintersportorte (z. B. Pontresina, Laax/ Flims, Wolkenstein) in einer Jahreszeit stattfinden, die gute Wintersport- und Erholungsmöglichkeiten bietet. Bestätigt wurde das in dem vom FG München entschiedenen Falle durch das Tagesprogramm, die Durchführung des Sportprogramms und das ergänzende Vortragsprogramm. Wir meinen, daß eine berufliche Veranlassung allenfalls nur dann in Betracht kommen kann, wenn das Sportprogramm nahezu ausschließlich dem Studium

des Verhaltens des Körpers bei sportlichen Leistungen und der praktischen Hilfe bei Sportverletzungen unter fachlicher Anleitung gewidmet gewesen wäre (so FG München, a. a. O.). Von Bedeutung dürfte auch sein, daß die Ausübung des Skisports selbst nicht Teil der ärztlichen Berufstätigkeit ist, während sie bei einem Skilehrer oder einem Ski-Berufssportler im Unterschied zum Arzt Grundlage seiner Erwerbstätigkeit ist (so FG Münster, a. a. O.). Mit Rücksicht auf die unklare Rechtslage sollte der Berater vorsorglich Einspruch einlegen oder Klage erheben und eine höchstrichterliche Entscheidung des BFH abwarten.

Die Aufwendungen für einen **Osteosynthesekurs** der schweizerischen Arbeitsgemeinschaft für Osteosynthesefragen in Davos werden bis auf die Teilnehmergebühren nicht als Werbungskosten/Betriebsausgaben anerkannt (FG Köln v. 31. 7. 86, EFG S. 596; a. A. FG Hamburg v. 1. 2. 83, EFG S. 494). **166**

Auch im Bereich der **Kieferchirurgie** muß eine Zusatzausbildung, z. B. ein **Strahlenschutz-Kurs,** absolviert werden. Zusätzlich sind klinische und operative Tätigkeiten auf dem Gebiet der Kieferchirurgie erforderlich. Diese Ausbildung, die als Bildungsmaßnahme in engem Zusammenhang mit dem ausgeübten Beruf steht und berufliches Spezialwissen vermittelt, kann unseres Erachtens nur als Fortbildung angesehen werden, so daß die Kosten in voller Höhe als Werbungskosten/Betriebsausgaben anerkannt werden müssen. **167**

Aufwendungen eines **nicht mehr praktisch tätigen Arztes** für die Fortbildung in der **Katastrophenmedizin** sind nach allgemeiner Auffassung weder als Werbungskosten noch als Sonderausgaben im Rahmen der Weiterbildung in einem nicht ausgeübten Beruf möglich (FR 83, 92). **168**

Die Aufwendungen eines Facharztes für einen **Englisch-Intensivkurs im Ausland** sind **nicht** als **Betriebsausgaben** abzugsfähig, wenn der Kurs lediglich der Vertiefung der Fähigkeit zur Konversation und der Einübung der englischen Umgangssprache dient, der Arzt aber aufgrund seines Patientenkreises in der Regel nicht auf eine Verständigung in englischer Sprache angewiesen ist und auch keine konkreten Anhaltspunkte vorliegen, daß er als Gastarzt an ausländischen Kliniken mit der Notwendigkeit der Kommunikation in englischer Sprache tätig sein wird (FG München v. 8. 8. 88, NWB EN-Nr. 1544/88). Etwas anderes gilt dann, wenn ein Arzt einen **Intensivsprachkurs** besucht, um an einem internationalen Fachkongreß teilnehmen und dort ein Referat halten zu können. Die Aufwendungen für den Kurs können Werbungskosten/Betriebsausgaben sein (FG Berlin v. 4. 5. 79, EFG S. 540). **169**

170 **Promotionskosten** sind lediglich als Sonderausgaben abzugsfähig, die Kosten
der **Habilitation** als Werbungskosten/Betriebsausgaben (BFH v. 7. 8. 67,
BStBl III 789). Aufwendungen aus Anlaß einer Promotion können aber dann
abzugsfähig sein, wenn das **Promotionsstudium Gegenstand eines Dienstverhältnisses** ist (BFH v. 7. 8. 87, BStBl II 780).

171 Aufgrund des BFH-U. v. 4. 8. 77 (BStBl II 829) sind die Anforderungen an
die Abzugsfähigkeit von Aufwendungen für den **Besuch ärztlicher Fortbil-
dungskongresse** verschärft worden. Der **Nachweis der Teilnahme** muß sich
grundsätzlich auf **jede besuchte Fortbildungsveranstaltung** beziehen, einem
Erfordernis, dem die Veranstalter durch Einführung besonderer **Testatver-
fahren** nachkommen (anderes gilt nach BFH v. 13. 2. 80, BStBl II 386 für
sog. Fachinformationsreisen). Trotz eindeutig geführter Nachweise prüft die
Finanzverwaltung jeweils unter Würdigung der gesamten Umstände des Einzelfalles, ob die geltend gemachten Aufwendungen Betriebsausgaben sind
(BdF v. 30. 10. 79, NWB DokStErl. F 3 § 4–5 EStG R. 20/79). Das Verlan-
gen nach **Testierung jeder Veranstaltung** ist allerdings **unzumutbar** (so FG
Köln v. 26. 11. 85, EFG 86, 109; strenger wohl FG Rheinl.-Pf. v. 27. 9. 82,
EFG 83, 342).

b) Kongresse und Seminare

172 Der Bereich Kongreßreisen von Angehörigen der Heilberufe im In- und Ausland ist für den Berater mit immer größeren Problemen verbunden. Dadurch,
daß die Veranstalter urlaubsträchtige und mondäne Orte wie Davos, Wien,
Monte Carlo, Bad Gastein, St. Moritz usw. als Kongreßorte aussuchen, hat
sich mittlerweile die Finanzverwaltung darauf „eingeschossen".

173 Voraussetzung für den Abzug der Aufwendungen für einen Kongreß als Werbungskosten oder Betriebsausgaben ist, daß die **Reise ausschließlich** oder
zumindest weitaus überwiegend im beruflichen Interesse unternommen
wurde. Die Verfolgung privater Interessen muß nach dem Anlaß der Reise,
dem vorgesehenen Programm und der tatsächlichen Durchführung nahezu
ausgeschlossen sein (BFH v. 4. 8. 77, BStBl II 829; v. 27. 11. 78, BStBl 79 II
213).

174 § 12 Nr. 1 EStG will mit seinem Aufteilungs- und Abzugsverbot für sogenannte **„gemischte Aufwendungen"** verhindern, daß der Steuerpflichtige
durch eine mehr oder weniger zufällige oder bewußt herbeigeführte Verbindung zwischen beruflichen und privaten Interessen – so z. B. Urlaubsreisen –

Aufwendungen für seine Lebensführung in den einkommensteuerlichen Bereich verlagern kann, weil ihm dies sein Beruf ermöglicht, während andere Steuerpflichtige derartige Aufwendungen aus versteuerten Einkünften begleichen müssen (BFH v. 31. 7. 80, BStBl II 746).

Der BFH hat **Kriterien** für die berufliche oder private Veranlassung einer   175
Reise entwickelt. So sind Aufwendungen für die Teilnahme an einer Auslandsgruppenreise zu Informationszwecken **keine** Werbungskosten bzw. Betriebsausgaben, wenn

(1) die Reise nicht objektiv durch den Betrieb bzw. Beruf des Steuerpflichtigen veranlaßt ist, insbesondere wenn mit der **Reise** programmgemäß auch ein **allgemeintouristisches Interesse** befriedigt wird, das nicht von untergeordneter Bedeutung ist,

(2) **außerhalb des Gruppenprogramms** mit der Gruppenreise ein **Privataufenthalt** verbunden wird, dem im Rahmen der Gesamtreise mehr als nur untergeordnete Bedeutung zukommt.

So sind z. B. bei einer Kongreßdauer von 3 Tagen **2 zusätzliche Tage, die tou-**   176
ristisch genutzt werden, ausreichend, die Kongreßreise insgesamt nicht als ausschließlich oder überwiegend beruflich veranlaßt anzusehen (Nieders. FG v. 10. 2. 88 VII 282/85).

Wird die Gesamtreise als nicht betrieblich bzw. beruflich veranlaßt betrach-   177
tet, so sind **einzelne abgrenzbare Aufwendungen, die ausschließlich betrieb-**
lich bzw. beruflich veranlaßt sind, als Betriebsausgaben bzw. Werbungskosten abziehbar (BFH v. 27. 11. 78, BStBl 79 II 213). Teilkosten der Reisekosten einer nicht insgesamt beruflich veranlaßten Auslandsreise werden jedoch wegen eines **beruflichen Zuschusses** keine Betriebsausgaben (BFH v. 14. 4. 88, BStBl II 633).

Der Berater muß auf bestimmte Punkte achten, wobei folgende **Checkliste**   178
hilfreich sein soll:

● Das **Reiseprogramm** muß auf die besonderen beruflichen Bedürfnisse und Gegebenheiten des Steuerpflichtigen zugeschnitten sein. Eine allgemeine wirtschaftliche Bildung des Teilnehmers wäre Teil der Allgemeinbildung und damit der Lebensführung zuzurechnen.

● Wegen des Erfordernisses der besonderen betrieblichen Bedürfnisse eines Teilnehmers muß der **Teilnehmerkreis** bei einer als betrieblich bzw. beruflich anzuerkennenden Reise **im wesentlichen gleichartig** sein.

● Besonders wichtig ist, daß die **Reiseroute** nicht weit auseinander gezogen und mit häufigem Ortswechsel verbunden ist. Ein häufiger Ortswechsel spricht für die private Veranlassung einer Reise.

● Die **fachliche Organisation** kann für eine betriebliche Veranlassung sprechen. Das heißt, das Programm muß straff und fachlich organisiert sein (BFH v. 18. 11. 65, BStBl III 279). Zum straff und fachlich organisierten Programm gehört auch, daß zwischen den Programmteilen nicht mehr als 4 Stunden Pause geschaltet sind (FG Köln v. 31. 7. 86, EFG S. 596). Ist also zwischen dem Vormittagsprogramm z. B. 8.00 bis 11.00 Uhr und dem Nachmittagsprogramm ab 16.00 bis 20.00 Uhr mehr als vier Stunden Pause, so besteht in nicht unerheblichem Umfang Raum zur Verfolgung privater Interessen. Eine straffe lehrgangsartige Organisation ist aber dann nicht erforderlich, wenn die Studienreise aus einem anderen Grund beruflich veranlaßt ist. Das ist z. B. der Fall bei einem Facharzt, der zur beruflichen Fortbildung an einer **ausländischen Klinik hospitiert.**

● Innerhalb einer Reise kann durchaus ein **Ruhetag** eingelegt werden. Er ist nicht schädlich.

● Die **Benutzung von Beförderungsmitteln,** die zeitaufwendiger, entspannender und kostspieliger sind als jeweils sonst günstige Beförderungsmittel, stellen ein Indiz für eine private Veranlassung der Reise dar.

Beispiel:
Wenn ein Reiseteilnehmer programmgemäß oder außerprogrammlich statt mit dem Flugzeug auf einem Passagierschiff eine USA-Hin- und/oder -Rückreise durchführt, ist dies ein Anhaltspunkt für private Gründe.

● Es muß gesichert sein, daß die **Teilnahme** des Steuerpflichtigen **an** dem **Programm** feststeht (BFH v. 28. 10. 76, BStBl 77 II 238; v. 4. 8. 77, BStBl II 829).

● Auch die **Dauer** der **Reise, der Zeitpunkt** der Reise, z. B. Urlaubszeit, muß beurteilt werden.

● Die **Verbindung mit einem Privataufenthalt** sowie die **Mitnahme von Familienangehörigen** kann schädlich sein.

179 Bei **Reisen ins Ausland** zur Teilnahme an Tagungen und Fortbildungsveranstaltungen inländischer Organisationen ist zu prüfen, ob bei der Festlegung des Tagungsortes und der Dauer des Kurses der Gesichtspunkt mitgespielt hat, den Teilnehmern **gleichzeitig Erholung** zu bieten. Wenn das der Fall ist,

dann können in der Regel nur die Kosten als Betriebsausgaben/Werbungs-
kosten abgesetzt werden, die bei der Durchführung des **Kurses im Inland** in
dem für berufliche Zwecke erforderlichen Zeitraum entstanden wären (BFH
v. 2. 12. 65, BStBl 66 III 69). Handelt es sich nicht um eine internationale
Fachtagung, so ist das Mehr an Kosten, das durch die Abhaltung der Ärzte-
tagung im Ausland entsteht, nicht als Betriebsausgabe/Werbungskosten
abzugsfähig. Die Reisekosten können dabei in Anlehnung an die Pauschsätze
für Inlandsreisen geschätzt werden (BFH v. 16. 7. 64, HFR 65, 107). Die
Teilnahme eines Arztes an einem internationalen **Kongreß katholischer Ärzte
in Malta** wurde dagegen als berufsbedingt angesehen (BFH v. 20. 3. 69,
BStBl II 338).

Abzugsfähige Fortbildungskosten eines deutschen **Zahnarztes**, der Angestell- 180
ter eines **amerikanischen Truppen-Hospitals** in Deutschland ist, sind: Die
Kosten für die Teilnahme am **Internationalen Zahnärzte-Kongreß** in Ame-
rika, die Kosten einer unmittelbar anschließend an den Kongreß durchgeführ-
ten, nach ausschließlich beruflichen Gesichtspunkten organisierten Reise zur
Vertiefung des durch den Kongreß vermittelten Wissens sowie die Kosten für
Besichtigungsfahrten zu einer Zahnklinik und Praxis eines amerikanischen
Zahnarztes (BFH v. 24. 8. 62, BStBl III 487).

Nichtabzugsfähige Aufwendungen lagen in folgenden Fällen vor: Aufwendun- 181
gen eines praktischen Arztes für eine Reise nach **Abessinien** und **Indien** zur
Erforschung der dortigen **Heilflora**, weil es an einem Sachzusammenhang
zwischen Auswertung der wissenschaftlichen Ergebnisse der Auslandsreise
und der Ausübung des ärztlichen Berufs durch den Arzt fehlte. Ein der allgemeinen **Grundlagenforschung** zuzuordnender Reisezweck rechtfertigt noch
nicht die Annahme einer ausschließlich oder weitaus überwiegend beruflichen
Bedingtheit der Reise (BFH v. 17. 12. 64, HFR 65, 357).

Aufwendungen eines **Augenarztehepaares** für eine **USA-Reise mit häufigem** 182
Ortswechsel sind nichtabzugsfähige Lebenshaltungskosten (BFH v. 8. 8. 68,
BStBl III 680). Im Falle einer **kurzen Berufsreise** (fünftägiger Augenärzte-
kongreß in **Indien**) mit anschließendem längeren Erholungs- und Bildungs-
urlaub sind die Reisekosten nichtabzugsfähig. Im Streitfall erkannte der BFH
lediglich für die fünf Kongreßtage die Pauschale von 80 DM für Auslands-
reisen an (BFH v. 5. 12. 68, BStBl 69 II 235). Im gleichen Sinne entschied
der BFH beim Besuch eines Ärztekongresses in **Montreal (Kanada)** verbunden mit einer Schiffsreise von 16 Tagen (BFH v. 1. 4. 71, BStBl II 524).

183   Begleitet ein Arzt zur ärztlichen Betreuung der Pilger einen von einer Orga-
       nisation veranstalteten **Pilgerzug**, so sind die von ihm selbst getragenen
       Kosten der Fahrt, Unterbringung und Verpflegung **keine Betriebsausgaben/**
       Werbungskosten; sie können jedoch bei Vorliegen der Voraussetzungen als
       Spenden abzugsfähig sein (BFH v. 24. 2. 72, BStBl II 613).

184   Die Aufwendungen eines Zahnarztes für den **Besuch eines Fachkongresses im**
       Ausland – Zahnärztekongreß in **Mexiko** – sind dann nicht ausschließlich oder
       zumindest überwiegend beruflich veranlaßt und deshalb insgesamt nicht
       abziehbare Kosten der **Lebensführung**, wenn von einer siebzehntägigen Reise
       nur neun Tage fachlichen Veranstaltungen dienten (BFH v. 28. 10. 76, BStBl
       77 II 238). Auch die Reisekosten eines Facharztes zu einem **Fachkongreß in**
       Japan wurden vom BFH nicht anerkannt, weil die Reise außerhalb des Fach-
       kongresses die Gelegenheit zum Besuch zahlreicher touristisch interessanter
       Städte bot (BFH v. 15. 7. 76, BStBl 77 II 54).

185   Die Teilnahme an einem **Ärzte-Fortbildungskongreß**, der im Rahmen einer
       Schiffsreise (Kreuzfahrt) nach Skandinavien abgewickelt wird, ist nicht beruf-
       lich veranlaßt, wenn Planung und Ausgestaltung der Fortbildungsveranstal-
       tung offensichtlich in erster Linie auf die Abziehbarkeit der dabei entstehen-
       den Aufwendungen als Betriebsausgaben (Werbungskosten) abzielen (Nie-
       ders. FG v. 7. 5. 73, EFG S. 579). Hingegen sind die Kosten der Teilnahme
       an einem Ärztekongreß im Rahmen einer Schiffsreise (sog. **schwimmender**
       Kongreß) nach Auffassung des FG D'dorf (8. 5. 74, EFG S. 459) in Höhe der
       Kosten abzugsfähig, die bei Durchführung des Kongresses im Inland entstan-
       den wären. Voraussetzung ist, daß der Kongreß trotz der Verbindung mit
       einer Schiffsreise den Charakter einer straff lehrgangsmäßig organisierten
       Fachtagung hat. Im Entscheidungsfalle standen von insgesamt 14 eigentlichen
       Veranstaltungstagen nur 3 Tage zur freien Verfügung, was bei einer zwei-
       wöchigen Tagung eine angemessene Erholungszeit ist.

186   Auch die Aufwendungen eines Arztes (Tierarztes) für eine mit Vortragsver-
       anstaltungen verbundene Reise auf einem **Fährschiff, dem FINNJET**, sind
       keine Betriebsausgaben, wenn die Befriedigung privater Interessen nicht
       nahezu ausgeschlossen ist (Nieders. FG v. 20. 4. 88, rkr., EFG S. 548). In
       dem Streitfall stand das Ziel der Reise, Helsinki, in keinerlei Bezug zu dem
       fachlichen Teil der Fortbildungsveranstaltung. Das Urteil enthält eine
       Abgrenzung zu der Entscheidung des Nieders. FG v. 17. 3. 86 (EFG S. 483),
       die gleichfalls zu einer Fortbildungsveranstaltung auf dem FINNJET ergan-

gen ist. Die Veranstaltung wurde von Steuerberatern durchgeführt, wobei der Reise ein anderes Programm als im ersten Streitfall zugrunde lag. Im übrigen widerspricht auch die Fortbildungsveranstaltung der Steuerberater der in den Rdnrn. 175 ff. dargelegten höchstrichterlichen Rechtsprechung.

Trotz der umfangreichen höchstrichterlichen Rechtsprechung wird die Frage **187** der Abzugsfähigkeit der Kosten für Teilnahme an Auslandskongressen immer wieder streitig. So erkennt neuerdings das FG Ba.-Wü. (U. v. 24. 2. 88, EFG S. 296) die Kosten für die Teilnahme an den Kongressen der **Bundesärztekammer**, insbesondere in **Davos**, steuerlich nicht mehr an, da die Gestaltung des Kongreßprogramms den Teilnehmern die Möglichkeit touristischer Betätigung geben würde. Das Urteil ist von der Bundesärztekammer kritisiert worden. Das ist verständlich, da sie außerdem Kongresse in Bad Gastein, Meran, Grado und Monte Catini seit Jahren durchführt, die in Zukunft steuerlich auch nicht mehr anerkannt werden könnten. Das Verhältnis von Finanzaufwand und Teilnehmerzahl ist bisher schon immer umstritten gewesen. Ob nun künftig weiterhin diese Auslandskongresse besucht werden können, hängt davon ab, wie sich die anderen Finanzgerichte entscheiden werden und ob letztlich der BFH sich erneut mit der Frage befassen kann.

Häufig werden von Veranstaltern sogenannte **„Beiprogramme"** angeboten, **188** so etwa mit exaktem Hinweis der Busverbindungen zu den Skiliften. Deshalb ist es sinnvoll, wenn sich der Kongreßteilnehmer vom Kongreßbüro soweit wie möglich die Anwesenheit zeitlich bescheinigen läßt (vgl. FG Rheinl.-Pf. v. 8. 10. 80, EFG 81, 33 und v. 27. 9. 82, EFG 83, 342). Sinnvoll ist es, wenn sich der Teilnehmer bei Vorträgen **Notizen** macht, mit denen die einzelnen Vorträge nachgewiesen werden können.

Bei **Reisebegleitung** durch **Ehefrau** oder **Kinder** ist eine private Reise anzu- **189** nehmen (BFH v. 16. 1. 74, BStBl II 292).

Auch die **Mitnahme der Lebensgefährtin**, die nicht Berufsangehörige ist, zu **190** einem Kongreß spricht für eine private Veranlassung der Auslandsreise (FG Köln v. 26. 11. 85, EFG 86, 109).

Aus dieser kurzen Übersicht wird deutlich, welche **Gestaltungsmöglichkeiten** **191** dem Berater und seinem Mandanten offenstehen. Diese Gestaltung entscheidet häufig über die Berücksichtigung oder Nichtberücksichtigung der Aufwendungen für Kongreßreisen als Werbungskosten oder Betriebsausgaben.

11. Berufsgenossenschaft

192   Wird der Praxisgründer **Arbeitgeber** – und dies dürfte in der Regel der Fall sein –, so muß er seine **Mitarbeiter** bei der **Berufsgenossenschaft für Gesundheitsdienst und Wohlfahrtspflege**, Schäferkampsallee 24, in 2000 Hamburg 6, **versichern**. Die Beiträge sind nicht allzu hoch und bemessen sich an der Höhe der Bruttolohn- und Gehaltssumme.

193   Der Arzt kann diese Zahlungen an die Berufsgenossenschaft in voller Höhe als **Betriebsausgaben** geltend machen. Die Berufsgenossenschaft wird ihm hierbei anbieten, daß er sich **freiwillig** versichern kann. Der **Anteil** für die freiwillige Versicherung ist **nicht** als **Betriebsausgabe**, sondern im Rahmen der Höchstbeträge als Sonderausgabe abzugsfähig, so daß sich die Beiträge vielfach nicht auswirken.

194   Soweit Ausgaben mit steuerfreien **Einnahmen** von der Berufsgenossenschaft in unmittelbarem wirtschaftlichem Zusammenhang stehen, dürfen sie nach § 3 c EStG nicht als Betriebsausgabe abgezogen werden.

195   Der **Berater** muß die Beiträge zur Berufsgenossenschaft **überprüfen**, inwieweit Beträge enthalten sind, die für den Praxisinhaber abgeführt werden.

196   Bei **Nichtanerkennung** eines **Ehegatten-Arbeitsverhältnisses** hat dies zur Folge, daß auch die Abzugsfähigkeit der Berufsgenossenschaftsbeiträge für den angestellten Ehepartner entfällt.

12. Berufskleidung

197   Aufwendungen für die Beschaffung und Erhaltung von Kleidung sind Werbungskosten/Betriebsausgaben, wenn es sich um typische Berufskleidung handelt, in Betracht kommen **weiße Kittel und Mäntel und typische Berufswäsche**, z. B. Tücher, usw. Abzugsfähig sind die Kosten der Anschaffung, Reinigung und Reparatur. Bei einem **Tierarzt** gehören zur typischen Berufskleidung z. B. Gummistiefel, Gummischürzen, Kittel usw. nicht jedoch Dreivierteljacken, Anzüge, Schuhe und dergleichen (Bp-Kartei, Tierärzte, Abschn. IV, 2 e). **Weiße bürgerliche Kleidung** wie z. B. weiße Hosen, Hemden, Socken, Schuhe gehören **nicht** zur **Berufskleidung** (so FG Hamburg v. 11. 9. 87, EFG 88, 116; FG München v. 30. 6. 87, EFG 88, 300; a. A. FG Hamburg v. 28. 11. 86, EFG 87, 396).

198   Wird vom Krankenhaus oder Arbeitgeber **Arbeitskleidung unentgeltlich oder verbilligt zur Verfügung gestellt**, so gehört ihr Wert nicht zum steuerpflichti-

gen **Arbeitslohn,** solange es sich um typische Berufskleidung handelt, die nur während der Dienstzeit getragen wird (vgl. Abschn. 50 Abs. 2 Nr. 1 LStR). Typische Berufskleidung sind weiße Mäntel, Kittel, OP-Kleidung, Handschuhe, Röntgenschürzen usw.

Wird bürgerliche Kleidung bei ärztlicher Hilfeleistung am Unfallort **beschä-** 199 **digt oder unbrauchbar,** so sind die Aufwendungen für Reparatur oder Ersatzbeschaffung als Werbungskosten/Betriebsausgaben abziehbar.

Auch ein **besonders hoher, beruflich veranlaßter Verschleiß** von bürgerlicher 200 Kleidung kann grundsätzlich nicht zu einem Werbungs-(Betriebsausgaben-) Abzug führen, es sei denn, der Verschleiß ist von einem normalen Kleidungsverschleiß zutreffend und in leicht nachprüfbarer Weise abgrenzbar (BFH v. 24. 7. 81, BStBl II 781).

Wird typische Berufskleidung in der eigenen Waschmaschine **gewaschen,** so 201 kann der Aufwand nach einem vertretbaren Schlüssel über die Abschreibung der Waschmaschine und den sonst entstehenden Kosten als Werbungskosten/ Betriebsausgaben abgesetzt werden (BFH v. 13. 4. 61, BStBl III 308; v. 13. 3. 64, BStBl III 455).

13. Berufskosten

Aufwendungen eines selbständigen Arztes für beruflich benötigte **Brillen,** 202 z. B. Schutzbrillen ggf. mit integriertem Vergrößerungsglas, **und Uhren** sind ggf. Betriebsausgaben (FG Nürnberg v. 28. 4. 59, DStZ E S. 462).

14. Berufskrankheiten

Die Gefahr durch die Berufsausübung zu erkranken, besteht heute in hohem 203 Maße. Hinzuweisen ist z. B. auf zahlreiche Hepatitisfälle im ärztlichen und zahnärztlichen Bereich oder neuerdings auf die Erkrankung durch Aids.

Aufwendungen für Berufskrankheiten können dann als Betriebsausgaben/ Werbungskosten abgezogen werden, wenn es sich um eine **typische Berufskrankheit** handelt oder die **Krankheit nachweisbar** eine **Folge der Berufsausübung** ist (BFH v. 6. 6. 57, BStBl III 286).

Ein steuerlicher Abzug der Aufwendungen entfällt jedoch, wenn ihnen entsprechende **Versicherungsleistungen** gegenüberstehen, z. B. aus einer Krankenversicherung.

204 **Tuberkulöse Erkrankungen**, die sich ein in der pathologischen Abteilung beschäftigter Arzt (Pflichtassistent) beim **Sezieren tuberkulöser Leichen** zugezogen hat, gehören zu den Berufskrankheiten (FG Hamburg v. 28. 10. 55, EFG 56, 45). Ebenso kann eine **Gelbsucht** bei einem **Chirurgen** eine Berufskrankheit sein, wenn sie in Ausübung des Berufs zugezogen ist (BFH v. 6. 6. 57, a. a. O.). Aber auch eine **infektiöse Gelbsucht** kann bei **freipraktizierenden Ärzten** und bei Krankenhausärzten eine typische Berufskrankheit sein, sofern sie mit Gelbsucht-Kranken oder mit dem Blut oder den Ausscheidungen derartiger Patienten Kontakt haben (FG Münster v. 22. 6. 67, EFG S. 512 i. V. m. BFH v. 26. 3. 65, BStBl III 358). Steuerlich abzugsfähige Betriebsausgaben können in diesem Zusammenhang sein die Kosten für eine **Hepatitis-B-Impfung**, sofern eine praxisbezogene Veranlassung vorliegt. Das ist der Fall bei Impfung des Praxispersonals, z. B. MTA, Sprechstundenhilfe, Putzfrau sowie der in der Praxis aufgrund eines steuerlich anerkannten Arbeitsverhältnisses mitarbeitenden Ehefrau, nicht jedoch, wenn sie in der Praxis ihres Mannes nicht tätig ist. Auch eine eigene Impfung des Arztes gegen eine Ansteckungsgefahr durch seine Tätigkeit in der Praxis ist beruflich veranlaßt. Daher sind auch seine eigenen Impfkosten steuerlich absetzbar (BFH v. 6. 6. 57, BStBl III 286).

205 Als Berufskrankheiten kommen beim **Röntgenfacharzt** der Röntgenkrebs, beim **Zahnarzt** die Quecksilberkrankheit und beim **Lungenfacharzt** die Tuberkulose in Betracht.

206 Ein **Herzinfakt** kann bei Angehörigen freier Berufe nicht als typische Berufskrankheit angesehen werden. Die hierdurch entstandenen Krankheitskosten sind daher unter diesem Gesichtspunkt nicht als Werbungskosten/Betriebsausgaben abzugsfähig (BFH v. 4. 10. 68, BStBl II 179). Bei Vorliegen der Voraussetzungen kann eine Berücksichtigung der Aufwendungen als außergewöhnliche Belastung in Betracht kommen.

207 Treten bei **Kindern** eines **Röntgenfacharztes** genetische **Strahlenschäden** auf, so sind die Aufwendungen des Vaters zur Heilung oder Linderung solcher Schäden keine Werbungskosten/Betriebsausgaben; denn die Verpflichtung, die zu dieser Aufwendung geführt hat, ist nicht beruflicher, sondern privater Art. Die Aufwendungen können jedoch als außergewöhnliche Belastung berücksichtigt werden (BFH v. 17. 4. 80, BStBl II 639).

15. Berufsspezifische Versicherungen

Gerade in den letzten Jahren nahmen Prozesse gegen Ärzte in starkem Maße   208
zu, so daß es besonders wichtig ist, über eine Berufshaftpflichtversicherung
gut abgesichert zu sein. Die Kosten einer **Berufshaftpflichtversicherung** können als Werbungskosten bzw. Betriebsausgaben in voller Höhe abgezogen
werden. Hier ist im übrigen dem jungen Arzt zu raten, sich eingehend über
das Preis-Leistungs-Verhältnis der Berufshaftpflichtversicherer zu erkundi-
gen, da es gravierende Abweichungen gibt, so z. B. bei Gynäkologen, wo
Gebührenabweichungen von mehreren 100 DM nicht selten sind.

Wird eine **Unfallversicherung** abgeschlossen, weil etwa durch Notarzttätig-   209
keit, Hausbesuche u. a. m. ein erhöhtes Unfallrisiko besteht, so hat der Arzt
die **Wahl**, die Kosten der Unfallversicherung als **Sonderausgabe** abzuziehen,
was in der Regel nicht sinnvoll ist, da die Höchstbeträge durch das Altersversorgungswerk weit überschritten werden, oder die Ausgaben für die Unfallversicherung als **Werbungskosten** bzw. **Betriebsausgaben** geltend zu machen
(BFH v. 8. 4. 64, BStBl III 271; v. 5. 8. 65, BStBl III 650). Hier muß jedoch
beachtet werden, daß Einnahmen aus der Unfallversicherung Einkünfte aus
nichtselbständiger Tätigkeit bzw. Betriebseinnahmen sind.

Wurden die **Prämien** der Unfallversicherung als **Sonderausgabe** geltend   210
gemacht, so ist der einmalige Schadensersatz steuerfreie Einnahme. Wird
eine laufende Zahlung geleistet, so muß diese versteuert werden.

Handelt es sich jedoch um eine Unfallversicherung mit **Prämienrückgewäh-**   211
rung, ist der Prämienanteil nicht als Betriebsausgabe bzw. Werbungskosten
geltend zu machen.

Unseres Erachtens sollte die Berücksichtigung der Prämien als Werbungs-   212
kosten bzw. Betriebsausgabe gewählt werden, da die Wahrscheinlichkeit
eines Unfalls mit Schadensersatz doch relativ gering ist. Im Falle laufender
Leistungen kann sogar davon ausgegangen werden, daß der Arzt nicht mehr
in der Lage ist, seinen Beruf auszuüben, so daß die Versteuerung dieser laufenden Einnahmen in der Regel nicht sehr hoch zu Buche schlägt. Kann die
ärztliche Tätigkeit weiterhin ausgeübt werden, bedeutet die Versteuerung
ohnehin keine allzu hohe Belastung.

Der angestellte Arzt ist automatisch über seinen Arbeitgeber bei der **Berufs-**   213
genossenschaft für Gesundheitsdienst und Wohlfahrtspflege, Schäferkampsallee 24, 2000 Hamburg 6, **versichert.** Erhält ein angestellter Arzt später Leistungen von der Berufsgenossenschaft, so sind diese **steuerfrei.**

214 Beiträge zu sog. **Praxisgründungsversicherungen** – das sind Kapitalversiche-
     rungen auf den Todes- oder Erlebensfall –, wobei die Versicherungssumme
     zur Tilgung eines zur Praxisfinanzierung gewährten Darlehens verwandt wird,
     die kombiniert sind mit einer **Berufsunfähigkeitsversicherung**, sind steuerlich
     nicht abzugsfähig (OFD Frankfurt v. 21. 10. 86, ESt-Kartei 1978 § 4 EStG
     K. 37).

16. Berufsverbände

215 Gerade die Heilberufe zeigen eine starke Verbandsarbeit auf. Die übergrei-
     fenden Verbände sind der **Hartmannbund**, der **Marburger Bund** bei den Ärz-
     ten, der Freie Verband bei den Zahnärzten, der **Deutsche Psychologenver-
     band** bei den Psychologen. Daneben haben sich fachspezifische Verbände
     gebildet. So z. B. der **Verband der Allgemeinärzte**, der **Deutsche Dermatolo-
     genverband**, der **Verband der Frauenärzte**, der **Verband der Augenärzte** und
     viele andere mehr. Für den Berater ist es sinnvoll, sich von den jeweiligen
     Verbänden die Verbandszeitschriften zu beschaffen, um eine Übersicht zu
     bekommen.

216 Sowohl die **Verbandsbeiträge** als auch **Teilnehmergebühren** für Veranstaltun-
     gen, die **Fortbildungszwecken** dienen, sind in voller Höhe abzugsfähige Auf-
     wendungen. Auch Veranstaltungen im Rahmen einer ehrenamtlichen Tätig-
     keit rechnen dazu (BFH v. 28. 1. 80, BStBl 81 II 368). Dies gilt sowohl für
     den angestellten als auch für den selbständig tätigen Arzt.

17. Betriebsvergleich für Arztpraxen

217 Bei der DATEV eG, Nürnberg, besteht für Steuerberater die Möglichkeit,
     einen Betriebsvergleich für Arztpraxen zu erstellen (vgl. Görke, DSWR 87,
     19). Hierbei werden neben Einnahme- und Ausgabearten die kalkulatori-
     schen Kosten, statistische Werte sowie die Aufteilung der Einnahmen darge-
     stellt. Im Rahmen der kalkulatorischen Kosten werden der kalkulatorische
     Unternehmerlohn, die kalkulatorischen Zinsen und kalkulatorische Mieten
     sowie Abschreibungen angesetzt. Die Vergleiche werden auf einzelne
     Fachrichtungen bezogen.

218 Vergleichswerte liegen für folgende Arztpraxen vor:

     ● Allgemeinmediziner/Praktische Ärzte

     ● Augenheilkunde

- Chirurgie
- Dermatologie/Venerologie
- Frauenheilkunde
- HNO
- Innere Medizin
- Kinderheilkunde
- Neurologie/Psychiatrie
- Orthopädie
- Radiologie
- Urologie
- Gemeinschaftspraxen für Allgmeinmedizin
- Gemeinschaftspraxen für Innere Medizin
- Zahnärzte

Praxen sind zwar häufig wirtschaftlich gesund, jedoch im privaten Bereich 219
entstehen erhebliche Liquiditätslücken dadurch, daß die Praxisinhaber privat
Investitionen getätigt haben, die durch die Einnahmen, vor allem bei etwai-
gem Rückgang der Gewinne, nicht mehr gedeckt werden können. In der
Regel ist der persönliche Lebensbereich nicht überzogen und relativ bescheiden. Doch die Bereitschaft Immobilien zu kaufen und sich an Firmen zu
beteiligen, hat häufig dazu geführt, daß in diesen Praxen mit großer Mühe die
Zahlungsfähigkeit erhalten bleibt. Kommt zu diesen Investitionen noch ein
persönlich starkes Ausgabegebaren, so wird meistens aus der Erhöhung des
Kontokorrentkredits schnell deutlich, daß die Einnahmen nicht genügen, die
Ausgaben zu decken.

Daher wäre es **wünschenswert**, wenn die DATEV eine **Globalrechnung** 220
ermöglichen würde, in die zusätzlich die Privatentnahmen, die Steuerzahlun-
gen, die Investitionen im privaten Bereich, das heißt also z. B. Grundstücks-
aufwand, miteinfließen. Erst unter Berücksichtigung dieser Zahlen kann tatsächlich festgestellt werden, ob die Arzt- oder Zahnarztpraxis auf lange Sicht
rentabel arbeiten kann. Ärztlichen/zahnärztlichen Praxisinhabern gibt jedoch
schon jetzt die **nilaplan Unternehmensberatung für Heilberufe** GmbH, 5000
Köln 1, Belfortstraße 9, eine laufende, zeitnahe und verständliche Information über die finanzielle Situation ihres „Unternehmens" und dessen voraussichtliche Entwicklung.

18. Bewachungskosten

221   **Abzugsfähig** als Betriebsausgaben sind alle laufenden Aufwendungen, die der Bewachung der beweglichen oder unbeweglichen Wirtschaftsgüter des **Praxisvermögens** (Betriebsvermögens) bei den Einkünften aus freiberuflich ärztlicher Tätigkeit dienen, so z. B. **Alarmanlagen**. Sie sind als Betriebsvorrichtung ggf. selbständig zu aktivieren und gesondert abzuschreiben (BdF v. 31. 3. 67, BStBl II 127, Tz. 16).

222   Zu den nichtabzugsfähigen Lebenshaltungskosten zählen jedoch die Kosten eines **Wachhundes**, den eine **Landärztin** zu ihrem Schutz hält (BFH v. 29. 3. 79, BStBl II 512). Eine Aufteilung in abzugsfähige Betriebsausgaben und nichtabzugsfähige Lebenshaltungskosten dürfte wegen Fehlens geeigneter Aufteilungsmaßstäbe im allgemeinen scheitern.

223   Abzugsfähig als Betriebsausgaben/Werbungskosten sind unseres Erachtens jedoch **chemische Mittel zur Abwehr von Angriffen**, die z. B, ein Landarzt oder Arzt in der Stadt bei Nachtbesuchen mitnimmt.

19. Bewertungsfreiheit für geringwertige Anlagegüter

224   Gem. § 6 Abs. 2 EStG können Ärzte für die Anschaffungs- oder Herstellungskosten von beweglichen Wirtschaftsgütern des Anlagevermögens, die der Abnutzung unterliegen und die einer selbständigen Bewertung und Nutzung fähig sind, im Jahr der Anschaffung oder Herstellung in voller Höhe als Betriebsausgaben absetzen, wenn die Anschaffungs- oder Herstellungskosten, vermindert um einen darin enthaltenen Vorsteuerbetrag (§ 9 b Abs. 1 EStG), für das einzelne Wirtschaftsgut 800 DM nicht übersteigen.

225   **Wichtig** ist, daß die Bewertungsfreiheit nur für solche Wirtschaftsgüter in Anspruch genommen werden kann, die einer **selbständigen Bewertung und Nutzung** fähig sind. Ist ein Wirtschaftsgut zwar selbständig bewertbar, aber nicht selbständig nutzungsfähig, so entfällt die Bewertungsfreiheit. Für die Beurteilung der selbständigen Nutzungsfähigkeit kommt es dabei nach der Rechtsprechung des BFH nicht darauf an, ob das Wirtschaftsgut Teil einer Sachgesamtheit ist oder nicht; der BFH hat nämlich diesen Begriff bei den Ertragsteuern aufgegeben (BFH v. 16. 12. 58, BStBl 59 III 77).

226   Die Bewertungsfreiheit für geringwertige Anlagegüter wird insbesondere bei **Inventar** und **Instrumenten** in Betracht kommen, wenn die Anschaffungskosten 800 DM nicht übersteigen. **Unzulässig** wäre es steuerlich, wenn sich

ein Arzt/Zahnarzt über ein Wirtschaftsgut von 900 DM zwei Rechnungen von je 450 DM ausstellen ließe. In diesem Fall muß **Aktivierung** des Wirtschaftsguts erfolgen, auf das dann nach der betriebsgewöhnlichen Nutzungsdauer abgeschrieben werden kann.

Das übliche **Instrumentarium** eines Arztes/Zahnarztes, das schon nach früherer Verwaltungsauffassung keine Sachgesamtheit war, kann für die Bewertungsfreiheit in Betracht kommen, ebenso die **Arztunfallausstattung (Notfallkoffer)**.   227

20. Bewirtungsaufwendungen

Bei Angehörigen freier Berufe, also auch bei Ärzten, gelten für die Abzugsfähigkeit von Bewirtungskosten dieselben Grundsätze wie für alle anderen Berufe (BFH v. 6. 12. 63, BStBl 64 III 134). Es kommt nicht darauf an, ob die Aufwendungen bei Ärzten gegen die guten Sitten, gegen die Berufsauffassung oder gegen die **Standessitten** verstoßen. Allerdings werden bei Freiberuflern an die **Darlegungs- und Nachweispflicht** für Bewirtungskosten strenge Anforderungen gestellt (vgl. BFH v. 6. 2. 63, a. a. O.). **Überhöhte Aufwendungen** für Bewirtungskosten oder zu Zwecken der **Werbung** sind nicht abzugsfähig (vgl. Hüffer, BB 63, 1209).   228

Bewirtungskosten eines Chefarztes für das bei ihm nicht angestellte Krankenhauspersonal können Betriebsausgaben bei seinen Einkünften aus selbständiger Tätigkeit sein, die unter den Voraussetzungen des § 4 Abs. 5 Nr. 2 EStG abgesetzt werden können (BFH v. 6. 12. 84, BStBl 85 II 288).   229

Bewirtungsaufwendungen müssen vom **Berater** regelmäßig beim Jahresabschluß **überprüft** werden, da die **Aufzeichnungspflichten** nach § 4 Abs. 7 EStG von den Ärzten/Zahnärzten nicht hinreichend beachtet werden. Häufig vergißt beispielsweise der Arzt die Angabe seines eigenen Namens oder den Anlaß der Bewirtung in dem Bewirtungsvordruck aufzuführen. Dem Arzt sollte nahegelegt werden, daß die Aufzeichnungen **zeitnah** zu erfolgen haben (vgl. BFH v. 17. 2. 77, BStBl II 543; v. 18. 2. 83, BStBl II 394; v. 16. 3. 84, BStBl II 439; v. 25. 2. 88, BStBl 581; v. 25. 3. 88, BStBl II 655).   230

Vergleiche auch das Stichwort **„Praxisjubiläum"**, Rdnr. 375.   231

Ab 1990 können nur noch **80 v. H.** der Bewirtungsaufwendungen als Betriebsausgaben abgezogen werden.   232

21. Buchführung

a) Allgemeines

233 Ärzte/Zahnärzte üben in der Regel einen **freien Beruf** i. S. des § 18 EStG
aus. Nur bei Vorliegen ganz besonderer Voraussetzungen werden sie zu
Gewerbetreibenden (vgl. Rdnrn. 96 ff.).

234 Wie in Rdnr. 146 erwähnt, bestehen für Ärzte/Zahnärzte **keine sog. außer-
steuerlichen Buchführungs- und Aufzeichnungspflichten nach § 140 AO** und
keine Buchführungspflicht nach § 141 AO. Als Angehörige der freien Berufe
ermitteln sie ihren Gewinn regelmäßig nach § 4 Abs. 3 durch **Einnahme-
Überschußrechnung**. Vergleiche Rdnrn. 237 ff.

235 Der Arzt hat ein **Wahlrecht**, ob er den Gewinn nach § 4 Abs. 1 EStG durch
Vermögensvergleich oder in der vereinfachten Form des § 4 Abs. 3 EStG
durch **Einnahme-Überschußrechnung** ermitteln will. Richtet er freiwillig eine
Buchführung ein, die als Grundlage für eine Gewinnermittlung nach § 4
Abs. 1 EStG ausreicht, so muß die Gewinnermittlung nach § 4 Abs. 1 EStG
vorgenommen werden (BFH v. 24. 11. 59, BStBl 60 III 188).

b) Der Unterschied der Gewinnermittlungsarten

236 Der Unterschied in den Gewinnermittlungsarten besteht darin, daß bei der
Einnahme-Überschußrechnung nur die tatsächlichen, d. h. zugeflossenen Einnahmen (§ 11 EStG) und tatsächlich geleistete Ausgaben erfaßt werden, während beim Betriebsvermögensvergleich alle Veränderungen des Betriebsvermögens den Gewinn beeinflussen; der Gewinn wird somit beim Betriebsvermögensvergleich genauer ermittelt. So ergibt sich z. B. bei den **Honorarforderungen** ein beachtlicher Unterschied zwischen dem Betriebsvermögensvergleich (§ 4 Abs. 1 EStG) und der Einnahme-Überschußrechnung (§ 4 Abs. 3
EStG). Beim Vermögensvergleich sind diese Forderungen zu aktivieren und
erhöhen dadurch das Betriebsvermögen und den Gewinn, zweifelhafte Forderungen oder uneinbringliche Forderungen sind entsprechend abzuschreiben.
Bei der Einnahme-Überschußrechnung werden dagegen grundsätzlich nicht
die Forderungen, sondern die Zahlungseingänge erfaßt. Darum sind auch
Vorschüsse ohne Rücksicht auf die Art der Verbuchung schon im Zeitpunkt
des Zufließens als Betriebseinnahmen zu behandeln. Müssen Vorschüsse später ganz oder teilweise zurückgezahlt werden, so stellen die Rückzahlungen
Betriebsausgaben dar (BFH v. 2. 9. 54, BStBl III 314). **Wertschwankungen**
im Betriebsvermögen im Laufe eines Jahres werden bei der Einnahme-

Überschußrechnung grundsätzlich nicht berücksichtigt (BFH v. 18. 3. 65, StRK EStG § 18 R. 369).

c) Gewinnermittlung durch Einnahme-Überschußrechnung (§ 4 Abs. 3 EStG)

Ärzte/Zahnärzte, die nicht kraft Gesetzes buchführungspflichtig sind und auch nicht freiwillig Bücher führen, **können** ihren Gewinn gem. § 4 Abs. 3 EStG durch Gegenüberstellung der Betriebseinnahmen und der Betriebsausgaben (Überschußrechnung) ermitteln. § 4 Abs. 3 EStG ist eine Gewinnermittlungsvorschrift. Eine **Aufzeichnungspflicht** wird durch § 4 Abs. 3 EStG **nicht begründet.** Die **Verpflichtung** zur Führung von Einzelaufzeichnungen über die Betriebseinnahmen ergibt sich aus § 22 UStG (vgl. Rdnrn. 805 ff.). Diese Vorschrift gilt auch für Zwecke der Einkommensbesteuerung. **237**

Die **Betriebsausgaben** dürfen nicht in einer Tagessumme verbucht werden, sie sollten vielmehr nach Auffassung der FinVerw **einzeln und fortlaufend aufgezeichnet** werden. Außerdem ist es erforderlich, die Betriebsausgaben soweit wie möglich zu **belegen**; denn nach § 160 AO kann das Finanzamt verlangen, daß der Arzt die Ausgaben erläutert und die Empfänger bezeichnet. Wenn der Arzt die vom Finanzamt verlangten Angaben nicht macht, kann es den beantragten Abzug ablehnen. Die Vorschrift stellt es in das pflichtgemäße Ermessen (siehe § 5 AO), vom Arzt die genaue Bezeichnung der Empfänger der verausgabten Beträge zu verlangen mit der Folge, daß der Abzug der Ausgaben unterbleiben muß, wenn der Arzt die verlangten Angaben nicht macht. Sie bezieht sich grundsätzlich auf sämtliche Arten von Betriebsausgaben; wenn auch ihr Anwendungsgebiet in erster Linie für Schmiergelder gedacht war, so wird sie gleichwohl auch für Repräsentationskosten angewandt. Ist die Beschaffung eines Belegs nicht möglich oder unzumutbar, z. B. Straßenbahnfahrten, Trinkgelder, so ist es zweckmäßig, einen **Eigenbeleg** zu schaffen, der dann die nachprüfbare Grundlage für die Buchung schafft. Da die Betriebsausgaben in voller Höhe den Gewinn mindern, ist es zu einer richtigen Gewinnermittlung notwendig, diese lückenlos zu erfassen und aufzuzeichnen. Die **Belege** sind zu sammeln und geordnet aufzubewahren. **238**

Schwankungen im Betriebsvermögen sind bei der Gewinnermittlung nach § 4 Abs. 3 EStG nicht zu berücksichtigen. Die Betriebseinnahmen sind in dem Jahr anzusetzen, in dem sie dem Arzt zugeflossen und die Betriebsausgaben in dem Jahr abzusetzen, in dem sie geleistet worden sind. Aufwendungen für **nicht der Abnutzung unterliegende Anlagegüter** sind jedoch nicht in vollem **239**

Umfang im Jahr der Zahlung abzugsfähig, sondern erst im Zeitpunkt der
Veräußerung oder Entnahme (§ 4 Abs. 3 Satz 4 EStG).

240 Aufwendungen für **Anlagegüter, die der Abnutzung unterliegen**, werden im
Wege der AfA auf die Nutzungsdauer des Wirtschaftsgutes verteilt, sofern
nicht die Voraussetzungen des § 6 Abs. 2 EStG vorliegen. Die Vorschriften
über die AfA (§ 7 EStG) gelten also auch bei der Einnahme-Überschußrechnung.

241 **Veräußert** ein Arzt, der nach der Einnahme-Überschußrechnung versteuert,
seine **Praxis**, so ist er so zu behandeln, als wäre er im Augenblick der Veräußerung zunächst zur Gewinnermittlung durch Betriebsvermögensvergleich
nach § 4 Abs. 1 EStG übergegangen.

242 **Gewillkürtes Betriebsvermögen** kommt nicht in Betracht (BFH v. 13. 3. 64,
BStBl III 455). Aufwendungen für die Anschaffung von Wirtschaftsgütern,
die bei einer Gewinnermittlung durch Betriebsvermögensvergleich zum
gewillkürten Betriebsvermögen gehören würden, sind nicht betrieblich veranlaßt und dürfen dementsprechend nicht als Betriebsausgaben abgesetzt werden. Einnahmen aus der Veräußerung solcher Wirtschaftsgüter sind keine
Betriebseinnahmen. Werden nicht zum Praxisvermögen gehörende Wirtschaftsgüter auch beruflich genutzt, so können Aufwendungen einschließlich
anteiliger AfA, die durch die berufliche Nutzung entstehen, als Betriebsausgaben abgesetzt werden, wenn die berufliche Nutzung nicht nur von untergeordneter Bedeutung ist und der berufliche Nutzungsanteil sich leicht und
einwandfrei an Hand von Unterlagen nach objektiven, nachprüfbaren Merkmalen – ggf. im Wege der Schätzung – von den nicht abzugsfähigen Kosten
der Lebenshaltung trennen läßt (vgl. Abschn. 17 Abs. 5 EStR).

243 Die **Einnahme-Überschußrechnung** nach § 4 Abs. 3 EStG ist für die freien
Berufe die **einfachste und zweckmäßigste Gewinnermittlungsart**. Eine kauf-
männische Buchführung mit Betriebsvermögensvergleich wird nur in Ausnahmefällen notwendig werden, wenn die besondere Art der Praxis es erfordert.

22. Doppelte Haushaltsführung

244 Nach § 9 Abs. 1 Nr. 5 EStG können **notwendige Mehraufwendungen**, die
einem Arbeitnehmer wegen einer aus **beruflichem Anlaß** begründeten doppelten Haushaltsführung entstehen, als **Werbungskosten** abgezogen werden.
Eine doppelte Haushaltsführung liegt vor, wenn der Arbeitnehmer außerhalb

des Orts, in dem er einen **eigenen Hausstand** unterhält, beschäftigt ist und auch am **Beschäftigungsort wohnt.**

Diese Regelung gilt nicht nur für Arbeitnehmer, sondern entsprechend auch 245 für **selbständig Tätige,** also auch für **Ärzte** und andere Angehörige der Heilberufe, die aus beruflichen Gründen einen doppelten Haushalt führen (BFH v. 29. 4. 76, BStBl II 588; v. 13. 8. 87, BStBl 88 II 53).

Ein beruflicher Anlaß muß nur für die **Begründung** des doppelten Haushalts, 246 jedoch nicht mehr für die Beibehaltung bestehen (Abschn. 27 Abs. 1 Satz 7 LStR), so daß hierfür durchaus private Gründe gegeben sein können.

Beispiel:
Die Familie des Arztes will nicht an seinen Beschäftigungsort umziehen.

Kein beruflicher Anlaß liegt vor, wenn ein Arbeitnehmer den Familienwohnsitz vom Beschäftigungsort an einen anderen Ort verlegt, ohne gleichzeitig den Beschäftigungsort zu wechseln (BFH v. 10. 7. 78, BStBl 79 II 222; v. 16. 4. 80, BStBl II 512); desgleichen wenn ein Arbeitnehmer heiratet und an einem anderen Ort eine Familienwohnung einrichtet, seine Wohnung am Beschäftigungsort aber beibehält (BFH v. 26. 11. 76, BStBl 77 II 158); ferner wenn ein Arbeitnehmer mit seiner Ehefrau eine gemeinsame Wohnung am Beschäftigungsort bezieht, die bisherige Familienwohnung aber nicht aufgibt, z. B. weil dort Angehörige wohnen (BFH v. 29. 11. 74, BStBl 75 II 459).

Ein eigener **Hausstand** ist bei einem Arbeitnehmer dann anzuerkennen, wenn 247 er eine Wohnung besitzt, deren Einrichtung seinen **Lebensbedürfnissen entspricht** und in der **hauswirtschaftliches Leben** herrscht, an dem sich der Arbeitnehmer sowohl **finanziell** als auch durch **seine persönliche Mitwirkung maßgeblich** beteiligt. Eine maßgebliche finanzielle Beteiligung an den Kosten des Familienhaushaltes setzt voraus, daß die Zuwendungen des Arbeitnehmers nicht erkennbar unzureichend sind (BFH v. 9. 11. 71, BStBl 72 II 148).

Unverheiratete Ärzte können grundsätzlich keinen doppelten Haushalt füh- 248 ren, ebenso nicht **dauernd getrennt lebende Ehegatten,** auch nicht ein in **eheähnlicher Lebensgemeinschaft** lebender Arzt (FG D'dorf v. 22. 6. 81, EFG 82, 185; FG Berlin v. 16. 2. 88, EFG S. 298; a. A. FG München v. 16. 9. 86 nrkr., EFG 87, 74 betr. eine länger dauernde eheähnliche Lebensgemeinschaft). Nach FG Rheinl.-Pf. v. 10. 3. 88 (EFG S. 413) sind bei einer nichteheähnlichen Lebensgemeinschaft die Voraussetzungen für die Anerkennung einer doppelten Haushaltsführung jedoch dann gegeben, wenn die Eheschließung alsbald – noch im betreffenden Veranlagungszeitraum oder kurz darauf – nachfolgt.

249 **Ausnahmsweise** kann bei **Ledigen** eine doppelte Haushaltsführung angenommen werden, wenn sie vor Aufnahme der auswärtigen Beschäftigung mit von ihnen finanziell abhängigen Angehörigen, z. B. Kinder, Geschwister usw., einen eigenen Hausstand unterhalten haben, diesen auch nach Beginn der auswärtigen Beschäftigung weiter unterhalten und die Kosten ganz oder überwiegend tragen (BFH v. 16. 11. 71, BStBl 72 II 132).

250 Auch bei **Verlobten** wird keine doppelte Haushaltsführung anerkannt.

251 Ein **geschiedener Arbeitnehmer**, der in der früheren ehelichen Wohnung ein möbliertes Zimmer beibehält, unterhält dort in der Regel keinen eigenen Hausstand (BFH v. 26. 9. 74, BStBl 75 II 66), ebenso nicht wenn die Ehefrau und gemeinsame Kinder in der Wohnung am bisherigen Wohnort verbleiben, der Partner aber am Beschäftigungsort auf Dauer mit einer anderen Frau und einem gemeinsamen Kind in einem eigenen Hausstand lebt (BFH v. 25. 3. 88, BStBl II 582).

252 Als **abzugsfähige Werbungskosten** kommen insbesondere in Betracht:

- die Fahrkosten für die **erste Fahrt zum Beschäftigungsort** und für die letzte Fahrt vom Beschäftigungsort zum Ort des eigenen Hausstands, bei Benutzung des eigenen Pkw höchstens 0,42 DM je km, bei Benutzung des eigenen Motorrads 0,18 DM je km,

- die Fahrkosten für jeweils eine tatsächlich durchgeführte **Familienheimfahrt** wöchentlich, bei Benutzung eines eigenen Pkw oder Motorrads 0,36 DM bzw. 0,16 DM je Entfernungskilometer,

- die notwendigen **Mehraufwendungen für Verpflegung**, und zwar ohne Einzelnachweis für die ersten zwei Wochen seit Beginn der auswärtigen Tätigkeit die für mehrtägige Dienstreisen nach dem Jahresarbeitslohn gestaffelten Verpflegungspauschalen von 42, 44 bzw. 46 DM täglich und anschließend, also nach zwei Wochen, 16 DM täglich,

- die notwendigen Kosten der **Unterkunft** in nachgewiesener Höhe, soweit sie nicht überhöht sind (BFH v. 16. 3. 79, BStBl II 473).

253 **Ledige, geschiedene und verwitwete Arbeitnehmer**, bei denen eine doppelte Haushaltsführung zu verneinen wäre, können gleichwohl für eine gewisse **Übergangszeit** notwendige Mehraufwendungen, die durch die Beschäftigung an einem neuen Arbeitsort entstehen, als Werbungskosten geltend machen. Wegen der Einzelheiten vergleiche Abschn. 27 Abs. 6 LStR.

23. Edelmetallbestände in der Arzt- und Zahnarztpraxis

Vor allem bei Zahnärzten, Röntgenärzten, Orthopäden und Internisten müs- 254
sen Edelmetalle eingekauft werden oder sie entstehen etwa beim Röntgen. In
den vergangenen Jahren haben insbesondere bei Betriebsprüfungen zahlreiche Ärzte Schwierigkeiten mit Beständen von Gold und anderen Edelmetallen bekommen, insbesondere wenn Veräußerungsgeschäfte vorlagen.

Ein **angemessener Bestand** an Edelmetallen kann nach Meinung der Finanz- 255
verwaltung bei Zahnärzten, die Edelmetalle bei ihren Patienten verarbeiten
oder bei Bearbeitung durch Zahnlabors selbst beistellen, **notwendiges
Betriebsvermögen** sein (vgl. Bp-Kartei, Zahnärzte, Abschn. B III, 1). Nach
Ansicht des FG Köln im Urteil v. 9. 6. 88 (NWB, EN-Nr. 1160/88) spricht
sogar ein **Prima-facie-Beweis** dafür, daß der Zahngoldvorrat eines Zahnarztes
zum notwendigen Betriebsvermögen gehört. Dieser Prima-facie-Beweis sei
allerdings dann entkräftet, wenn der Zahnarzt bei Anschaffung des Goldes
nicht beabsichtigt hat, dieses in seiner Praxis zu verwenden. Ein objektiv
nachprüfbarer Anhaltspunkt für die Verwendungsabsicht sei die tatsächliche
Verwendung im eigenen Labor bzw. die Beistellung an das Fremdlabor.

Ein angemessener Bestand ist in der Regel der **voraussichtliche Jahresbedarf** 256
für die Selbstverarbeitung oder Beistellung von verarbeitungsfähigen Edelmetallen. Er wird dann anerkannt, wenn der Zahnarzt den Jahresbedarf in
geeigneter Weise **nachweist** (BMF v. 15. 3. 84, IV A 7 S 0315 – 6/84).

Der Jahresbedarf richtet sich in der Regel nach dem Vorjahresbedarf. Für die 257
Ermittlung des Jahresbedarfs kann aber auch ein mehrjähriger Bemessungs-
zeitraum zugrunde gelegt werden.

Beispiel:
Der Bedarf von 1983 bis 1986 beträgt insgesamt 4 kg Edelmetalle. Das entspricht
einem durchschnittlichen Jahresbedarf von 1 kg.

Die Auffassung des Bundesfinanzministeriums kann meines Erachtens nicht 258
geteilt werden. Es gibt zu der Annahme eines einjährigen Edelmetallbedarfs
überhaupt **keine gesetzliche Regelung.** Sollte bei Betriebsprüfungen der
Betriebsausgabenabzug für Edelmetalle verwehrt werden, weil der Einjahres-
bedarf überschritten ist, ist den Zahnärzten und deren Beratern zu empfehlen, die Möglichkeit eines finanzgerichtlichen Verfahrens zu prüfen.

Es muß dem Zahnarzt als Unternehmer überlassen bleiben, zu welchem Zeit- 259
punkt er welche Mengen an Vorratsgold erwirbt. Denn nur unter diesen

Bedingungen kann sich der Zahnarzt preiswert bei einem niedrigen Edel-
metallpreis eindecken. Die Vorstellung der Finanzverwaltung ist geradezu
afiskalisch orientiert. Denn der Zahnarzt, der die Metallvorräte zu günstigen
Preisen aufstockt, weist bei einer Veräußerung der Edelmetallvorräte höhere
Gewinne aus als derjenige, der sich strikt an die Regelung der Finanzverwaltung hält und nur einen Jahresbedarf anschafft.

260   Problematisch ist in der Tat der Fall, in dem Zahnärzte **Gold** kaufen, das
      etwa nicht verarbeitet werden kann und zur **Hortung** dient vor allem, um den
      jeweiligen Gewinn zum 31. 12. eines Jahres zu drücken.

261   Schafft der Zahnarzt Edelmetalle an, die verarbeitet werden, das heißt also
      seiner betrieblichen Verwendung zugeführt werden, gehören diese Edel-
      metalle zum notwendigen Betriebsvermögen (Förderer, DStR, 83, 447).

262   Werden Altzahngold oder andere Edelmetalle verwertet, so liegt nach der
      Auffassung der Finanzverwaltung ein betrieblicher Ertrag vor. Bei der
      Gewinnermittlung nach § 4 Abs. 3 EStG – und dies dürfte bei Zahnärzten
      der Regelfall sein – muß zum Zeitpunkt des **Anfalls von Altgold** dessen **Wert**
      als **Betriebseinnahme** behandelt werden. Zu gleicher Zeit darf eine **Betriebs-
      ausgabe** getätigt werden, so daß sich eine Gewinnauswirkung erst beim tat-
      sächlichen Verkauf oder bei Inzahlunggabe des Goldes oder der Edelmetalle
      bei einer Scheideanstalt in Höhe des Erlöses ergibt.

263   Für den Arzt bedeutet dies, daß unter allen Umständen Verkäufe von Edel-
      metallen als Betriebseinnahme behandelt werden müssen. Es ist darauf hinzu-
      weisen, daß die **Scheideanstalten** bei Einlösung von Edelmetallen – sei dies
      nun Gold oder Silber aus Röntgengeräten – Name und Adresse des Veräuße-
      rers notieren, so daß dieser nicht damit rechnen kann, daß die Veräußerung
      ohne **Nachweis** bleibt. Werden die Erlöse aus dem Verkauf von Altzahngold
      nicht der Einkommensteuer unterworfen, also nicht als Betriebseinnahme
      behandelt, liegt in der Regel **Steuerhinterziehung** vor (Müller, DStR 84, 681).

264   Bei der Einnahme-Überschuß-Rechnung sollten daher der jeweilige Bestand
      an Edelmetallen und etwaige Zu- oder Abgänge aufgeführt werden.

265   **Altzahnmetalle** müssen den Patienten angeboten werden. Wird dies unterlas-
      sen, wird zusätzlich ein außerhalb des Steuerrechts liegender, allgemeiner
      strafrechtlicher Tatbestand verwirklicht.

266   Der Erwerb von **Feingold** durch einen Zahnarzt ist nicht betrieblich veranlaßt
      (BFH v. 17. 4. 86, BStBl II 607; FG Rheinl.-Pf. v. 10. 11. 87, EFG 88, 406,

Nichtzulassungsbeschwerde eingelegt). Dies wäre nur der Fall, wenn Feingold in der Weise zum Einsatz in der Praxis bestimmt wäre, daß der Zahnarzt es selbst zur Herstellung von Zahnfüllungen oder Zahnersatz verwenden oder es einem Zahnlabor für derartige Zwecke im Interesse seiner Praxis überlassen wollte. Das kam in dem vom BFH entschiedenen Falle nicht in Betracht.

Altgoldreste, die bei einer zahnärztlichen Behandlung anfallen und die ein Zahnarzt seinen **Patienten abkauft**, sind dagegen aus betrieblicher Veranlassung erworben und Gegenstände des Betriebsvermögens geworden. **Erlöse aus der Veräußerung** solcher Altgoldbestände, z. B. an eine Scheideanstalt, zählen zu den **Betriebseinnahmen** des Zahnarztes. Eine **Entnahme** der Altgoldreste in das Privatvermögen kann nicht schon darin erblickt werden, daß der Zahnarzt die Aufwendungen für den Ankauf steuerlich nicht als Betriebsausgaben geltend macht (FG Hamburg v. 12. 2. 86, EFG S. 482). 267

In einer **Röntgenarztpraxis** gewonnene und zur Veräußerung bestimmte **Silberabfälle** bleiben Betriebsvermögen, auch wenn sie zu Barren umgegossen werden (BFH v. 18. 9. 86, BStBl II 907). 268

24. EDV-Unterstützung

Gerade im ärztlichen Bereich wird in immer größerem Maße EDV eingesetzt, vor allem was den Forschungsbereich an Universitätskliniken anbelangt. Hier ist es für eine reibungslose Berücksichtigung aller Aufwendungen als Werbungskosten/Betriebsausgaben sinnvoll, wenn das Institut oder der entsprechende Arbeitgeber die berufliche Notwendigkeit des EDV-Gerätes bestätigen. 269

25. Ehefrau als Angestellte   siehe Rdnrn. 295 ff.   270

26. Ehegatten-Arbeitsverhältnisse   siehe Rdnrn. 295 ff.   271

27. Ehrenämter

In der Regel kommt ein Ehrenamt bei der Kammer oder beim Berufsverband erst in Frage, wenn sich der Arzt selbständig gemacht hat. Die **Aufwandsentschädigungen** für diese Tätigkeit sind den Einkünften aus freiberuflicher ärztlicher bzw. zahnärztlicher Tätigkeit zuzurechnen. 272

273 Wird die Aufwandsentschädigung, gleichgültig ob von einer Körperschaft des öffentlichen Rechtes oder von einem Berufsverband bezahlt, für entgangene Einnahmen geleistet, so sind diese Einnahmen steuerpflichtig. Anders, wenn kein Verdienstausfall oder Zeitverlust gegeben ist und der Aufwand, der beim Empfänger erwächst, nicht überschritten wird (siehe hierzu § 3 Nr. 12 EStG).

274 Die **Steuerfreiheit** der Auswandsentschädigung der Ärzte ist entsprechend der der kommunalen Ehrenbeamten geregelt (FinMin NRW v. 5. 2. 73, FR S. 114). Danach ist die Aufwandsentschädigung zu einem Drittel steuerfrei, mindestens jedoch in Höhe von 50 DM monatlich, soweit dies durch Gesetz oder Verordnung bestimmt ist.

275 Ist dies nicht der Fall, so ist nicht zu beanstanden, wenn **ohne Nachweis** ein **Aufwand** in Höhe von einem Drittel der gewährten Aufwandsentschädigung, mindestens jedoch in Höhe von 50 DM und höchstens in Höhe von 300 DM monatlich angenommen wird. Hierbei ist die zeitliche Bezugsgröße von einem Monat fixiert, das heißt die Beiträge können durch die anderen Monate nicht ausgeglichen werden. Finden z. B. im Monat Mai zwei Sitzungen zu je zwei Tagen statt und erhält der ehrenamtliche Arzt hierfür 1 200 DM, so wäre ein Drittel = 400 DM steuerfrei, allerdings begrenzt auf 300 DM, somit 300 DM steuerfrei, 900 DM steuerpflichtig. Der Arzt kann keine weiteren Aufwendungen geltend machen.

276 Die ehrenamtliche Tätigkeit ist gem. § 4 Nr. 26 UStG von der **USt befreit**. Siehe dazu und wegen der Voraussetzungen die Rdnrn. 724 ff.

28. Eigenlabor des Zahnarztes

277 **Berufsrechtlich** ist es für den Zahnarzt möglich, ein sogenanntes „**Eigenlabor**" zu führen, das heißt der Zahnarzt muß Arbeiten nicht an ein Fremdlabor vergeben, sondern kann in eigener Regie und im eigenen Labor selbst oder durch angestellte Mitarbeiter Prothesen, kieferorthopädische Apparate, Modelle, Bißschablonen, Bißwellen, Funktionslöffel und anderes mehr herstellen lassen. Hier entstehen sowohl buchungstechnische wie umsatzsteuerliche Fragen.

278 Im **buchungstechnischen Bereich** ist es sinnvoll, durch den Steuerberater ein eigenes Konto für das Eigenlabor zu eröffnen. Alle Lieferungen von Material und Geräten für das Labor werden gesondert erfaßt, um die darauf lastende USt von 14 % als Vorsteuer geltend zu machen.

Ferner muß der Zahnarzt im Rahmen der Heil- und Kostenpläne die den 279
Patienten bzw. der KZV in Rechnung gestellten Eigenlaborleistungen dem
Steuerberater **gesondert** benennen, und zwar

• für **Privatliquidationen** und

• für die **Kassenliquidation**.

Der Steuerberater hat nunmehr diese Beträge den Erlöskonten gegenzubu- 280
chen. In der Regel ist es zweckmäßig, Erlöskonten für allgemeine Konservie-
rung und chirurgische Behandlung (nach Zahnärztekontenrahmen der
DATEV das Konto 8010), für Prothetik (Konto 8020) und für Paradontose
(Konto 8050) sowie für Privatpatienten (Konto 8120) und für Versichertenan-
teile (Konto 8110) zu gliedern. Hierbei sind die Eigenlaborleistungen, die in
der Regel überwiegend Zahnersatz, also Prothetik betreffen, im kassenzahnärztlichen Bereich gegenzubuchen und im Privatliquidationsbereich ebenfalls,
da sonst der Umsatz überhöht ausgewiesen wird. Das heißt, es ist somit das
Konto Eigenlabor auf der Einnahmenseite in die Bereiche Honorarumsätze
aus Privatliquidationen und Honorarumsätze aus kassenzahnärztlichen Honoraren aufzugliedern.

Nur so ist eine saubere Trennung möglich, die gewährleistet, daß einerseits 281
die Vorsteuern richtig erfaßt werden und die Eigenlaborleistungen auch mit
7 % der USt unterworfen werden.

Hält sich das Labor vom Umfang her innerhalb der Grenzen des § 19 UStG, 282
so tritt durch die **Kleinunternehmerregelung** sogar noch (bis 1989 einschließlich) ein zusätzlicher **Spareffekt** ein, da durch den Steuerabzugsbetrag bis zum
Umsatz von 60 000 DM pro Jahr nicht die volle USt an das Finanzamt abgeführt werden muß.

Bleiben die **Umsätze** aus dem Eigenlabor jährlich **unter 5 000 DM**, ist eine 283
Aufgliederung wenig sinnvoll, da der buchungstechnische Aufwand und die
Kosten für eine Umsatzsteuererklärung größer sind als der Ertrag.

29. Erweiterte Honorarverteilung

Die KV behalten von der von der Krankenkasse für ärztliche Leistungen 284
gezahlten Gesamtvergütung zum Teil einen Teil zurück, den sie zunächst von
der Verteilung ausschließen und einem Honorar-Sonderfonds als Beiträge der
Ärzte zuführen. Diese Beiträge sind nicht schon als dem Arzt zugeflossen
anzusehen (BFH v. 6. 3. 59, BStBl III 231). Bei einer späteren Auszahlung

von Beträgen aus diesem Sonderfonds im Rahmen der sog. „**erweiterten
Honorarverteilung**" (auch als „Einnahmegewähr im Todesfall" oder „Gnadenvierteljahr" bezeichnet) an die Ärzte handelt es sich um Einkünfte aus
selbständiger Arbeit, nicht um sonstige Einkünfte nach § 22 Nr. 1 a EStG
(BFH v. 22. 9. 76, BStBl 77 II 29). Auch **Ausgleichs- und Krankengeldzah-
lungen** aus der „erweiterten Honorarverteilung" sind Einkünfte aus selbständiger Arbeit (OFD Frankfurt v. 13. 1. 82, ESt-Kartei 78 § 18 EStG K. 2).

30. Fachliteratur/Wartezimmerlektüre

285   Die **Aufwendungen** für Fachbücher, Fachzeitschriften und Unterrichtscasset-
ten, die ausschließlich der Berufsausübung dienen, sind als Werbungskosten/
Betriebsausgaben **abzugsfähig** (BFH v. 5. 7. 57, BStBl III 328; v. 8. 11. 63,
BStBl 64 III 36; v. 8. 2. 74, BStBl II 306).

286   Die Aufwendungen betreffen häufig teils den beruflichen, teils den privaten
Bereich. Bei nur ganz untergeordneter privater Nutzung sind die Aufwendungen insgesamt abzugsfähig. In anderen Fällen solcher **gemischter Ausgaben**
ist das von der Rechtsprechung aufgestellte sog. **Abzugs- und Aufteilungsver-
bot** zu beachten (BFH v. 19. 10. 70, BStBl 71 II 17).

287   **Bücher**, die der **Allgemeinbildung** dienen, rechnen **nicht** zur **Fachliteratur**.
Deswegen sind Aufwendungen für solche Bücher keine Werbungskosten/
Betriebsausgaben.

288   Aufwendungen für **allgemeine Lexika (Konservationslexika/Universallexika)**
sind grundsätzlich **nicht abzugsfähig**, da sie auch der persönlichen Lebensführung dienen und eine klare Trennung der Aufwendungen, auch nur schätzungsweise, nicht möglich ist (so BFH v. 5. 4. 62, BStBl III 368 betr. „**Der
große Brockhaus**"; ebenso v. 5. 7. 57, BStBl III 328; v. 6. 5. 59, BStBl III
292 betr. „**Der große Herder**"). Diese Rechtsprechung hat der BFH betr. die
Brockhaus-Enzyklopädie bestätigt (BFH v. 29. 4. 77, BStBl II 716). Abzugsfähig sind unseres Erachtens aber die Kosten eines ausschließlich für die Praxis angeschafften **Dudens**.

289   Die Finanzverwaltung fordert in der Regel bei **Rechnungen** für Fachliteratur,
daß **Verfasser** und **Titel** aufgeführt sind, also nicht nur das Wort „Fachliteratur" und der Betrag.

290   Die Ausgaben für die örtlichen **Tageszeitungen**, die als **Lektüre im Wartezim-
mer** ausliegen, sind nur dann abzugsfähig, wenn der Arzt diese Zeitungen

sowohl für die Praxis als auch privat für seine Wohnung, also doppelt hält (BFH v. 30. 6. 83, BStBl II 715). Der Doppelabzug – privat und beruflich – dürfte nach der Entscheidung des BFH auch Voraussetzung für die Abzugsfähigkeit der Aufwendungen für Lesezirkel, Illustrierte usw. sein.

31. Fahrten zwischen Wohnung und Praxis/Arbeitsstätte

Die **Pauschbeträge** nach § 9 Abs. 1 Nr. 4 EStG für Fahrten zwischen Woh- 291
nung und Arbeitsstätte betragen bei Benutzung eines eigenen Pkw je Entfernungskilometer 0,36 DM – ab 1989 0,43 DM, ab 1990 0,50 DM – für **täglich eine Hin- und Rückfahrt. Mehrkosten wegen geteilter Arbeitszeit** werden als Werbungskosten nicht berücksichtigt (BFH v. 13. 2. 70, BStBl II 680). Dies gilt auch für den niedergelassenen Arzt, der nur die Aufwendungen für eine Hin- und Rückfahrt täglich als Werbungskosten geltend machen kann.

Ausnahmen, nach denen auch die Kosten für **Mehrfahrten (Zwischenheim-** 292
fahrten) Werbungskosten sind, gelten für Ärzte, die aus **beruflichen Gründen** die **Arbeitsstätte**, das Krankenhaus usw. **zusätzlich außerhalb** der normalen Arbeitszeit **aufsuchen** müssen oder wenn die **Arbeitszeit** täglich um mehr als 4 Stunden **unterbrochen** ist und somit eine erneute Fahrt zur Arbeitsstätte erforderlich wird (FG Nürnberg v. 27. 7. 83, EFG 84, 173).

Muß der Arbeitnehmer aus beruflichen Gründen seine Arbeitsstätte, das 293
Krankenhaus, außerhalb der normalen Arbeitszeit zusätzlich **(Bereitschafts-**
dienst) aufsuchen, können die **tatsächlichen Kosten** oder **ohne Einzelnach-**
weis 0,42 DM für jeden gefahrenen km geltend gemacht werden (OFD Münster v. 18. 3. 88, S 2351 – 27 – St 12 – 31, NWB, EN-Nr. 838/88).

Auch Fahrten eines Arztes, der **Belegbetten im Krankenhaus** hat und mehr- 294
fach täglich dort seine Patienten aufsucht, können in voller Höhe der Kosten oder je gefahrenen km mit 0,42 DM als Werbungskosten/Betriebsausgaben geltend gemacht werden.

32. Familienangehörige – Beschäftigung von Ehegatten und Kindern in der Praxis

Gerade im heilberuflichen Bereich müssen Ehepartner häufig arbeitsmäßig 295
einspringen, sei es für Büroarbeiten, im Rahmen der Arztpraxis als Helferin oder Helfer, bei Honorarabrechnungen u. a. m. Vor Jahren waren die Anfor-

derungen an das Ehegatten-Arbeitsverhältnis – sei es wegen der Anerkennung der Gehaltszahlung als Betriebsausgabe, sei es wegen der Berücksichtigung von Direktversicherungen – sehr streng. Durch die Rechtsprechung hat sich in den vergangenen Jahren eine Lockerung ergeben.

Allerdings wird häufig von Beraterseite nicht auf die Möglichkeit der Anstellung des Ehegatten und von Kindern hingewiesen.

a) Ehefrau als Angestellte in der Praxis

296 Zwischen Arzt-Ehegatten werden **Teilzeitarbeitsverhältnisse** anerkannt, sofern hinsichtlich der Ernsthaftigkeit der Vereinbarung und der tatsächlichen Durchführung keine Zweifel bestehen (vgl. Abschn. 23 EStR). Der Ernsthaftigkeit des vereinbarten Arbeitsverhältnisses steht in der Regel ein niedriges Arbeitsentgelt nicht entgegen, es sei denn, „die vereinbarte Vergütung ist so niedrig, daß sie schlechterdings nicht mehr Gegenleistung für eine begrenzte Tätigkeit des Ehegatten sein kann" (BFH v. 28. 7. 83, BStBl 84 II 60).

297 Auch **teilentgeltliche Arbeitsverhältnisse** werden von der Rechtsprechung anerkannt, wobei nicht kleinlich verfahren wird (BFH v. 28. 7. 83, a. a. O. betr. einen HNO-Facharzt mit Klinik, der seine Ehefrau als Wirtschaftsleiterin beschäftigte; BFH v. 17. 4. 86, BStBl II 559 betr. Arbeitsverhältnis eines praktischen Arztes mit Ehefrau bei einer monatlichen Arbeitszeit von 60 Stunden und einem Gehalt von 300 DM zuzüglich 2 712 DM Direktversicherung, die allerdings nicht anerkannt wurde). Anzuerkennen ist unseres Erachtens auch ein Arbeitsverhältnis über die **Reinigung der Praxisräume**, da es sich insoweit nicht um eine unbedeutende Hilfeleistung handelt, die üblicherweise auf familienrechtlicher Grundlage erbracht wird (a. A. BFH v. 27. 10. 78, BStBl 79 II 80 betr. Reinigung des häuslichen Arbeitszimmers).

298 Streitig zwischen Arzt und Finanzamt werden häufig die Fälle, in denen in der Arztpraxis **ganztägig** oder **stundenweise tätige Ehefrauen** Kurse, Kongresse usw. allein oder in Begleitung des Ehemannes besuchen. So sind die Kosten für die Teilnahme der Ehefrau eines Arztes an einem **Ärztekongreß** nicht als Betriebsausgabe abzugsfähig, wenn ihre Mitarbeit in der Praxis nur von untergeordneter Bedeutung ist (BFH v. 16. 7. 64, HFR 65, 107).

299 Dagegen sind die Aufwendungen bei einer ganztägig in der Praxis ihres Ehemannes als Helferin tätigen Ehefrau, die in einem Jahr an vier **Arzthelferinnenkursen** im Inland teilnahm, als Betriebsausgaben abzugsfähig (BFH

v. 17. 11. 60, BStBl 61 III 123). Auch die Kosten für die Teilnahme an einem **Arztfrauenlehrgang**, den die Ehefrau bereits vor Praxiseröffnung besucht hat, können als – vorweggenommene – Betriebsausgaben abzugsfähig sein (FG Nürnberg v. 26. 5. 72, EFG S. 477). Beruht die Mitarbeit der Ehefrau in der Arztpraxis jedoch lediglich auf einem (steuerlich anerkannten) **Teilzeitarbeitsverhältnis**, so sind die Kosten, für Parallelveranstaltungen bei Ärztekongressen, an denen die Ehefrau teilnimmt, keine Betriebsausgaben des Ehemannes, wenn die Ehefrau an **allen** Reisen zu Ärztekongressen teilnimmt (FG Nürnberg v. 25. 6. 76, EFG S. 598). Ebenso bilden die Aufwendungen für die Begleitung eines selbständigen Zahnarztes durch dessen Ehefrau zu einem einwöchigen **Zahnärztefachkongreß** in Davos (Schweiz) während der Wintersaison, wenn die Ehefrau dabei täglich drei Stunden an einem Fortbildungskurs für Zahnarzthelferinnen teilnimmt, keine Betriebsausgaben (FG Ba.-Wü. v. 11. 11. 76, EFG 77, 106; s. a. FG München v. 22. 6. 83 IX 179/80, NWB EN-Nr. 270/84 betr. Mitnahme der angestellten Ehefrau eines Zahnarztes nach St. Moritz).

Die **Mitnahme der Lebensgefährtin**, die nicht Ärztin ist, zu einem Ärztekongreß, spricht nach der Rechtsprechung für die private Mitveranlassung der Kongreßreise. In solchen Fällen liegen gemischtberuflich-private Reiseaufwendungen vor, die insgesamt nichtabzugsfähig sind (FG Köln v. 26. 11. 85, EFG 86, 109). 300

b) Steuerliche Vorteile bei Beschäftigung des Ehepartners

Wird der **Ehepartner als Mitarbeiter** mit vollem Gehalt in der Arztpraxis 301 angestellt, so ist die **Auswirkung relativ gering**. Lediglich der Weihnachtsfreibetrag, der Arbeitnehmerfreibetrag und die Werbungskostenpauschale mit insgeamt 1 644 DM (ab 1990 2 000 DM) bleiben steuerfrei. Hinzu kommen natürlich – was häufig nicht gesehen wird – der hälftige Beitrag zur Kranken-, Renten- und Arbeitslosenversicherung, der steuerfrei gewährt wird. Bei geschickter Gestaltung, z. B. Antrag auf Befreiung von der gesetzlichen Krankenversicherung, kann hier doch eine erhebliche Einsparung in der Kombination Lohnsteuerersparnis und Sozialversicherungsersparnis vorgenommen werden.

Die **interessantere Variante** ist, den Ehepartner, der häufig ja nicht voll arbei- 302 tet oder voll arbeiten kann, im Rahmen eines **Arbeitsverhältnisses geringfügig** zu beschäftigen.

303   Folgende **Fallgestaltungen** sind möglich:

- Geringfügige Beschäftigung mit Sozialversicherungs-
  freiheit 1989 in Höhe von monatlich   450 DM
  und Pauschalierung der monatlichen LSt mit 10,7 %
  (einschl. KiSt) (ab 1990 LSt 15 % + KiSt)

- Volle Ausnutzung der monatlichen Pauschalierungs-
  grenze von   523 DM
  bei voller Zahlung der Sozialversicherung

- Geringfügige Beschäftigung während 11 Monaten, im
  12. Monat Versteuerung des 12. und 13. Gehalts oder
  Weihnachtsgeld über die Lohnsteuerkarte.

Die **Auswirkungen** seien kurz dargestellt:

304   *1. Fall   Geringfügige Beschäftigung mit Sozialversicherungsfreiheit*

5 400 DM fließen wirtschaftlich dem Praxisinhaber zu. 577,80 DM beträgt die
pauschalierte Lohn- und Kirchensteuer.

305   *2. Fall   Geringfügige Beschäftigung mit Sozialverischerung*

Hier beträgt der der pauschalen LSt zu unterwerfende Höchstbetrag 523 DM
im Monat, so daß je Jahr somit 6 276 DM als Betriebsausgaben absetzbar
sind. Zusätzlich hat der Arbeitgeber und Ehepartner die Sozialversicherung
voll zu übernehmen. Im Berechnungsbeispiel wurde die Tabelle der BEK
zugrunde gelegt. Ohne Arbeitslosenversicherung beträgt die Kranken- und
Rentenversicherung 164,72 DM monatlich. Jährlich also 1 977 DM. Die
Kranken- wie auch die Rentenversicherung kommen dem Ehepartner zugute.
Insgesamt ergibt sich ein Vorteil von 8 253 DM abzugsfähigen Betriebsausgaben. Das heißt nahezu eine Verdoppelung des Ergebnisses von Fall 1.

306   *3. Fall   11 Monate geringfügig beschäftigt, 12 Monate mit Lohnsteuerkarte*

Die 11 Monate ergeben Betriebsausgaben von 5 753 DM + Kranken- und
Rentenversicherung 1 812 DM.

Im 12. Monat werden das 12. und 13. Gehalt = 2 × 523 DM = 1 046 DM
bezahlt. Durch den Weihnachtsfreibetrag, Arbeitnehmerfreibetrag sowie die
Werbungskostenpauschale steht der Ertrag steuerlich voll zur Verfügung.
Vom Arbeitgeber-Ehegatten müssen 165 DM Sozialversicherung und vom
Arbeitnehmer-Ehepartner ebenfalls 165 DM Sozialversicherung (hälftiger

Anteil) für den 12. Monat abgeführt werden, so daß sich hier Vor- und Nachteil ausgleichen. Insgesamt verbleiben somit als Vorteil 8 611 DM.

Der Nachteil der bisher dargestellten Gestaltungsform liegt darin, daß der Vorteil einer Direktversicherung nicht ausgeschöpft werden kann.

Vergleicht man die vorherigen Fälle mit einem normalen Gehalt von z. B. 2800 DM für die Ehefrau, das aufgeteilt wird in 2 600 DM Grundlohn und 200 DM Versorgungslohn, ergibt sich folgender **Beispielsfall:**

4. Fall   Normales Gehalt zzgl. Direktversicherung   307

Ersparnis durch Freibeträge   1 644 DM jährlich

Bei einer unterstellten Spitzenbelastung von 50 %
somit eine Einsparung von   822 DM.

Bei dem Gehalt von 2 600 DM, das mit Gehaltsumwandlung bei 2 800 DM der Sozialversicherung voll unterliegt, ergibt sich ein monatlicher steuerfreier Arbeitnehmeranteil zur Kranken- und Rentenversicherung von 442,13 DM (ohne Arbeitslosenversicherung), mithin jährlich 5 306 DM, die nicht aus versteuerten Mitteln erbracht werden müssen. Somit tatsächliche Steuerersparnis 2 653 DM.

Berücksichtigt man noch die Auswirkung der Direktversicherung dadurch, daß jährlich 2 400 DM bis auf die Pauschalierung steuerfrei gestellt werden, ergibt sich wiederum bei einem Grenzsteuersatz von 50 % 1 200 DM abzgl. der Pauschalierung von 10,7 % = 257 DM. Der Gesamtvorteil beläuft sich somit auf 4 418 DM. Das heißt, der Vorteil der Pauschalierung bei geringfügig beschäftigten Arbeitsverhältnissen gleicht sich zumindest bei Fall 1 mit Fall 4 in etwa aus. Fall 2 und Fall 3 sind in jedem Fall günstiger. Nicht berücksichtigt ist, daß die Direktversicherung, wenn sie für alle Mitarbeiter eingeführt ist, bis zu einem Höchstbetrag von 3 600 DM als Höchstbetragsrechnung durchgeführt werden kann.

An dieser Stelle weisen wir noch auf weitere Vorteile hin, die durch das Fünfte Vermögensbildungsgesetz eingeführt wurden und in der Regel sinnvoll und in voller Höhe nur bei voll verdienenden Arbeitskräften geltend gemacht werden können.

c) Anerkennung von Ehegatten-Arbeitsverhältnissen

Arbeitsverhältnisse zwischen Ehegatten können steuerlich nur anerkannt werden, wenn sie **ernsthaft vereinbart** und entsprechend der Vereinbarung tat-   308 sächlich durchgeführt werden. Ein schriftlicher Arbeitsvertrag ist zwar nicht erforderlich, jedoch sinnvoll. Änderungen des Vertrages sollten ebenfalls schriftlich durch ein Protokoll erfaßt werden. Der Vertrag muß tatsächlich durchgeführt werden. Die Arbeitsleistung muß vom Ehegatten tatsächlich erbracht werden. Sie darf nicht nur auf einer fiktiven Vereinbarung beruhen.

309   Gerade in diesem Zusammenhang möchten wir besonders darauf hinweisen, daß vielfach der Ehegatten-Arbeitsvertrag nur auf dem Papier vereinbart wird, jedoch in Wirklichkeit der Partner mit der Praxis überhaupt nichts zu tun hat. Dies ist nicht ungefährlich, da die Betriebsprüfer in zunehmendem Maße aufgrund von Forderungen der Oberfinanzdirektionen die Betriebsprüfungen in den Praxisräumen abhalten, dort aber keinen mitarbeitenden Ehegatten vorfinden.

310   Die **Höhe und Angemessenheit des Gehaltes** muß gegeben und vereinbart sein (BFH v. 8. 2. 62, BStBl III 218). Das vereinbarte Gehalt entspricht dem Gehalt oder Lohn, den ein fremder Arbeitnehmer für die gleichartige Tätigkeit erhalten hätte, das heißt es muß angemessen sein. Hier ist jedoch durch das besondere Vertrauensverhältnis der Partner ein Spielraum gegeben. Wird ein **zu niedriges Gehalt** angesetzt, ist dies in der Regel nicht zu beanstanden, es sei denn, daß die Vergütung so niedrig ist, daß von einer Gegenleistung nicht mehr gesprochen werden kann (BFH v. 28. 7. 83, BStBl 84 II 60). Hier ging es um eine wöchentliche Arbeitszeit von 25 Stunden und einen Arbeitslohn von 392 DM monatlich, somit ein Stundenlohn von etwa 3,60 DM.

311   Das Gehalt muß auch **tatsächlich gezahlt** werden (BFH v. 5. 12. 63, BStBl 64 III 131; v. 18. 7. 72, BStBl II 932). Es muß **monatlich überwiesen** und darf nicht jährlich in einer Summe zum Schluß des Jahres ausbezahlt werden. Eine einmalige Auszahlung wäre ungewöhnlich und unter fremden Dritten nicht üblich, allenfalls, wenn eine Verzinsung vereinbart wird (BFH v. 14. 10. 81, BStBl 82 II 119). Hierbei ist es wichtig anzumerken, daß bei Einnahme-Überschuß-Rechnung nach § 4 Abs. 3 EStG – und die ist im heilberuflichen Bereich üblich – es nicht erforderlich ist, daß eine laufende ordnungsgemäße Buchführung erstellt wird. Es genügt, wenn der Arzt die erbrachten Lohnzahlungen durch Quittungen belegt, jedoch die buchmäßige Erfassung der Lohnzahlungen nicht zeitnah erfolgt. Dies berührt das steuerliche Arbeitsverhältnis nicht. Der Arzt ist bei Einnahme-Überschuß-Rechnung nicht gehalten, seine Betriebsausgaben fortlaufend und zeitnah und, soweit es sich um Lohnaufwand handelt, durch Verbuchung auf einem Lohnaufwandskonto festzuhalten (FG Köln v. 3. 6. 87, 11 K 103/86). Die Steuergesetze enthalten keine

allgemeine Aufzeichnungspflicht für Betriebseinnahmen und Betriebsausgaben bei Einnahme-Überschuß-Rechnung. Die im Einkommensteuergesetz enthaltenen besonderen Aufzeichnungspflichten für Betriebsausgaben betreffen jeweils nur bestimmte Steuervergünstigungen und die davon betroffenen Sachverhalte (Schmidt, a. a. O., § 4 Tz. 64; BFH v. 2. 3. 82, BStBl 84 II 504).

Das Gehalt des Ehepartners ist **regelmäßig** auf dessen **eigenes Bankkonto zu überweisen**. Das Arbeitsentgelt muß vom Vermögensbereich des Arbeitgebers in den Vermögensbereich des Arbeitnehmers gelangt sein. Allerdings erkennt das FG D'dorf (U. v. 14. 5. 87, Rev. eingelegt, EFG S. 609) trotz **schwankender und unregelmäßiger Gehaltszahlungen** ein Ehegatten-Arbeitsverhältnis an. 312

Der Arbeitgeber-Ehegatte kann eine **unbeschränkte Verfügungsmacht** über das Bankkonto haben. Dies ist **nicht schädlich** (BFH v. 16. 1. 74, BStBl II 294). 313

Schädlich ist jedoch eine Überweisung der Bezüge des mitarbeitenden Ehegatten auf ein **gemeinschaftliches Konto** beider Ehegatten, über das beide Kontoinhaber ohne Mitwirkung des anderen Ehegatten verfügen können oder eine Überweisung auf ein sog. „Oderkonto" (BFH v. 22. 3. 72, BStBl II 614; Nieders. FG v. 6. 8. 87, EFG 88, 108 mit weiteren Hinweisen zur Rechtsprechung). 314

Ein steuerlich anzuerkennendes Ehegatten-Arbeitsverhältnis kann auch vorliegen, wenn der Arbeitnehmer-Ehegatte die vereinbarte Leistung erbringt und er ein Geldinstitut anweist, von dem geschäftlichen Girokonto des Arbeitgeber-Ehegatten monatlich Beträge in Höhe seines Gehalts auf ein bei demselben Geldinstitut geführtes privates **Annuitätenkonto** zu überweisen, dessen Inhaber der Arbeitgeber-Ehegatte ist. Auf die bankrechtliche Befugnis des Arbeitnehmer-Ehegatten, über das Girokonto des Arbeitgeber-Ehegatten zu verfügen, kommt es nicht an, wenn das Geldinstitut die Anweisung ausführt (FG Rheinl.-Pf. v. 26. 5. 87, Rev. eingelegt, EFG S. 609). 315

Urlaub, Urlaubsgeld, Sozialleistung und **betriebliche Altersversorgung** sind zweckmäßig im Arbeitsvertrag festzulegen. 316

Die **Lohnsteuerkarte** des Ehegatten muß vorliegen, ein **Lohnkonto** muß geführt, die **Lohnsteuer** pünktlich **einbehalten** und **abgeführt** werden. Dies gilt selbstverständlich auch für die **Sozialversicherungsbeiträge**. 317

318   Stellt der Ehepartner den **Arbeitslohn** der **Praxis** wieder **zur Verfügung**, steht
      dies dem Arbeitsverhältnis nicht entgegen. Auch hier sollte eine schriftliche
      Vereinbarung über Rückzahlungsmodalitäten, Verzinsung usw. getroffen
      werden.

319   Wurde schon **vor** der **Ehe** ein **Vertrag abgeschlossen**, so gilt dieser Vertrag
      auch nach Abschluß der Ehe, wenn die Auszahlung des Gehalts sowie die
      Durchführung des Vertrages in gleicher Weise vollzogen wird (BFH
      v. 21. 10. 66, BStBl 67 II 22).

d) Ehegatten-Direktversicherung

320   Ist das Ehegatten-Arbeitsverhältnis ernsthaft gewollt und vollzogen, so kann
      auch eine betriebliche Altersversorgung in Form der Direktversicherung ver-
      einbart werden. Diese Vereinbarung erfordert:

      • der Versicherungsvertrag muß ernstlich gewollt, klar und eindeutig verein-
        bart sein,

      • die Versicherung muß dem Grund nach üblich und

      • der Versicherungsbetrag der Höhe nach angemessen sein.

321   Dies wird in der Regel dann angenommen, wenn für familienfremde Arbeit-
      nehmer, die eine gleiche oder ähnliche oder geringwertigere Tätigkeit wie der
      Arbeitnehmer-Ehegatte ausüben, eine vergleichbare Direktversicherung
      abgeschlossen worden ist.

e) Weihnachtsgratifikation an Arbeitnehmer-Ehegatten

322   Zahlt der (Arzt-)Arbeitgeber-Ehegatte an den in seiner Praxis aufgrund eines
      ertragsteuerlich anzuerkennenden Arbeitsverhältnisses mitarbeitenden Ar-
      beitnehmer-Ehegatten eine Weihnachtsgratifikation, so ist diese **beruflich
      veranlaßt** und gewinnmindernd zu berücksichtigen, soweit der (Arzt-)Arbeit-
      geber-Ehegatte auch dem **familienfremden Praxispersonal** eine Weihnachts-
      gratifikation gewährt (BFH v. 26. 2. 88, HFR S. 383).

f) Mitarbeit von Kindern

323   Arbeitsverträge zwischen Eltern und Kindern können der Besteuerung dann
      zugrunde gelegt werden, wenn sie **rechtswirksam vereinbart** wurden, inhalt-
      lich dem **zwischen Fremden Üblichen entsprechen** und auch **tatsächlich
      durchgeführt** worden sind (BFH v. 17. 3. 88, BStBl II 632). Daran fehlte es

nach Meinung des BFH in dem entschiedenen Falle, in dem ein freiberuflich tätiger Kinderarzt mit seiner 19 Jahre alten Tochter und seinem 17 Jahre alten Sohn Arbeitsverträge geschlossen hatte. Die Tochter studierte auswärts. Sie hatte dort eine eigene Wohnung. Der Sohn besuchte am Wohnort der Eltern die Schule und wohnte auch bei ihnen. In den Arbeitsverträgen war vorgesehen, daß die Kinder in der Praxis für Botendienste, Telefondienste und Mithilfe bei der Abrechnung beschäftigt wurden. Die Arbeitszeit sollte sich nach den betrieblichen Erfordernissen richten. Den Kindern war ein festes Monatsgehalt von 390 DM bzw. 400 DM zugesagt. Der **BFH** (U. v. 17. 3. 88, a. a. O.) **erkannte** die **Arbeitsverträge nicht** an, da für Kinder, die dem elterlichen Haushalt angehören und von den Eltern erzogen oder unterhalten werden, in § 1619 BGB vorgesehen sei, daß sie in einer ihren Kräften und ihrer Lebensstellung entsprechenden Weise den Eltern in ihrem Hauswesen und Geschäft „Dienste" zu leisten hätten. Diese Verpflichtung habe für die Tochter bestanden, selbst wenn sie auswärts untergebracht gewesen sei, aber im elterlichen Hausstand ihren Lebensmittelpunkt hätte. Gleichwohl können Kinder in ein Arbeitsverhältnis zu ihren Eltern treten. Alsdann müsse das Arbeitsverhältnis aber so gestaltet und abgewickelt werden, wie dies sonst zwischen Arbeitgeber und Arbeitnehmer üblich ist. Hilfsleistungen, die üblicherweise auf familienrechtlicher Grundlage erbracht werden, eignen sich nach Meinung des BFH nicht als Inhalt eines mit einem Dritten zu begründenden Arbeitsverhältnisses; hierüber geschlossene Verträge werden daher vom BFH steuerlich nicht anerkannt (BFH v. 27. 10. 78, BStBl 79 II 80 sowie v. 17. 3. 88, a. a. O.) Wir halten diese Ansicht für überholt. Sie entspricht nicht mehr den heutigen Verhältnissen zwischen Eltern und Kindern. Vgl. a. BFH v. 25. 1. 89, BStBl II 453.

33. Fortbildungskosten   siehe Rdnrn. 158 ff.   324

34. Freibetrag gemäß § 18 Abs. 4 EStG

Bei der Ermittlung des Einkommens werden **5 v. H. der Einnahmen** aus   325
freier Berufstätigkeit, **höchstens** jedoch **1 200 DM jährlich**, abgesetzt, wenn die Einkünfte aus der freien Berufstätigkeit die anderen Einkünfte überwiegen. Der steuerfreie Betrag ist auch dann in der zulässigen Höhe anzusetzen, wenn bei den Einkünften aus freier Berufstätigkeit ein **Verlust** vorliegt. Üben Angehörige eines freien Berufs ihre Tätigkeit **gemeinsam** aus, so kann **jeder Berufstätige** beim Vorliegen der sonstigen Voraussetzungen den steuerfreien Betrag bis zum Höchstbetrag von 1 200 DM in Anspruch nehmen. Für den

einzelnen Beteiligten ist der steuerfreie Betrag nicht nach den gesamten Einnahmen, sondern nach dem auf ihn entfallenden Anteil an den Betriebseinnahmen zu bemessen. Dabei können aus Vereinfachungsgründen die gesamten Betriebseinnahmen nach dem Gewinnverteilungsschlüssel aufgeteilt werden.

Ab **1990** entfällt der Freibetrag.

35. Freiwillige Zuschüsse

326 Freiwillige Zuschüsse, die ein Zahnarzt von der KV und der Zahnärztekammer Westfalen-Lippe zu seinen **Krankheitskosten** erhält, sind **einkommensteuerfrei**, da sie nicht zu den Einkünften aus selbständiger Arbeit zählen (FG Münster v. 25. 11. 65, EFG 66, 219).

327 **36. Gemeinschaftspraxis**   siehe Rdnrn. 469 ff.

328 **37. Gemischte Nutzung von Wirtschaftsgütern**   siehe Rdnr. 121

38. Geschenke/Gelegenheitsgeschenke/Aufmerksamkeiten

329 Aufwendungen für Geschenke an Personen, die **nicht Arbeitnehmer des Arztes** sind, sind gem. § 4 Abs. 5 Nr. 1 EStG als Betriebsausgaben abzugsfähig, wenn die Anschaffungs- oder Herstellungskosten des Geschenks 50 DM im Jahr nicht übersteigen.

Beispiel:

Ein Arzt schenkt seinem Praxiseinrichter für gute Arbeit ein Buch mit Einkleber „überreicht durch Dr. Müller, Köln", im Wert von 70 DM. Da es sich bei dem o. a. Betrag von 50 DM um eine **Freigrenze**, nicht um einen Freibetrag handelt, sind die gesamten Ausgaben in Höhe von 70 DM nicht abzugsfähig.

330 Geschenke an **Praxispersonal** unterliegen nicht der Beschränkung des § 4 Abs. 5 Nr. 1 EStG. Abgesehen davon wird es sich bei Geschenken an Praxispersonal im allgemeinen um sog. **„Gelegenheitsgeschenke"** in Form von **Sachzuwendungen** handeln, die Arbeitslohn sind. Kleinere Aufmerksamkeiten, wie z.B. Blumen, Pralinen, Buch usw., die aus besonderem Anlaß geschenkt werden, z.B. Hochzeit, Geburtstag der MTA, Konfirmation/Kommunion eines Kindes der Arzthelferin, bleiben beim Personal von der Besteuerung als geldwerter Vorteil ausgenommen. Fälle, in denen der Wert

der als **Aufmerksamkeit** hingegebenen Sachzuwendung den Betrag von 30 DM (einschließlich USt) nicht übersteigt, werden von der Finanzverwaltung im allgemeinen nicht beanstandet. Unabhängig von der Steuerpflicht oder Steuerfreiheit beim Arbeitnehmer ist beim **Arzt als Arbeitgeber** die Abzugsfähigkeit der Zuwendungen als **Betriebsausgabe** gegeben, es sei denn, die Zuwendung ist nicht beruflich veranlaßt, z. B. wegen der intimen Beziehungen des Arztes zu seiner Helferin.

Bei einem **angestellten Chefarzt** eines Krankenhauses, der im Krankenhaus 331 unter Mithilfe der Mitarbeiter seiner Abteilung auch eine freiberufliche Arztpraxis ausübt, sind Aufwendungen für **Weihnachtsgeschenke** an diese Mitarbeiter weder Betriebsausgaben bei den Einkünften aus freiberuflicher ärztlicher Tätigkeit noch bei den Einkünften aus nichtselbständiger Arbeit als Chefarzt (BFH v. 8. 11. 84, BStBl 85 II 286). Macht der Chefarzt eines Krankenhauses seinen Mitarbeitern unter dem Krankenhauspersonal zu **Weihnachten** ein **Geldgeschenk für ihre Gemeinschaftskasse**, so steht einem Abzug als Betriebsausgabe § 4 Abs. 5 Nr. 1 EStG entgegen, weil er den bei 2 200 DM liegenden Jahresbetrag nicht an die einzelnen Mitarbeiter individuell verteilt hatte, so daß nicht feststand, ob und wieviel jeder einzelne Mitarbeiter erhalten hatte (BFH v. 28. 3. 85, BFH/NV 87, 231).

39. Hausapotheke

In der Regel werden **Medikamente** an Patienten als Muster der Pharma- 332 industrie kostenlos weitergegeben. Betreibt jedoch ein Arzt eine **Hausapotheke mit Gewinnerzielungsabsicht**, so ist ein **Gewerbebetrieb** gegeben (BFH v. 26. 5. 77, BStBl II 879). Auch die Herstellung und Abgabe von **homöopathischen Präparaten** durch einen Arzt gegen Entgelt fällt hierunter (FG Münster v. 21. 1. 82, EFG 83, 150).

Anders bei Abgabe von **Verbandsmaterial**, Arzneimitteln im Rahmen der 333 ärztlichen Behandlung oder in Notfällen. Dies wird als nicht gewerblich betrachtet.

Ein Großteil der **Zahnärzte** hat eigene Labors. Werden Prothesen. Mund- 334 schablonen, Rundlöffel u. a. m. für die eigenen Patienten hergestellt, so gehört dies zur freiberuflichen Tätigkeit. Anders jedoch, wenn der Zahnarzt auch für andere Zahnärzte Arbeiten übernimmt. In diesem Falle ist eine gewerbliche Tätigkeit gegeben, da sie über den Rahmen der zahnärztlichen Tätigkeit hinausgeht.

335 Das gleiche gilt für Laborgemeinschaften oder Apparategemeinschaften, wenn damit Leistungen für Patienten nicht beteiligter Ärzte erbracht werden.

336 Wegen des Verkaufs von **Medikamenten** durch **Tierärzte** und von **Kontaktlinsen** durch **Augenärzte** siehe Rdnrn. 453 ff. sowie Rdnrn. 432 ff.

40. Hausgehilfin/Haushaltshilfe

337 Bei Beschäftigung einer Hausgehilfin/Haushaltshilfe sowohl im Haushalt als auch in der Praxis des Arztes können die auf die Praxis entfallenden Aufwendungen als **Betriebsausgaben** abgezogen werden, sofern sich die Kosten nach objektiven und leicht nachprüfbaren Merkmalen auf die Tätigkeit in Praxis und Haushalt aufteilen lassen (BFH v. 8. 11. 79, BStBl 80 II 117). Für den auf den **Haushalt** entfallenden Teil der Tätigkeit ist unter den Voraussetzungen des § 33 a Abs. 3 EStG der Freibetrag für eine Hausgehilfin/Haushaltshilfe in Höhe von 1 200 DM jährlich zu gewähren. Aufwendungen für eine Hausgehilfin sind aber dann keine Betriebsausgaben, wenn sie der Mutter des Kindes die Ausübung ihres Berufes als **Ärztin** erst ermöglichen (BFH v. 10. 5. 73, BStBl II 631). Ebenso sind Aufwendungen als **Ärzte tätiger Eheleute** für die Beschäftigung einer **Kinderpflegerin** nicht als Betriebsausgaben abziehbar (BFH v. 9. 11. 82, BStBl 83 II 297). Mit Wirkung v. 1. 1. 90 wird für Aufwendungen für sozialversicherungspflichtige **hauswirtschaftliche Beschäftigungsverhältnisse** unter bestimmten Voraussetzungen ein Sonderausgabenabzug bis zu 12 000 DM für das Jahr eingeführt werden. Das sieht das Gesetz zur Änderung des StRefG 1990 sowie zur Förderung des Mietwohnungsbaus und von Arbeitsplätzen in Privathaushalten vor.

41. Honorarforderung – Erlaß

338 **Erläßt** ein Arzt oder Zahnarzt seinem Patienten aus privaten Gründen eine Honorarforderung, so ist dies als **Entnahme** der Honorarforderung zu werten und der Gewinn entsprechend zu erhöhen (BFH v. 16. 1. 75, BStBl II 526).

339 Anders ist unseres Erachtens die Rechtslage, wenn ein Arzt bei einem **minderbemittelten Patienten nicht liquidiert** oder seine **Honorarforderung reduziert**, da der Patient nicht in der Lage ist, in voller Höhe zu bezahlen.

42. Kammer- und Verbandsbeiträge

340 Die **Beiträge** zur Ärzte- bzw. Zahnärztekammer sind jährlich zu entrichten und können als **Werbungskosten/Betriebsausgabenabzug** bei der Einkommensteuer geltend gemacht werden.

Die Modalitäten sind unterschiedlich. In der Vergangenheit wurden für die 341
angestellten Ärzte Festbeträge jährlich erhoben, und zwar bei allen Ärztekammern des Bundesgebietes am 1. Februar des Jahres.

Inzwischen ist entsprechend den Einkünften aus ärztlicher Tätigkeit der 342
Kammerbeitrag in unterschiedlicher Höhe gestaffelt.

Maßgeblich für die **Einstufung** sind die **Einkünfte aus sämtlichen ärztlichen** 343
Haupt- und Nebentätigkeiten, wie z. B. Gutachten, Notdienste, die Tätigkeit
als Musterungsarzt oder Lehrtätigkeit.

Beim **angestellten Arzt** sind also die Einkünfte, das heißt der Bruttoarbeits- 344
lohn lt. Lohnsteuerkarte abzgl. Arbeitnehmerfreibetrag, Weihnachtsfreibetrag und Werbungskosten als Ansatzgröße gewählt, bei **selbständiger ärzt-**
licher Tätigkeit die Betriebseinnahmen abzgl. den Betriebsausgaben, also der
Gewinn aus selbständiger Tätigkeit. Andere Einkunftsarten, wie etwa Miet-
einkünfte oder Kapitalvermögen, bleiben außer Ansatz.

Junge Ärzte, die im Kankenhaus beginnen, werden z. B. bei der Ärzte- 345
kammer Nordrhein in der Gruppe 01 der Beitragsstaffel eingestuft. Die
Selbsteinstufung ist spätestens bis zum 1. März der Kammer abzugeben. Der
Beitrag kann in Jahresbeiträgen, halbjährlich oder vierteljährlich zum 1. 4.,
1. 7., 1. 10. und 31. 12. des Beitragsjahres entrichtet werden.

Die Beitragsgruppen gehen pro Jahresbeitrag von 40 DM bei unter 346
20 000 DM Einkünfte bis zu 3 400 DM Beitrag bei Einkünften aus ärztlicher
Tätigkeit von 800 000 DM und mehr.

Bei den Zahnärzten ist der Beitrag nicht an den Einkünften orientiert, son- 347
dern es wird ein fester Beitrag vereinbart.

Andere Gruppen der **Heilberufe** wie Psychologen, Heilpraktiker usw. die 348
keiner Kammer angehören und somit in der Regel nur Beiträge zu Berufsverbänden bezahlen, können diese **Beiträge** ebenso wie etwa die Ärzte zu
ihren Verbänden als **Werbungskosten/Betriebsausgaben** geltend machen.

Die **KVen** und **KZVen** erheben ebenfalls **Beiträge** zu den berufsständischen 349
Versorgungswerken. Diese Beiträge sind als **Sonderausgabe** abzugsfähig
(BFH v. 13. 4. 72, BStBl II 730).

350   **43. Kooperationsformen**   siehe Rdnrn. 466 ff.

44. **Kraftfahrzeug – steuerliche Behandlung**

351   Die steuerliche Behandlung des Kraftfahrzeuges muß vom Berater eingehend beleuchtet werden, da durch eine geschickte Gestaltung einerseits Steuern gespart werden können und andererseits die steuerliche Behandlung des Kraftfahrzeugs bei Betriebsprüfungen Anlaß zur Kritik gibt.

352   Beim **Allgmeinmediziner, praktischen Arzt, Kinderarzt** mit vielen Hausbesuchen wird von der Finanzverwaltung in der Regel unterstellt, daß mindestens 20 bis 25 % (ab 1990 30 bis 35 %) (siehe hierzu Abschn. 118 EStR) privat genutzt werden. Die Folge ist, daß 20 bis 25 % (ab 1990 30 bis 35 %) der jährlichen Pkw-Kosten den steuerlichen Gewinn erhöhen. Einen Vomhundertsatz von 20 bis 25 % nimmt die Finanzverwaltung (Bp-Kartei, Tierärzte, Abschn. IV, 2 d) auch bei **Tierärzten mit Stadtpraxis** an.

353   Versorgt ein Arzt ein **ländliches Gebiet**, kann der Privatanteil niedriger sein. Bei **Tierärzten mit Landpraxis** nimmt die Finanzverwaltung (Bp-Kartei, a. a. O.) einen Vomhundertsatz von 10 bis 15 % an (Vomhundertsatz ab 1990 noch nicht bekannt).

354   Anders sieht es bei **Fachärzten** wie etwa Dermatologen, Augenärzten. Röntgenologen und Orthopäden aus, die in der Regel eine erheblich höhere private Nutzung ihrer Pkws aufweisen. Bei Neugründung oder Übernahme einer Praxis ist es zweckmäßig, ein halbes Jahr ein Fahrtenbuch zu führen, um die tatsächliche betriebliche Nutzung nachzuweisen. In der Regel ist dies vor allem sinnvoll, weil der Arzt im ersten Jahr wenig Urlaub macht und kaum zu Privatfahrten Zeit hat.

355   Bei der Beurteilung des Nutzungsanteils spielt z. B. auch die Frage eines **Ferienhauses** oder einer **Zweitwohnung** eine Rolle, da hier die Finanzverwaltung unterstellt, daß eine höhere private Nutzung gegeben ist, ebenso ob ein **Zweitwagen** vorhanden ist.

356   Bei **Zahnärzten** sollte bei normalen Verhältnissen über eine betriebliche Nutzung von 40 bis 50 % nicht hinausgegangen werden. Dies hat zudem den Vorteil, daß bei einer betrieblichen Nutzung von 50 v. H. der Pkw noch im Privatvermögen ist und daher ein späterer Veräußerungserlös entfällt.

357   **Berechnungen** (Wiegel, a. a. O., S. 7 ff.) belegen, daß Kraftfahrzeuge mit hohem Wiederverkaufswert und Ansatz eines hohen betrieblichen Nutzungs-

anteils von 60 bis 70 % rechnerisch ungünstiger sind als ein Pkw im Privatvermögen mit einem betrieblichen Nutzungsanteil von 40 bis 50 v. H.

Die **Anschaffungskosten** von Pkws haben sich in den letzten Jahren erhöht. 358
Ist der Anschaffungspreis unangemessen hoch, so wird der unangemessene Anteil gekappt und kann nicht abgeschrieben werden. So sind Anschaffungskosten von ca. 60 000 DM durchaus noch im Rahmen (BFH v. 2. 2. 79, BStBl 80 II 340).

Bei der **Veräußerung des Pkws** wird in der Regel der Veräußerungsgewinn 359
mit 100 % der Steuer unterworfen und der private Anteil nicht herausgerechnet. Wir meinen, soweit eine Aufteilung in betriebliche und private Nutzung erfolgt, müßte der Veräußerungsgewinn ebenfalls in einen betrieblichen und einen privaten Anteil aufgeteilt werden.

Auch bei **Leasingfahrzeugen** berücksichtigt die Finanzverwaltung bei den 360
Fahrten zwischen Wohnung und Praxis je Entfernungs-km 0,36 DM. Dies ist unserer Auffassung nach nicht richtig, denn der Leasingnehmer benützt nicht das eigene Kraftfahrzeug, sondern das Fahrzeug des Leasinggebers. Für die Pauschale von 0,36 DM fordert der Gesetzgeber in § 9 „Fahrten zwischen der Wohnung und der Arbeitsstätte mit **eigenem** Pkw". Da es sich nicht um den eigenen Pkw handelt, kann diese Vorschrift nicht auf Leasingfahrzeuge angewendet werden (a. A. jedoch BFH v. 11. 9. 87, BStBl 88 II 12).

Verwendet der Arzt ein **Taxi**, sind die Kosten in voller Höhe abzugsfähig, da 361
sie nach der heutigen allgemeinen Verkehrsauffassung als nicht unangemessen gelten.

Bei einem **Unfall im Rahmen einer beruflichen Fahrt** des Arztes können die 362
Kosten als Betriebsausgaben steuermindernd geltend gemacht werden (BFH v. 17. 10. 73, BStBl 74 II 185; v. 18. 12. 81, BStBl II 261). Problematisch wird es allerdings, wenn Alkohol im Spiel war. Hier wird in der Regel trotz betrieblicher Veranlassung, wie z. B kleine Feier mit Mitarbeitern oder Kollegen, ein Abzug als Betriebsausgabe versagt (BFH v. 6. 4. 84, BStBl II 434).

Die **Kosten eines Zweitwagens** sind steuerlich ebenfalls zu berücksichtigen, 363
falls dieser Zweitwagen für die Praxis genutzt wird.

Beispiel:
Der Arzt macht Hausbesuche, der Zweitwagen wird von einer Mitarbeiterin zum Einkauf von Praxisbedarf genutzt.

Die berufliche Nutzung des Zweitwagens ist durch geeignete Aufzeichnungen des Praxisinhabers **nachzuweisen**.

364 Was die Höhe der **Abschreibung** eines Pkws anbelangt, wird häufig empfohlen, bei Wagen im Betriebsvermögen die Abschreibung mit nicht mehr als 20 v. H. jährlich vorzunehmen. Bei einer längeren Nutzungsdauer von acht bis zehn Jahren sogar mit 12½ v. H. (Becker, a. a. O., S. 70). Dieser Auffassung ist vor allem dann zuzustimmen, wenn sich eine Praxis im Aufbau befindet und erst nach etwa zwei bis drei Jahren ordentliche Gewinne erzielt werden. Abhängig ist natürlich der Veräußerungserlös auch von der Möglichkeit, den Wagen preislich höher oder niedriger zu veräußern. Der Berater muß diese Fragen mit seinen Mandanten lösen.

45. Krankentagegeldversicherung

365 Aufwendungen für eine Krankentagegeldversicherung sind stets **Sonderausgaben**, keine Werbungskosten oder Betriebsausgaben. Dafür sind auch die Leistungen aus dieser Versicherung nach § 3 c EStG steuerfrei (BFH v. 22. 5. 69, BStBl III 489; v. 7. 10. 82, BStBl II 101).

46. Leibrente als Betriebseinnahme

366 Bei Freiberuflern wird die Beratungsleistung in der Regel durch Inrechnungstellung eines Honorars und Bezahlung durch den Mandanten oder Patienten abgegolten. Vor allem bei langjähriger, umfangreicher und aufwendiger Betreuung kann die Abgeltung durch eine Leibrente von Interesse für den Arzt sein. So kann z. B. vereinbart werden, daß die medizinische Betreuung durch den Arzt durch eine Leibrente bis zu dessen Tod und dem Tod seiner Frau abgegolten wird. Wird als Gegenleistung für eine medizinische Beratungs- und Betreuungstätigkeit eine bis zum Tode des Arztes und seiner Ehefrau zu zahlende Leibrente vereinbart, so gehören die **Einnahmen** aus dieser Rentenvereinbarung zu den Einkünften **aus selbständiger Arbeit** (BFH v. 26. 3. 87, BStBl II 597). Entscheidend dafür, ob eine Rente als Betriebseinnahme für eine berufliche Tätigkeit, ggf. auch für eine frühere Tätigkeit dieser Art bei den Einkünften aus der freiberuflichen Tätigkeit zu erfassen ist, ist die Beziehung zwischen der Tätigkeit und der Rente. Ist die Einräumung des Rentenrechts durch die berufliche Leistung veranlaßt, so liegen Betriebseinnahmen vor, die bei den Einkünften aus freiberuflicher Tätigkeit

zu erfassen sind, ggf. nach § 24 Nr. 2 EStG. Die Absicht, die Altersversorgung zu sichern, ist lediglich das Motiv dafür, die Gegenleistung nicht alsbald in der üblichen Höhe zu vereinnahmen, sondern zu verrenten und entsprechende Rentenleistungen zu vereinnahmen.

47. Mehrfahrten zur Praxis/Arbeitsstätte siehe Rdnrn. 291 ff.   367

48. Patientenkartei

Bisweilen werden von Ärzten/Zahnärzten in der Patientenkartei **Eintragungen über ausgehende Rechnungen und Zahlungseingänge** gemacht. Der Arzt/ Zahnarzt kann dem Betriebsprüfer die Einsicht in die Kartei unter Berufung auf die **ärztliche Schweigepflicht** insoweit verweigern, als darin Eintragungen enthalten sind, auf die sich sein Recht zur Auskunftsverweigerung nach § 102 AO erstreckt. Unter Umständen kann das Finanzamt die Anfertigung von Auszügen und Zusammenstellungen über einzelne Besuche und sonstige Leistungen mit Namensangabe aus der Patientenkartei verlangen (BFH v. 11. 2. 57, BStBl 58 III 86).   368

Die **Patientenkartei eines Zahnarztes**, dem die Hinterziehung von Steuern vorgeworfen wird, kann nach dem Beschl. des LG Koblenz v. 31. 3. 83 – 8 Qs 3/83 (NWB, EN-Nr. 1550/83) als **Beweismittel beschlagnahmt** werden. Dabei fällt zugunsten der Zulässigkeit der Beschlagnahme ins Gewicht, daß die Aufzeichnungen eines Zahnarztes regelmäßig einen weniger persönlichen empfindlichen Bereich betreffen als jenen von Ärzten anderer Fachbereiche.   369

49. Planungskosten für Praxisanbau

Macht ein Arzt Aufwendungen für die Planung eines Praxisanbaus und **gibt** er das Bauvorhaben auf, so sind die vergeblich aufgewendeten **Planungskosten**, z. B. Kosten für Bauplanung, Statik, Katasterpläne und Baugenehmigung, **Betriebsausgaben** bei den Einkünfte aus selbständiger Arbeit. Sie sind im Jahr der Zahlung voll abzugsfähig, wenn das Vorhaben bereits in diesem Jahr aufgegeben wurde (FG Rheinl.-Pf. v. 28. 6. 72, EFG 73, 15)   370

50. Praxisaufgabe siehe Rdnrn. 1008 f.   371

51. Praxiseinrichtung

372 Auch Aufwendungen für **Bilder** – Ölgemälde, Aquarelle – mit einem Anschaffungspreis zwischen 100 DM bis 800 DM sind abzugsfähige Betriebsausgaben (FG Schl.-Hol. v. 30. 10. 64, EFG 65, 271), ebenso Aufwendungen eines Chefarztes in Höhe von 5 000 DM für einen **Orientteppich** (FG Ba.-Wü. v. 25. 9. 85, EFG 86, 67).

373 **52. Praxisgemeinschaft** siehe Rdnrn. 536 ff.

53. Praxisgründung/Praxisgründungskosten

374 Ein Arzt, der zur Gründung seiner Praxis **Schulden** macht, kann die späteren Tilgungsraten **nicht** als **außergewöhnliche Belastung** abziehen (FG Münster v. 28. 7. 55, EFG 56, 44) Wegen Einzelheiten der Praxisgründung siehe Rdnrn. 58 ff.

54. Praxisjubiläum

375 Feiert ein Arzt sein **fünfundzwanzigjähriges Praxisjubiläum** und lädt hierzu Verwandte, Kollegen sowie Mitarbeiter ein, können die Bewirtungsaufwendungen nur dann als Betriebsausgabe steuerlich berücksichtigt werden, wenn nicht mehr als ein **Drittel Verwandte und Kollegen** eingeladen worden sind. Andernfalls liegt keine nahezu ausschließliche berufliche Veranlassung vor (FG Münster v. 21. 1. 88, NWB EN-Nr. 1008/88). Hier stellt sich die Frage, was bei der Berechnung dieses Drittels die Kollegen zu suchen haben. Ein Arzt arbeitet vielfach mit anderen Kollegen zusammen, sei es weil er bestimmte Tätigkeiten selbst nicht ausübt, sei es weil er schlichtweg beruflichen Erfahrungsaustausch anstrebt. Vom Gesetz her ist hier keine Begrenzung zu sehen. Anders verhält es sich bei der Zahl der Verwandten, die – wenn sie nicht Patienten sind – in diese Rechnung zurecht einfließen.

376 **55. Praxisveräußerung** siehe Rdnrn. 998 ff.

56. Praxisverlegung

377 Verlegt ein Arzt oder Zahnarzt seine Praxis an einen anderen Ort, so entsteht die Frage, ob eine Praxisaufgabe vorliegt, um die Begünstigungen der §§ 16 i. V. m. 34 EStG zu erhalten. Nach Auffassung des FG D'dorf (U. v. 6. 3. 85,

EFG S. 449) gilt eine Zahnarztpraxis auch dann als „**aufgegeben**" wenn sich der Zahnarzt mit einem Teil seines Inventars an einem 25 km entfernten Ort niederläßt. Gerade im zahnärztlichen Bereich kann sich eine Verlegung leicht dadurch ergeben, daß ein Gebiet durchsaniert ist und ein neuer Niederlassungsort gesucht werden muß.

57. Praxisvertretungen – Fahrtkosten

Übt ein selbständig tätiger Arzt seinen Beruf in der Weise aus, daß er – ohne   378
eine eigene Praxis zu unterhalten – bei anderen Ärzten in einem Umkreis von
25 km Praxisvertretungen übernimmt, so kann er für die mit dem eigenen
Kraftfahrzeug durchgeführten Fahrten zwischen seiner Wohnung und den
einzelnen Praxen nur einen Betrag von **0,36 DM je Entfernungskilometer** –
ab 1989 0,43 DM, ab 1990 0,50 DM – geltend machen (BFH v. 5. 11. 87,
BStBl 88 II 334). Die Entscheidung bezog sich auf eine Ärztin, die als Vertre-
terin in insgesamt 6 Praxen tätig war, die von ihrer Wohnung zwischen 8 und
14 km entfernt lagen. Der BFH differenziert zwischen der Behandlung von
Arbeitnehmern mit ständig wechselnden Einsatzstellen (vgl. BFH v.
11. 7. 80, BStBl II 654; v. 12. 8. 83, BStBl II 718), bei denen der volle Abzug
der Fahrtkosten zugelassen ist, und freiberuflicher Praxisvertretung. Während
Arbeitnehmer mit ständig wechselnden Einsatzstellen grundsätzlich die tatsächlichen Aufwendungen für die Fahrten mit dem eigenen Kraftfahrzeug zu
der jeweiligen Einsatzstelle als Werbungskosten abziehen können, kann ein
an verschiedenen Einsatzorten in einer Entfernung von seiner Wohnung tätiger Arbeitnehmer, wie sie auch von vielen anderen Arbeitnehmern mit einer
festen Arbeitsstätte täglich zurückgelegt werden (12 bis 25 km), seine Aufwendungen für die Fahrten mit dem eigenen Kraftfahrzeug von der Wohnung
zu den verschiedenen Einsatzorten und zurück nur mit den Pauschsätzen von
0,36 DM gem. § 9 Abs. 1 Nr. 4 EStG abziehen. Diese Rechtsgrundsätze wendet der BFH in der Entscheidung v. 5. 11. 87 (a. a. O.) auch auf selbständig
Tätige an, so daß auch sie ihre Fahrkosten trotz ständig wechselnden Einsatz-
ortes nicht in voller Höhe absetzen können, wenn diese Einsatzorte von der
Wohnung nicht weiter als 25 km entfernt liegen.

58. Praxiswert   siehe Rdnrn. 983 ff.   379

59. Privatvermögen – Nachweis

380   Ein Arzt/Zahnarzt ist **nicht** verpflichtet, für seine **privaten Sparkonten** eine **Buchführung** zu führen. Er muß auch **nicht erläutern**, woher die Einzahlungen stammen, noch einen amtlichen **Nachweis** hierüber erbringen. Der Arzt ist zwar nach der AO zur Aufkunftserteilung und zur Mitwirkungspflicht bei Klärung von Steuerfragen verpflichtet. Er ist jedoch nicht verpflichtet, einen in sich geschlossenen Nachweis über die Herkunft seines Privatvermögens zu führen. In der Regel muß das Finanzamt und **nicht** der **Arzt belegen und beweisen**, daß die auf das Privatkonto eingezahlten Beträge nicht aus zu versteuerndem Einkommen stammen. Es kann nicht angenommen werden, daß Mittel für Einzahlungen auf private Sparkonten nur aus nicht gebuchten beruflichen Einnahmen stammen können. Diese Grundsätze hat der BFH in der Entscheidung v. 28. 5. 86 (BStBl II 732) aufgestellt.

60. Professorentitel

381   Macht ein frei praktizierender Arzt Aufwendungen, um sich den ihm verliehenen **Professorentitel** durch weitere Teilnahme am Vorlesungsbetrieb an einer auswärtigen Universität zu **erhalten**, so können die Kosten (Reise- und Aufenthaltskosten) als Betriebsausgaben abgezogen werden (FG Hamburg v. 6. 6. 77, EFG S. 567).

382   **Repräsentationsaufwendungen** eines Chefarztes anläßlich seiner **Ernennung zum Professor** sind jedoch weder Betriebsausgaben noch Werbungskosten (BFH v. 13. 9. 62, BStBl III 539).

61. Promotion/Habilitation

383   **Promotionskosten** gehören ebenso wie die Studienkosten grundsätzlich zu den nichtabzugsfähigen Lebenshaltungskosten und sind daher nur im Rahmen des § 10 Abs. 1 Nr. 7 EStG als **Sonderausgaben abzugsfähig** (BFH v. 7. 8. 67, BStBl III 778).

384   Auch die Kosten einer **Zweitpromotion** können nur als Sonderausgaben berücksichtigt werden (BFH v. 2. 3. 78, BStBl II 431).

385   Aufwendungen aus Anlaß einer Promotion können allerdings dann Werbungskosten/Betriebsausgaben sein, wenn das **Promotionsstudium Gegenstand eines Dienstverhältnisses** ist (BFH v. 7. 8. 87, BStBl II 780).

Eine andere Beurteilung ist jedoch bei den **Habilitationskosten** geboten. Die　386
diesbezüglichen Aufwendungen, insbesondere für die Habilitationsschrift,
erkennt der BFH als Werbungskosten/Betriebsausgaben an, weil sie den
Bereich der allgemeinen Ausbildungskosten überschreiten und in einer ganz
konkreten Beziehung zu dem ausgeübten Beruf stehen (BFH v. 7. 8. 67,
a. a. O.).

62. Röntgenapparat   siehe Rdnr. 120. 　　　　　　　　　　　387

63. Schadenersatz

Schadenersatzleistungen wegen **ärztlicher Kunstfehler** sind wegen der ver-　388
schärften Rechtsprechung des BGH zur Haftung von Ärzten häufiger geworden. Die Aufwendungen sind als Betriebsausgaben bzw. Werbungskosten
abzugsfähig (so schon Enno Becker, a. a. O., S. 432).

64. Sonderausgaben

Selbständige Angehörige bestimmter Berufsgruppen, z. B. Ärzte/Zahnärzte,　389
sind zur Leistung bestimmter Versorgungsbeiträge **gesetzlich verpflichtet**. Solche **Zwangsbeiträge** stellen keine Betriebsausgaben dar, auch wenn sie der
eigenen Versorgung oder der der Angehörigen dienen. Das wird in der Regel
zutreffen. Sie können in diesem Fall als Sonderausgaben im Rahmen des § 10
EStG abgezogen werden. Vergleiche dazu auch Abschn. 88 Abs. 3 EStR und
die dort angeführte Rechtsprechung sowie BFH v. 13. 4. 72 (BStBl II 730).
Siehe Rdnrn. 208 ff., 349, 365, 390, 408, 410.

65. Spenden

Ärzte/Zahnärzte machen vielfach sog. „**Spenden**", die sie an Gemeinschafts-　390
hilfeeinrichtungen zahlen, als Sonderausgaben i. S. des § 10 Abs. 1 Nr. 2 b
EStG geltend. Den Gemeinschaftshilfeeinrichtungen liegen in der Regel
inhaltlich gleichlautende Satzungen zugrunde. Danach ist es Zweck dieser
Einrichtungen, im Sterbefall den Hinterbliebenen des Mitglieds zu helfen.
Die Mitgliedschaft ist freiwillig. Beiträge sind von den Mitgliedern nur dann
zu leisten, wenn ein Sterbefall eintritt. Die Gemeinschaftshilfeeinrichtungen
sammeln kein Kapital an, sondern zahlen bei jedem Todesfall die eingezahl-

ten Beiträge an die von dem verstorbenen Mitglied bestimmten Hinterbliebenen. Die Finanzverwaltung hat keine Bedenken, die **Beiträge**, die Ärzte ihrer Gemeinschaftshilfe leisten, als **Sonderausgaben** im oben erwähnten Sinne anzuerkennen (Bp-Kartei, Ärzte, Abschn. III B 43). Freiwillige Beitragsleistungen der Ärzte an die Unterstützungseinrichtung „**Ärztliches Hilfswerk**" der Kassenärztlichen Vereinigung Nordrhein, Düsseldorf, können als Spenden nach § 10 b EStG abgezogen werden. Die Leistungen der Unterstützungseinrichtung kommen nicht den beitragsleistenden Ärzten, sondern den nicht mehr praktizierenden arbeitsunfähigen Kassenärzten sowie den Witwen und Waisen von Ärzten zugute, sofern dieser Personenkreis i. S. des § 53 Nr. 2 AO hilfsbedürftig ist (Bp-Kartei, Ärzte, Abschn. III B, 45 a). Wegen der **Begleitung eines Pilgerzuges** durch einen Arzt siehe Rdnr. 183.

391 **66. Sportmedizin**   siehe Rdnr. 165.

392 **67. Sprachkurs**   siehe Rdnr. 169.

68. Telefonkosten

393 Bei einem **angestellten Arzt** können Aufwendungen für sein privates Telefon nur dann als Werbungskosten geltend gemacht werden, wenn die Anzahl der privat und beruflich geführten Gespräche durch **Aufzeichnungen nachgewiesen** werden. Der beruflich veranlaßte Teil kann **nicht geschätzt werden** (Nieders. FG v. 19. 1. 77, EFG S. 529).

394 Beim **niedergelassenen Arzt** ist zwischen dem Telefonanschluß in der **Praxis** und **Privatwohnung** zu unterscheiden:

Bei **ausschließlich beruflich** genutztem **Telefonanschluß in der Praxis** sind die **Einrichtungskosten**, die **Grundgebühr** und die **Gesprächseinheiten** in voller Höhe als Betriebsausgaben absetzbar.

395 Bei einem beruflich benutzten **Telefonanschluß in der Privatwohnung** gilt folgendes: Der berufliche Anteil der **Grundgebühr** ist aus dem Verhältnis der Zahl der beruflichen und privaten Gespräche zu ermitteln (BFH v. 21. 11. 80, BStBl 81 II 131). Dabei sind auch die ankommenden Gespräche zu berücksichtigen (BFH v. 20. 5. 76, BStBl III 507). Den Umfang der beruflichen Nutzung muß der Arzt **nachweisen** oder mindestens **glaubhaft** machen, z. B. durch Aufzeichnungen für einen repräsentativen Zeitraum, mindestens

3 Monate (BMF v. 23. 5. 80, BStBl I 252). Im Streitfall des U. v. 21. 11. 80 (a. a. O.) ließ der BFH mangels geeigneter Unterlagen die **schätzungsweise Aufteilung** in beruflich und privat geführte Gespräche zu und behandelte den beruflichen Anteil – sowohl Gesprächs- als auch Grundgebühren – als abzugsfähige Werbungskosten/Betriebsausgaben.

Ist in Praxis und Privatwohnung nur ein **gemeinsamer umschaltbarer Telefon-** **396** **anschluß** vorhanden, muß der Arzt die Höhe der beruflichen Nutzung nachweisen oder glaubhaft machen (vgl. Rdnr. 395).

Der **Vomhundertsatz** der privatanteiligen Telefonnutzung kann nach BFH **397** v. 8. 10. 81 (IV R 90/80, n. v.) auch durch **Mindest- und Höchstbeträge** begrenzt werden (vgl. FG Münster v. 20. 10. 78, EFG 79, 274: 25 v. H. des Gesamtaufwands, mindestens 240 DM jährlich). Statt dessen kann nach dem BFH-U. v. 8. 10. 81 der Privatanteil bei einer gemischten Telefonnutzung auch in **festen Monats- oder Jahresbeträgen** geschätzt werden. Anfang der achtziger Jahre wurde in der Betriebsprüfungspraxis in der Regel ein fester Jahresbetrag von 480 DM (zuzüglich USt) für den Privatanteil der gemischten Telefonnutzung angesetzt.

Führt der Arzt anläßlich von **Hausbesuchen unterwegs berufliche Telefon-** **398** **gespräche** von der Post oder einer Telefonzelle aus, so muß er die Betriebsausgaben durch Quittungen oder Eigenbelege nachweisen. Auch berufliche Telefongespräche anläßlich von Kongressen aus Hotels, Kongreßhallen usw. müssen nachgewiesen werden.

Zu den Telefonkosten gehören auch die Kosten des **Eurofunks**. Wird einem **399** angestellten Arzt dieses Gerät bei beruflicher Nutzung nicht vom Arbeitgeber gestellt, so sind die **Anschaffungskosten** oder die **Leasinggebühr** für das Gerät sowie die **Postgebühren** als Werbungskosten abzugsfähig. Bei einem niedergelassenen Arzt sind die Aufwendungen entsprechend als Betriebsausgaben absetzbar.

69. Umzugskosten

Eine berufliche Veranlassung für einen Umzug liegt bei einem frei praktizie- **400** renden Arzt vor, der seine Wohnung in die unmittelbare Nähe seiner **Praxis** und eines Kreiskrankenhauses **verlegt**, in dem er Belegbetten unterhält (BFH v. 28. 4. 88, BStBl II 777). Auch bei einem **Hochschulprofessor** der medizinischen Fakultät können Umzugskosten bei Wohnsitzwechsel von einer Universitätsstadt zur anderen ggf. abzugsfähige (vorbereitende) Betriebsausgaben sein, wenn der Wohnsitzwechsel ausschließlich aus beruflichen Gründen erfolgt (Nieders. FG v. 8. 3. 67, EFG S. 496).

70. Verluste

401 Verluste, die ein Arzt/Zahnarzt dadurch erleidet, daß Praxisangestellte Honorargelder in Empfang nehmen und **unterschlagen**, können bei Gewinnermittlung nach § 4 Abs. 2 EStG Betriebsausgaben sein (BFH v. 6. 5. 76, BStBl II 504). **Darlehensverluste** von Ärzten sind im allgemeinen nicht als Betriebsausgaben abzugsfähig (Enno Becker, a. a. O., S. 465, 467; RFH v. 27. 8. 30, Bd. 27, 184).

71. Verpflegungsmehraufwand

402 Aufwendungen eines **angestellten Arztes/Zahnarztes** für Beköstigung am Arbeitsplatz können ausnahmsweise Werbungskosten sein, wenn er ausschließlich aus beruflichen Gründen **regelmäßig mehr als 12 Stunden täglich von seiner Wohnung abwesend** ist. Der Mehraufwand bei langer Abwesenheit ist nach Abschn. 22 Abs. 4 Nr. 1 LStR auf einen **Tagesdurchschnittswert von 3 DM** festgesetzt worden (BFH v. 30. 3. 79, BStBl II 498).

403 Hier ist vor allem darauf zu achten, daß bei **Bereitschaftsdiensten** in Krankenhäusern usw. der angestellte **Arzt an 2 Tagen mehr als 12 Stunden** von seiner Wohnung abwesend sein kann, da die Bereitschaftsdienste in der Regel über die Nacht hinweggehen und sich am nächsten Morgen der reguläre Dienst wieder anschließt. Als **Nachweis** für eine derartige Dienstzeit sollte der angestellte Arzt dem Finanzamt eine **Bescheinigung** seines Arbeitgebers bzw. die **Bereitschaftsdienstpläne** vorlegen.

404 **Niedergelassene Ärzte** können Mehraufwendungen für Verpflegung auch bei regelmäßig mehr als zwölfstündiger Abwesenheit von der Wohnung **nicht** als Betriebsausgaben abziehen (BFH v. 8. 6. 72, BStBl II 855). Der für Arbeitnehmer entwickelte Grundsatz (vgl. Rdnr. 402) ist nach Auffassung des BFH nicht auf selbständig Tätige anzuwenden, weil diese Personen in der Gestaltung ihrer betrieblichen Verhältnisse weitgehend frei sind.

405 Ist jedoch ein niedergelassener Arzt beruflich **länger als 5 Stunden von seiner Praxis**, der Stätte der Berufsausübung, entfernt tätig und liegt keine Geschäftsreise i. S. des Abschn. 119 Abs. 1 EStR vor, so können Mehraufwendungen für Verpflegung in der Regel ohne Einzelnachweis bis zur Höhe von **3 DM täglich** anerkannt werden (Abschn. 119 Abs. 5 EStR).

Kosten für **mittägliche Zwischenheimfahrten** sind nichtabzugsfähige Lebens-   406
haltungskosten bei Ärzten selbst dann, wenn die mittägliche Behandlungs-
pause beruflich bedingt ist (BFH v. 13. 12. 62, BStBl III 91).

Der durch **Patientenbesuchsfahrten eines Landarztes** in Nachbargemeinden   407
verursachte Verpflegungsmehraufwand an Kaffee und Tee kann als beruflich
veranlaßt angesehen werden, weil er auf einer Geschäftsreise im steuerlichen
Sinne entstanden ist. Der Mehraufwand ist zu **schätzen** (BFH v. 13. 3. 64,
StRK EStG § 4 R 700). Auf die Anwendung der Pauschsätze für Verpfle-
gungsmehraufwendungen besteht bei Ärzten mit Landpraxis jedoch kein
Anspruch (BFH v. 20. 2. 62, HFR 63, 21).

72. Versicherungsprämien

Prämien für eine **Unfallversicherung** sind als Betriebsausgaben abzugsfähig   408
(vgl. Rdnrn. 208 ff.).

Praxisgründungsversicherungen sind Kapitalversicherungen auf den Todes-   409
oder Erlebensfall, wobei die Versicherungssumme zur Tilgung eines zur
Praxisfinanzierung gewährten Darlehens verwandt wird. Sie sind kombiniert
mit einer **Berufsunfähigkeitsversicherung.** Die Versicherungsprämien sind
nichtabzugsfähig (OFD Frankfurt v. 21. 10. 86, ESt-Kartei 1978 § 4 EStG
K. 37).

73. Versorgungsabgaben/Versorgungswerk

Bei den einzelnen Ärztekammern bestehen je nach Beitragsregelungen und   410
Altersversorgungswerk unterschiedliche Regelungen. **Besondere Beiträge** zur
Versorgungskasse, die Ärztekammern **neben** dem Kammerbeitrag (Grund-
beitrag) erheben, sind keine Betriebsausgaben. Sie können aber gegebenenfalls als **Sonderausgaben** im Rahmen der Höchstbeträge abgezogen werden
(BFH v. 13. 4. 72, BStBl II 730). Dagegen sind **besondere Zuschläge** für
einen Fürsorgefonds **Betriebsausgaben,** wenn die berufstätigen Ärzte keiner-
lei Rechte auf Leistungen aus dem Fürsorgefonds haben (BFH v. 13. 4. 72,
BStBl II 728). Beiträge (sog. Spenden) von Ärzten an berufsständische
Gemeinschaftshilfe-Einrichtungen können als **Sonderausgaben** im Rahmen
der Höchstbeträge nach § 10 Abs. 1 Nr. 2 b EStG abgezogen werden
(Bp-Kartei, Ärzte, Abschn. III B, 43).

74. Veruntreuung siehe Rdnr. 401.   411

75. Videogerät in der Praxis

412 Häufig kaufen Ärzte Videogeräte, um in der Praxis **Wartezimmerprogramme** oder **Fortbildungskassetten** abspielen zu können. Bei Wirtschaftsgütern, deren Nutzung im privaten Bereich üblich ist, z. B. Rundfunk-, Tonband-, Fernseh- und Videogerät, geht die Finanzverwaltung im allgemeinen davon aus, daß sie auch für private Zwecke angeschafft wurden. Ein beruflicher Anteil kann – ggf. im Schätzungswege – steuerlich nur dann berücksichtigt werden, wenn sein Umfang an Hand objektiv nachprüfbarer Merkmale leicht und einwandfrei feststellbar ist und betragsmäßig ins Gewicht fällt.

413 Sofern ein Videogerät in einer Arztwohnung an das Fernsehgerät angeschlossen ist, wird die Finanzverwaltung annehmen, daß das Gerät für den privaten Lebensbereich angeschafft wurde. Ein steuerlicher Abzug der Ausgaben ist dann nicht möglich. Hat der Arzt jedoch in der **Praxis** – ggf. **zusätzlich** zu den Geräten in seiner Wohnung – einen **Fernseher mit Videogerät** aufgestellt, kann eine berufliche Nutzung angenommen werden. Die Ausgaben für die Anschaffung sind dann steuerlich abzugsfähige Betriebsausgaben.

414 ### 76. Weihnachtsgratifikation/Weihnachtszuwendung
siehe Rdnrn. 322, 331.

77. Witwenbezüge

415 Bezüge, die die Witwe eines Arztes aus einem bei der Kassenärztlichen Vereinigung angesammelten Fond erhält, sog. **„Einnahmegewähr im Todesfall"** oder **„Gnadenvierteljahr"** unterliegen zum vollen Tarif der ESt (BFH v. 14. 4. 66, BStBl III 458).

78. Zuwendungen an Ärzte

416 Die Zuwendungen des Ärztlichen Hilfswerk der Kassenärztlichen Vereinigung NW werden ausschließlich ohne Rechtsanspruch an in Not geratene Ärzte, deren Hinterbliebene und Angehörige gewährt, wenn die eigenen Bezüge dieser Personen die in § 53 Nr. 2 AO genannten Grenzen nicht übersteigen. Diese allein wegen Hilfsbedürftigkeit gewährten **Leistungen** sind bei den Empfängern **nicht steuerpflichtig**. Es handelt sich um streuerfreie Einnahmen i. S. des § 3 Nr. 11 EStG. Leistungen aus Versorgungseinrichtungen der Ärzte- (Zahnärzte-)kammern, die nicht oder nicht nur wegen Hilfsbedürftigkeit verausgabt werden, sondern auch einem anderen Zweck dienen, z. B.

der Altersversorgung oder der Statuserhaltung, sind dagegen als Leibrenten bzw. abgekürzte Leibrenten i. S. des § 22 Nr. 1 a EStG zu behandeln und mit dem Ertragsanteil zu versteuern (Bp-Kartei, Ärzte, Abschn. III B, 45 b).

79. Zu- und Abfließen von Einnahmen (Ausgaben)

Die überwiegende Zahl der Ärzte/Zahnärzte ermittelt ihren steuerlichen   417
Gewinn durch Überschußrechnung gem. § 4 Abs. 3 EStG. Für die Frage, wann dem Arzt Honorare zugeflossen sind, ist zu unterscheiden, ob es sich um den Einzug von **Honorarforderungen an Privatpatienten** durch eine Privatärztliche Verrechnungsstelle oder um **Honorare für kassenärztliche Tätigkeiten** handelt.

a) Privatärztliche Verrechnungsstelle

Läßt ein Arzt seine **Honorarforderungen an Privatpatienten** durch eine   418
Privatärztliche Verrechnungsstelle einziehen, so gelten sie bereits mit dem Eingang bei der Privatärztlichen Verrechnungsstelle als **ihm selbst zugeflossen.** Das gilt auch dann, wenn der Arzt mit der Privatärztlichen Verrechnungsstelle die Abrechnung und Zuteilung der für ihn eingegangenen Honorare zu bestimmten Terminen vereinbart. Die Privatärztliche Verrechnungsstelle, die die Rechtsform eines eingetragenen Vereins hat, vereinnahmt die Beträge als Bevollmächtigte des Arztes (Nieders. FG v. 4. 11. 60, EFG 61, 159).

b) Kassen(zahn)ärztliche Vereinigung

Die Honorare für **kassenärztliche Tätigkeit** fließen dagegen dem Arzt nicht   419
schon mit der Zahlung der Krankenkasse an die Kassenärztliche Vereinigung, sondern erst mit der **Überweisung** durch diese an den Arzt zu (BFH v. 20. 2. 64, BStBl III 329).

Kürzt die Kassenärztliche Vereinigung das zur Verteilung gelangende **Hono-**   420
rar um **Beiträge an einen Honorarsonderfonds**, dessen Leistungen auch den Kassenärzten und ihren Angehörigen zugute kommen, auf dessen Leistungen aber kein Rechtsanspruch besteht und dessen Leistungen gegenüber dem jeweils begünstigten Arzt nicht in Beziehung zu den auf ihn „entfallenden Beiträgen" steht, so können **nicht** schon die **Beiträge** als dem Arzt **zugeflos-** **sen** angesehen werden (BFH v. 6. 3. 59, BStBl III 231).

Die von den Kasssenärztlichen Vereinigungen geleisteten **vierteljährlichen**   421
Abschlußzahlungen auf die Kassenleistungen sind bei den Ärzten/Zahnärzten

keine regelmäßig wiederkehrende Einnahmen i. S. des § 11 Abs. 1 Satz 2 EStG (BFH v. 10. 10. 57, BStBl 58 III 23), wohl aber die Anfang Januar zugeflossenen **Abschlagszahlungen für Dezember des Vorjahres**, die beim Arzt dem Vorjahr zuzurechnen sind (BFH v. 24. 7. 86, BStBl 87 II 16).

422 **Honorarteile**, die ein Arzt mit Gewinnermittlung durch Überschußrechnung nach § 4 Abs. 3 EStG in einem späteren Veranlagungszeitraum **zurückzahlen** muß, muß er nach § 11 EStG im Jahr des Abflusses absetzen. Er kann nicht die Veranlagung des Jahres der Vereinnahmung entsprechend ändern lassen. Das gilt selbst dann, wenn sich die Berücksichtigung der Rückzahlung im Jahr des Abflusses steuerlich nicht auswirkt, während sie bei einer Änderung der Veranlagung des Zuflußjahres zu einer beachtlichen Steuererstattung führen würde (FG Rheinl.-Pf. v. 24. 3. 88, EFG S. 421).

c) Abzüge der Verrechnungsstellen

423 Die **Belastungen auf den Kontoauszügen der KV/KZV**, z. B. **Verwaltungsgebühren, Kammerbeiträge** usw. sind als Ausgaben zu buchen. **Beiträge zum Versorgungswerk** sind im Rahmen der Höchstbeträge abzugsfähige Sonderausgaben. Etwaige Leistungen an ein **Hilfswerk** sind als Spenden zu behandeln.

424 Die Verwaltungsgebühren der **Privatärztlichen Verrechnungsstellen**, die von diesen schon einbehalten wurden, müssen als Betriebsausgaben abgegrenzt werden.

425 Die Honorareingänge bei der KV/KZV bzw. Privatärztlichen Verrechnungsstelle sind jedoch trotz der Kürzungen vom Arzt/Zahnarzt **ungekürzt als Einnahmen** zu erfassen.

d) Zufluß von Einnahmen nach Aufgabe der Praxis

426 Stellt ein Arzt/Zahnarzt seine Tätigkeit ein, löst er seine Praxis auf oder übergibt sie einem Nachfolger, so sind die Honorare der KV/KZV mit der Auszahlung bei dem betreffenden Arzt zugeflossen (BFH v. 6. 3. 59, BStBl III 231; v. 20. 2. 64, BStBl III 329; v. 14. 4. 66, BStBl III 458).

e) Abfluß bei Überweisungsaufträgen

427 Betriebsausgaben, die mittels Überweisungsauftrag von einem Bankkonto geleistet werden, sind bei dem Kontoinhaber in dem Zeitpunkt **abgeflossen**, in dem der **Überweisungsauftrag** der **Bank zugegangen** ist und der Arzt im

übrigen alles in seiner Macht stehende getan hat, um eine unverzügliche banktübliche Ausführung zu gewährleisten. Hierzu gehört insbesondere, daß der Arzt im Zeitpunkt der Erteilung des Überweisungsauftrags für eine genügende Deckung auf dem Girokonto gesorgt hat. Das heißt also, Abflußzeitpunkt beim Schuldner ist nicht unbedingt identisch mit dem Zuflußzeitpunkt beim Gläubiger. Beim Gläubiger tritt der Zufluß erst ein, wenn er über den Betrag tatsächlich verfügen kann. Das ist bei Überweisungen regelmäßig erst mit Gutschrift auf dem Konto des Gläubigers – z. B. des Finanzamtes – der Fall. Anders verhält es sich bei Scheckzahlungen. Sie werden wie Barzahlungen behandelt. Hier fallen Zufluß beim Gläubiger und Abfluß beim Schuldner zusammen.

Beispiel:

Zahnarzt Dr. Herold bezahlt mit Scheck am 28. 12. seine Laborrechnung. Der Scheck wird in den ersten Januartagen eingelöst, also belastet und beim Labor gutgeschrieben. Die Zahlung der Laborrechnung erfolgt somit im alten Jahr (BFH v. 14. 1. 86, BStBl II 453).

80. Zwei-Konten-Modell

Bei Gewinnermittlung nach § 4 Abs. 3 EStG können betriebliche Schuldzinsen nur dann abgezogen werden, wenn das Bankkonto ausschließlich betriebliche Zahlungsvorgänge aufweist (vgl. Rdnrn. 87 ff.). Daher ist das Zwei-Konten-Modell zu empfehlen. 428

Bei der Mehrheit der Freiberufler – seien es Ärzte, Zahnärzte, Architekten, Ingenieure und Steuerberater – laufen alle Einnahmen und Ausgaben über ein **Kontokorrentkonto**. Die dort anfallenden **Schuldzinsen** müssen **nach** dem sogenannten **Veranlassungsprinzip aufgeteilt** werden. Hier hilft das Zwei-Konten-Modell. Sämtliche Einnahmen fließen auf ein positives zweites Konto, sämtliche Betriebsausgaben werden einem anderen Konto belastet. Somit sind die Kontokorrentzinsen in voller Höhe als Betriebsausgaben abzugsfähig. 429

Dadurch wird fiktiv der Negativsaldo auf dem Konto höher, auf das sämtliche Betriebsausgaben fließen. Alle darauf anfallenden Zinsen und Geldverkehrnebenkosten sind Betriebsausgaben. Mit dieser Gestaltung kann das Abzugsverbot für private Schuldzinsen im betrieblichen Bereich weitgehend umgangen werden. Die Gestaltung verstößt auch nicht gegen das Abzugsverbot des § 12 EStG, nachdem private Lebensführungskosten ertragsteuerlich nicht berücksichtigt werden können. Der Gestaltung steht meines Erachtens auch nicht § 42 AO entgegen. 430

Kapitel IV:
Besonderheiten einzelner Fachrichtungen

Inhaltsübersicht
ABC zu Besonderheiten einzelner Fachrichtungen

431   Folgende Fachrichtungen der Heilberufe weisen **Besonderheiten** auf, die auf die anderen Gruppen nicht übertragen werden können.

1. Augenärzte

a) Augenarzt

432   Die Honorare, die ein Augenarzt für das **Anpassen von Kontaktlinsen** nach einer augenärztlichen Untersuchung erhält, sind den Einnahmen aus der **freiberuflichen** Tätigkeit zuzuordnen. Der **Verkauf von Kontaktlinsen und Pflegemitteln** ist keine Ausführung der Heilkunde. Die Einnahmen eines Augenarztes hieraus sind deshalb als Einnahmen aus Gewerbebetrieb i. S. des § 15 EStG zu behandeln.

b) Augenärztliche Gemeinschaftspraxis

433   Erzielt eine **Gemeinschaftspraxis** Einnahmen aus einer gewerblichen Tätigkeit, unterliegen die Einkünfte der Gemeinschaftspraxis im vollen Umfang der Gewerbesteuer nach § 2 Abs. 2 Nr. 1 GewStG. Der Verkauf von Kontaktlinsen und Pflegemitteln durch eine augenärztliche Gemeinschaftspraxis führt also dann dazu, daß auch die Einnahmen aus der ärztlichen Tätigkeit als Einnahmen aus Gewerbebetrieb zu behandeln sind. Diese Folge tritt jedoch nicht ein, wenn die Beschaffung und der Verkauf von Kontaktlinsen und Pflegemitteln aus der Gemeinschaftspraxis **ausgegliedert** sind.

Hierzu gründen die in der augenärztlichen Gemeinschaftspraxis zusammengeschlossenen Augenärzte eine weitere Gesellschaft des bürgerlichen Rechts zum Ein- und Verkauf von Kontaktlinsen und Pflegemitteln, an der die Ärzte in demselben Verhältnis beteiligt sind wie an der Gemeinschaftspraxis. Diese Gesellschaft bürgerlichen Rechts verkauft Kontaktlinsen und Pflegemittel nur an Personen, die von den Augenärzten in der Gemeinschaftspraxis behandelt werden. Der Gesellschaftsvertrag ist so gestaltet, daß die **Gesellschaft wirtschaftlich, organisatorisch** und **finanziell** von der augenärztlichen Gemeinschaftspraxis **unabhängig** ist. Insbesondere werden getrennte Bücher geführt, besondere Bank- und Kassenkonten eingerichtet sowie eigene Rechnungsformulare verwendet. Kontaktlinsen und Pflegemittel werden getrennt vom Betriebsvermögen der Gemeinschaftspraxis gelagert. Bisher in der ärztlichen Gemeinschaftspraxis in Zusammenhang mit der Abgabe von Kontaktlinsen und Pflegemitteln genutzte Teile des Betriebsvermögens werden aus dem Betriebsvermögen der Gemeinschaftspraxis in die neu gegründete Gesellschaft bürgerlichen Rechts überführt. Soweit bestimmte Wirtschaftsgüter, z. B. Einrichtung, Räume, Telefon, sowohl der augenärztlichen Berufsausübung als auch der Gesellschaft für den Verkauf von Kontaktlinsen und Pflegemitteln dienen und die **Kosten** dafür nicht nach dem Verursacherprinzip zurechenbar sind, werden sie entsprechend dem Verhältnis der Umsätze beider Gesellschaften zueinander oder einem entsprechenden Schlüssel der augenärztlichen Gemeinschaftspraxis erstattet (BMF v. 19. 10. 84, BStBl I 588).   **434**

Wird der Verkauf von Kontaktlinsen und Pflegemitteln derart aus einer augenärztlichen Gemeinschaftspraxis ausgegliedert, handelt es sich insoweit um eine gewerbliche Tätigkeit. Die Behandlung der verbleibenden Tätigkeit der Gemeinschaftspraxis als freiberufliche Tätigkeit bleibt davon unberührt. Bei der Überlassung von Personal, Räumen, Telefon usw. durch die augenärztliche Gemeinschaftspraxis an die neu gegründete Gesellschaft für Beschaffung und Verkauf von Kontaktlinsen und Pflegemitteln lediglich gegen Auslagenersatz handelt es sich nicht um eine gewerbliche Tätigkeit, weil insoweit bei der Gemeinschaftspraxis die Gewinnerzielungsabsicht fehlt.   **435**

Das bedeutet für den Berater, daß er insbesondere bei Augenärzten darauf achten muß, inwieweit Kontaktlinsen und Pflegemittel verkauft werden. Unproblematisch, wenn dies nicht der Fall sein sollte. Sinnvoll dürfte es bei   **436** einer Neugründung sein, den Arzt darauf hinzuweisen, daß er diese Tätigkeit dem Optiker überläßt.

437   Wegen der **umsatzsteuerlichen** Behandlung siehe Rdnr. 575 f.

2. Betriebsärzte, Hilfsärzte bei Gesundheitsämtern, Bundesbahnvertrauensärzte, Amtsarzt, Knappschaftsarzt, Musterungsvertragsarzt

438   **Betriebsärzte, Knappschaftsärzte** einschließlich **Knappschaftsfachärzte,** nicht vollbeschäftigte **Hilfsärzte** bei den **Gesundheitsämtern, Vertragsärzte** der **Bundeswehr, Vertrauensärzte** der **Deutschen Bundesbahn, Amtsärzte** und **andere Vertragsärzte** in ähnlichen Fällen, **Musterungsvertragsärzte** üben in der Regel **neben** der bezeichneten vertraglichen Nebentätigkeit eine eigene Praxis aus. Ob die Nebentätigkeit selbständig oder unselbständig ausgeübt wird, ist nach umsatzsteuerlichen Grundsätzen zu beurteilen. Siehe Rdnrn. 9 ff.

3. Krankenanstalten, Kurheime, Sanatorien

439   Betreibt ein Arzt ein eigenes **Krankenhaus,** so liegt solange eine freiberufliche Tätigkeit vor, als es ein **notwendiges Hilfsmittel** für die ärztliche Tätigkeit darstellt und aus dem Krankenhaus kein besonderer Gewinn angestrebt wird (RFH v. 15. 3. 39, RStBl S. 853).

> **Beispiel:**
> Dr. Müller ist Gynäkologe in Bonn-Bad Godesberg. Er hat in Meckenheim eine kleine Klinik, in der er Eingriffe vornehmen kann. Die Kosten und die Einnahmen der Klinik gleichen sich aus. Die Patienten werden in seiner Praxis in Bad Godesberg nachversorgt. Hier wird insgesamt eine freiberufliche Tätigkeit ausgeübt.

440   Das gleiche gilt im übrigen für eine **medizinische Badeanstalt** (BFH v. 26. 11. 70, BStBl 71 II 249).

441   Wird jedoch ein **Krankenhaus,** ein **Sanatorium,** ein **Kurheim,** eine **Badeanstalt** mit **Gewinnerzielungsabsicht** betrieben, so sind die Einnahmen gewerblicher Natur, auch wenn es sich um Einnahmen aus ärztlichen Leistungen handelt (BFH v. 12. 11. 64, BStBl 65 III 90; siehe auch Abschn. 136 Abs. 6 EStR).

442   Eine **Trennung** der **ärztlichen Tätigkeit von** der **Krankenhaus- oder Sanatoriumstätigkeit** ist dann möglich, wenn der Träger des Krankenhauses oder des

Sanatoriums nicht mit dem Arzt identisch ist, unabhängig davon, ob er etwa im Krankenhaus Belegbetten oder Praxisräume hat.

Bei Krankenhäusern gibt es eine große Zahl steuerlicher **Vergünstigungen,** 443 die nahezu alle Steuerarten betreffen. Wichtig ist es, daß das Krankenhaus als Krankenhaus anerkannt ist. Für die steuerliche Vergünstigung ist die **Bescheinigung** der zuständigen Landesbehörde erforderlich.

Keine Krankenhäuser sind etwa **Pflegeheime, Altersheime** oder Einrichtun- 444 gen, in denen nur **ambulante Leistungen** erbracht werden.

Wegen der **Sonder-AfA** nach § 7f EStG für private Krankenhäuser siehe 445 Rdnrn. 128 f. und wegen der Umsatzsteuerbefreiung nach § 4 Nr. 16 UStG siehe Rdnrn. 694 ff.

4. Laboratoriumsmedizin

a) Gewerbliche Tätigkeit

Ein **Facharzt für Laboratoriumsmedizin** übt eine gewerbliche Tätigkeit aus, 446 wenn er in seiner Praxis einen Facharzt, einen Diplom-Chemiker sowie 65 weitere Mitarbeiter, insbesondere medizinisch-technische Assistentinnen und Arzthelferinnen, Auszubildende und Praktikantinnen, beschäftigt. Bei jährlich zwischen 130 000 bis 150 000 durchgeführten Untersuchungen kann von einer eigenverantwortlichen Tätigkeit des Praxisinhabers bei der Durchführung jedes einzelnen Auftrags keine Rede mehr sein (BFH v. 7. 10. 87, BStBl 88 II 17). Den Laborärzten ist zu **raten,** entweder die Zahl der Mitarbeiter klein zu halten oder Gemeinschaftspartner mit aufzunehmen, um jederzeit eine eigenverantwortliche Tätigkeit der Praxisinhaber gewährleisten zu können.

b) Einschaltung von Laborärzten oder selbständigen Laborgemeinschaften

Im Rahmen der Diagnose und Therapie bedienen sich Allgemeinmediziner 447 oftmals der Mithilfe von Laborärzten oder selbständiger Laborgemeinschaften. Die Einschaltung dieser Laboratorien kann aus kassenarztrechtlichen Gründen nur auf zweierlei Weise erfolgen:

• Der **Allgemeinmediziner beauftragt den Laborarzt** mit bestimmten labor- 448 technischen Untersuchungen, die dieser als Subunternehmer für den Allgemeinmediziner ausführt. Aufgrund der bestehenden Rechtsbeziehungen rechnet der Laborarzt mit dem Allgemeinmediziner ab. Dieser wiederum stellt seine ärztlichen Leistungen, die auch die Laborarbeiten einschließen, der Krankenkasse bzw. der Kassenärztlichen Vereinigung in Rechnung.

Die Leistungen der Laborärzte sind den behandelnden Ärzten umsatzsteuerlich zuzurechnen, so daß **Steuerfreiheit** gem. § 4 Nr. 14 UStG für das **Gesamthonorar** des behandelnden Arztes (einschließich weiterberechneter Laborarztkosten) in Betracht kommt.

449　● Für die laborärztlichen Untersuchungen erteilt der Allgemeinarzt einen **Überweisungsschein.** Der Laborarzt führt dann die gewünschte Analyse durch und dokumentiert das Ergebnis. Zwischen beiden Ärzten bestehen insoweit keine unmittelbaren Rechtsbeziehungen; jeder Arzt rechnet vielmehr seine eigenen Leistungen direkt mit den Krankenkassen bzw. der Kassenärztlichen Vereinigung ab.

Vielfach erhalten in diesen Fällen die Allgemeinärzte von den Laborärzten Beträge, die den Charakter von **Vermittlungsprovisionen** haben und oft als „Rückvergütung für Laborleistungen" bezeichnet werden. Diese Beträge können erheblich sein.

450　Die **behandelnden Ärzte** sind nur mit ihren **abgerechneten Honoraren steuerfrei** gem. § 4 Nr. 14 UStG. Die **Zahlungen der Laborärzte** sind dagegen als **Entgelt** für eine steuerbare und **steuerpflichtige Vermittlung** von Laborarbeiten durch den behandelnden Arzt zu beurteilen. Steuerfreiheit nach § 4 Nr. 14 UStG kommt insoweit nicht in Betracht.

5. Röntgenarzt

451　Bei Röntgenärzten ist fraglich, was von dem **Röntgengerät** und seinen **Zubehörteilen** als geringwertige Wirtschaftsgüter berücksichtigt werden kann. Siehe hierzu Rdnr. 120. Wegen der **Silberabfälle** in einer Röntgenarztpraxis siehe Rdnr. 268.

6. Sonstige ärztliche Tätigkeiten und sonstige Heilberufe

452　Es gibt zahlreiche ärztliche Tätigkeiten und zahlreiche sonstige Heilberufe. Hierzu enthalten die Rdnrn. 571 ff., 625 ff. **ABC-Übersichten,** die insbesondere für die Umsatzsteuer-Befreiung nach § 4 Nr. 14 UStG von Bedeutung sind.

7. Tierärzte

a) Medikamentenabgabe

Gibt ein **Tierarzt mit eigener Hausapotheke** Medikamente mit Gewinnerzie- 453
lungsabsicht an Tierhalter ab, wird er **insoweit** – wie jeder andere Arzt auch
– regelmäßig **gewerblich** tätig (BFH v. 27. 7. 78, BStBl II 686). Etwas anderes
gilt nur dann, wenn es sich um den sog. „Praxisbedarf" handelt, der bei einer
Notfallbehandlung oder bei stationärer Aufnahme verabreicht wird. In allen
übrigen Fällen, z. B. bei der Beigabe zum Trinkwasser oder zur Anwendung
durch den Tierhalter, sind die Lieferungen von Tierarzneimitteln und Impfstoffen durch Tierärzte gewerbliche Tätigkeiten. Wegen der umsatzsteuerrechtlichen Behandlung der Tierärzte siehe Rdnrn. 687 ff.

Tierärzte müssen in ihren **Aufzeichnungen ersichtlich** machen, wie sich die 454
Leistungen auf freiberufliche und gewerbliche Tätigkeit verteilen. Was die
Betriebsausgaben anbelangt, müssen diese, wenn sie nicht einzeln nachgewie- 455
sen und glaubhaft gemacht werden, im Wege der Schätzung ermittelt werden.

Bei **Gemeinschaftspraxen** von Tierärzten führt ein gewerblicher Anteil an der 456
Gesamttätigkeit zu einer Umqualifizierung der freiberuflichen Einkünfte in
gewerbliche Einkünfte (BFH v. 1. 2. 79, BStBl II 574). Etwas anderes gilt nur
dann, wenn die gewerbliche Abgabe von Tierarzneimitteln und Impfstoffen
aus der Gemeinschaftspraxis **ausgegliedert** wird. Dies ist wie folgt möglich: 457

● Der beteiligte Tierarzt kauft die Arztneimittel und Impfstoffe auf eigene
Rechnung und im eigenen Namen ein und gibt sie mittels Rechnung an die
Tierhalter zur Anwendung ab.

● Die gewerblichen Arzneimittel und Impfstoffe werden von einer Personengesellschaft, also nicht von der Gemeinschaftspraxis, eingekauft und abgegeben. An der Personengesellschaft müssen die Tierärzte im selben Verhältnis wie an der Gemeinschaft beteiligt werden.

Ferner ist zwingend erforderlich, daß der gewerbliche Arzneimittel- und 458
Impfstoffeinkauf sowie deren Abgabe nicht nur rechtlich, sondern auch **organisatorisch getrennt** ist. Das bedeutet: Getrennte Lagerhaltung, Buchführung, Rechnungserteilung, sinnvoll unter Umständen sogar Personalteilung.
Wegen der **Aufteilung der Kosten,** die sowohl der tierärztlichen Berufsaus- 459
übung als auch der Arzneimittelabgabe dienen, gelten die Ausführungen in
Rdnr. 434 entsprechend (BMF v. 19. 3. 85, NWB, EN-Nr. 712/85).

b) Vergütungen

460   **Beamtete Tierärzte** bzw. **Amtstierärzte** eines Landes erhalten neben ihrem Gehalt **Pauschalentschädigungen, Erschwerniszulagen, Unterrichts- und Prüfungsvergütungen** sowie eine Vergütung für den **Einzug und die Ablieferung** von Gebühren. Einkommensteuerlich werden sie folgendermaßen behandelt (FinMin Ba.-Wü. v. 15. 1. 82, LStK, Teil L, BW § 3 EStG F. 4 K. 9):

461   ● Die gewährte **Amtsunkostenentschädigung,** die Kosten für Büro, Telefon usw. abgelten soll, bleibt als Aufwandsentschädigung steuerfrei.

462   ● Die **Zerlegungsentschädigung,** die zur Abgeltung der Mehraufwendungen anläßlich der Sezierung von seuchenverdächtigen Tieren bezahlt wird, bleibt als Aufwandsentschädigung steuerfrei.

463   ● Die **anteiligen Amtsgebühren,** die den beamteten Tierärzten ausgezahlt oder überlassen werden, bleiben zu 33 ⅓ v. H., höchstens jedoch bis zu 1 200 DM im Kalenderjahr steuerfrei.

464   ● Die den beamteten Tierärzten ausgezahlten oder überlassenen anteiligen **Prüfungsgebühren** bleiben zu 25 v. H. steuerfrei.

8. Zusatzausbildung von Ärzten

465   Bei Zusatzausbildungen von Ärzten ist die **Abgrenzung** zwischen Fortbildungs- und Ausbildungskosten, die nur begrenzt im Rahmen der Sonderausgaben abzugsfähig sind, oft schwierig. Es kommen insbesondere Zusatzausbildungen zum **Psychotherapeuten** (siehe Rdnr. 161) und zum **Sportarzt** (siehe Rdnr. 165) sowie die Teilnahme an sog. **Supervisionskursen** (siehe Rdnr. 162) in Betracht.

Kapitel V:
Ärztliche Kooperationsformen

Es gibt kaum einen Bereich, bei dem die Kooperationsmöglichkeiten so weit   466
und wiederum so eng sind wie bei den freien Berufen. So gibt es starke
Beschränkungen vor allem bei verkammerten Berufen wie etwa den Rechtsanwälten und den Heilberufen, kaum Beschränkungen bei nicht verkammerten Berufen wie etwa Schriftstellern, Dolmetschern, Tanzlehrern u. a. Am
engsten ist ohne Zweifel der Bereich der Ärzte und Zahnärzte, gefolgt von
den Rechtsanwälten bei den verkammerten Berufen. Steuerberater und Wirtschaftsprüfer können sich ohne Schwierigkeiten in Kapitalgesellschaften
zusammenschließen wie z. B. in der Praxisform der GmbH.

Den Rechtsanwälten und den Heilberufen ist es versagt, die Rechtsform der   467
juristischen Person zu wählen, wobei die Rechtsanwälte gegenüber den Ärzten den Vorteil haben, Berufsangehörige anstellen zu können. Im ärztlichen
Bereich geht dies nur mit dem Weiterbildungsassistenten, begrenzt auf eine
bestimmte Zeit. Bei den Zahnärzten spielt diese Frage keine große Rolle, da
sie sich nach ihrer Assistentenzeit, daß heißt nach zwei Jahren, zu nahezu
100 % selbständig machen.

Die häufigste Form, die bei allen freien Berufen als Kooperationsform mög-   468
lich ist, ist die **Sozietät** oder **Gemeinschaftspraxis.** Eine **Beteiligung einer**
medizinisch-technischen Assistentin an einer freiberuflichen ärztlichen Praxis
ist jedoch nicht üblich (FG Rheinl.-Pf. v. 27. 10. 61, rkr., EFG 62, 154).

1. Gründung einer Gemeinschaftspraxis

Die Gründung einer freiberuflichen Gemeinschaftspraxis stellt erfahrungsge-   469
mäß an die Partner erhebliche Anforderungen. Dies berührt einmal die rech-
nungsmäßige Seite, die im Grunde für den Berater keine großen Probleme
verursacht. Anders sieht es jedoch mit den vertraglichen Vereinbarungen aus,
die durch irgendwie geartete pauschale Verträge nicht geregelt werden können, sondern die Eigenarten und Eigenheiten der Praxen berücksichtigen
müssen. So muß ein Gemeinschaftspraxisvertrag unter Ärzten oder Zahnärzten schon aus berufsrechtlicher Sicht ganz anders gestaltet sein als etwa ein

Vertrag zweier Rechtsanwaltssozii oder Steuerberatersozii. Es genügt also in keinem Fall ein Formularvertrag oder das Auswechseln des Wortes „Anwalt" durch das Wort „Arzt", wie es allenthalben zu sehen ist. Es sei noch einmal auf die Arbeitshilfen hingewiesen.

470   Es gibt verschiedene Möglichkeiten, eine Gemeinschaftspraxis zu gründen, nämlich

● durch **Eintritt** in eine bereits bestehende Praxis, das heißt Fortführung einer Einzelpraxis als Gemeinschaftspraxis oder

● **Aufnahme** in eine bereits bestehende Gemeinschaftspraxis, das heißt ein Partner kommt neu hinzu zu einer bestehenden Gemeinschaftspraxis.

471   Durch den **Zusammenschluß** wird eine **Gesellschaft des bürgerlichen Rechts** nach § 705 BGB begründet. Die Gesellschafter verpflichten sich gegenseitig, die Erreichung eines gemeinsamen Zweckes durch die vertraglich vorgegebene Weise zu fördern und ihre vereinbarten Beiträge zu leisten. In das gemeinsame Praxisvermögen gehen die Anteile beider Gesellschafter ein. Die Vermögensgegenstände sind Gesamthandsvermögen der Gesamtgesellschafter. Jeder Gesellschafter ist an dem eingebrachten Vermögen des anderen zu 100 % beteiligt.

Wir haben verschiedene Fälle zu unterscheiden:

a) Partner leistet Ausgleichszahlung

Beispiel:

472   Adolf Fichter ist als Arzt in seiner Bonner Praxis tätig. Fichter ist 50 Jahre alt und möchte die ärztliche Tätigkeit mit einem Partner zusammen ausüben. Bislang wurde der Gewinn nach § 4 Abs. 3 EStG ermittelt. Mit Wirkung vom 1. 1. nimmt er seine Kollegin Walden auf, die bislang als Weiterbildungsassistentin bei ihm tätig war. Frau Walden bezahlt eine Ausgleichszahlung von 100 000 DM, da das Anlagevermögen, die medizinischen Geräte, die Einrichtungsgegenstände und der ideelle Praxiswert einen Wert von insgesamt 200 000 DM umfassen. Die 100 000 DM Ausgleichszahlung werden nicht Betriebsvermögen der Gemeinschaftspraxis. Die Buchwerte belaufen sich auf 40 000 DM. Die Gemeinschaftspartner sind zukünftig mit jeweils 50 v. H. an der Praxis beteiligt.

473   Wie sieht nun die steuerliche Behandlung aus?

Walden hatte die Ausgleichszahlung als Gegenleistung für den Verkauf der Hälfte der Einzelpraxis bezahlt einschließlich der darin enthaltenen stillen Reserven. Fichter übernimmt die 100 000 DM in sein Privatvermögen, woraus sich ein Veräußerungsgewinn (nicht begünstigt) von 80 000 DM

(100 000. DM Ausgleichszahlung ∕. ½ der Buchwerte von 40 000 DM = 20 000 DM) ergibt.

Dieser Veräußerungsgewinn ist in voller Höhe für Adolf Fichter steuerpflichtig. Weder der Freibetrag nach § 16 EStG noch der hälftige Steuersatz nach § 34 EStG kommen in Frage.

In diesen Fällen ergibt sich für den Berater die Frage, ob er nicht die **Nach-folge-Gemeinschaftspraxis** vorschlägt, da bei ihr die Ausgleichszahlung erst nach dem Ausscheiden des älteren Partners erfolgt, das heißt Fichter würde mit seinem 60. Lebensjahr ausscheiden. Zu diesem Zeitpunkt würde dann der Ausgleichsbetrag von 100 000 DM kapitalisiert fällig werden. Diese Regelung beinhaltet den Vorteil, daß zumindest der hälftige Steuersatz nach § 34 EStG erhalten bleibt, allerdings halbiert sich der Freibetrag nach § 16 EStG und kommt bei entsprechender Höhe des Veräußerungsgewinns nicht mehr zum Tragen. **474**

Die andere Hälfte der Wirtschaftsgüter bringt Fichter in die Gemeinschaftspraxis – sprich Personengesellschaft – ein. Hier muß er sich entscheiden, ob er zu Buchwerten einbringt und damit kein Gewinn versteuert werden muß oder zu Zwischen- oder Teilwerten. Bei Einbringung zu Buchwerten steht ihm dann auch nur die Abschreibung aus den Buchwerten, das heißt aus 40 000 DM : 2 = 20 000 DM zu. Nach dem Umwandlungsteuergesetz besteht die Möglichkeit, Zwischen- oder Teilwerte anzusetzen, so daß Fichter den jeweiligen Differenzbetrag zu versteuern hätte. **475**

Beispiel:

Teilwerte	100 000 DM
Buchwerte 40 000 : 2 =	20 000 DM
ergibt	80 000 DM

= 80 000 DM Aufdeckung stiller Reserven zzgl. der stillen Reserven, die im hälftigen ideellen Praxiswert stecken.

Bei **Vollaufdeckung** steht die volle Vergünstigung des § 16 i. V. mit § 34 EStG dem einbringenden Fichter zu. Natürlich hat er dann für die Abschreibung die höheren Werte einschließlich der auf den aufgedeckten Wert des ideellen Praxiswertes. **476**

Ab 1. 1. 87 kann der ideelle Praxiswert abgeschrieben werden. Strittig ist lediglich die Abschreibungsdauer (vgl. Rdnrn. 1025 ff.). Ich vertrete aus den in der genannten Rdnr. erörterten Gründen die Auffassung, daß die Abschreibungszeit zwischen drei und fünf Jahren liegt. Es kann jedoch durch- **477** aus günstig sein, sich der Auffassung der Finanzverwaltung anzuschließen, da häufig zu beobachten ist, daß Gemeinschaftspraxen einer starken Umsatzausweitung unterliegen und daher aufgesparte Abschreibung in späteren Jahren noch gut verrechnet werden konnte. In unserem vorliegenden Fall ist sie vom Umfang her aber von nicht allzu großer Bedeutung.

478 Wie sieht es nun mit Frau Walden aus?

Sie hat die Hälfte der Wirtschaftsgüter zum Teilwert erworben. Die Ausgleichszahlung von 100 000 DM ist auf die Wirtschaftsgüter zu verteilen. Diese Werte werden dann entsprechend der Nutzungsdauer abgeschrieben.

479 Was die **Abschreibung des ideellen Wertes** anbelangt, ist wie oben zu verfahren (vgl. Rdnr. 477).

480 Unser angeführtes Beispiel dürfte der in der Praxis am häufigsten vorkommende Fall sein, da es für den jung hinzukommenden Berufsangehörigen einfacher ist, eine Ausgleichszahlung aufzubringen als etwa Geld in Höhe der eingebrachten vollen Praxis.

b) Einbringung Praxis und Einbringung Kapital

Beispiel:

481 Dr. Fichter bringt seine Praxis in die Gemeinschaftspraxis ein, wobei er wiederum die Wahl hat zwischen Buch- und Teilwerten einzubringen. Frau Walden zahlt einen Betrag von 200 000 DM ein, also in gleicher Höhe des Wertes, zu dem die Praxis insgesamt bewertet wurde. Die Buchwerte betragen 40 000 DM, der Teilwert 200 000 DM.

482 Zuerst muß eine **Einbringungsbilanz** erstellt werden, in der die Buchwerte des Betriebsvermögens auf den Einbringungszeitpunkt festgehalten werden. Zusätzlich ist eine Eröffnungsbilanz mit den gewählten Werten, das heißt Buch-, Teil- oder Zwischenwerte, erforderlich, bevor zur Einnahme-Überschuß-Rechnung nach § 4 Abs. 3 EStG übergegangen werden kann.

483 Im vorliegenden Fall ist es in der Regel sinnvoll, die stillen Reserven begünstigt zu versteuern, da in den folgenden Jahren eine erhöhte Abschreibung möglich ist.

484 Bei Ansatz der Teilwerte muß die Differenz zwischen den Teilwerten und den Buchwerten versteuert werden. Dieser Veräußerungsgewinn kann im übrigen dadurch vermieden werden, daß der Posten **Minderwert** für stille Reserven in Höhe von 180 000 DM gebildet wird. Dies halte ich jedoch für nicht so sinnvoll, da der Minderwert die Abschreibung auf den höheren Wert ausgleicht

und somit der Effekt begünstigter Veräußerungsgewinn via Abschreibung auf normalbesteuerte Gewinne verhindert wird. Den Partnern Fichter und Walden steht die Abschreibung auf die Praxisgegenstände aus den höheren Teilwerten hälftig zu, zusätzlich die Abschreibung auf den hälftigen ideellen Praxiswert. Wurde der Posten Minderwert für stille Reserven gebildet, so wird das AfA-Volumen von Fichter, aber nicht das AfA-Volumen von Walden gemindert.

Bei der **Einbringung zu Buchwerten** ergibt sich folgende Situation: 485

Fichter bringt 40 000 DM Buchwerte ein, Walden 200 000 DM Geldvermögen. Damit hat Fichter 80 000 DM Gewinn (200 000 DM ∕ 40 000 DM : 2) erzielt, und zwar nicht begünstigten Gewinn. Fichter und Walden haben ein Kapital von 200 000 DM (eingebrachtes Geldvermögen) und 40 000 DM Buchwerte, zusammen 240 000 DM, wovon auf jeden 120 000 DM entfallen. Bei Buchwerten von 40 000 DM ergibt sich ein Gewinn in Höhe von 80 000 DM, der in voller Höhe zu versteuern ist.

Auch diese 80 000 DM können durch die Bildung des Postens „Minderwert" neutralisiert werden, rechnen sich jedoch gegen die Abschreibung auf. Das heißt, das AfA-Volumen von Fichter vermindert sich um diesen Minderwert.

Wie sieht es nun bei Walden aus, wenn zu Buchwerten eingebracht wird? 486

Einmal zahlte Frau Walden 200 000 DM, das heißt ihr Kapitalkonto beträgt dabei 100 000 DM. Ferner steht ihr die Hälfte der Buchwerte zu, so daß 100 000 DM ∕ 20 000 DM = 80 000 DM verbleiben. Dies sind an und für sich Anschaffungskosten auf stille Reserven. Diese Position kann auf die Restnutzungsdauer der Wirtschaftsgüter verteilt und gewinnmindernd abgesetzt werden.

Aus diesem Beispiel wird schon deutlich, daß zwar bei dem Ansatz der Teil- 487
werte die vollen stillen Reserven aufgedeckt, aber begünstigt mit dem durchschnittlichen hälftigen Steuersatz erfaßt werden, so daß im Grunde das gleiche Ergebnis herauskommt, wie im Falle des Einbringens zu Buchwerten. Der **Vorteil** besteht darin, daß erhöhte Abschreibungen zur Verfügung stehen, die den laufenden Gewinn mindern. Selbst wenn man berücksichtigt, daß die Verteilung auf mehrere Jahre oder etwa die Verteilung der Abschreibung beim immateriellen Praxiswert – so wie es die Finanzverwaltung fordert – auf 15 Jahre verteilt wird, ergibt sich schon in kurzer Zeit ein Vorteil, der sich sehen lassen kann. Berücksichtigt muß natürlich werden, daß im ersten Fall durch die Ausgleichszahlung der Praxis Geld zufließt und

häufig die Praxisinhaber in so starkem Maße liquiditätsmäßig unter Druck stehen, daß zu einer anderen Gestaltung kein Geld zur Verfügung steht.

c) Eintritt in bestehende Gemeinschaftspraxis

488 Einfacher ist der Fall, wenn ein Arzt in eine schon bestehende Gemeinschaftspraxis eintritt.

Beispiel:
Der Umsatz der Praxis Fichter/Walden steigt so stark an, daß sich beide Partner entscheiden, den Kollegen Hübner aufzunehmen. Hübner bezahlt 100 000 DM für die Aufnahme. Die Buchwerte der Praxis betragen 30 000 DM, der Teilwert beträgt 330 000 DM. Die Ärzte sind jeweils mit einem Drittel an der Praxis beteiligt.

Fichter und Walden haben einen Veräußerungsgewinn erzielt. Ein Drittel der Buchwerte beträgt 10 000 DM. Bei einem Erlös von 100 000 DM ergibt sich somit ein Gewinn von 90 000 DM. Dieser Gewinn von 90 000 DM wird anteilig auf Fichter und Walden verteilt, wobei der Freibetrag in diesem Falle nicht zum Tragen kommt, wohl aber der hälftige Steuersatz gem. § 34 EStG. Auch hier besteht die Möglichkeit, die Wirtschaftsgüter zu Teilwerten anzusetzen, um dadurch höher abschreiben zu können. Auch beim Ansatz zu Teilwerten kommt der hälftige Steuersatz zur Anwendung.

Bei Hübner sieht die steuerliche Behandlung folgendermaßen aus: Er hat sein Drittel für 110 000 DM erworben. Dieser Betrag ist auf die einzelnen Wirtschaftsgüter der Praxis aufzuteilen und entsprechend der Nutzungsdauer abzuschreiben. Dies gilt auch für den ideellen Praxiswert.

d) Übergangs-Gemeinschaftspraxis/Praxisgemeinschaft

489 Wird ein **Praxispartner** in eine **Gemeinschaftspraxis aufgenommen** und erhält der Praxisabgeber zu Anfang eine bestimmte Summe für die Beteiligung, so führt dies steuerlich zur **Aufdeckung der stillen Reserven** mit der Folge, daß die Ausgleichszahlung dem vollen Steuersatz unterliegt zusätzlich zum laufenden Gewinn. Für den jungen Partner entsteht das Problem, daß er den anteilmäßigen ideellen Wert nach der Forderung der Finanzverwaltung nur im Zeitraum von fünfzehn Jahren abschreiben darf. Dies ist meines Erachtens allerdings strittig. Nun können jedoch die beiden Partner vereinbaren, daß nach einer gewissen Zeit, z. B. fünf oder acht Jahren, die Praxis auf den jüngeren Partner insgesamt übergeht und zu diesem Zeitpunkt des Ausscheidens des Seniorpartners durch die Abfindungszahlung die stillen Reserven realisiert werden.

Dies hat den großen Vorteil, daß der hälftige Freibetrag des § 16 EStG und 490
der hälftige Steuersatz nach § 34 EStG geltend gemacht werden können und
bei geschicktem Übergabetermin zum neuen Jahr kein laufender Gewinn
mehr für den Seniorpartner anfällt, so daß die Besteuerung weitestgehend
reduziert wird. Für den Juniorpartner bringt dies den Vorteil, daß er zum
Zeitpunkt des vollen Geldverdienens die Abschreibung innerhalb von fünf
Jahren geltend machen kann. Die Finanzverwaltung geht ja bei Übergabe der
Praxis davon aus, daß die Nutzungsdauer beim ideellen Praxiswert fünf
Jahre ist.

Hierbei ist wichtig, daß der eintretende Partner für die Dauer der Übergangs- 491
Gemeinschaftspraxis bzw. auch Praxisgemeinschaft dabei nicht am gesamten
bisherigen Vermögen, also auch nicht an den stillen Reserven, beteiligt wird.

Daher hat er zu Beginn der Gemeinschaftspraxis kein Entgelt für den imma- 492
teriellen Wert und die materiellen Wirtschaftsgüter zu bezahlen. Im **Vertrag**
muß es heißen (Schade, a. a. O., S. 142):

*„Der Junior-Partner stellt nur seine Arbeitskraft zur Verfügung; eine Beteili-
gung am materiellen Einrichtungswert (Mobiliar, Medizintechnik) und am
ideellen Wert der Praxis findet nicht statt. Stille Reserven werden nicht aufgedeckt.“*

Im Rahmen einer Praxisgemeinschaft wäre die gleiche Regelung zu verwen- 493
den. Ja, die Praxisgemeinschaft hat sogar den größeren Vorteil, da der Freibetrag bei einer Gemeinschaftspraxis halbiert wird. Nach Schade (a. a. O.,
S. 143) bedeutet das „die Kombination von zwei Praxen in den gleichen Räumen mit getrennter Abrechnung und dem Patientengut der Einzelpraxis, welches Schritt für Schritt dem jungen Arzt abrechnungstechnisch zuwächst.“
Nach dem Ausscheiden des älteren Partners übernimmt der junge Arzt oder
Zahnarzt sämtliche Vermögensgegenstände und damit sämtliche stille Reserven mit voller steuerlicher Privilegierung wie bei der sofortigen Veräußerung
einer Einzelpraxis. Schade (a. a. O., S. 143) empfiehlt ferner, daß in den
Vertrag, in dem die wesentlichen Gesichtspunkte der Kooperation behandelt
werden, nicht auf die künftigen festen Kaufpreissummen abgestellt werden
soll, da das Finanzamt möglicherweise schon von einer Aufdeckung der stillen Reserven sprechen könnte. Hier behilft man sich damit, daß die Parteien
in einer getrennten verpflichtenden Protokollnotiz festlegen, wie hoch beim
Ausscheiden die Beträge sind, auf die sich die Parteien angesichts der Dauer
der Zusammenarbeit und der Höhe des Entgelts geeinigt haben. Auch der

etwaige Tod oder die Berufsunfähigkeit eines der beiden Partner muß vertraglich geregelt sein. Vollkommen falsch wäre es etwa zu vereinbaren, daß zu gegebener Zeit über die Höhe der Übernahmesumme Einigkeit erzielt werden könnte. Es ist zu empfehlen, daß sich die Partner eingehend beraten lassen.

2. Auflösung von Gemeinschaftspraxen

494   Gerade im heilberuflichen Bereich hat sich in den vergangenen Jahren die Zahl der Gemeinschaftspraxen in starkem Maße erhöht. Bei Rechtsanwälten, Steuerberatern, Wirtschaftsprüfern, Architekten und anderen freien Berufen waren diese kooperativen Formen schon in der Vergangenheit häufiger; im heilberuflichen Bereich rührt die wachsende Zahl der Gemeinschaftspraxen einmal von der großen Nachfrage junger Ärzte und Zahnärzte her, die eine Praxis suchen und diese häufig nicht finden, so daß eine Bereitschaft besteht, eine Gemeinschaftspraxis einzugehen. Häufig sind es auch weibliche Gemeinschaftspartner, die nur die Chance der Teilzeitbeschäftigung aufgrund ihrer familiären Situation haben. So ist etwa die Kombination voll arbeitender Kollege, halb arbeitende Kollegin häufig anzutreffen.

495   80 % dieser Gemeinschaftspraxen werden in den ersten vier Jahren wieder aufgelöst. Hintergründe hierfür sind mangelnder Teamgeist, das Dominierenwollen von einem der Partner, unterschiedliche medizinische Auffassungen – vor allem zwischen älteren und jüngeren Partnern –, unterschiedliche Charaktere, unsaubere Verträge unter den Gemeinschaftspartnern.

496   Vor allem letzterer Fall führt häufig zu großen Ärgernissen. So ist es nicht selten, daß nur **mündliche Vereinbarungen** getroffen werden, obwohl die Berater darauf drängten, eine saubere schriftliche vertragliche Abmachung zu treffen. Leider wird in etwaigen Vertragswerken auch häufig vergessen, was bei einer Trennung passiert und wie die Partner abgefunden werden sollen.

497   Im folgenden sollen die **Auflösungsmöglichkeiten** freiberuflicher Praxen dargestellt werden.

Zwei Grundformen sind denkbar:

● Ein Partner weicht und überläßt dem anderen Partner die Gemeinschaftspraxis. Der wiederum hat die Möglichkeit, sie als Einzelpraxis fortzuführen oder einen neuen Partner aufzunehmen.

● Die sogenannte „Realteilung" des Unternehmens unter den Partnern wird gewählt mit der Folge der Fortführung zweier Einzelpraxen oder als Variante natürlich wiederum der Einbringung einer Einzelpraxis in eine neue Gemeinschaftspraxis.

a) Ausscheiden eines Gesellschafters

Der Regelfall führt dazu, daß einer der beiden Partner – in der Regel der jün- 498
gere – die Gemeinschaftspraxis verläßt. Der verbleibende Partner führt die Gemeinschaftspraxis als Einzelpraxis weiter. Sind – was selten der Fall ist – mehrere Gemeinschaftspartner vorhanden, so besteht die Gemeinschaftspraxis unter den verbleibenden Gesellschaftern fort. Der Gesellschaftsanteil des ausscheidenden Gesellschafters wächst den übrigen Gesellschaftern kraft Gesetzes (ohne besondere Übertragungsakte) hinsichtlich der einzelnen Gegenstände des Gesellschaftsvermögens im Verhältnis ihrer Beteiligung nach § 738 Abs. 1 Satz 1 BGB zu. Der ausscheidende Gesellschafter erlangt einen schuldrechtlichen Abfindungsanspruch gegen die fortbestehende Gesellschaft. Bei der Berechnung der Abfindung ist der tatsächliche Wert des Unternehmens einschließlich aller stillen Reserven und des Geschäftswerts zugrunde zu legen. Der Abfindungsanspruch ist auf die Zahlung von Geld gerichtet und sofort fällig. Diese gesetzliche Regelung des § 738 BGB ist kein zwingendes Recht und kann in den Gesellschaftsverträgen entsprechend modifiziert werden. Es ist daher sehr wichtig, von vornherein in die **Ver-** 499
träge einer Gemeinschaftspraxis die **Auflösungsfolgen** oder **Ausscheidungsfolgen aufzunehmen.** Wichtig ist es auch, die Höhe des **Abfindungsanspruches** von vornherein zu fixieren, z. B. Anteil am ideellen Praxiswert 25 % oder 30 %, Schätzung des Praxisinventars durch einen Gutachter usw.

Eine **Abfindung zu Buchwerten** kommt in Freiberuflerpraxen in der Regel 500
nicht vor. Diese Regelung wird häufig bei Gewerbebetrieben vereinbart.

Die steuerliche Folge ist eindeutig. Der Mitunternehmeranteil, also der 501
Anteil des Freiberuflers an der Praxisgemeinschaft, ist eine Veräußerung mit allen bekannten steuerlichen Folgen. Eine Abfindung zu Buchwerten erfolgt in der Regel deshalb, weil entweder keine stillen Reserven vorhanden sind, was bei Praxen in der Regel nicht der Fall sein dürfte, oder weil der Bestand und Schutz der Gesellschaft im Vordergrund steht. Daraus resultieren keine steuerlichen Konsequenzen.

Steuerliche Konsequenzen ergeben sich erst, wenn über die Buchwerte hinaus 502
Abfindungen bezahlt werden. In dieser Höhe hat der Ausscheidende einen

Veräußerungsgewinn zu versteuern, der den Vergünstigungen der §§ 16, 17 und 34 EStG unterliegt (Rdnrn. 1015 ff.).

503 Für den oder die verbleibenden Gemeinschaftspartner stellt die **Anwachsung** des Gesellschaftsanteils **steuerlich** eine **Anschaffung** dar. Das heißt, der für die stillen Reserven bezahlte Ausgleich kann von dem oder den verbleibenden Gesellschaftern abgeschrieben werden. Dieser immaterielle Praxiswert kann dann auf den Zeitraum von drei bis sieben Jahren abgeschrieben werden.

504 **Selten** ist bei Freiberuflerpraxen etwa das **Ausscheiden** eines Gesellschafters **gegen Kaufpreisraten** bzw. **Kaufpreisrenten.** In aller Regel wollen die Gesellschafter mit der Ausgleichszahlung ihre neue Praxis aufbauen. Renten oder Raten bieten sich allenfalls an, wenn eine auf eine bestimmte Zeit geschlossene Gemeinschaftspraxis – in der Regel die sog. „Nachfolgegemeinschaftspraxis" – nach der fixierten Zeit aufgelöst wird und der ehemalige Seniorpartner in den Ruhestand tritt. In diesen Fällen werden häufig Renten oder Raten vereinbart, um die Belastung für den verbleibenden Partner zu mildern. Hier muß jedoch darauf hingewiesen werden, daß für beide Seiten in dieser Gestaltungsform ein Risiko liegt, für den ausscheidenden Seniorpartner dadurch, daß er bei der Sofortversteuerung zwar die Vergünstigung der §§ 16, 17 und 34 EStG erhält, jedoch den Veräußerungsgewinn sofort versteuern muß, obwohl er unter Umständen über die Mittel noch nicht verfügt. Bei der sog. sukzessiven Versteuerung erhält der ausscheidende Partner die Vergünstigungen der §§ 16, 17 i. V. m. § 34 EStG nicht, hat jedoch den Vorteil, daß er aus nachträglichen Einkünften aus freiberuflicher Tätigkeit jeweils nur den den Buchwerte übersteigenden Betrag auf die vorgegebene Zeit versteuern muß, also pro rata temporis. Zudem trägt er das Risiko des Untergangs der Praxis. Dies mag zwar bei Freiberuflerpraxen selten der Fall sein, doch gerade in den letzten Jahren haben sich Insolvenzfälle auch und besonders im heilberuflichen Bereich gehäuft. Anlaß waren Immobilienengagements der Praxisinhaber, die dann nicht mehr finanzierbar waren.

505 Dem **Ausscheidenden** ist daher von dieser Konstruktion der **Kaufpreisraten oder -renten abzuraten.**

506 Für den **verbleibenden Partner** kann die Gestaltungsform **Nachteile** haben, weil in den Verträgen zumeist Indexklauseln eingearbeitet werden und über die Jahre der Praxiswert durch die Kapitalisierung oder etwa Zahlungen auf die Lebenszeit des Ausscheidenden oder seines Partners zu einer enorm hohen Belastung führen kann.

Beim **Ausscheiden** eines Gesellschafters ist von der **Einnahme-Überschuß-** 507
Rechnung gem. § 4 Abs. 3 EStG zur **Gewinnermittlung nach § 4 Abs. 1 EStG**
überzugehen. Hierzu sind die entsprechenden Hinzu- und Abrechnungen (s.
Abschn. 19 Abs. 1 EStR) beim laufenden Gewinn des Wirtschaftsjahres vorzunehmen, in dem die Veräußerung stattfindet.

b) Realteilung

Der sehr häufige Fall ist, daß beide Partner die Praxis als Einzelpraxis fort- 508
führen wollen. In diesem Fall kommt die sogenannte „**Realteilung**" in Frage.
Die echte Realteilung will die Realisierung stiller Reserven vermeiden und
erfolgt dadurch, daß die Gemeinschaftspartner das Vermögen der Gesamt-
hand entsprechend ihrem Anteil übernehmen.

Die **Realteilung** ist **kein Veräußerungsvorgang.** Sie ist auch **kein Tauschvor-** 509
gang und auch **keine Entnahme.** Denn jeder Gesellschafter führt mit den ihm
zugewiesenen Wirtschaftsgütern die Einzelpraxis fort, so daß eine Realisierung stiller Reserven vermieden wird. Die Realteilung ist von der Auflösung
der Gemeinschaftspraxis zu unterscheiden. In der Regel ist es nicht möglich,
die Aufteilung so vorzunehmen, daß keine Ausgleichszahlung erfolgt oder
erfolgen muß. Einer der beiden Gemeinschaftspartner muß daher einen Bar-
ausgleich bezahlen, um Wertunterschiede auszugleichen.

Beispiel:
Dr. Walter Klein in Erftstadt will sich von seiner Partnerin trennen. Beide sind
Allgemeinärzte, wobei medizinische Geräte wie Röntgeneinrichtung speziell für
Dr. Klein angeschafft wurden. Beide Ärzte stellen eine Inventarliste auf. Die Inventarliste von Dr. Klein enthält z. B.
1. Röntgeneinrichtung mit Generator, Röntgenbildbetrachter, Rasterwandergerät,
   Ultraschallschrank, Filmaufbewahrungsschrank usw.
2. Sprechzimmereinrichtung wie Schreibtisch, Schreibtischsessel, Regalwand,
   Patientensessel, Rollhocker, Liege usw.
3. Sonographiegerät mit zweitem Monitor, Vorhanganlage in Blei
4. Röntgenarchivschrank
5. Laborschreibtisch
. . . bis zu Punkt 40 Fußwaage
Eine ähnlich lautende Liste wird von seiner Kollegin erstellt.
Hier finden auch Niederschlag etwa fest eingebaute Investitionen durch Dr. Klein,
wie etwa Zwischenwände, Schalldämmungen, Malerarbeiten usw.

In den **Listen** muß unterschieden werden, was die einzelnen Partner selbst 510
eingebracht haben und was durch die Gemeinschaftspraxis angeschafft wurde.

511 Nach Gegenüberstellung der Listen und entsprechender Bewertung der einzelnen Wirtschaftsgüter, wobei in diesem Falle auch der Umzug des Röntgen-
geräts, der etwa 20 000 DM kosten wird, veranschlagt werden muß, ergibt
sich noch ein Anspruch von Dr. Klein an seine Kollegin in Höhe von
25 000 DM. Dieser Betrag, der als Ausgleich zu der realen Teilung der Wirtschaftsgüter führt, bedeutet Auseinandersetzungsgewinn (s. BFH v. 2. 10. 62,
BStBl III 513) und muß normal versteuert werden. Der Gewinn ist nicht tarif-
begünstigt, da die stillen Reserven nur teilweise realisiert werden. Er ist
daher als laufender Gewinn zu behandeln.

512 Die Realteilung kann jedoch unter Aufeckung aller stillen Reserven erfolgen,
wodurch dann die steuerlichen Vergünstigungen der §§ 16 Abs. 4, 17 i. V. m.
§ 34 EStG gewährt werden. Die von Dr. Klein bezogene Ausgleichszahlung
bedeutet Anschaffungskosten für seine neue Praxis, die dann im Zeitraum
von drei bis fünf Jahren abgeschrieben werden können.

513 Im Gegensatz zur Veräußerung der Praxis, bei der von der Gewinnermittlung
nach § 4 Abs. 3 EStG ein Übergang nach § 4 Abs. 1 EStG zum Betriebsvermögensvergleich erfolgen muß, ist meines Erachtens bei der Realteilung der
Übergang nicht erforderlich.

Beispiel:
Die beiden Gemeinschaftspartner beschließen, ihre Praxis zum 31. 3. 88 aufzugeben.
Es muß eine Einnahme-Überschuß-Rechnung zum 31. 3. 88 erfolgen. Ab diesem
Zeitpunkt werden zwei Praxen mit eigenen Einnahme-Überschuß-Rechnungen fortgeführt. Die Ausgleichszahlung wird behandelt, wie wenn eine andere Praxis übernommen worden wäre und ein Praxiswert für die Übernahme abgeschrieben werden
soll.

Sicherlich steht dem nichts im Wege, die Auseinandersetzung mit einer
Bilanz zu beenden, was allerdings in der Regel etwas teurer sein dürfte.

c) Aufgabe einer Gemeinschaftspraxis im ganzen

514 Eine Aufgabe einer Gemeinschaftspraxis im ganzen ist in der Praxis sehr selten. Häufig weisen die Gemeinschaftspartner ein unterschiedliches Alter auf,
was zur Folge hat, daß für den abgehenden älteren Partner in der Regel ein
junger Gemeinschaftspartner in die Gemeinschaftspraxis eintritt. Sind die
Partner gleich alt und wollen gemeinsam ihre Gemeinschaftspraxis beenden,
wird diese in der Regel veräußert, da heute gerade Gemeinschaftspraxen von
den Arbeitsmöglichkeiten her interessant sind und sogar häufig junge Ärzte
scheuen, eine allzu große Einzelpraxis zu übernehmen.

Bei der **Aufgabe** der **gesamten Gemeinschaftspraxis** wird diese wie die   515
Betriebsaufgabe im ganzen behandelt. Den Gemeinschaftspartnern stehen die
Freibeträge jeweils zur Hälfte nach § 16 EStG i. V. m. § 18 EStG steuerlich
zur Verfügung. Der Aufgabegewinn, der über diese Freibeträge hinausgeht,
unterliegt dem hälftigen Steuersatz nach § 34 EStG (siehe ab 1990 Staffel-
regelung in Rdnrn. 1016 f.).

Probleme entstehen hierbei vor allem mit der Quantifizierung des Aufgabe-   516
gewinns. Daher ist es, soweit Gegenstände nicht veräußert werden, zu empfehlen, daß bei Übernahme in das Privatvermögen eine vernünftige Wertbeurteilung, die begründbar ist, zustande kommt. So sollte man sich etwa beim
Pkw durch ein Kurzgutachten über den Wert des Wagens absichern. Eine
vernünftige Wertbeurteilung ist auch bei wertvollen Kunstgegenständen,
Gemälden und Teppichen, die in das Privatvermögen übernommen werden,
erforderlich. Die **Auseinandersetzung** mit dem Partner sollte **vertraglich geregelt** sein, so daß kein Streit entstehen kann.

3. Labor- und Apparategemeinschaften

In zunehmendem Maße schließen sich Ärzte zu sogenannten „**Apparate- und**   517
Laborgemeinschaften" zusammen, die in der Regel die Rechtsform der
Gesellschaft bürgerlichen Rechts haben. Sinn dieser Gesellschaften ist,
gemeinsam entweder ein Labor zu betreiben oder Apparate zu nutzen und
dies wirtschaftlich günstig durchzuführen. Die BGB-Gesellschaften stellen die
für das Labor erforderlichen Räume und das Personal zur Verfügung,
beschaffen die Geräte, Apparate und Einrichtungen. In der Regel sind die
Gesellschafter mit gleichen Investitionseinlagen beteiligt. Ziel des Gesell-
schaftsvertrages ist es, keine Gewinne zu erzielen, sondern eine kostendek-
kende Arbeit stattfinden zu lassen. Die laufenden Betriebskosten werden in
der Regel im Umlageverfahren erhoben. Das Labor tritt rechtlich in keine
Beziehung zu den Patienten. Die Liquidation erfolgt ausschließlich durch den
Arzt, der die Patienten behandelt.

Einkommen- und gewerbesteuerlich werden die Labor- und Apparategemein-   518
schaften folgendermaßen behandelt (Nieders. FinMin v. 26. 5. 78, BB S.
899):

(a) Die in einer Laborgemeinschaft zusammengeschlossenen Ärzte sind an   519
    dem Laborbetrieb (Gegenstand der Einkunftserzielung) beteiligt. Gem.

§ 180 Abs. 2 AO sind **gesonderte Feststellungen** durchzuführen, die sich mangels eigener Einnahmen der Laborgemeinschaften auf die Ermittlung und Aufteilung der Ausgaben beschränken.

520 (b) Die Laborgemeinschaften unterliegen wegen fehlender Gewinnerzielungsabsicht **nicht** der **GewSt.**

521 (c) Die Tätigkeit der Gemeinschaftslabors gehört zu den **Hilfstätigkeiten aus ärztlicher Tätigkeit.** Sie wird daher lediglich aus technischen Gründen aus der Einzelpraxis ausgegliedert und könnte genauso in der Einzelpraxis ausgeführt werden. Daher sind die den Ärzten zuzuordnenden Einkünfte aus einer solchen Laborgemeinschaft den Einkünften aus selbständiger Arbeit gem. § 18 Abs. 1 EStG zuzuordnen.

522 Bei den Laborgemeinschaften geht man davon aus, daß mangels eigener Einnahmen lediglich **Verluste** zu ermitteln und auf die beteiligten Ärzte umzulegen sind, also die erhobenen Umlagen sowohl bei den an den Laborgemeinschaften beteiligten Ärzten als auch bei den Laborgemeinschaften selbst als Einlagen und damit gewinneutral behandelt werden.

523 Teilweise verbuchen jedoch die an den Laborgemeinschaften beteiligten Ärzte die Umlagen als Betriebsausgaben und dementsprechend die Laborgemeinschaften als Betriebseinnahmen. Im Rahmen der gesonderten Gewinnfeststellungen ergeben sich für die Laborgemeinschaften in Fällen dieser Art in Höhe des Unterschieds zwischen den Umlagen und den tatsächlichen Betriebsausgaben nur in geringem Umfang Verluste ggf. auch Gewinn. Die Grundsätze des o. a. Erlasses gelten aber auch in diesen Fällen (OFD Kiel v. 6. 10. 78 S. 2246 A–St 111/G 1401 ASt/141).

524 Ob im Einzelfall der an der Laborgemeinschaft beteiligte Arzt im Rahmen seiner Gewinnermittlung die Umlage als Betriebsausgabe abziehen darf, hängt davon ab, ob die Laborgemeinschaft sie als Betriebseinnahme deklariert hat. Wie die Laborgemeinschaft verfährt, läßt sich nur aus ihren Steuerakten entnehmen. Die für die Durchführung der gesonderten Gewinnfeststellung der Laborgemeinschaften zuständigen Finanzämter müssen deshalb die für die Veranlagung der beteiligten Ärzte zuständigen Finanzämter bzw. Dienststellen entsprechend unterrichten. Dies ist aus Vereinfachungsgründen in der Weise vorzunehmen, daß auf den Mitteilungen über die gesonderte Gewinnfeststellung vermerkt wird, wie die jeweilige Laborgemeinschaft die Umlage behandelt hat (so OFD Kiel v. 6. 10. 78).

4. Beteiligung eines Arztes an einer GmbH

Beteiligt sich ein Arzt, der seinen Gewinn durch Einnahme-Überschuß-Rech- 525
nung ermittelt, an einer GmbH, z. B. an einem Labor, so sind die Aufwendungen aus der Beteiligung nur dann als **Betriebsausgaben** abzugsfähig, wenn
die **Beteiligung betrieblich veranlaßt** war. Dies kann wohl bei einer Beteiligung an einem Labor unterstellt werden. Anders jedoch liegt der Fall, wenn
eine Beteiligung erworben wird, die nichts mit der freiberuflichen Betätigung
des Arztes zu tun hat. Beteiligt sich etwa ein **Arzt** an einer **Flug-GmbH**, so
hat diese Beteiligung **nichts** mehr mit seiner **freiberuflichen Betätigung** zu
tun, somit sind die Aufwendungen für den Erwerb der Beteiligung nicht
abzugsfähige Betriebsausgabe bzw. privat veranlaßt. Der Arzt hat **Einkünfte
aus Kapitalvermögen.** Es muß geprüft werden, ob im Rahmen der Einkünfte
aus Kapitalvermögen evtl. anfallende Werbungskosten wie Zinsen geltend
gemacht werden können (s. eingehend BFH v. 23. 5. 85, BStBl II 517).

5. Medizinische Großgeräte – gemeinsame Nutzung

Die Anschaffung medizinischer Großgeräte erfordert vom Arzt/Zahnarzt 526
erhebliche finanzielle Aufwendungen. Daher werden derartigen Geräte
gemeinsam durch niedergelassene Ärzte und Krankenhäuser genutzt. Zwei
Fallgestaltungen sind möglich:

- Ein niedergelassener Arzt (oder mehrere niedergelassene Ärzte) und ein 527
  Krankenhaus bilden eine **Gesellschaft des bürgerlichen Rechts.** Diese
  Gesellschaft schafft ein Großgerät an und stellt es im Krankenhaus auf.
  Das Gerät wird gemeinsam betrieben. Die Kosten werden aufgeteilt. Es
  wird kein Gewinn erzielt. Nur der Aufwand wird entsprechend des Nut-
  zungsanteils auf die Gesellschafter aufgeteilt.

Bei dieser Gestaltung handelt es sich nach Auffassung des BMF (v. 25. 3. 528
87, DB S. 1016) für die an der Gesellschaft beteiligten niedergelassenen
Ärzte um eine **Hilfstätigkeit** zu ihrer **ärztlichen Tätigkeit; die Honorare**
sind **Einnahmen** aus **selbständiger Arbeit** der beteiligten Ärzte.

Da keine gewerbliche Tätigkeit vorliegt, besteht auch **keine Gewerbesteu-** 529
erpflicht.

- Die Anschaffung eines Großgeräts erfolgt durch mehrere niedergelassene 530
  Ärzte, die dem Krankenhaus Nutzungszeiten überlassen. Bei dem (vom
  Krankenhaus gezahlten) Nutzungsentgelt handelt es sich nach Ansicht

der Finanzverwaltung auch dann **nicht** um **Einnahmen aus gewerblicher Tätigkeit,** wenn im Entgelt ein Gewinnaufschlag enthalten ist. Denn das Gerät dient der ärztlichen Tätigkeit. Die Vergabe von Nutzungszeiten an das Krankenhaus bezweckt nur die Senkung der Betriebskosten des Geräts.

531   Der **USt** unterliegen die in Rdnr. 527 erwähnten Leistungen nach Ansicht der Finanzverwaltung (BMF v. 14. 12. 87 IV A 3 – S 7170 – 21/87) dann nicht, wenn folgende Voraussetzungen erfüllt sind:

- Befunderhebung muß unter ärztlicher Leitung und zumindest zu 40 % an Mitglieder der gesetzlichen Krankenkassen, an Empfänger der Sozialhilfe oder an Versorgungsberechtigte erfolgen,

- Bedienung der Geräte durch eigenes Personal der Gesellschaft und

- Gesellschafter müssen anteilig an den Anschaffungs- und laufenden Kosten der Geräte beteiligt sein.

532   Die in Rdnr. 530 erwähnte **entgeltliche Nutzungsüberlassung** ist eine **umsatzsteuerpflichtige Vermietungsleistung.**

533   **Bemessungsgrundlage der USt** ist das Nutzungsentgelt ohne USt.

534   Der Arzt, der ein Großgerät angeschafft hat, kann aber die ihm in Rechnung gestellte USt als **Vorsteuer** abziehen, was bei den hohen Anschaffungskosten, die unter Umständen über eine Mio DM betragen können, wirtschaftlich vorteilhaft sein kann.

535   Wegen der **Kompliziertheit** der Gestaltungsmöglichkeiten sollte unbedingt **vor** Vertragsabschluß ein Steuerberater konsultiert werden.

6. Gründung einer Praxisgemeinschaft

a) Allgemeines

536   Gerade im heilberuflichen Bereich wird erstaunlicherweise nicht sehr häufig zur Kooperation der Praxisgemeinschaft gegriffen. Gerade für junge Ärzte, Zahnärzte, Psychologen ist eine Praxisgemeinschaft wirtschaftlich sinnvoll, um die Kosten zu senken. Der Vertrag einer Praxisgemeinschaft muß mit Sicherheit die gleiche Qualität haben wie der einer Gemeinschaftspraxis. Denn wenn Personal geteilt wird, Räume geteilt werden, medizinische Geräte ebenfalls, schlichtweg eine gemeinsame Organisation besteht, muß diese Organisation erstklassig funktionieren, um Reibungsverluste zu vermeiden.

Sowohl die Praxisgemeinschaft als auch die Gemeinschaftspraxis fordern von den Partnern über die organisatorischen und steuerlichen Fragen hinaus ein hohes Verträglichkeitsmoment. Die Ehepartner oder Lebensgefährten spielen hierbei ebenfalls eine wichtige Rolle.   537

Gegenüber der KV/KZV wird getrennt abgerechnet. Die Aufwendungen werden nach den vertraglichen Vereinbarungen aufgeteilt. Jede Praxisgemeinschaft wird steuerlich gesondert zur **ESt** herangezogen. Es gibt also **keine gesonderte** und **einheitliche Gewinnfeststellung.** Ebenso fehlt es am gemeinschaftlichen Jahresabschluß und den anderen notwendigen Steuererklärungen.   538

Vielleicht ist gerade die Praxisgemeinschaft ein erster Schritt, bevor eine Gemeinschaftspraxis gebildet werden sollte, da sie die Möglichkeit gibt, daß sich beide Partner im Rahmen der Zusammenarbeit gut kennenlernen. Im Falle der „Scheidung" der Praxisgemeinschaft sind die Auseinandersetzungsprobleme erheblich reduziert gegenüber der Gemeinschaftspraxis.   539

b) Steuerliche Behandlung der Praxisgemeinschaft

Im Gegensatz zur Gemeinschaftspraxis (siehe Rdnrn. 469 ff.) tritt die **Praxisgemeinschaft nicht nach außen in Erscheinung.** Der einzelne Arzt/Zahnarzt wird für seinen Patienten tätig. Dabei wickelt er im Innenverhältnis seine Arbeiten über die Praxisgemeinschaft ab, die eine „Kooperation ohne gesellschaftsrechtliche Verbindung" oder eine Gesellschaft bürgerlichen Rechts sein kann (Korn, a. a. O., S. 135). Die reine Praxisgemeinschaft ist allerdings wohl nur dann keine Gesellschaft und hat steuerlich keine Bedeutung, „wenn die Gemeinschaft nach außen überhaupt nicht oder nur im Namen und für Rechnung der Beteiligten auftritt und somit die Patienten, Mitarbeiter usw. in unmittelbare Rechtsbeziehung zu jedem Partner treten und auch mit diesem unmittelbar abrechnen" (Korn, a. a. O., S. 135; DStZ 83, 22). Die laufenden Aufwendungen für die **gemeinsamen Praxisräume** sowie **gemeinsame Praxiseinrichtung** werden von **jedem Arzt gesondert** gebucht. **Einkünfte und Umsätze werden** bei **jedem beteiligten Arzt gesondert ermittelt.**   540

Kapitel VI:
Umsatzsteuer

1. Arzt als Unternehmer

541   Der **selbständige,** niedergelassene **Arzt/Zahnarzt** ist umsatzsteuerlich **Unternehmer.**

542   **Betriebsärzte, Knappschaftsärzte** einschließlich **Knappschaftszahnärzte,** nicht vollbeschäftigte **Hilfsärzte** bei den Gesundheitsämtern, **Vertragsärzte** bei der **Bundeswehr, Vertrauensärzte** der **Deutschen Bundesbahn, Amtsärzte** und **andere Vertragsärzte** in ähnlichen Fällen, Musterungsvertragsärzte üben in der Regel **neben** der bezeichneten vertraglichen Nebentätigkeit eine eigene Praxis aus. Ob die Nebentätigkeit selbständig oder unselbständig ausgeübt wird, ist nach den Grundsätzen in den Rdnrn. 5 ff. zu beurteilen. Wegen der Tätigkeit eines Arztes/Zahnarztes als **Rechnungsprüfer** siehe Rdnr. 14, als **Vorstandsmitglied** einer **Kassenärztlichen/Kassenzahnärztlichen Vereinigung** siehe Rdnr. 15, als **Weiterbildungsassistent/Zahnarztassistent** siehe Rdnr. 16, **Krankenhausarzt** siehe Rdnrn. 17 ff. und als **Gutachter** siehe Rdnrn. 23 ff.

2. Steuerbare Umsätze

543   Nach § 1 Abs. 1 UStG sind **steuerbare Umsätze** u. a. die **Lieferungen** und **sonstigen Leistungen,** die ein Unternehmer im Erhebungsgebiet gegen Entgelt im Rahmen seines Unternehmens ausführt, sowie der **Eigenverbrauch** im Erhebungsgebiet. Mit der Feststellung der Steuerbarkeit ist allerdings noch nicht entschieden, daß USt anfällt, da der Gesetzgeber insbesondere im § 4 UStG bestimmte Umsätze für **steuerfrei** erklärt (vgl. dazu speziell für Ärzte Rdnrn. 566 ff.). Steuerbare Umsätze sind also sowohl die steuerfreien als auch die steuerpflichtigen Umsätze.

> **Beispiel:**
> Der Arzt behandelt gegen Entgelt einen Patienten. Er erbringt damit eine sonstige Leistung gegen Entgelt. Es liegt ein steuerbarer Umsatz vor, der steuerbefreit ist (vgl. Rdnr. 566 ff.).

544   Erhält ein Zahn-(Arzt usw.) für einen Unfall eine **Entschädigung für Dienstausfall,** so sind diese Zahlungen genauso wie der Ersatz der Arztkosten mangels Gegenleistung **nicht steuerbar.** Es ist ohne Bedeutung, ob die Entschädigung in Form einer Kapitalabfindung oder einer Rente gezahlt wird.

a) Hilfsgeschäfte

Zur beruflichen Tätigkeit eines Arztes gehört nicht nur die ärztliche Tätig-   545
keit, sondern auch sog. **Hilfsgeschäfte** gehören dazu.

Beispiel:

Ein Arzt verkauft gebrauchte Praxisgeräte oder seine gebrauchte Schreibmaschine
oder seinen überwiegend beruflich genutzten Pkw. Es handelt sich in diesen Fällen
um sog. **Hilfsgeschäfte** ärztlicher Tätigkeit.

Auch der **Weiterverkauf eines für eine Arztpraxis bestellten Pkw** vor dessen   546
Verwendung ist ein steuerpflichtes, bei Option zum Vorsteuerabzug berech-
tigendes Hilfsgeschäft, auch wenn bereits im Zeitpunkt der Lieferung feststeht, daß eine eigene Verwendung ausscheidet (FG Köln v. 20. 3. 86, EFG
86, 423). Ferner liegt ein Hilfsgeschäft vor, wenn ein Arzt für die vorzeitige
Aufgabe seiner Praxisräume eine **Abfindung** erhält (BFH v. 28. 10. 64, BStBl
65 III 34).

Das Entgelt für die vorgenannten Hilfsgeschäfte ist **nicht** nach § 4 Nr. 14   547
UStG von der Umsatzsteuer befreit. Sofern die Voraussetzungen des § 4 Nr.
28 UStG vorliegen, kann allerdings diese Steuerbefreiung in Betracht kommen (vgl. Rdnrn. 731 ff.). Soweit § 19 UStG (vgl. Rdnrn. 750 ff.) nicht
anwendbar ist oder zur Regelbesteuerung optiert wurde, sind **Entgelte aus
Hilfsgeschäften** dem **allgemeinen Steuersatz** des § 12 Abs. 1 UStG von zur
Zeit 14 v. H. zu unterwerfen.

b) Eigenverbrauch

Gemäß § 1 Abs. 1 Nr. 2 UStG unterliegt der **Eigenverbrauch** der **USt.** Eigen-   548
verbrauch umfaßt u. a. die folgenden Tatbestände:

- **Entnahme von Gegenständen** aus der Praxis für private Zwecke (§ 1
  Abs. 1 Nr. 2 a UStG),

- **Ausführung sonstiger Leistungen** i. S. des § 3 Abs. 9 UStG im Rahmen der
  Praxis für außerbetriebliche Zwecke (§ 1 Abs. 1 Nr. 2 b UStG).

aa) Eigenverbrauch durch Entnahme von Gegenständen

Nach § 1 Abs. 1 Nr. 2 a UStG liegt Eigenverbrauch vor, wenn ein Arzt im   549
Erhebungsgebiet Gegenstände aus seiner Praxis entnimmt für **Zwecke,** die
außerhalb der **Praxis** liegen.

Gegenstand in diesem Sinne ist nur das, was auch Gegenstand einer **Liefe-**   550
rung oder einer **Werklieferung,** nicht aber Inhalt einer sonstigen Leistung sein

kann. **Sonstige Leistungen** der Praxis zugunsten des Arztes **scheiden als Eigenverbrauch** i. S. des § 1 Abs. 1 Nr. 2 a UStG **aus.**

551 Die für die Umsätze i. S. des § 1 Abs. 1 Nr. 1 UStG geltenden **Steuerbefreiungen** (z. B. § 4 Nr. 14 UStG) und **Steuersätze** (z. B. § 12 Abs. 2 Nr. 6 UStG) gelten auch für den Eigenverbrauch. Ebenso kommt die **Steuerbefreiung nach § 4 Nr. 28 a und b UStG** für den Eigenverbrauch durch Entnahme sowie durch Verwendung in Betracht (vgl. Rdnrn. 731 ff.).

> **Beispiel:**
> Ein Arzt schenkt den ausschließlich für Krankenbesuche genutzten Pkw seiner Frau. Es liegt ein steuerbarer Eigenverbrauch durch Entnahme vor, der allerdings bei Vorliegen der Voraussetzungen des § 4 Nr. 28 a UStG von der Umsatzsteuer befreit ist (vgl. Rdnrn. 731 ff.).

552 **Bemessungsgrundlage** beim Eigenverbrauch durch Entnahme i. S. des § 1 Abs. 1 Nr. 2 a UStG ist der einkommensteuerliche **Teilwert,** wenn dieser nach den einkommensteuerlichen Vorschriften bei der Entnahme anzusetzen ist, im übrigen der gemeine Wert (§ 10 Abs. 4 Nr. 1 UStG). Der Teilwert ist auch von Ärzten anzusetzen, die ihren Gewinn nach § 4 Abs. 3 EStG durch Einnahme-Überschuß-Rechnung ermitteln (BFH v. 22. 5. 69, BStBl II 584). Die Umsatzsteuer gehört nicht zur Bemessungsgrundlage (§ 10 Abs. 4 letzter Satz UStG).

bb) Eigenverbrauch durch Ausführung sonstiger Leistungen
   i. S. des § 3 Abs. 9 UStG

553 Eigenverbrauch liegt ferner vor, wenn ein Arzt im Rahmen seiner Praxis sonstige **Leistungen** i. S. des § 3 Abs. 9 UStG ausführt, für **außerhalb** der **Praxis liegende Zwecke** (§ 1 Abs. 1 Nr. 2 b UStG). Hierunter fällt u. a. die **Verwendung** von Gegenständen. Darunter versteht man den **Gebrauch** oder das **Nutzen.** Hierher gehören insbesondere die private Mitverwendung sonst beruflich genutzter Pkw durch den Arzt selbst oder seine Angehörigen, die Verwendung von Geräten und Maschinen für außerhalb der Praxis liegende Zwecke.

554 Ebenso wie im Anwendungsbereich des § 1 Abs. 1 Nr. 1 UStG bleiben auch bei § 1 Abs. 1 Nr. 2 b UStG etwaige **Befreiungsvorschriften unberührt** (vgl. Rdnr. 551).

> **Beispiel 1:**
> Die Ehefrau eines Arztes **benutzt** einen ausschließlich für Krankenbesuche genutzten **Pkw** für Privatfahrten. Es liegt ein steuerbarer Eigenverbrauch durch Verwendung vor, der allerdings bei Vorliegen der Voraussetzungen des § 4 Nr. 28 b UStG von der Umsatzsteuer befreit ist (vgl. Rdnrn. 731 ff.).

Beispiel 2:

Ein Arzt verwendet ein ausschließlich in der Praxis verwendetes **Bestrahlungsgerät** zur Bestrahlung seiner Kinder. Es handelt sich um einen Eigenverbrauch durch Verwendung, der nach § 4 Nr. 14 UStG von der Umsatzsteuer befreit ist (vgl. Rdnrn. 566 ff.).

Beispiel 3:

Ein Zahnarzt führt bei seiner Frau eine **Zahnbehandlung** durch. Es handelt sich um einen Eigenverbrauch durch Ausführung einer sonstigen Leistung, nämlich einer nach § 4 Nr. 14 UStG steuerbefreiten ärztlichen Heilbehandlung.

Bemessungsgrundlage beim Eigenverbrauch durch Ausführung sonstiger Lei- 555
stungen i. S. des § 3 Abs. 9 UStG für außerhalb der Praxis liegende Zwecke sind die bei der Ausführung der Leistung entstandenen laufenden und fixen Kosten (§ 10 Abs. 4 Nr. 2 UStG). Die Umsatzsteuer gehört nicht zur Bemessungsgrundlage (§ 10 Abs. 4 letzter Satz UStG).

Bei der **Verwendung eines beruflichen Pkw** für berufsfremde Zwecke gehö- 556
ren nach Abschn. 155 Abs. 2 Sätze 4 und 5 UStR zur Bemessungsgrundlage dessen Gesamtkosten, die neben den eigentlichen Betriebskosten der nicht beruflichen Verwendung auch die die Praxis belastenden Kosten aus Anschaffung, laufendem Unterhalt und tatsächlichem Betrieb, wie insbesondere AfA, Versicherungsprämien, KfzSt, Garagenmiete, Inspektion, laufende Instandhaltung, Betriebsstoffe sowie Unfallkosten abzüglich der von dritter Seite erlangten und der Praxis zugeführten Ersatzleistungen umfassen.

3. Besondere Entgeltsformen

a) Geschenke als Entgelt

Einnahmen, die einem Arzt im ursächlichen Zusammenhang mit seiner Praxis 557
zufließen, sind **Einkünfte aus selbständiger Arbeit** und damit **Entgelt.** Sie können **niemals** insoweit als **Schenkung** angesehen werden, als der Patient aus dem Gefühl der Verpflichtung heraus oder nur aus Dankbarkeit neben dem Honorar noch eine besondere Vergütung dem Arzt geleistet hat (RFH v. 9. 10. 35, RStBl 36, 139). Diese Entgeltsteile können jedoch **zusätzliches Entgelt** für einen nach § 4 Nr. 14 UStG steuerfreien Umsatz sein (vgl. Rdnrn. 566 ff.).

b) Gold als Entgelt

Hin und wieder kommt es vor, daß ein Patient seinem Zahnarzt **Gold an Zah-** 558
lungs-Statt gibt. Der Wert des Goldes zuzüglich des Barentgelts ist **Entgelt**

i. S. des § 10 Abs. 1 UStG, das nach § 4 Nr. 14 UStG steuerfrei sein kann
(vgl. Rdnrn. 566 ff.).

c) Alters- und Hinterbliebenenversorgung

559 Erhält ein Arzt, dessen hohes Alter nur mehr eine beschränkte Arbeitsfähig-
keit vermuten läßt, von einem ärztlichen Berufsverband eine **Rente** gegen die
Verpflichtung, seine **Praxis aufzugeben,** so ist die Rente nicht Entgelt für die
Aufgabe der Praxis (RFH v. 9. 4. 35, EStBl S. 896). Dasselbe gilt, wenn Kassenärztliche Vereinigungen ihre Mitglieder bei anerkannter Berufsunfähigkeit
unter bestimmten Auflagen, z. B. **Verzicht** auf **jegliche Kassenpraxis,** weiter
an der Honorarverteilung beteiligen oder im Falle ihres Todes ihren **Hinterbliebenen Zahlungen** leisten. Es handelt sich in diesen Fällen um **keine Entgelte** für Gegenleistungen der Ärzte, sondern um Alters- und Hinterbliebe-
nenversorgung.

4. Durchlaufende Posten

560 Beträge, die der Arzt **im Namen und für Rechnung eines anderen** vereinnahmt und verausgabt (durchlaufende Posten), gehören nach § 10 Abs. 1
letzter Satz UStG nicht zum Entgelt. Sie liegen vor, wenn der Arzt, der
die Beträge vereinnahmt und verauslagt, im Zahlungsverkehr lediglich die
Funktion einer Mittelsperson ausübt, ohne selbst einen Anspruch auf den
Betrag gegen den Leistenden zu haben und auch nicht zur Zahlung an den
Empfänger verpflichtet zu sein. Weil es an diesen Voraussetzungen fehlt,
sind **keine durchlaufenden Posten Auslagen** eines praktischen Arztes für
Arzneimittel und Verbandstoffe, die er aus der **Apotheke** im ganzen und
im eigenen Namen bezieht und seinen Patienten verabreicht, sowie für
Blutuntersuchungen, die er nach den von ihm selbst den Patienten entnommenen Blutproben, sei es auch mit deren Vorwissen, durch eine
Blutuntersuchungsstelle vornehmen läßt. Diese Auslagen gehören vielmehr zum umsatzsteuerpflichtigen Entgelt (RFH v. 12. 12. 22, RFHE 11,
98).

561 **Sachunkosten** oder **technische Unkosten,** die ein **Krankenhausarzt** für die
Benutzung von Einrichtungen der Krankenanstalt vereinnahmt und monatlich
an diese überweist, gehören zu den **Einnahmen des Krankenhausarztes** (siehe
Rdnrn. 20 f.).

5. Umsatzsteuerbefreiung der Heilberufe

Lieferung und sonstige Leistungen der Ärzte und sonstiger Heilberufe sind   562
steuerbare Umsätze (vgl. Rdnrn. 543), die jedoch bei Vorliegen der Voraussetzungen des § **4 Nr. 14 UStG steuerfrei** sein können.

Tierärzte sind in die Umsatzsteuerbefreiung nicht einbezogen. Auch   563
bestimmte **Prothetikumsätze der Zahnärzte** sind von der Befreiung ausgeschlossen, um zu verhindern, daß die selbständigen Zahntechniker aus dem
Wettbewerb ausgeschaltet werden.

Durch das Steueränderungsgesetz 1973 v. 26. 6. 73 (BGBl I 676; BStBl I 545)   564
wurde die Steuerbefreiung mit Wirkung v. 1. 1. 72 auf die sonstigen Leistungen **ärztlicher Praxis- und Apparategemeinschaften** ausgedehnt.

Unter die Steuerbefreiung des § 4 Nr. 14 Satz 1 UStG fallen die Umsätze aus   565
der Tätigkeit als

- Arzt, Zahnarzt, Heilpraktiker, Krankengymnast, Hebamme oder aus einer
  ähnlichen heilberuflichen Tätigkeit i. S. von § 18 Abs. 1 Nr. 1 EStG (nachfolgend als **Heilberufe** bezeichnet) und

- klinischer Chemiker.

a) Umsatzsteuerbefreiung des Arztes

aa) Tätigkeit als Arzt

Die Hauptgruppe der begünstigten Heilberufe bilden die Ärzte. Definitionen   566
des Begriffs „Tätigkeit als Arzt" enthalten die **Bundesärzteordnung** v. 4. 2. 70
(BGBl I 241) und das **Heilpraktikergesetz** v. 17. 2. 39 (RGBl S. 251).
In § 2 Abs. 4 der Bundesärzteordnung heißt es:

„Ausübung des ärztlichen Berufes ist die Ausübung der Heilkunde unter der
Berufsbezeichnung „Arzt" oder „Ärztin".

Was unter „Ausübung der Heilkunde" zu verstehen ist, ist nicht in der Bun-   567
desärzteordnung, sondern in § 1 Abs. 2 Heilpraktikergesetz näher bestimmt,
und zwar folgendermaßen:

„Ausübung der Heilkunde im Sinne dieses Gesetzes ist jede berufs- oder
erwerbsmäßig vorgenommene Tätigkeit zur Feststellung, Heilung oder Linderung von Krankheiten, Leiden oder Körperschäden bei Menschen, auch wenn
sie im Dienst von anderen ausgeübt wird."

568   Die letztere Definition ist zwar nach ihrem Wortlaut auf den Geltungsbereich
      des Heilpraktikergesetzes beschränkt, sie wird aber von Schrifttum und
      Rechtsprechung übereinstimmend auch auf die Bundesärzteordnung ange-
      wendet (BVerwG v. 25. 6. 70, BVerwGE 35, 308).

569   Eine Übernahme dieser Definition erscheint auch bei der Auslegung des in
      § 4 Nr. 14 UStG verwendeten Begriffs „Tätigkeit als Arzt" zweckmäßig und
      geboten (BFH v. 26. 5. 77, BStBl II 879). Es ist demnach nicht nur die
      eigentliche ärztliche Hilfeleistung, d. h. die **unmittelbare** Heilbehandlung
      eines Kranken, sondern darüber hinaus jede andere Leistung steuerfrei, die
      der Ausübung der Heilkunde in dem oben umrissenen Sinne zugeordnet und
      als solche nur von einem Arzt ausgeübt werden kann. Auch die Leistungen
      der **vorbeugenden Gesundheitspflege** gehören zur Ausübung der Heilkunde.
      Dabei ist es unerheblich, ob die Leistungen gegenüber Einzelpersonen oder
      Personengruppen bewirkt werden.

570   Die **folgenden Leistungen** gehören zu einer **Tätigkeit als Arzt** (Abschn. 88
      Abs. 3 UStR). Sie sind daher **umsatzsteuerfrei.**

      ABC-Übersicht:

571   o **Fortführung einer heilberuflichen Praxis;** fehlen dem Erben eines freiberuf-
         lich tätig gewesenen Arztes oder Angehörigen eines anderen Heilberufs die
         fachlichen Voraussetzungen zur Ausübung des betreffenden freien Berufs,
         so ist in der Fortführung der Praxis durch den Erben grundsätzlich eine
         gewerbliche Tätigkeit zu erblicken (BFH v. 15. 4. 75, BStBl 77 II 539 und
         v. 19. 5. 81, BStBl II 665). Die Tätigkeit ist daher nicht nach § 4 Nr. 14
         UStG steuerfrei (Abschn. 92 UStR). Steuerbefreiung kann jedoch aus
         sachlichen Billigkeitsgründen § 163 AO gemäß in Betracht kommen (BFH
         v. 14. 4. 83, UR S. 149). Im übrigen kann Steuerbefreiung nach § 4 Nr. 16 c
         UStG in Betracht kommen (Abschn. 92 UStR; vgl. Rdnrn. 699 ff.);

572   o die Erstellung eines ärztlichen **Gutachtens** (auch lediglich auf der Grund-
         lage der Akten) über den Gesundheitszustand eines Patienten oder über
         den Kausalzusammenhang zwischen einem rechtlichen Tatbestand und
         einer Gesundheitsstörung oder zwischen einer früheren Erkrankung und
         dem jetzigen körperlichen oder seelischen Zustand sowie über die Tatsache
         oder Ursache des Todes. Hierzu gehören z. B. auch Alkohol-Gutachten,
         Gutachten über den Gesundheitszustand als Grundlage für Versicherungs-
         abschlüsse, Gutachten über die Berufstauglichkeit, über die Minderung der
         Erwerbsfähigkeit in Sozialversicherungsangelegenheiten, in Angelegenhei-

ten der Kriegsopferversorgung, in Schadensersatzprozessen (vgl. auch Rdnrn. 586, 594, 600, 609);

o die Verabreichung von **Heilbädern;**   573

o Untersuchungen von **Körperflüssigkeiten** oder **menschlichen Geweben**   574
sowie diagnostische Tierversuche, z. B. auf dem Gebiet der übertragbaren Krankheiten, bei Tuberkulose oder Schwangerschaftstesten, soweit sie im Rahmen der Ausübung der Heilkunde vorgenommen werden;

o die Anpassung von **Kontaktlinsen,** d. h. die gesamte Untersuchung und   575
Beratung, durch einen Augenarzt. Er kann die Steuerbefreiung nach § 4 Nr. 14 UStG selbst dann in Anspruch nehmen, wenn er daneben Kontaktlinsen und Pflegemittel verkauft (OFD Koblenz v. 15. 11. 85, UR 86, 332).

o **Augenärzte,** die ihre Tätigkeit in einer **Gemeinschaftspraxis** ausüben, grün- 576
den für Zwecke des Ein- und Verkaufs von Kontaktlinsen und Pflegemitteln eine weitere Gesellschaft bürgerlichen Rechts, an der sie im Verhältnis beteiligt sind wie an der Gemeinschaftspraxis. Die **Ausgliederung** der Lieferungen von Kontaktlinsen und Pflegemitteln aus dem Unternehmen einer Augenärzte-Gemeinschaftspraxis wird von der Finanzverwaltung steuerlich anerkannt, wenn die in Rdnr. 434 erörterten Grundsätze beachtet werden. Daher ist die Gemeinschaftspraxis mit der Anpassung der Kontaktlinsen nach § 4 Nr. 14 UStG von der USt befreit. Die Lieferung der Kontaktlinsen und Pflegemittel durch die neu gegründete Gesellschaft bürgerlichen Rechts ist in jedem Fall umsatzsteuerpflichtig (OFD Koblenz v. 15. 11. 85, UR 86, 332);

o **Krankenhaus;** betreibt ein Arzt ein Krankenhaus, so liegt eine freiberufli- 577
che Tätigkeit i. S. des § 18 Abs. 1 Nr. 1 EStG vor, wenn dessen Betrieb ein notwendiges Hilfsmittel für die ärztliche Tätigkeit darstellt und aus dem Krankenhausbetrieb ein besonderer Gewinn nicht angestrebt wird (vgl. Abschn. 135 Abs. 6 EStR). Sind diese Voraussetzungen gegeben und wird der Betrieb des Krankenhauses einkommensteuerrechtlich als freiberufliche Tätigkeit des Arztes anerkannt, so bleiben seine Umsätze insoweit nach § 4 Nr. 14 UStG steuerfrei, als es sich um ärztliche Leistungen handelt. Für die **nichtärztlichen Leistungen** des Krankenhauses kann jedoch die Steuerbefreiung nach § 4 Nr. 16 b UStG in Betracht kommen (vgl. Rdnr. 695 ff. sowie Abschn. 96 und 100 UStR);

o **Krankentransporte** durch einen Arzt in besonderen Fällen (BFH v. 29. 8. 578
63, BStBl III 548);

579   o **Laborarzt** (Rdnrn. 446 ff.);

580   o die Verabreichung von **Lichtstrahlen;**

581   o die Verabreichung von **Massagen;**

582   o die Untersuchung über die pharmakologische Wirkung eines **Medikaments** beim Menschen;

583   o die Verabreichung von **Medikamenten** bei der Heilbehandlung (vgl. Rdnr. 585);

584   o die Untersuchung **menschlichen Gewebes** (vgl. Rdnr. 574);

585   o **Nebenleistungen,** die mit der ärztlichen Leistung zusammenhängen, wie z. B. **Wegegelder, Reiseentschädigungen, Verabreichung** von **Medikamenten** und **Verbandsmitteln** bei der Heilbehandlung, fallen gleichfalls unter die Befreiungsvorschrift;

586   o gutachterliche Tätigkeit eines **Pathologen** für pharmazeutische Firmen (Nieders. FG v. 14. 12. 81, UR 82, 204);

587   o die Untersuchung über die **pharmakologische Wirkung** eines Medikaments beim Menschen;

588   o **Praxisfortführung** vgl. Rdnr. 571;

589   o **Reiseentschädigung** als Nebenleistung vgl. Rdnr. 585;

590   o **Röntgenleistungen;**

591   o die medizinische Beratung von **Schwangeren** nach § 218b StGB vor Abbruch der Schwangerschaft (BMF v. 25. 11. 82, BStBl I 865); zur Sozialberatung einer Schwangeren vgl. Rdnr. 613;

592   o im Rahmen der vorbeugenden Gesundheitspflege und der **Sozialhygiene** jede Maßnahme, die ärztliche Kenntnisse voraussetzt, wie z. B. die ärztlichen Untersuchungen nach dem Jugendarbeitsschutzgesetz, die prophylaktischen Impfungen von Bevölkerungsgruppen und Reihenuntersuchungen auf den Gesundheitszustand;

593   o die Verabreichung von **Strombehandlungen;**

594   o Erstellung ärztlicher Gutachten über die Freiheit des **Trinkwassers** von Krankheitserregern;

595   o die Verabreichung von **Verbandsmitteln** als Nebenleistung bei der Heilbehandlung vgl. Rdnr. 585;

o **vorbeugende Gesundheitspflege** vgl. Rdnr. 592;   596

o **Wegegeld** als Nebenleistung vgl. Rdnr. 585.   597

Die folgenden **Leistungen** gehören jedoch **nicht** zu einer **Tätigkeit als Arzt;**   598
sie unterliegen der **Umsatzsteuer** (Abschn. 88 Abs. 3 UStR):

o der Verkauf von Medikamenten aus einer **ärztlichen Abgabestelle für Arz-**   599
neien (BFH v. 26. 5. 77, BStBl II 879). Die Versagung der Steuerfreiheit
nach § 4 Nr. 14 UStG für die Abgabe **homöopathischer Arzneimittel** (darunter auch selbsthergestellte) durch einen Arzt für Allgemeinmedizin-
Homöopathie verletzt weder Art. 5 Abs. 3 noch Art. 4 GG (BVerfG
v. 14. 6. 83, StRK UStG 1967/1973, § 4 Nr. 14 R. 12);

o **anthropologisch-erbbiologische Gutachten;**   600

o **Blutgruppenuntersuchung** im Rahmen der Vaterschaftsfeststellung;   601

o **Blutprobenuntersuchungen** bei Alkoholdelikten;   602

o **experimentelle Untersuchungen bei Tieren** im Rahmen wissenschaftlicher   603
Forschung;

o **Fortführung einer heilberuflichen Praxis** durch einen berufsfremden Erben 604
(Abschn. 92 UStR). Es kann aber Steuerbefreiung nach § 4 Nr. 16 c UStG
in Betracht kommen (vgl. Rdnr. 686). Wegen Steuerbefreiung nach § 4
Nr. 14 UStG aus sachlichen Billigkeitsgründen vgl. Rdnr. 571;

o die Lieferungen von **Hilfsmitteln,** z. B. Kontaktlinsen, Schuheinlagen;   605

o die **Lehrtätigkeit;**   606

o **Leichenöffnungen;**   607

o Verkauf von **Medikamenten** (vgl. Rdnr. 599);   608

o gutachterliche Tätigkeit eines **Pathologen** für in den Bereich der Bio-Histo- 609
chemie hineinreichende Grundlagenforschung (Niders. FG v. 14. 12. 81,
UR 82, 204). Wegen einer Tätigkeit für pharmazeutische Firmen vgl.
Rdnr. 586;

o **psychologische Tauglichkeitstests,** die sich ausschließlich auf die Berufsfin- 610
dung erstrecken;

o **psychoanalytische Behandlung** durch einen psychotherapeutisch vorgebil-   611
deten Arzt, die er in Gestalt einer Lehranalyse als notwendige Ausbil-
dungsvoraussetzung bei einem angehenden Psychotherapeuten vornimmt
(Hess. FG v. 9. 6. 83, UR 84, 35);

612   o die **schriftstellerische Tätigkeit,** auch soweit es sich dabei um Berichte in
      einer ärztlichen Fachzeitschrift handelt;

613   o die **Sozialberatung** einer Schwangeren nach § 218 b StGB vor dem Abbruch
      der Schwangerschaft (Abschn. 88 Abs. 6 UStR). Wegen der medizinischen
      Beratung vgl. Rdnr. 591;

614   o **Schwangere,** zur Sozialberatung vgl. Rdnr. 613;

615   o Tätigkeit als **Vorsitzender** der **Kassenärztlichen Vereinigung** (vgl. jedoch
      Rdnr. 724 ff.);

616   o Tätigkeit als **Vorstandsmitglied** der **Kassenärztlichen Vereinigung** (vgl.
      Rdnrn. 724 ff.);

617   o die **Vortragstätigkeit,** auch wenn der Vortrag vor Ärzten im Rahmen der
      Fortbildung gehalten wird;

618   o Erstellung eines Gutachtens über die chemische **Zusammensetzung des
      Wassers.**

bb) Sonstige Heilberufe

619   Einige der neben den Ärzten begünstigten Heilberufe sind in § 4 Nr. 14
      Satz 1 UStG ausdrücklich genannt. Es handelt sich um folgende Heilberufe:

620   o **Hebammen** sind behördlich geprüfte und zugelassene Geburtshelferinnen.

621   o **Heilpraktiker;** ihre Tätigkeit ist die berufsmäßige Ausübung der Heilkunde
      am Menschen – ausgenommen Zahnheilkunde – durch den Inhaber einer
      Erlaubnis nach § 1 des Heilpraktikergesetzes in der im BGBl Teil III, Glie-
      derungsnummer 2122–2 veröffentlichten bereinigten Fassung, zuletzt geän-
      dert durch Art. 53 des Gesetzes v. 2. 3. 74 (BGBl I 469).

622   o **Krankengymnasten;** sie verhüten und heilen durch bewegungstherapeuti-
      sche Maßnahmen Krankheiten (vgl. Gesetz über die Berufsausübung des
      Masseurs, des Masseurs und medizinischen Bademeisters und des Kranken-
      gymnasten v. 21. 12. 58, BGBl I 985).

623   Neben diesen in der Vorschrift ausdrücklich genannten Berufen sind **ähnliche
      Heilberufe** i. S. des § 18 Abs. 1 Nr. 1 EStG begünstigt. Eine Zuordnung zu
      dieser Gruppe ist nur möglich, wenn die Merkmale des ausgeübten Berufs in
      etwa denen eines Arztes, Zahnarztes usw. entsprechen und wenn die Ein-
      künfte einkommensteuerlich als Einkünfte aus freiberuflicher Tätigkeit ange-

sehen werden. Der „ähnliche" Beruf muß die typischen Kennzeichen der in der Vorschrift genannten Heilberufe aufweisen. Es dürfen nicht nur auf dem Tätigkeitsfeld, sondern insbesondere auch bei der Ausbildung keine erheblichen Unterschiede vorliegen (Leberecht, UR 72, 226).

Nach diesen Merkmalen sind **folgende Berufe begünstigt:** 624

o **Beschäftigungs- und Arbeitstherapeuten,** denen die zur Ausübung ihres 625 Berufs erforderliche Erlaubnis erteilt ist (§§ 1 und 8 des Beschäftigungs- und Arbeitstherapeutengesetzes v. 25. 5. 76, BGBl I 1246; Abschn. 90 Abs. 3 UStR);

o **Chiropraktiker** (Peter/Burhoff, a. a. O., § 4 Nr. 14 Rdnr. 22); 626

o selbständig tätige **Krankenpfleger** und **Krankenschwestern** (Krankenpflege- 627 gesetz i. d. F. der Bekanntmachung v. 20. 9. 65, BGBl I 1443, zuletzt geändert durch Art. 7 des Gesetzes v. 22. 12. 81, BGBl I 1568; Abschn. 90 Abs. 6 UStR);

o **Logopäden,** denen die zur Ausübung ihres Berufs erforderliche Erlaubnis 628 erteilt ist (§§ 1 und 8 des Gesetzes über den Beruf des Logopäden v. 7. 5. 80, BGBl I 529);

o **staatlich geprüfte Masseure** bzw. **Masseure und medizinische Bademeister** 629 (Gesetz über die Ausübung der Berufe des Masseurs, des Masseurs und medizinischen Bademeisters und Krankengymnasten, zuletzt geändert durch Art. 29 des Gesetzes v. 25. 6. 69, BGBl I 645) üben eine ähnliche heilberufliche Tätigkeit i. S. des § 4 Nr. 14 UStG aus, wenn sie als Heilmasseure tätig werden, nicht aber, wenn sie lediglich oder überwiegend kosmetische oder Schönheitsmassage durchführen (BFH v. 26. 11. 70, BStBl 71 II 249). Die Steuerbefreiung kann von den genannten Unternehmern u. a. für die **medizinische Fußpflege** und die Verabreichung von **medizinischen Bädern, Unterwassermassagen, Fangopackungen** und **Wärmebestrahlungen** in Anspruch genommen werden. Das gilt auch dann, wenn diese Verabreichungen selbständige Leistungen und nicht Hilfstätigkeiten zur Heilmassage darstellen (Abschn. 90 Abs. 5 UStR).

o Die **nichtärztlichen Psychotherapeuten** und **Psychagogen** (Kinder- und 630 Jugendlichen-Psychotherapeuten), die nicht die Heilpraktikererlaubnis besitzen, können nur insoweit unter die Steuerbefreiung fallen, als sie Umsätze aus einer ähnlichen heilberuflichen Tätigkeit wie die in § 4 Nr. 14 UStG ausdrücklich genannten Berufe erbringen. Als Vergleichsberufe sind

die Berufe des Arztes und des Heilpraktikers anzusehen. Zur Vergleich-
barkeit der Berufe gehören nach der Rechtsprechung des BFH außer der
Ähnlichkeit der Tätigkeiten (Ausübung der Heilkunde) auch die Ähnlichkeit der Ausübung und die Ähnlichkeit der Bedingungen, an die das
Gesetz die Ausübung der vergleichbaren Berufe knüpft (BFH v. 25. 3. 77,
BStBl II 579). Nach den geltenden berufsrechtlichen Regelungen ist die
eigenverantwortliche Ausübung der Heilkunde den Ärzten und Heilprakti-
kern vorbehalten. Eine berufsrechtliche Regelung, die auch den nichtärztlichen Psychotherapeuten und Psychagogen den Zugang zur eigenverantwortlichen Ausübung der Heilkunde eröffnet, gibt es noch nicht. Mit den
geltenden berufsrechtlichen Regelungen ist es nach Auffassung der Finanzverwaltung gleichwohl vereinbar, daß die nichtärztlichen Psychotherapeuten
und Psychagogen ihre heilkundliche Tätigkeit aufgrund einer **Zuweisung der
Patienten** durch einen Arzt und unter dessen Verantwortung ausüben.
Soweit die durch den Arzt erfolgte Zuweisung der Patienten glaubhaft
gemacht wird, kann die Tätigkeit der nichtärztlichen Psychotherapeuten
und Psychagogen als eine steuerbefreite „ähnliche heilberufliche Tätigkeit"
i. S. des § 4 Nr. 14 UStG angesehen werden (Abschn. 90 Abs. 2 UStR).

631   Bei der **Glaubhaftmachung** der „Zuweisung der Patienten durch einen
        Arzt" ist nach Ansicht der Finanzverwaltung (OFD Saarbrücken, Vfg v.
        20. 5. 87, UR S. 307) folgendes zu beachten.

632   Die Zuweisung von **Kassenpatienten** an nichtärztliche Psychotherapeuten
        vollzieht sich nach dem sog. **Delegationsverfahren.** Der nichtärztliche Psy-
        chotherapeut wird hierbei als Subunternehmer für den delegierenden Arzt
        unter dessen allgemeiner Verantwortung tätig. Dementsprechend rechnet
        der nichtärztliche Psychotherapeut mit dem Delegationsarzt ab. Dieser
        kann aber auch seinen Honoraranspruch gegenüber der kassenärztlichen
        Vereinigung für die nichtärztlichen psychotherapeutischen Leistungen an
        den hinzugezogenen Psychotherapeuten abtreten. In diesem Fall erhält der
        nichtärztliche Therapeut seine Vergütung unmittelbar von der kassenärzt-
        lichen Vereinigung.

633   Bei psychotherapeutischen **Behandlungen außerhalb des Delegationsver-
        fahrens** entstehen ausschließlich Rechtsbeziehungen zum Patienten, von
        dem der nichtärztliche Psychotherapeut auch sein Honorar erhält.

634   Die Zuweisung der Patienten durch einen Arzt kann daher bei Kassenpa-
        tienten durch Vorlage entsprechender **Abrechnungs- und Bankkontobelege**
        glaubhaft gemacht werden.

o **Zahnpraktiker** (BFH v. 19. 10. 65, BStBl III 692). 635

o **Nicht „ähnliche" Berufe** sind: 636

o **Ärztepropagandisten** (BFH v. 27. 4. 61, BStBl III 315); 637

o **ambulante Pflegestation** (Nieders FG v. 12. 7. 84, EFG 85, 92); 638

o **Assistentinnen,** medizinisch-technische, üben keine arztähnliche heilberuf- 639
liche Tätigkeit aus (BFH v. 25. 11. 71, BStBl 72 II 126);

o **Fachkosmetikerinnen** (FG D'dorf v. 29. 6. 65, EFG S. 567); 640

o die Tätigkeit als **Fußpraktiker** ist keine heilberufliche Tätigkeit, weil sie 641
vorwiegend auf kosmetischem Gebiet tätig werden. Auch die Tätigkeit als
medizinischer Fußpfleger ist keine ähnliche heilberufliche Tätigkeit i. S.
des § 4 Nr. 14 UStG. Diese Tätigkeit ist weder mit der Tätigkeit eines Heilpraktikers noch mit der Tätigkeit eines Krankengymnasten zu vergleichen
(BFH v. 6. 6. 73 und 30. 1. 75, BStBl 75 II 522 und 523). Vgl. aber
Rdnr. 629.

o **Heileurythmist;** seine Tätigkeit kann wegen des Fehlens einer berufsrecht- 642
lichen Regelung nicht als ähnliche heilberufliche Tätigkeit i. S. des § 4
Nr. 14 UStG angesehen werden (Abschn. 90 Abs. 9 UStR), anders jedoch
nach Ansicht des FG Ba.-Wü. im Urteil v. 27. 3. 84 (EFG S. 580), wenn
die Leistungen ausschließlich auf Anordnung und unter Verantwortung von
Ärzten erbracht werden und für die Erstattungen von Krankenvorsorgeträ-
gern erfolgen.

o **Hersteller künstlicher Augen** (BFH v. 25. 7. 68, BStBl II 262); 643

o eine selbständige **Kurpackerin** übt weder eine der in § 4 Nr. 14 UStG auf- 644
geführten Tätigkeiten noch eine ähnliche heilberufliche Tätigkeit i. S. des
§ 18 Abs. 1 Nr. 1 EStG aus (FG München v. 9. 7. 87, EFG 88, 330).

o **Orientierungs- und Mobilitätstrainer** üben keine ähnliche heilberufliche 645
Tätigkeit (OFD D'dorf v. 14. 3. 84, UR 85, 257);

o **Pharma-Cosmetologen** (Nieders. FG v. 25. 2. 77, EFG 78, 50); 646

o **Psychotherapeuten, Psychagogen** vgl. Rdnr. 630. 647

o Umsätze aus dem Betrieb einer **Sauna** sind grundsätzlich keine Umsätze 648
aus der Tätigkeit eines der in § 4 Nr. 14 UStG ausdrücklich genannten
Berufe oder aus einer ähnlichen heilberuflichen Tätigkeit i. S. des § 18
Abs. 1 Nr. 1 EStG. Die Verabreichung von Saunabädern ist nur insoweit

nach § 4 Nr. 14 UStG umsatzsteuerfrei, als hierin eine Hilfstätigkeit zu einem Heilberuf oder einem diesem ähnlichen Beruf, z. B. als Vorbereitung oder als Nachbehandlung zu einer Massagetätigkeit, zu sehen ist (BFH v. 21. 10. 71, BStBl 72 II 78; Abschn. 90 Abs. 8 UStR);

649 o nichtärztliche **Stimmlehrer** (Atem-, Stimm- und Sprechlehrer) üben keine steuerbefreite ähnliche heilberufliche Tätigkeit i. S. des § 4 Nr. 14 UStG aus (FG Münster v. 17. 11. 87, NWB, EN-Nr. 682/88). Die Versagung der Umsatzsteuerbefreiung nach § 4 Nr. 14 UStG für Atem-, Sprech- und Stimmlehrer ist von Verfassung wegen nicht zu beanstanden (BVerfG v. 29. 8. 88, BStBl II 975).

650 o **Tierärzte** vgl. Rdnrn. 563, 687 ff.;

651 o **Zahntechniker** (BFH v. 19. 10. 65, BStBl III 692).

cc) Klinische Chemiker

652 Neben den Heilberufen rechnen seit dem 1. 1. 80 die selbständigen klinischen Chemiker zu dem Personenkreis, der nach § 4 Nr. 14 Satz 1 UStG subjektiv begünstigt ist.

653 **Klinische Chemiker** sind Personen, die den von der Deutschen Gesellschaft für Klinische Chemie e. V. entwickelten Ausbildungsgang mit Erfolg beendet haben und dies durch die von der genannten Gesellschaft ausgesprochene Anerkennung nachweisen. Sie fallen – im Gegensatz zu den Heilberufen – auch dann unter die Umsatzsteuerbefreiung, wenn ihre Tätigkeit nicht freiberuflich i. S. von § 18 Abs. 1 Nr. 1 EStG, sondern **gewerblich** ausgeübt wird (Peter/Burhoff, a. a. O., § 4 Nr. 14 Rdnr. 25).

dd) Persönlicher Umfang der Umsatzsteuerbefreiung

654 Die Steuerbefreiung für die **Heilberufe** gem. § 4 Nr. 14 Satz 1 UStG beschränkt sich in der Regel auf **natürliche Personen**. Sie kann aber auch von **Gesellschaften bürgerlichen Rechts** beansprucht werden, vorausgesetzt, die Gesellschafter sind ausschließlich Angehörige eines begünstigten Heilberufs und ihre Einkünfte stellen einkommensteuerlich Einkünfte aus freiberuflicher Tätigkeit i. S. des § 18 Abs. 1 Nr. 1 EStG dar, z. B. **Gemeinschaftspraxen** von Ärzten (vgl. Rdnrn. 469 ff.). Wegen der einkommensteuerrechtlichen Voraussetzungen vgl. Abschn. 135 Abs. 10 EStR. **Juristische Personen,** z. B. Vereine, können die Steuerbefreiung für die Heilberufe nicht beanspruchen, da sie nicht freiberuflich i. S. von § 18 Abs. 1 Nr. 1 EStG tätig sein können

(so OFD Frankfurt/M v. 20. 2. 84, USt-Kartei § 4 Nr. 14 S 7170 K. 1 bezüglich einer GmbH).

Werden heilberufliche Leistungen von anderen **(gewerblichen) Unternehmen** 655
durch angestellte Ärzte usw. erbracht, entfällt die Umsatzsteuerbefreiung.
Steuerpflichtig sind daher z. B. Umsätze der ärztlichen Abteilung eines Industrieunternehmens, einer Kurverwaltung, eines Hygiene-Instituts usw.

Auch bei den **klinischen Chemikern** ist die Befreiung auf natürliche Personen 656
oder Gesellschaften bürgerlichen Rechts beschränkt. Hier kommt es allerdings – anders als bei den Heilberufen – nicht darauf an, ob es sich um freiberufliche Einkünfte i. S. des § 18 Abs. 1 Nr. 1 EStG handelt.

ee) Sachlicher Umfang der Umsatzsteuerbefreiung

§ 4 Nr. 14 Satz 1 UStG enthält keine umfassende subjektive Befreiung der 657
begünstigten Unternehmer. Die Fassung der Vorschrift („aus der Tätigkeit
als . . .") stellt klar, daß nur **die dem begünstigten Beruf eigentümlichen Leistungen** befreit sind. Dies wird an den oben unter Rdnrn. 566 ff. dargelegten
Grundsätzen zur Abgrenzung der Tätigkeit als Arzt deutlich. Diese Grundsätze gelten für die übrigen begünstigten Berufe sinngemäß.

Hilfsgeschäfte, z. B. der Verkauf von Einrichtungsgegenständen der Praxis, 658
fallen zwar nicht unter die Umsatzsteuerbefreiung nach § 4 Nr. 14 UStG, sind
jedoch ab 1. 1. 80 in der Regel nach § 4 Nr. 28 UStG steuerfrei.

Auf den **Eigenverbrauch** findet die Befreiung des § 4 Nr. 14 UStG nur dann 659
Anwendung, wenn die Leistung im Verhältnis zu einem Dritten steuerfrei
wäre, z. B. Heilbehandlung eines Familienangehörigen. Handelt es sich bei
dem Eigenverbrauch um einen Vorgang, der im Verhältnis zu einem Dritten
als Hilfsgeschäft anzusehen wäre, z. B. wenn ein Arzt seinen beruflich
genutzten Pkw zu Privatfahrten verwendet, so kommt es ab 1. 1. 80 in der
Regel ebenfalls zu einer Umsatzsteuerbefreiung nach § 4 Nr. 28 UStG. Vgl.
hierzu Rdnrn. 731 ff.

b) Umsatzsteuerbefreiung des Zahnarztes

aa) Tätigkeit als Zahnarzt

Den Zahnärzten ist nach den Vorschriften des Gesetzes über die Ausübung 660
der Zahnheilkunde v. 31. 3. 52 (BGBl I 221) die dauernde Ausübung der
Zahnheilkunde gestattet. **Zahnheilkunde** ist die berufsmäßige auf zahnärzt-

lichen, wissenschaftlichen Erkenntnissen gegründete Feststellung und Behandlung von Zahn-, Mund- und Kieferkrankheiten (vgl. § 1 Abs. 2 Gesetz über die Ausübung der Zahnheilkunde). Als Krankheit in diesem Sinne ist jede von der Norm abweichende Erscheinung im Bereich der Zähne, des Mundes und der Kiefer anzusehen, einschließlich der Anomalien der Zahnstellung und des Fehlens von Zähnen (§ 1 Abs. 2 Satz 2 a. a. O.). Nicht alle Leistungen in diesem Zusammenhang sind jedoch von der Umsatzsteuer befreit. Insbesondere bei der **Prothetiklieferung entfällt** bei Vorliegen bestimmter Voraussetzungen die **Umsatzsteuerbefreiung** (vgl. Rdnrn. 668 ff.).

661   Zu den Zahnärzten rechnen auch die **Dentisten.** Sie üben die Zahnheilkunde aufgrund fachlicher Vorbildung, jedoch ohne abgeschlossenes Hochschulstudium aus.

662   Den Zahnärzten sind auch solche Personen zuzurechnen, die, ohne als Dentist staatlich anerkannt zu sein, nach § 19 des Zahnheilkundegesetzes die **Zahnheilkunde** weiter ausüben dürfen (vgl. hierzu auch das Gesetz v. 27. 4. 70, BGBl I 415).

663   **Steuerfrei** sind u. a. nach § 4 Nr. 14 UStG die **Umsätze aus der Tätigkeit als Zahnarzt** oder aus einer ähnlichen heilberuflichen Tätigkeit i. S. des § 18 Abs. 1 Nr. 1 EStG.

664   Zu den **Umsätzen als Zahnarzt** gehören insbesondere die im Gebührenverzeichnis für Zahnärzte (BGBl 65 I 125) aufgeführten Leistungen, also z. B. auch Leistungen, für die **Wegepauschalen, Wegegeld, Reiseentschädigungen, Verweilgebühr** zu entrichten sind, der **Krankentransport, Vertretung** von Kollegen, heilberufliche **Gutachten,** die üblichen entgeltlichen Verabreichungen von **Arzneimitteln, Verbandstoffen** und **Materialien,** von **Instrumenten,** Gegenständen und Stoffen, die der Kranke zur weiteren Verwendung behält oder die mit einer einmaligen Verwendung verbraucht sind.

665   Der Wortlaut der Vorschrift „. . . aus der Tätigkeit als . . ." schließt die Anwendung der Befreiung auf **Hilfsgeschäfte** aus. Der Verkauf eines freiberuflich genutzten Pkw ist daher nicht nach § 4 Nr. 14 UStG steuerfrei, wohl aber nach § 4 Nr. 28 UStG (vgl. Rdnrn. 731 ff.).

666   Wegen des **persönlichen Umfangs** der Umsatzsteuerbefreiung nach § 4 Nr. 14 Satz 1 UStG vgl. Rdnrn. 654 ff. und wegen des **sachlichen Umfangs** der Umsatzsteuerbefreiung nach § 4 Nr. 14 Satz 1 UStG vgl. Rdnrn. 657 ff.

667   Von der **Steuerfreiheit** sind nach § 4 Nr. 14 Satz 4 b UStG **ausgenommen** die Lieferung oder Wiederherstellung von **Zahnprothesen** sowie von **kieferortho-**

pädischen Apparaten (Nr. 90.19 A I und aus Nr. 90. 19 C ZT), soweit sie der Zahnarzt in seiner Praxis hergestellt oder wiederhergestellt hat. Diese Umsätze sind mit 7 v. H. nach § 12 Abs. 2 Nr. 6 UStG steuerpfichtig (vgl. Rdnrn. 681 ff.)

bb) Prothetikumsätze des Zahnarztes

(a) Allgemeines

Nach der ab 1. 1. 80 geltenden Fassung des § 4 Nr. 14 Satz 4 b UStG sind die Lieferung oder Wiederherstellung von Zahnprothesen und kieferorthopädischen Apparaten von der **Steuerbefreiung** nach § 4 Nr. 14 Satz 1 UStG ausgeschlossen, soweit sie in der Praxis des Zahnarztes hergestellt oder wiederhergestellt werden. Dabei ist es unerheblich, ob die Arbeiten vom Zahnarzt selbst oder von angestellten Personen durchgeführt werden. Es kommt ferner nicht darauf an, ob es sich bei den angestellten Personen um **Zahntechniker** im engeren Sinne handelt (Peter/Burhoff, a. a. O., § 4 Nr. 14 Rdnr. 38; Abschn. 89 Abs. 2 UStR).

668

(b) Verwendete kieferorthopädische Apparate verbleiben im Eigentum des behandelnden Zahnarztes

Bei einer kieferorthopädischen Behandlung werden die **Verträge** meist so gestaltet, daß die verwendeten kieferorthopädischen Apparate, z. B. Klammern, im Eigentum des behandelnden Zahnarztes bleiben. Soweit danach **keine** kieferorthopädischen **Apparate** „geliefert" werden, bleibt die kieferorthopädische Behandlung in vollem Umfang **steuerfrei**, auch wenn die Apparate in praxiseigenen Laboratorien durch angestellte Zahntechniker hergestellt worden sind. (Abschn. 89 Abs. 8 UStR). Es kommt also in diesen Fällen auf die **Vereinbarungen** an, die **zwischen Zahnarzt und Patient** getroffen worden sind.

669

(c) Abgrenzung der Entgelte für die Lieferung oder Wiederherstellung der Zahnprothesen von den steuerfreien zahnärztlichen Leistungen

Nach der Gebührenordnung sind die Zahnärzte berechtigt, **Materialpauschalbeträge** gesondert zu berechnen für

670

- Abformmaterial zur Herstellung von Kieferabdrucken,
- Hülsen zum Schutz beschliffener Zähne für die Zeit von der Präparierung der Zähne bis zur Lieferung der Kronen,
- provisorische Kronen,

• Material für direkte Unterfütterungen von Prothesen, um diese dem Kiefer wieder anzupassen,

• Versandkosten für die Übersendung von Abdrücken usw. an das zahntechnische Labor.

671 Diese Beträge sind als Entgelt für die **umsatzsteuerfreie** zahnärztliche Tätigkeit zu beurteilen (Abschn. 89 Abs. 5 UStR).

672 **Nicht umsatzsteuerfrei** sind aber die Lieferung von im eigenen Labor individuell hergestellten provisorischen Kronen und im eigenen Labor durchgeführte indirekte Unterfütterungen von Zahnprothesen.

673 Vielfach lassen Zahnärzte **Prothesen außerhalb** ihrer **Praxis fertigen,** nachdem sie vorbereitende zahntechnische Arbeiten im eigenen Labor ausgeführt haben. Es kann sich dabei insbesondere um folgende Arbeiten handeln:

• Herstellung von Modellen für Zahnprothesen,

• Herstellung von Bißschablonen,

• Herstellung individueller Abdrucklöffel,

• Herstellung individuell angepaßter Biß-Platten zur Feststellung der Bißhöhe.

674 Hat der Zahnarzt diese Leistungen in seiner Praxis erbracht, so besteht insoweit auch dann **Umsatzsteuerpflicht,** wenn die übrigen Herstellungsarbeiten von anderen Unternehmern durchgeführt werden (Abschn. 89 Abs. 3 UStR).

(d) Materialbeistellung zur Prothesenherstellung außerhalb der Praxis

675 Lassen Zahnärzte **Prothesen** außerhalb ihrer Praxis fertigen, stellen sie aber **Material,** z. B. Gold und Zähne, bei, so ist die **Beistellung** einer Herstellung gleichzusetzen. Die Lieferung der Prothesen durch den Zahnarzt ist daher hinsichtlich des beigestellten Materials **steuerpflichtig** (Abschn. 89 Abs. 4 UStR).

(e) Prothetikherstellung teils durch selbständige Zahntechniker, teils in eigener Praxis

676 Wird der Zahnersatz teils durch einen selbständigen Zahntechniker, teils in der Praxis des Zahnarztes hergestellt, so ist der Zahnarzt nur mit dem **auf** seine **Praxis entfallenden Leistungsanteil steuerpflichtig.** Bei der **Ermittlung** des steuerpflichtigen **Leistungsanteils** sind deshalb die Beträge nicht zu

berücksichtigen, die der Zahnarzt an den selbständigen Zahntechniker zu zahlen hat (Abschn. 89 Abs. 7 UStR). Der **Nachweis der steuerfreien und der steuerpflichtigen Leistungsanteile** kann in diesen Fällen entweder durch die Abrechnung mit den Trägern der gesetzlichen Krankenversicherung, die auf den zwischen diesen und den kassenzahnärztlichen Vereinigungen getroffenen Vereinbarungen beruhen, oder durch eine entsprechende Aufteilung in der Rechnung, ggf. mit Hilfe entsprechender Eigenbelege geführt werden (Peter/Burhoff, a. a. O., § 4 Nr. 14 Rdnr. 39).

(f) Vorsteuerabzug und Aufteilung der Vorsteuerbeträge

Stellt ein Zahnarzt, der ein eigenes zahntechnisches Labor unterhält, zur Aus- 677 führung zahntechnischer Arbeiten außerhalb seiner Praxis Material bei, so ist die **Vorsteuer aus Materialeinkäufen** nur insoweit abziehbar, als das Material im eigenen Labor verwendet oder steuerpflichtig weitergeliefert wird.

Soweit ein Zahnarzt **Prothesen ohne Materialbeistellung** teilweise von frem- 678 den selbständigen Zahntechnikern anfertigen läßt **(Halbprothesen)** und sie anschließend im eigenen Labor fertigstellt, ist zu beachten, daß der Zahnarzt nur bezüglich seines eigenen Herstellungsanteils umsatzsteuerpflichtig ist. In diesen Fällen ist besonders darauf zu achten, daß bezüglich der erworbenen Halbprothese ein Vorsteuerabzug beim Zahnarzt ausscheidet, da dieser Leistungsanteil steuerfrei an den Patienten weitergegeben wird.

Bei der **Aufteilung der Vorsteuerbeträge** gemäß § 15 Abs. 4 und 5 UStG sind 679 die gesamten anfallenden Vorsteuerbeträge eines Zahnarztes grundsätzlich in drei Gruppen aufzuteilen:

(1) Vorsteuerbeträge, die ausschließlich mit steuerfreien Umsätzen zusammenhängen, z. B. bezogene Halb- und Fertigprothesen,

(2) Vorsteuerbeträge, die ausschließlich mit steuerpflichtigen Umsätzen zusammenhängen, z. B. Material für selbst hergestellte Prothesen,

(3) Vorsteuerbeträge, die sowohl mit steuerfreien als auch mit steuerpflichtigen Umsätzen zusammenhängen, z. B. Labormaterial, das teils zur Prothetikherstellung und teils im Rahmen der ärztlichen Tätigkeit verwendet wird.

Im Fall (1) scheidet ein Vorsteuerabzug insgesamt aus, während im Fall (2) die Vorsteuern in vollem Umfang abzugsfähig sind. Bei den Vorsteuern im Fall (3) hingegen sind diese im Wege einer sachgerechten Schätzung oder nach dem Verhältnis der steuerfreien und der steuerpflichtigen Umsätze

aufzuteilen. Bei einer **Aufteilung nach dem Umsatzschlüssel** ist nach BFH
v. 14. 2. 80 (BStBl II 533) zu beachten, daß jeweils nur die Netto-Umsätze
zur Ermittlung des maßgeblichen Vomhundertsatzes maßgebend sind.

680   Führt ein Zahnarzt, der ein eigenes zahntechnisches Labor unterhält, mit der
Lieferung oder Wiederherstellung von Zahnprothesen und kieferorthopädischen Apparaten **nach** dem **1. 1. 80 steuerpflichtige Umsätze** aus, die **zuvor
umsatzsteuerfrei** waren, so ist er zum Vorsteuerabzug für die vor dem 1. 1.
80 getätigten Materialeinkäufe insoweit berechtigt, als er das Material für die
Bewirkung steuerpflichtiger Umsätze verwendet. Dabei ist davon auszugehen, daß etwa vorhandene Warenvorräte aus dem zuletzt eingekauften Material stammen. Der Vorsteuerabzug ist in dem Festsetzungszeitraum zu
berücksichtigen, in dem die Voraussetzungen (Ausführung der Lieferung und
Zugang der Rechnung) erfüllt waren.

cc) Ermäßigter Steuersatz

681   Gemäß § 12 Abs. 2 Nr. 6 UStG in der ab 1. 1. 82 geltenden Fassung **ermäßigt**
sich die **USt** auf 7 v. H. für die **Leistung** und den **Eigenverbrauch** aus der
Tätigkeit als **Zahntechniker** sowie für die in § 4 Nr. 14 Satz 4 b UStG bezeichneten **Leistungen der Zahnärzte.** Diese Leistungen sind von der Steuerbefreiung nach § 4 Nr. 14 UStG ausgeschlossen.

682   Bei den **Zahntechnikern** ist der ermäßigte Steuersatz auf alle Umsätze aus
ihrer Tätigkeit als Zahntechniker einschließlich des Eigenverbrauchs anzuwenden. Es ist **nicht** erforderlich, daß der Zahntechniker als **Einzelunternehmer** tätig wird. Begünstigt sind auch Leistungen zahntechnischer Labors, die
in der Rechtsform einer **Gesellschaft,** z. B. offene Handelsgesellschaft, Kom-
manditgesellschaft oder Gesellschaft mit beschränkter Haftung, betrieben
werden (Abschn. 165 Abs. 1 UStR).

683   Bei den **Zahnärzten** umfaßt die Steuerermäßigung die Leistungen, die nach
§ 4 Nr. 14 Satz 4 b UStG von der Steuerbefreiung ausgeschlossen sind, demnach also die Lieferung oder Wiederherstellung von Zahnprothesen und kieferorthopädischen Apparaten (Nr. 90.19 A I und aus Nr. 90.19 C ZT), soweit
sie der Zahnarzt in seiner Praxis hergestellt oder wiederhergestellt hat. Dabei
ist es unerheblich, ob die Arbeiten vom Zahnarzt selbst oder von angestellten
Personen ausgeführt werden (Abschn. 165 Abs. 2 UStR). Der entsprechende
Eigenverbrauch des Zahnarztes ist nach § 4 Nr. 14 UStG steuerfrei. Zur
Abgrenzung der steuerfreien Umsätze von den dem ermäßigten Steuersatz
unterliegenden Prothetikumsätzen vgl. Rdnrn. 663 ff.

Dentisten stehen den Zahnärzten gleich; sie werden deshalb in § 12 Abs. 2   **684**
Nr. 6 UStG nicht besonders genannt.

Hilfsgeschäfte, wie z. B. der Verkauf von Anlagegegenständen, unterliegen   **685**
nicht dem ermäßigten Steuersatz (BFH v. 28. 10. 71, BStBl 72 II 102).

dd) Steuerbefreiung des Erben eines Zahnarztes für Prothetikumsätze

Beispiel: **686**

Die Erben eines 1985 verstorbenen Zahnarztes führen dessen Praxis mit Hilfe eines
angestellten Zahnarztes weiter. Zu den Leistungen der zahnärztlichen Praxis gehör-
ten und gehören weiterhin u. a. die Lieferung und Wiederherstellung selbst hergestellter Zahnprothesen und kieferorthopädischer Apparate. Fraglich ist, ob die
Erbengemeinschaft für die Prothetikumsätze die Steuerbefreiung gemäß § 4 Nr. 16 c
UStG beanspruchen kann.

In dem Beispiel können die **Erben** des Zahnarztes für die Umsätze aus der
von ihnen fortgeführten Zahnarztpraxis grundsätzlich die **Steuerbefreiung**
gemäß **§ 4 Nr. 16 c UStG** beanspruchen. Allerdings muß im Rahmen der
Steuerbefreiung nach § 4 Nr. 16 c UStG die **Einschränkung** des § 4 Nr. 14 Satz 4 b
UStG (vgl. Rdnr. 668) ebenfalls berücksichtigt werden. Die Erben des Zahnarztes können damit die Steuerbefreiung nur in dem Umfang beanspruchen,
den der Erblasser selbst hätte beanspruchen können. Dies bedeutet, daß auch
die Erben die Lieferung und Wiederherstellung selbst hergestellter Zahnprothesen und kieferorthopädischer Apparate versteuern müssen (vgl. Rdnr.
660 ff.); OFD Koblenz v. 15. 11. 85, UR 86, 269; Abschn. 92 Satz 3 UStR).

c) Umsatzsteuer der Tierärzte

aa) Tierarzt

Tierarzt ist die Berufsbezeichnung für Tiermediziner nach Erteilung der   **687**
Approbation. Die Tätigkeit des praktizierenden Tierarztes erstreckt sich auf die
Vorbeuge, Feststellung und Behandlung von Krankheiten bei Tieren, Beratung
des Tierbesitzers in Fragen der Tierernährung, der Hygiene und der Zucht
usw. Dieses Tätigkeitsfeld grenzt sich eindeutig von dem des unter die Umsatzsteuerbefreiung nach § 4 Nr. 14 UStG fallenden Humanmediziners ab.

Der Tierarzt ist umsatzsteuerlich **selbständig,** auch wenn er **nebenberuflich**   **688**
die **amtliche Fleischbeschau** ausübt (BFH v. 17. 2. 59, BStBl 60 III 39), **nicht**
jedoch bei **Eingliederung** in den Organismus des gemeindlichen **Schlachthofs**
(BFH v. 17. 2. 66, BStBl III 443).

bb) Keine Umsatzsteuerbefreiung

689   Umsätze eines **Tierarztes** und von **Tierarztgemeinschaften** sowie die Umsätze von **Arzneimitteln** (Ausnahme vgl. Rdnr. 690) sind **nicht** nach § 4 Nr. 14 UStG von der USt **befreit**. Sie unterliegen dem allgemeinen Steuersatz gemäß § 12 Abs. 1 UStG von 14 v. H. Es kann jedoch bei Vorliegen bestimmter Voraussetzungen der ermäßigte Steuersatz nach § 12 Abs. 2 Nr. 1 und Nr. 4 a UStG in Betracht kommen (vgl. Rdnrn. 690 ff.).

cc) Ermäßigter Steuersatz für Fütterungsarzneimittel und zubereitetes Futter

690   Mit dem ermäßigten Steuersatz von 7 v. H. gemäß § 12 Abs. 2 Nr. 1 UStG sind zu besteuern:

- die Lieferungen, der Eigenverbrauch und die Einfuhr von **Fütterungsarzneimitteln,** die den Vorschriften des § 56 Abs. 4 des Arzneimittelgesetzes entsprechen (§ 12 Abs. 2 Nr. 1 UStG i. V. m. Nr. 38 der Anlage),

- die Lieferungen, der Eigenverbrauch und die Einfuhr von **zubereitetem Futter.** Hierzu gehören auch Zubereitungen der zur Fütterung verwendeten Art (sog. Vormischungen), die aus mehreren Mineralstoffen bestehen (§ 12 Abs. 2 Nr. 1 i. V. m. Nr. 32 der Anlage).

dd) Ermäßigter Steuersatz für Tier-Seuchenbekämpfung und künstliche Tierbesamung

691   Mit dem ermäßigten Steuersatz von 7 v. H. gemäß § 12 Abs. 2 Nr. 4 a UStG sind zu besteuern:

692   - Entgelte für **prophylaktische und therapeutische Maßnahmen** nach **tierseuchenrechtlichen Vorschriften** bei Zuchttieren – z. B. die staatlich vorgeschriebenen Reihenuntersuchungen auf Tuberkulose, Brucellose und Leukose, die jährlichen **Impfungen** gegen Maul- und Klauenseuche oder die Behandlung gegen Dassellarven – sowie die Entgelte für die Ausstellung von **Gesundheitszeugnissen** bei Zuchttieren,

693   - die Leistungen eines Tierarztes, die unmittelbar der **künstlichen Tierbesamung** dienen. Begünstigt sind nur Besamungsleistungen und Tiersamenlieferungen an Tierhalter zur Besamung ihrer Tiere. Zu den begünstigten Leistungen gehören **alle Nebenleistungen.**

6. Umsätze eines von einem Arzt betriebenen privaten Krankenhauses, einer Diagnoseklinik und anderer Einrichtungen ärztlicher Heilbehandlung, Diagnostik oder Befunderhebung

Die Steuerbefreiung nach § 4 Nr. 14 UStG wird für die Umsätze der von Ärz- **694** ten betriebenen privaten Krankenhäuser ausgeschlossen. Diese Umsätze sind – ebenso wie die Umsätze der übrigen privaten Krankenhäuser – nur noch unter den Voraussetzungen des § 4 Nr. 16 b UStG von der Umsatzsteuer befreit.

a) Umsätze eines von einem Arzt betriebenen privaten Krankenhauses

Nach § 4 Nr. 16 b UStG sind die Umsätze eines von einem Arzt betriebenen **695** **privaten Krankenhauses** bei Vorliegen der folgenden Voraussetzungen von der **Umsatzsteuer befreit.**

Es muß sich um ein **Krankenhaus** handeln. Das ist eine Einrichtung, in der **696** durch ärztliche und pflegerische Hilfeleistung Krankheiten, Leiden oder Körperschäden festgestellt, geheilt oder gelindert werden sollen oder Geburtshilfe geleistet wird und in denen die zu versorgenden Personen untergebracht und verpflegt werden können (§ 2 Nr. 1 des Gesetzes zur wirtschaftlichen Sicherung der Krankenhäuser und zur Regelung der Krankenhauspflegesätze v. 29. 6. 72, BGBl I 1009 i. d. F. des Gesetzes v. 22. 12. 83, BGBl I 1532). Zur weiteren Begriffsbestimmung vgl. Abschn. 82 EStR.

Unter die Umsatzsteuerbefreiung fallen private Krankenhäuser, wenn sie im **697** vorangegangenen Jahr ein **Zweckbetrieb** i. S. des § 67 Abs. 1 oder 2 AO waren. Das ist der Fall

● bei einem Krankenhaus, das in den Anwendungsbereich der Bundespflegesatzverordnung fällt, wenn mindestens 40 v. H. der jährlichen Pflegetage auf Patienten entfallen, bei denen nur der allgemeine Pflegesatz (§ 3 Bundespflegesatzverordnung) oder der besondere Pflegesatz (§ 4 a. a. O.) zuzüglich gesondert berechenbarer Kosten i. S. der §§ 5 und 7 a a. O. berechnet wird (§ 67 Abs. 1 AO);

● bei einem Krankenhaus, das **nicht** in den Anwendungsbereich der Bundespflegesatzverordnung fällt, wenn mindestens 40 v. H. der jährlichen Pflegetage auf Patienten entfallen, bei denen für die Krankenhausleistungen kein höheres Entgelt als nach § 67 Abs. 1 AO berechnet wird (§ 67 Abs. 2 AO).

Wegen des **Umfangs der Steuerbefreiung** vgl. unten Rdnrn. 706 ff. **698**

b) Umsätze vom Arzt betriebener Diagnoseklinik, anderer Einrichtungen ärztlicher Heilbehandlung, Diagnostik oder Befunderhebung

699   Nach § 4 Nr. 16 c UStG sind die Umsätze einer von einem Arzt betriebenen Diagnoseklinik, anderer Einrichtungen ärztlicher Heilbehandlung, Diagnostik oder Befunderhebung bei Vorliegen der folgenden Voraussetzungen von der **Umsatzsteuer befreit.**

700   **Diagnosekliniken** und **andere Einrichtungen ärztlicher Heilbehandlung** oder **Diagnostik** sind Einrichtungen, in denen durch ärztliche Leistungen Krankheiten, Leiden oder Körperschäden festgestellt, geheilt oder gelindert werden sollen oder Geburtshilfe geleistet wird. Nicht erforderlich ist die Gewährung von Unterkunft und Verpflegung an den untersuchten und behandelten Personen. Diagnosekliniken, die die in Rdnr. 696 aufgeführten Voraussetzungen erfüllen, sind Krankenhäuser. Die Leistungen müssen im einzelnen **unter ärztlicher Aufsicht** erbracht werden. Bei Diagnosekliniken und anderen Einrichtungen ärztlicher Heilbehandlung oder Diagnostik kann in der Regel davon ausgegangen werden, daß diese Voraussetzung erfüllt ist (Abschn. 97 Abs. 2 UStR).

701   **Einrichtungen ärztlicher Befunderhebung** sind Einrichtungen, in denen durch ärztliche Leistungen der Zustand menschlicher Organe, Gewebe, Körperflüssigkeiten usw. festgestellt werden soll. Die Feststellung des Zustandes der Organe, Gewebe, Körperflüssigkeiten usw. muß nicht für diagnostische oder therapeutische Zwecke erfolgen. Sie kann auch für andere Zwecke, z. B. Blutalkoholuntersuchungen für gerichtliche Zwecke durchgeführt werden. Eine Einrichtung ärztlicher Befunderhebung liegt auch dann vor, wenn z. B. Laborleistungen von medizinisch-technischem Personal unter ärztlicher Aufsicht durchgeführt werden. **Gewerbliche Analyseunternehmer** können daher bei entsprechender Gestaltung Einrichtungen ärztlicher Befunderhebung sein (Abschn. 98 UStR).

702   **Beispiele:**

   (a) Ein **Facharzt für Laboratoriumsmedizin** ist wegen der Größe seines Laboratoriums nicht mehr freiberuflich, sondern gewerblich tätig.

   (b) Mitglieder einer Laborgemeinschaft sind neben Ärzten auch Chemiker.

   In beiden Beispielsfällen kommt nicht die Steuerbefreiung nach § 4 Nr. 14 UStG, sondern die des § 4 Nr. 16 c UStG in Betracht.

703   Die Leistungen müssen im Einzelfall **unter ärztlicher Aufsicht** erbracht werden. Der Arzt bzw. der Unternehmer hat in geeigneter Weise **nachzuweisen,** daß diese Voraussetzung erfüllt ist (Abschn. 98 Abs. 3 UStR).

Voraussetzung der Umsatzsteuerbefreiung der Diagnosekliniken und anderer 704
Einrichtungen ärztlicher Heilbehandlung, Diagnostik oder Befunderhebung
ist ferner, daß die **Leistungen** im vorangegangenen Jahr zu **mindestens 40
v. H.** den Sozialversicherten, Sozialhilfeempfängern und Versorgungsberechtigten zugute gekommen sind.

Liegt eine der in den Rdnrn. 699 ff. genannten Voraussetzungen nicht vor, 705
dann sind die Umsätze aus dem Betrieb des Krankenhauses usw. umsatzsteuerpflichtig, und zwar auch dann, wenn das Krankenhaus notwendiges Hilfsmittel für die ärztliche Tätigkeit ist und aus dem Krankenhausbetrieb kein
besonderer Gewinn erstrebt wird.

c) Die steuerbefreiten Umsätze

Steuerfrei sind die mit dem Betrieb der in § 4 Nr. 16 UStG bezeichneten Einrichtungen **eng verbundenen Umsätze,** die für diese Einrichtungen nach der 706
Verkehrsauffassung typisch sind, regelmäßig und allgemein beim laufenden
Betrieb vorkommen und damit unmittelbar oder mittelbar zusammenhängen
(BFH v. 1. 12. 77, BStBl 78 II 173). Zu den eng verbundenen Umsätzen
gehören insbesondere (Abschn. 100 UStR):

• **stationäre oder teilstationäre Aufnahme** von Patienten, deren ärztliche und 707
pflegerische Betreuung einschließlich der Lieferungen der zur Behandlung
erforderlichen **Medikamente;**

• Behandlung und Versorgung **ambulanter Patienten;** 708

• Lieferungen von **Körperersatzstücken** und **orthopädischen Hilfsmitteln,** 709
soweit sie unmittelbar mit einer Heilbehandlung durch das Krankenhaus,
durch die Diagnosekliniken usw. in Zusammenhang stehen;

• Lieferungen **zusätzlicher Getränke** an Patienten; 710

• Gewährung von **Beherbergung, Beköstigung** und sonstigen **Naturalleistun-** 711
gen an das Personal. Das gilt auch dann, wenn die Leistungen nicht Vergütungen für geleistete Dienste sind;

• Überlassung von **Fernsprechanlagen** an Patienten oder Besucher zur Mit- 712
benutzung;

• **Überlassung von Einrichtungen,** z. B. Röntgenanlage, und die **Gestellung** 713
von medizinischem **Hilfspersonal** an angestellte Ärzte für deren selbständige Tätigkeit;

714 • **Lieferungen** von Gegenständen des **Anlagevermögens,** z. B. Röntgen-
       einrichtungen, Krankenfahrstühle und sonstige Einrichtungsgegenstände
       (vgl. aber auch unten Rdnr. 723);

715 • **Lieferungen** von **Gegenständen,** die im Wege der **Arbeitstherapie** herge-
       stellt worden sind, sofern kein nennenswerter Wettbewerb zu den entspre-
       chenden Unternehmen der gewerblichen Wirtschaft besteht. Ein solcher
       Wettbewerb ist anzunehmen, wenn für den Absatz der im Wege der
       Arbeitstherapie hergestellten Gegenstände geworben wird;

716 • Abgabe von ärztlichen **Gutachten;**

717 • **Gestellung von Ärzten** und von **medizinischem Hilfspersonal** durch Kran-
       kenhäuser, Diagnosekliniken usw. an andere Einrichtungen dieser Art.

718 **Keine eng verbundenen Umsätze** und daher **nicht** von der **Umsatzsteuer
       befreit** sind insbesondere:

719 • Lieferung von **Speisen** und **Getränken an Besucher;**

720 • Lieferungen von **Arzneimitteln** an **Besucher;**

721 • **Arzneimittellieferungen** einer **Krankenhausapotheke** an Krankenhäuser
       anderer Träger;

722 • Leistungen der **Zentralwäschereien.** Dies gilt sowohl für die Fälle, in denen
       ein Krankenhaus in seiner Wäscherei auch die Wäsche anderer Kranken-
       häuser reinigt, als auch für die Fälle, in denen die Wäsche mehrerer Kran-
       kenhäuser in einer verselbständigten Wäscherei gereinigt wird;

723 • **Veräußerung des gesamten beweglichen Anlagevermögens** und der Waren-
       vorräte nach Einstellung des Betriebs (BFH v. 1. 12. 77, BStBl 78 II 173).
       Es kann jedoch Umsatzsteuerbefreiung nach § 4 Nr. 28 UStG in Betracht
       kommen (vgl. hierzu Rdnrn. 731 ff.).

7. Umsatzsteuerbefreiung der ehrenamtlichen Tätigkeit

724 Umsatzsteuerfrei sind nach § 4 Nr. 26 UStG die Entgelte für die ehrenamt-
       liche Tätigkeit,

       • wenn die ehrenamtliche Tätigkeit für **juristische Personen des öffentlichen
         Rechts** ausgeübt wird oder

       • wenn das Entgelt für die ehrenamtliche Tätigkeit nur in **Auslagenersatz**
         und einer angemessenen Entschädigung für **Zeitversäumnis** besteht.

Unter einer **ehrenamtlichen Tätigkeit für eine juristische Person des öffentli-** 725
chen Rechts ist die Ausübung eines Amts im öffentlich-rechtlichen Bereich
ohne Berufung in ein abhängiges Arbeitnehmerverhältnis lediglich gegen eine
Aufwandsentschädigung zu verstehen. Auf die Höhe der Aufwandsentschädigung kommt es nicht an.

Beispiel:

Unter juristische Personen des öffentlichen Rechts fallen z. B. die Kassenärztlichen
Vereinigungen und die Ärztekammern der Länder, nicht jedoch die Bundesärztekammer.

Wird die ehrenamtliche Tätigkeit für Institutionen ausgeübt, die **keine** juristi- 726
sche Personen des öffentlichen Rechts sind, so tritt Umsatzsteuerbefreiung
nur ein, wenn das Entgelt für dieses Ehrenamt in Auslagenersatz und in einer
angemessenen Entschädigung für Zeitversäumnis besteht. Die Tätigkeit darf
demnach nicht leistungsbezogen sein.

Auslagenersatz ist der Ersatz der Aufwendungen für Reise, Übernachtung 727
und Verpflegung in der tatsächlich entstandenen Höhe. Eine Abrechnung
dieser Aufwendungen nach **Pauschsätzen** wird für unschädlich gehalten, wenn
sie die für die ESt und LSt geltenden Pauschbeträge nicht überschreiten.

Was als angemessene **Entschädigung für Zeitversäumnis** anzusehen ist, muß 728
nach den Verhältnissen des Einzelfalles beurteilt werden. Dabei sind die
berufliche Stellung des ehrenamtlich Tätigen, insbesondere der tatsächliche
Verdienstausfall zu berücksichtigen (Abschn. 120 Abs. 3 UStR).

Geht das **Entgelt über** den **Auslagenersatz** und die angemessene Zeit- 729
verlustentschädigung hinaus, so besteht für die ehrenamtliche Tätigkeit
Steuerpflicht in vollem Umfang, also nicht nur für den übersteigenden Ent-
geltteil.

Beispiele: 730

(a) Ein Arzt ist ehrenamtlich für die Deutsche Krebshilfe tätig. Er erhält Auslagenersatz und Zeitverlustentschädigung von 1 000 DM jährlich, die angemessen sein sollen. Der Betrag ist umsatzsteuerfrei.

(b) Ein Arzt ist für einen Behindertenverein ehrenamtlich tätig. Er erhält Auslagenersatz und Zeitverlustentschädigung von 1 000 DM jährlich. Es sind aber
nur 800 DM angemessen. Der Betrag von 1 000 DM unterliegt voll der Umsatzsteuer.

8. Umsatzsteuerbefreiung für Lieferungen, Entnahme und unternehmensfremde Verwendung bestimmter Gegenstände

731   § 4 Nr. 28 UStG enthält eine Umsatzsteuerbefreiung für **Hilfsgeschäfte**, **Eigenverbrauch** und **unternehmensfremde Verwendung** von **Gegenständen**, die aus einem nach § 4 Nr. 7 bis 27 UStG **steuerbefreiten Tätigkeitsbereich** stammen oder bereits der Eigenverbrauchsbesteuerung unterlegen haben. Derartige steuerbefreite Tätigkeitsbereiche können bei Angehörigen der Heilberufe, Krankenhäusern usw. vorliegen.

732   Die Befreiungsvorschrift erstreckt sich im einzelnen auf folgende Tatbestände:

733   • **Lieferung und Entnahme von Gegenständen,** die der Arzt ausschließlich für nach § 4 Nr. 7 bis 27 UStG oder nach § 4 Nr. 28 b UStG steuerfreie Tätigkeiten verwendet hat (§ 4 Nr. 28 a UStG).

Beispiele:

(a) Ein Krankenhaus oder ein Arzt verkauft ein gebrauchtes Röntgengerät. Das Röntgengerät ist vor dem Verkauf ausschließlich für eine nach § 4 Nr. 14 bzw. 16 UStG steuerbefreite Tätigkeit verwendet worden. Der Umsatz ist nach § 4 Nr. 28 a UStG von der Umsatzsteuer befreit.

(b) Ein Arzt schenkt seiner Tochter den vorher beruflich, genutzten Pkw. Es handelt sich um einen Eigenverbrauch eines für einen nach § 4 Nr. 14 UStG für eine steuerbefreite Tätigkeit verwendeten Gegenstandes. Der Vorgang ist nach § 4 Nr. 28 a UStG von der Umsatzsteuer befreit.

734   Die Steuerbefreiung des § 4 Nr. 28 a UStG kann auch in den Fällen in Anspruch genommen werden, in denen der Arzt usw. die Gegenstände in geringfügigem Umfang – **höchstens 5 v. H.** – für Tätigkeiten verwendet hat, die nicht nach § 4 Nr. 7 bis 27 UStG und auch nicht nach § 4 Nr. 28 b UStG befreit sind. Voraussetzung hierfür ist jedoch, daß der Arzt für diese Gegenstände darauf **verzichtet,** einen **anteiligen Vorsteuerabzug vorzunehmen** (Abschn. 122 Abs. 3 UStR).

735   • **Unternehmensfremde Verwendung von Gegenständen,** die der Arzt innerhalb der Praxis usw. ausschließlich für nach § 4 Nr. 7 bis 27 UStG steuerfreie Tätigkeiten verwendet hat (§ 4 Nr. 28 b UStG).

Beispiel:

Ein Arzt nutzt den für berufliche Zwecke verwendeten Pkw auch privat. Es handelt sich um einen Eigenverbrauch durch Verwendung des Pkw, der innerhalb der Praxis ausschließlich für eine nach § 4 Nr. 14 UStG steuerfreie Tätigkeit verwendet wurde. Der Vorgang ist nach § 4 Nr. 28 b UStG von der Umsatzsteuer befreit.

Die Ausführungen in Rdnr. 734 gelten entsprechend.

Nach Ansicht der Finanzverwaltung gehörte der **Praxiswert** einer Arztpraxis   736
nicht zu den Gegenständen i. S. des § 4 Nr. 28 UStG. Für die Veräußerung
des Praxiswerts kam daher nach Abschn. 122 Abs. 2 UStR die Steuerbefreiung nicht in Betracht. Gegen diese Auffassung wurden im Schrifttum Bedenken geltend gemacht. So hält Korn (a. a. O., S. 512) es für bedenklich, da
sich die Versagung der Steuerbefreiung weder aus dem Gesetzeswortlaut
ergebe noch dessen Zweck entspreche, Steuerkumulierungen bei steuerbefreiten Umsätzen zu vermeiden. Nach BFH v. 21. 12. 88 (BStBl 89 II 430)
kann entgegen der Auffassung der Finanzverwaltung die Überlassung eines
Praxiswerts eine nach § 4 Nr. 28 a UStG steuerfreie Lieferung eines Gegenstandes sein. Voraussetzung sei, daß der Unternehmer die gelieferten oder
entnommenen Gegenstände ausschließlich für eine nach den Nrn. 7 bis 27
(oder nach Buchstabe b) steuerfreie Tätigkeit verwendet hat. In diesem
Zusammenhang weist die OFD Hannover (Vfg. v. 30. 9. 87; UR 88, 97) darauf hin, daß für die Übertragung eines Praxiswerts einer **Zahnarztpraxis mit
eigenem Prothetiklabor** eine Steuerbefreiung nach § 4 Nr. 28 a UStG nur
dann in Betracht kommen kann, wenn der Praxiswert ausschließlich im
steuerfreien Praxisbereich des Zahnarztes entstanden ist, also zu mehr als 95
v. H. auf die reine zahnärztliche Tätigkeit entfällt.

9. Vorsteuerabzug

a) Errichtung eines Praxisgebäudes auf Arzt-Eheleuten gemeinsam gehörendem Grundstück

Wie in Rdnr. 541 ausgeführt, ist der Arzt, der selbständig seine Praxis ausübt,   737
umsatzsteuerlich Unternehmer i. S. des § 2 UStG. Gehört den Arzt-Eheleu-
ten gemeinsam ein Grundstück, dann kann auch die zwischen ihnen bestehende Grundstücksgemeinschaft umsatzsteuerlich Unternehmer sein. Sie wird
durch die Errichtung von Bauwerken tätig. Darunter sind Gebäude, Gebäu-
deteile und Baumaßnahmen wie Um-, Aus- oder Einbauten an einem bestehenden Gebäude zu verstehen.

Beispiel:
Die Grundstücksgemeinschaft Dr. Anton Müller/Maria Müller errichtet ein Praxisgebäude, das sie an Dr. Anton Müller vermietet.

Die **Vermietung** und Verpachtung ist umsatzsteuerlich eine **sonstige Leistung**   738
im Sinne des Umsatzsteuerrechts, die nach § 4 Nr. 12 a UStG von der
Umsatzsteuer **befreit** ist. Auf diese Umsatzsteuer-Befreiung kann nach § 9

UStG bei Vermietung an einen anderen Unternehmer für dessen Unternehmen **verzichtet** werden. Dieser Verzicht ist aber nur möglich, wenn gleichzeitig für die **Regelbesteuerung optiert** wird, d. h. auf die Anwendung der Besteuerung als sog. Kleinunternehmer verzichtet wird. An die Option zur Regelbesteuerung ist man mindestens fünf Jahre gebunden (§ 19 Abs. 2 UStG; Rdnr. 754).

739   Aus dieser Handhabung können sich umsatzsteuerliche Vorteile ergeben, wobei allerdings das Vorliegen bürgerlich-rechtlich **eindeutiger** Vertragsgestaltungen Voraussetzung ist.

740   (aa) Die Grundstücksgemeinschaft der Eheleute muß nach außen als Bauherr auftreten. Sie muß die diesbezüglichen **Bauaufträge** an die Baufirmen und Bauhandwerker zur Erstellung eines Praxisgebäudes oder von Praxisräumen erteilen.

Beispiel:

An
Hoch- und Tiefbau
5000 Köln 1

Wir, die Grundstücksgemeinschaft Dr. Anton Müller/Maria Müller, erteilen Ihnen den Auftrag zur Erstellung der Maurer- und Betonarbeiten an dem in . . . belegenen Grundstück.

gez. Dr. Anton Müller   Maria Müller

741   Die **Rechnungen** der Baufirmen und Bauhandwerker müssen auf den Namen der Ehegatten-Grundstücksgemeinschaft ausgestellt werden.

Beispiel:

Rechnung der Firma Hoch- und Tiefbau

An
Grundstücksgemeinschaft
Dr. Anton Müller/Maria Müller
5000 Köln 1

Für die Erstellung der Maurer- und Betonarbeiten an Ihrem in . . . belegenen Grundstück rechnen wir wie folgt ab: . . .

742   Die der Ehegatten-Grundstücksgemeinschaft von den Baufirmen und Bauhandwerkern **in Rechnung gestellte Umsatzsteuer** ist in der von ihr an das Finanzamt abzugebenden Umsatzsteuererklärung als **Vorsteuer** zu erfassen und geltend zu machen. Damit ist gleichzeitig der formlose Verzicht auf die Steuerbefreiung des § 9 UStG sowie die Option zur Regelbesteuerung nach § 19 Abs. 2 UStG erklärt.

(bb) Bei Fertigstellung des Praxisgebäudes oder der Praxisräume ist zwischen   743
der Ehegatten-Grundstücksgemeinschaft und dem Arzt-Ehegatten als Praxisinhaber ein **Mietvertrag** über das Gebäude oder die Räume abzuschließen.

Beispiel:

Mietvertrag zwischen der Grundstücksgemeinschaft Dr. Anton Müller/Maria Müller
und Dr. med. Anton Müller über das in . . . belegene Gebäude:

Durch Abschluß dieses Mietvertrages wird die Voraussetzung des § 9 UStG
erfüllt, daß die Vermietung der Ehegatten-Grundstücksgemeinschaft an einen
anderen Unternehmer – nämlich den Arzt – für dessen Unternehmen – nämlich dessen Praxis – erfolgt.

Die hier geschilderte rechtliche Gestaltung ist im allgemeinen wirtschaftlich   744
sinnvoll. In jedem Einzelfall sollte jedoch eine individuelle Berechnung unter
Berücksichtigung der speziellen Faktoren durchgeführt werden.

Die in den Rdnrn. 738 ff. dargestellten Grundsätze gelten auch für den Fall,   745
daß ein als Arzt beruflich tätiger Ehegatte auf einem **Grundstück,** das **nur im
Eigentum des anderen Ehegatten** steht, ein Bauwerk errichtet.

Haben die **Ehegatten keine Vereinbarungen** getroffen, die die Rechtsbezie-   746
hungen hinsichtlich der Nutzung des Bodens und des Gebäudes zivilrechtlich
eindeutig klarstellen, ist auf die mutmaßlichen Vorstellungen der Ehegatten
abzustellen, wie sie in den tatsächlichen Verhältnissen zum Ausdruck kommen (vgl. hierzu BMF v. 23. 7. 86, UR S. 239).

Auf jeden Fall sollte bei Errichtung von Praxisräumen auf dem nur der **Ehe-**   747
frau des Arztes gehörenden Grundstück ein **Mißbrauch von Gestaltungsmöglichkeiten** i. S. des § 42 AO vermieden werden. Ein derartiger Gestaltungsmißbrauch liegt z. B. in der (durch Option steuerpflichtigen) Vermietung von
Praxisräumen an den (steuerfreie Anschlußumsätze ausführenden) Ehemann
vor, wenn aus steuerlichen Gründen das für die Errichtung der Praxisräume
bestimmte Grundstück nicht vom Ehemann erworben worden ist, dieser aber
die gesamten Gebäudeherstellungskosten aus einem von ihm aufgenommenen
und mit seinem Vermögen abgesicherten Darlehen finanziert hat, die Darlehenszinsen von ihm getragen werden, das Darlehen aus seinem Vermögen
(Lebensversicherung) zurückgezahlt werden soll und er (nach dem Mietvertrag) auch alle laufenden mit dem Gebäude zusammenhängenden Kosten zu
tragen hat (FG Münster v. 20. 3. 85, Rev. eingelegt, EFG S. 637). Unter
wirtschaftlichen Gesichtspunkten halten wir es in Übereinstimmung mit dem
FG für abwegig, daß der Arzt in einem solchen Fall durch eine dritte Person

– seine Ehefrau – die Räume anschaffen bzw. erstellen läßt, die Anschaf-
fungs-/Herstellungkosten dafür trägt und dann von der Ehefrau die Räume
anmietet, er also zu den von ihm getragenen Anschaffungs-/Herstellungsko-
sten noch eine Miete für die Benutzung der Räume zahlt und sich dazu noch
bei der von ihm erwarteten steuerlichen Anerkennung des Mietverhältnisses
der Möglichkeit begibt, selbst Absetzungen für Abnutzung geltend zu
machen. „Wirtschaftlich vernünftiges Handeln wird damit auf den Kopf
gestellt." So das FG Münster. Dieselbe Auffassung wird auch vom FG Nürnberg (U. v. 15. 12. 87, EFG 88, 444) vertreten. Erwirbt die Arzt-Ehefrau die
zur Praxisführung erforderlichen Räume und vermietet sie die Räume an
ihren Arzt-Ehemann, so liegt nach FG Nürnberg ein Gestaltungsmißbrauch
i. S. des § 42 AO vor, wenn der Ehemann die Anschaffung über die Mietzah-
lungen im wesentlichen selbst finanziert, für eine eventuelle Kostenunterdek-
kung selbst einzustehen hat und wirtschaftliche oder sonstige außersteuerliche
Gründe diese Gestaltung nicht rechtfertigen.

748   In der **Finanzverwaltung** ist die **Auffassung** zur Frage des Gestaltungsmiß-
brauchs **nicht einheitlich.** So wird in Baden-Württemberg eine Grundstücks-
vermietung zwischen Ehegatten oder nahestehenden Personen anerkannt,
wenn sich der Mieter an der Finanzierung beteiligt. Der Ehepartner wird
durch eine solche Gestaltung wirtschaftlich für die Zukunft abgesichert. Darüber hinaus wird es ihm ermöglicht, eigenes Vermögen zu bilden. Die Vermietung durch den Ehegatten gibt dem Arzt-Ehegatten eine gewisse Stabili-
tät, da ihm der Mietgegenstand anders als bei Fremdvermietung nicht ohne
weiteres entzogen werden kann. Auch der Mietvertrag zwischen den Ehegatten wird nach Ablauf in der Regel verlängert. Die Vermieter-Ehefrau ist wirtschaftlich nicht völlig von der Zahlungsfähigkeit des Arzt-Ehegatten abhängig, sondern nur teilweise. Denn z. B. kann eine niedrige Gehaltszahlung an
die Arzt-Ehefrau, die in der Praxis tätig ist, angemessen erhöht werden.
Auch eine Mieterhöhung kann unter Umständen in Betracht kommen.

b) Vermietung von von Arzt-Ehefrau angeschafften Praxiseinrichtungen und Geräten an Arzt-Ehemann

749   Ob ein Gestaltungsmißbrauch i. S. des § 42 AO vorliegt, wenn die Arzt-Ehefrau ein **selbst erworbenes und finanziertes Lasergerät** an ihren Ehemann vermietet, ist nach FG München v. 18. 8. 88 (NWB, EN-Nr. 1648/88) ernstlich
zweifelhaft. Die Leistungsbeziehungen zwischen nahen Angehörigen müssen
einem **Fremdvergleich** wie im ESt-Recht standhalten.

10. Umsatzbesteuerung der Kleinunternehmer

a) Nichterhebung der Umsatzsteuer für Umsätze von Kleinunternehmern

Ab **1. 1. 80** ist die Umsatzbesteuerung der Kleinunternehmer neu geregelt. **750**
Ein Unternehmer mit steuerpflichtigen **Umsätzen von nicht mehr als
20 000 DM im vorangegangenen Jahr** und voraussichtlich nicht mehr als
100 000 DM im laufenden Jahr – wobei Hilfsgeschäfte aus Anlageverkäufen
nicht zur Grenze gehören – braucht **keine Umsatzsteuer zu zahlen.**

Umsätze aus „der Tätigkeit als Arzt" usw. sind – wie in Rdnr. 657 ausgeführt **751**
– nach § 4 Nr. 14 UStG von der Umsatzsteuer befreit. Die Besteuerung als
Kleinunternehmer hat daher für Ärzte und Angehörige anderer Heilberufe
(vgl. Rdnrn. 619 ff.) für andere, steuerpflichtige Umsätze Bedeutung, z. B.
Umsätze aus vortragender oder schriftstellerischer Tätigkeit.

Bei der Ermittlung der beiden **Umsatzgrenzen** ist jeweils vom **Gesamtumsatz** **752**
i. S. des § 19 Abs. 4 UStG zuzüglich Umsatzsteuer auszugehen. Der Gesamtumsatz ist stets nach den vereinnahmten Bruttobeträgen zu berechnen.

Der Arzt, der seine Umsätze z. B. aus schriftstellerischer Tätigkeit als Klein- **753**
unternehmer versteuert, darf die **Umsatzsteuer** für seine diesbezüglichen
Umsätze in der Rechnung **nicht** gesondert **ausweisen.** Ein dennoch gesondert
berechneter Umsatzsteuerbetrag bzw. die Umsatzsteuer aus einer Klein-
betragsrechnung mit Steuersatzangabe wird vom Arzt nach § 14 Abs. 3 UStG
geschuldet und ist von ihm an das Finanzamt abzuführen. Ein als Kleinunternehmer besteuerter Arzt darf gesondert berechnete Umsatzsteuer für Leistungen, die er während der Anwendungsdauer des § 19 Abs. 1 UStG emp-
fangen hat, **nicht** als **Vorsteuern abziehen.** Er kann ferner von § 9 UStG –
Verzicht auf Steuerbefreiungen – keinen Gebrauch machen. Auch eine
Berichtigung des Vorsteuerabzugs nach § 15 a UStG entfällt.

b) Option des Kleinunternehmers zur Regelbesteuerung

Der Kleinunternehmer kann dem Finanzamt erklären, daß er seine Umsätze **754**
versteuern, d. h. auf die Anwendung des § 19 Abs. 1 UStG verzichten will.
Für die **Erklärung** ist keine besondere Form vorgeschrieben. Jede konklu-
dente Handlung reicht hierzu aus, z. B. Abgabe von Voranmeldungen oder
Jahressteuererklärungen mit Steuerberechnung. Die Erklärung gilt vom
Beginn des Jahres an, für das sie abgegeben wurde. Ein **Rücktritt** von der
Option vor der Unanfechtbarkeit der Steuerfestsetzung ist rückwirkend zuläs-
sig. Nach Eintritt der Unanfechtbarkeit der Steuerfestsetzung **bindet** die

Option zur Besteuerung der Umsätze den Kleinunternehmer **mindestens für fünf Jahre.**

c) Steuerabzugsbetrag bei Anwendung der Regelbesteuerung

755   Der Unternehmer erhält einen Steuerabzugsbetrag, wenn folgende Voraussetzungen zusammen vorliegen:

(1) Im maßgeblichen Jahr findet wegen Überschreitung der Vorjahresumsatzgrenze von 20 000 DM eine Besteuerung als Kleinunternehmer nach § 19 Abs. 1 UStG **keine Anwendung** oder

(2) der Unternehmer hat auf diese Regelung gemäß § 19 Abs. 2 UStG verzichtet, also zur Regelversteuerung **optiert.**

(3) Der Umsatz des Unternehmers hat im laufenden Jahr **60 000 DM nicht überstiegen.**

756   Der **Steuerabzugsbetrag** beträgt bei einem maßgeblichen Umsatz von 20 500 DM 80 v. H. der Steuer nach Abzug der Vorsteuer. Er verringert sich mit steigendem Umsatz bis 60 000 DM proportional, und zwar je 500 DM Jahresumsatz um einen Prozentpunkt. Der Steuerabzugsbetrag kann nach folgender Formel berechnet werden:

$$\text{Vomhundersatz} = 80 - \frac{\text{Jahresumsatz} - 20\,500}{500}$$

757   Der Steuerabzugsbetrag kann erst bei der Festsetzung der Umsatzsteuer für das Jahr gewährt werden. Zur Vermeidung von Härten hat die Finanzverwaltung es jedoch zugelassen, daß Unternehmer, deren Umsatz im vorangegangenen Jahr 60 000 DM nicht überstiegen hat, bereits im **Voranmeldungsverfahren** des laufenden Jahres die Vergünstigung in Anspruch nehmen können. Der Steuerabzugsbetrag ist hierfür nach einem Vomhundertsatz zu berechnen, der sich nach der Höhe des Vorjahresumsatzes richtet. Der Vomhundertsatz kann einer Tabelle entnommen werden. Er bleibt für das gesamte laufende Jahr unverändert.

Beispiel:

Steuerpflichtige Umsätze im ersten Vierteljahr 1986	12 000 DM
Umsatzsteuer (14 %)	1 680 DM
./. Summe der Vorsteuerbeträge	560 DM
verbleibende Steuer	1 120 DM
maßgeblicher Vorjahrsumsatz 40 200 DM	
Vomhundertsatz nach Tabelle: 40 %	
Steuerabzugsbetrag (40 % von 1 120 DM)	448 DM
Vorauszahlung	672 DM

Der Steuerabzugsbetrag wird jedoch im Voranmeldungsverfahren nur gewährt, wenn ihn der Unternehmer in der hierfür vorgesehenen Zeile des Voranmeldungsvordrucks einträgt. Der Steuerabzugsbetrag kann nicht mehr geltend gemacht werden, wenn der Umsatz 60 000 DM übersteigt.

d) Änderungen ab 1. 1. 1990

Ab 1. 1. 1990 treten im Anwendungsbereich des § 19 UStG nach dem **Steuer-** **reformgesetz** 1990 folgende Änderungen ein: 758

- In § 19 Abs. 2 UStG wird die **Umsatzgrenze,** bis zu der die USt aus Vereinfachungsgründen nicht erhoben wird, von 20 000 DM auf **25 000 DM** angehoben.

- § 19 Abs. 3 UStG wird aufgehoben; damit wird der **Steuerabzugsbetrag,** der zur wirtschaftlichen Unterstützung von Unternehmern mit einem Jahresumsatz bis zu 60 000 DM eingeführt worden war, **abgeschafft.**

11. Gemeinschaftspraxis, Praxis-, Apparate- und Laborgemeinschaft

a) Gemeinschaftspraxis

Umsatzsteuerrechtlich sind eine Gemeinschaftspraxis und ihre Partner   759 getrennte Steuerrechtssubjekte. Es handelt sich um einen Zusammenschluß von Ärzten zur gemeinschaftlichen Ausübung der ärztlichen Tätigkeit in einer **gemeinsamen** Praxis. Die beteiligten Ärzte bilden zusammen eine Gesellschaft, und zwar eine Gesellschaft des bürgerlichen Rechts.

Beispiel:

Dr. Anton Müller und seine Frau Dr. Maria Müller betreiben gemeinsam eine Praxis. Dr. Maria Müller ist keine Angestellte ihres Mannes. Sie hat auch keine eigene Praxis. Sie ist genauso wie ihr Mann Gesellschafter der Gemeinschaftspraxis.

Für die USt gelten die Vorschriften, die auch bei einem allein tätigen Arzt zur Anwendung kommen.

Beim **Einbringen einer Einzelpraxis** in eine Gemeinschaftspraxis ist zu beach-   760 ten, daß auch der eine solche Praxis betreibende Arzt Unternehmer i. S. des § 2 UStG ist (vgl. Rdnr. 541). Das ist für die Umsatzsteuerfolgen der Einbringung von Bedeutung. Vergleiche hierzu Korn, a. a. O., S. 507, 512.

(aa) Einbringen einer Einzelpraxis in eine Gemeinschaftpraxis

761 Das Einbringen einer Praxis in eine Gemeinschaftspraxis ist eine steuerbare **Geschäftsveräußerung.** Es handelt sich um ein „**Tauschgeschäft**" i. S. des § 3 Abs. 12 UStG. Dabei „liefert" der Einzelpraxis-Inhaber seine Praxis an die Gemeinschaftspraxis, die ihm dafür als Gegenleistung Gesellschaftsrechte gewährt. Der **entgeltliche** Vorgang unterliegt der Umsatzsteuer.

762 Das gilt auch für die „unentgeltliche" **Aufnahme eines Angehörigen,** z. B. des Sohnes oder der Tochter, unter Gründung einer Gemeinschaftspraxis. Auch hier bringt der bisherige Inhaber der Einzelpraxis seine Praxis gegen Gewährung von Gesellschaftsrechten in die Gemeinschaftspraxis ein. Die Unentgeltlichkeit besteht darin, daß z. B. der aufgenommene Sohn für seinen Anteil keinen Aufwand hat (Korn, a. a. O., S. 512).

763 **Bemessungsgrundlage** für die USt ist bei Tauschgeschäften nach § 10 Abs. 2 Satz 2 UStG der **gemeine Wert** des Gegenumsatzes. Er wird für den einbringenden Einzelpraxis-Inhaber bestimmt von den von der Gemeinschaft etwa übernommenen Schulden, vom gemeinen Wert der ihm gewährten Gesellschaftsrechte sowie etwaiger weiterer Gegenleistungen (Korn, a. a. O., S. 512).

(bb) Einbringen von Arbeitskraft einerseits und Einzelpraxis andererseits in eine Gemeinschaftspraxis

764 Die Gründung einer Gemeinschaftspraxis kann aber auch in der Weise durchgeführt werden, daß die beteiligten Ärzte lediglich ihre **Arbeitskraft** einbringen und außerdem der bisherige Einzelpraxis-Inhaber seine **Praxis einschließlich Patienten gegen Entgelt** der Gemeinschaftspraxis überläßt. Die Überlassung der Praxis samt Patienten ist eine entgeltliche Leistung i. S. des § 1 Abs. 1 Nr. 1 UStG und keine Geschäftsveräußerung im ganzen (vgl. BFH v. 4. 12. 80, BStBl 81 II 189, insbesondere 192, 193). Der vereinbarte Betrag ist das Entgelt i. S. des § 10 Abs. 1 UStG, also nicht der gemeine Wert der Gesellschaftsrechte.

(cc) Zurückbehaltung von Gegenständen

765 Behält bei Gründung einer Gemeinschaftspraxis ein Arzt **Gegenstände zurück** und **überläßt** er sie ihr nur **zur Nutzung,** dann sind diese Gegenstände nicht mit in die Gemeinschaftspraxis eingebracht. Insoweit kann aber der Arzt, der Eigentümer der zur Nutzung überlassenen Gegenstände ist, noch selbst Unternehmer sein.

Überläßt ein Arzt nach Gründung einer Gemeinschaftspraxis die im Rahmen **766** seiner bisherigen Einzelpraxis angeschafften Gegenstände **unentgeltlich** der Gemeinschaftspraxis zur Nutzung, unterliegt der aus der Nutzung der Gegenstände folgende Wertverzehr bei ihm der Eigenverbrauchsbesteuerung nach § 1 Abs. 1 Nr. 2 b UStG (Nieders. FG v. 20. 9. 84, Rev. eingelegt, EFG 85, 202).

(dd) Übertragung von Einzelwirtschaftsgütern aus Einzelpraxis auf Gemeinschaftspraxis

Überträgt der Einzelpraxis-Inhaber bei Eintritt in eine Gemeinschaftspraxis **767** auf diese nur einzelne Wirtschaftsgüter, so ist der Vorgang gleichfalls steuerbar. Es handelt sich auch hier um „Tauschgeschäfte", so daß sich die in den Rdnrn. 761 ff. dargestellten Folgen ergeben (vgl. Korn, a. a. O., S. 512).

(ee) Aufnahme weiterer Ärzte in bereits bestehende Gemeinschaftspraxis

Bei Aufnahme weiterer Ärzte in eine bereits bestehende Gemeinschaftspraxis **768** gegen Entgelt handelt es sich um eine nach § 4 Nr. 8 UStG **steuerfreie Gewährung von Gesellschaftsrechten.** Der neu eintretende Arzt erbringt nur dann einen Umsatz, wenn er seine ganze Einzelpraxis oder Gegenstände aus seiner bisherigen Einzelpraxis einbringt. Eine Änderung der Nämlichkeit der bestehenden Gemeinschaftspraxis erfolgt durch den Eintritt neuer Ärzte oder Wechsel von Ärzten nicht. Scheidet jedoch der vorletzte Arzt aus einer Gemeinschaftspraxis aus, wächst sein Anteil am Vermögen der Gemeinschaftspraxis dem in der Gemeinschaftspraxis verbleibenden Arzt zu (§ 738 Abs. 1 Satz 1 BGB), ohne daß zwischen dem verbleibenden Arzt und der Gemeinschaft ein steuerbarer Umsatz stattfindet (Abschn. 6 Abs. 4 Satz 1 UStR). Wird erst nach Ausscheiden des vorletzten Arztes ein neuer Arzt in die Gemeinschaftspraxis aufgenommen, so handelt es sich bei dieser Aufnahme um eine neue Einbringung bzw. Veräußerung einer Einzelpraxis. Das läßt sich vermeiden, wenn der neue Arzt spätestens unmittelbar **vor** dem Ausscheiden des vorletzten bisherigen Arztes eintritt bzw. dessen Anteil übernimmt (Korn, a. a. O., S. 512).

(ff) Umsatzsteuerbefreiung nach § 4 Nr. 8 und Nr. 9 UStG

Umsatzsteuerbefreiung kann sowohl für den einbringenden Einzelpraxis- **769** Inhaber als auch für die Gegenleistung der Gemeinschaftspraxis in Betracht kommen.

770 Beim **einbringenden Einzelpraxis-Inhaber** können von der Umsatzsteuer befreit sein

- gemäß § 4 Nr. 8 UStG Geldbestände und Forderungen,
- gemäß § 4 Nr. 9 UStG Grundstücke und Gebäude.

771 Die **Gegenleistung der Gemeinschaftspraxis** besteht beim Einbringen in der Gewährung von **Gesellschaftsrechten** sowie in der Übernahme von **Schulden**. Beide Leistungen sind nach § 4 Nr. 8 UStG von der Umsatzsteuer befreit.

(gg) Umsatzsteuerbefreiung nach § 4 Nr. 28 UStG

772 Bei Gründung von ärztlichen Gemeinschaftspraxen, die **keinen Vorsteuerabzug** in Anspruch nehmen können, kann bei Vorliegen der Voraussetzungen die Umsatzsteuerbefreiung nach § 4 Nr. 28 UStG in Betracht kommen. Vergleiche dazu Rdnrn. 731 ff. Wie dort ausgeführt, kann die Steuerbefreiung auch in den Fällen in Anspruch genommen werden, in denen die Gegenstände in geringfügigem Umfang – höchstens 5 v. H. – der Ausführung steuerpflichtiger Umsätze dienten und für die kein Vorsteuerabzug vorgenommen worden ist. Da in **Zahnarzt- und Tierarztpraxen** ein Teil der Umsätze steuerpflichtig ist, kann diese Regelung in Abschn. 122 Abs. 3 UStR für sie von Bedeutung sein.

773 Entgegen der Ansicht der Finanzverwaltung kann auch die **Überlassung eines Praxiswerts** eine nach § 4 Nr. 28a UStG steuerfreie Lieferung eines Gegenstandes sein. Voraussetzung ist, daß der Unternehmer die gelieferten oder entnommenen Gegenstände für eine nach den Nrn. 7 bis 27 (oder nach Buchstabe b) steuerfreie Tätigkeit verwendet hat (BFH v. 21. 12. 88, BStBl 89 II 430).

(hh) Als Innengesellschaft betriebene Praxisgemeinschaft

774 Von der echten ärztlichen Gemeinschaftspraxis ist die als **Innengesellschaft** betriebene **Praxisgemeinschaft** zu unterscheiden.

Beispiel:
In von Dr. A gemieteten Praxisräumen praktiziert auch sein Kollege Dr. B. Dr. A stellt die gesamte Praxiseinrichtung und das Personal zur Verfügung. Mit Krankenkassen und Patienten rechnet jeder Arzt im eigenen Namen ab. Vom Reingewinn beider Praxen stehen B 30 v. H. zu. B erstattet A laufend seinen Anteil an den Praxiskosten. Von diesen Ertattungen ist ein Teil als Raummiete nach § 4 Nr. 12a UStG und ein Teil als ärztliche Leistung durch Praxisvertretung nach § 4 Nr. 14 UStG steuerfrei zu belassen. Zweifelhaft ist die Umsatzbesteuerung der restlichen Unkostenerstattungen.

Bei der Beurteilung ist davon auszugehen, daß jeder Arzt für sich selbständig beruflich tätig und damit jeder für sich Unternehmer i. S. des § 2 Abs. 1 UStG ist. Eine Gemeinschaftspraxis als Unternehmer besteht nicht, da umsatzsteuerlich nur der als Unternehmer anzusehen ist, der nach außen als solcher hervortritt. Im Beispiel sind die Ärzte als Einzelunternehmer aufgetreten. Sie haben im eigenen Namen mit den Kassen und den Privatpatienten abgerechnet. A hat seine Umsatzsteuer-Erklärungen für sich, nicht für eine Gemeinschaftspraxis abgegeben. Er allein war Mieter der Praxisräume und Arbeitgeber. Er allein kaufte alle Einrichtungsgegenstände. Weil beide Ärzte ihre Praxen auf gemeinsame Rechnung betrieben haben, handelt es sich zwar um eine Gesellschaft, aber um eine Innengesellschaft, die nach außen nicht hervorgetreten ist und deshalb kein Unternehmer sein kann. Nach außen traten die Ärzte im eigenen Namen auf. Im Innenverhältnis dagegen rechneten sie miteinander nach einem Schlüssel ab, der sich an den Umsätzen beider Ärzte, den Unkosten des A und den Arbeitszeiten orientierte. Eine Innengesellschaft ist nicht Empfängerin von Lieferungen oder sonstigen Leistungen ihrer Gesellschafter. Ein Leistungsaustausch kommt nur zwischen ihren Gesellschaftern in Betracht. Bei einer **Innengesellschaft** von Ärzten liegt demnach ein **steuerpflichtiger Leistungsaustausch zwischen den Gesellschaftern** (Ärzten) und **keine Gewinnpoolung** vor, wenn einer der Gesellschafter die Praxisorganisation zur Verfügung stellt und die Gewinnanteile unter Berücksichtigung dieser Tatsache festgesetzt sind (Niders. FG v. 14. 2. 85, EFG S. 466).

b) Umsatzsteuerfreiheit der Praxis-, Apparate- und Laborgemeinschaft

Bei den Praxis-, Apparate- und Laborgemeinschaften handelt es sich um moderne Organisationsformen der ärztlichen Praxis.   775

Nach § 4 Nr. 14 Satz 2 UStG sind die sonstigen Leistungen der genannten Gemeinschaften, deren **Mitglieder** Ärzte, Zahnärzte oder Angehörige der begünstigten Heilberufe sind (vgl. Rdnrn. 566, 619 ff.) gegenüber ihren Mitgliedern **umsatzsteuerfrei,** soweit diese Leistungen von den Ärzten, Zahnärzten oder Angehörigen der begünstigten Heilberufe **unmittelbar** zur Ausführung steuerfreier Umsätze aus der Tätigkeit als Arzt usw. verwendet werden. Leistungen an **Nichtmitglieder** sind **steuerpflichtig.** Die Tätigkeit der vorerwähnten Gemeinschaften besteht im wesentlichen   776

777 • in der **zentralen Beschaffung** medizinischer Einrichtungen, Apparate und   77
Geräte und in der Zurverfügungstellung dieser Einrichtungen usw. an ihre
Mitglieder;

778 • in der **Ausführung von Laboruntersuchungen,** Röntgenaufnahmen und   77
anderen medizinisch-technischen Leistungen mit eigenem medizinisch-technischem Personal für ihre Mitglieder.

779 Die beispielhaft angeführten sonstigen Leistungen erfüllen in der Regel die   77
Voraussetzungen der **Umsatzsteuerbefreiung** nach § 4 Nr. 14 Satz 2 UStG,
insbesondere werden sie unmittelbar von den Ärzten usw. zur Ausführung
ihrer steuerfreien Umsätze verwendet.

780 Unter die Umsatzsteuerbefreiung fallen auch Praxis- und Apparategemein-   78
schaften, an denen selbständige **klinische Chemiker** beteiligt sind.

781 **Keine Unmittelbarkeit** und daher **Umsatzsteuerpflicht** besteht, wenn eine   78
Gemeinschaft für ihre Mitglieder

782 • die **Buchführung,** die **Rechtsberatung** oder die Tätigkeit einer ärztlichen   78
Verrechnungsstelle übernimmt.

783 Zusätzlich zu den in Rdnr. 777 f. bezeichneten Aufgaben obliegt den **Praxis-**   78
gemeinschaften die **zentrale Beschaffung von Praxisräumen** und ihre Überlassung und Nutzung an die einzelnen Mitglieder. Es handelt sich hier um sonstige Leistungen, die in der Regel unter die **Steuerbefreiung für die Vermie-**
tung von Grundstücken nach § 4 Nr. 12 UStG fallen (Absch. 94 Abs. 3
UStR).

784 **Umsatzsteuerpflichtig** sind Umsätze von Gemeinschaften, deren Mitglieder   78
Tierärzte sind (§ 4 Nr. 14 Satz 4a UStG), sowie die Lieferung oder Wieder-
herstellung von **Zahnprothesen** und **kieferorthopädischen Apparaten** (vgl.
Rdnrn. 660 ff.).

785 Bei **„gemischten" Laborgemeinschaften aus Human- und Tiermedizinern**   78
sollte nach Bunjes (UR 87, 316) § 4 Nr. 14 Satz 2 UStG im Wege einer
zweckentprechenden Lückenausfüllung so ausgelegt werden, daß die Mitgliedschaft einzelner Tierärzte in Laborgemeinschaften von Humanmedizi-
nern nicht zum generellen Ausschluß der Steuerbefreiung der Gemeinschaft
führt. Zutreffend a. A. FinMin NRW v. 30. 11. 88, DB 88, 2538.

786 Wegen der **gemeinsamen Nutzung medizinischer Großgeräte** durch niederge-   78
lassene Ärzte und Krankenhäuser siehe Rdnrn. 526 ff.

12. Veräußerung einer Arztpraxis

Die Veräußerung einer Arztpraxis im ganzen unterliegt der USt, da das Umsatzsteuerrecht in der Geschäftsveräußerung einen Geschäftsvorfall sieht. Bei der Praxisveräußerung handelt es sich um den letzten Akt der beruflichen Tätigkeit, der einen steuerbaren Umsatz auslöst.   787

a) Praxisveräußerung im ganzen

Eine Praxisveräußerung im ganzen liegt vor, wenn sämtliche Wirtschaftsgüter, die die wesentlichen Grundlagen der bisherigen Praxis bildeten, **an ein und denselben Erwerber** veräußert werden, der entweder schon Arzt sein muß oder durch den Erwerb der Praxis zumindest selbständiger Arzt wird (BFH v. 23. 4. 64, HFR 65, 190).   788

Was die **wesentlichen Grundlagen** einer Arztpraxis sind, ist nach dem Gesamtbild des Einzelfalles zu entscheiden, wobei maßgebend die tatsächlichen Verhältnisse im Zeitpunkt der Übereignung sind (BFH v. 25. 11. 65, BStBl 66 III 333).   789

Beispiel:
Dr. Müller veräußert an Dr. Meier seine gesamte Praxiseinrichtung einschließlich Patientenkartei, nicht jedoch seinen Pkw. Dr. Müller hat trotz Zurückbehaltung des Pkw die wesentlichen Grundlagen seiner Praxis an ein und denselben Erwerber, nämlich Dr. Meier, veräußert, der entweder schon Arzt war oder durch den Erwerb der Praxis selbständiger Arzt wird. Es liegt demnach eine Praxisveräußerung im ganzen vor.

b) Bemessungsgrundlage der Umsatzsteuer

Bemessungsgrundlage der USt bei Praxisveräußerung ist das Entgelt für die auf den Erwerber übertragenen Gegenstände **(Besitzposten), nicht** der Unterschied zwischen Aktiven und Passiven (= tatsächlicher Kaufpreis). Besitzposten sind die **Anlage- und Umlaufgüter,** eventuell auch ein **Praxiswert.** Die übernommenen **Schulden** können nicht abgezogen werden (§ 10 Abs. 3 Satz 3 UStG). Ist das Entgelt höher als der letzte Buchwert muß der Mehrbetrag nach Maßgabe der gemeinen Werte auf die einzelnen Wirtschaftsgüter aufgeteilt werden. Der Restbetrag entfällt dann auf den Praxiswert.   790

Bei einer Praxisveräußerung gegen **Rente** ist diese nach den Grundsätzen der Einheitsbewertung (§ 14 BewG) zu kapitalisieren.   791

792 Praxisveräußerung gegen ein **unangemessenes niedriges Entgelt** an nahestehende Personen des Arztes ist gemäß § 10 Abs. 5 Nr. 1 UStG mit dem Teilwert zu bemessen.

c) Steuersatz und Steuerbefreiungen

793 Der Steuersatz ist der **gesetzliche Steuersatz** von 14 v. H. oder 7 v. H.

794 Das **Gesamtentgelt** ist entsprechend **aufzuteilen** auf

- steuerpflichtige Umsätze, die mit 14 v. H. (§ 12 Abs 1 UStG) und
- steuerpflichtige Umsätze, die mit 7 v. H. (§ 12 Abs. 2 UStG) zu versteuern sind, sowie auf
- steuerfreie Umsätze.

795 Die Veräußerung einer freiberuflichen Arztpraxis unterliegt deshalb dem Steuersatz von 14 v. H., weil es sich nicht um einen Umsatz „aus der Tätigkeit als Arzt . . .“ i. S. des § 4 Nr. 14 UStG handelt.

796 Die **Umsatzsteuer-Befreiungsvorschriften** bleiben unberührt (§ 10 Abs. 3 Satz 2 UStG). In Betracht kommen insbesondere

- § 4 Nr. 8 UStG für Geldbestände und Forderungen,
- § 4 Nr. 9 UStG für Grundstücke und Gebäude.

797 Auf die Anwendung der Befreiungsvorschriften kann nach § **9 UStG verzichtet** werden. Das hat zur Folge, daß der Veräußerer dadurch insoweit das Recht zum Vorsteuerabzug erlangt.

d) Entstehung der Steuerschuld und Haftung

798 Die Umsatzsteuerschuld **entsteht** mit Ablauf des Veranlagungszeitraums, in dem die Praxis veräußert worden ist. Das gilt auch, wenn dem Arzt die Istbesteuerung gestattet worden ist. § 20 Abs. 1 UStG ist nämlich auf Praxisveräußerungen nicht anzuwenden (§ 20 Abs. 2 UStG).

799 Der **Erwerber haftet** neben dem Veräußerer für die Umsatzsteuer, die auf die Praxisveräußerung entfällt (§ 75 AO).

e) Beispiel für die Berechnung der Umsatzsteuer

800 Dr. Müller verkauft seine Praxis im ganzen an Dr. Meier zum 2. Januar. Es sind folgende Besitzposten vorhanden:

Praxisgebäude	100 000 DM
Praxiseinrichtung	20 000 DM
Pkw	10 000 DM
Summe	130 000 DM

Dr. Meier ist bereit, für die Praxis 140 000 DM und die bestehenden Schulden aus einer durchgeführten Praxismodernisierung von 30 000 DM zu bezahlen. Das Gesamtentgelt beträgt demnach 170 000 DM (140 000 DM + 30 000 DM).

Das für die Praxisveräußerung unter Berücksichtigung der übernommenen Schulden ermittelte Gesamtentgelt von 170 000 DM ist auf die einzelnen Besitzposten nach Maßgabe der gemeinen Werte zu verteilen. Danach sollen sich ergeben

Praxisgebäude	110 000 DM	steuerfrei gemäß § 4 Nr. 9 UStG
Praxiseinrichtung	22 000 DM	14 % Umsatzsteuer = 3 080 DM
Pkw	11 000 DM	14 % Umsatzsteuer = 1 540 DM
	143 000 DM	

Der Rest entfällt auf den

Praxiswert	27 000 DM	steuerfrei gemäß § 4 Nr. 28 a UStG

Wegen der Umsatzsteuerbefreiung nach § 4 Nr. 28 a UStG bei Veräußerung eines **Praxiswerts** vergleiche Rdnr. 736.   801

13. Fortführung einer Arztpraxis durch den Erben

Einkünfte aus freiberuflicher Tätigkeit i. S. des § 18 Abs. 1 Nr. 1 EStG   802
erzielt der selbständig tätige Arzt, der den Tatbestand dieser Einkunftsart erfüllt. **Stirbt** ein **Angehöriger** dieser **Berufsgruppe** und führt ein Erbe mangels eigener beruflicher Qualifikation die Praxis auf eigene Rechnung in der Weise fort, daß er die ärztliche Tätigkeit durch eine dafür qualifizierte Person ausüben läßt, so erzielt er keine Einkünfte nach § 18 Abs. 1 Nr. 1 EStG. Denn ihm fehlt die berufliche Qualifikation des Erblassers und damit das Recht zur eigenverantwortlichen und selbständigen Ausübung der Arztpraxis, das mit dem Tod des Freiberuflers erloschen ist und nicht vererbt werden kann (BFH v. 15. 4. 75, BStBl 77 II 539). In einem derartigen Fall stellt die Fortführung der Arztpraxis dann eine gewerbliche Tätigkeit dar, weil der Erbe lediglich das ererbte Betriebsvermögen der Arztpraxis durch die Beschäftigung des Arztvertreters zur Einkunftserzielung genutzt hat (BFH

v. 19. 5. 81, BStBl II 665). Die **Tätigkeit des Erben** ist daher **nicht** nach § 4 Nr. 14 UStG **steuerfrei.** Es kann jedoch die Steuerbefreiung nach § 4 Nr. 16 c UStG in Betracht kommen (Hess. FinMin. v. 6. 6. 84, NWB, EN-Nr. 992/ 84).

803 Im übrigen haben die **Erben** eines Arztes **Umsätze,** die noch aus der **Praxis des Erblassers** herrühren, als deren Gesamtrechtsnachfolger zu versteuern (BFH v. 19. 11. 70, BStBl 71 II 121).

804 Die Erben **haften** für nicht bezahlte USt des Erblassers als Gesamtrechtsnachfolger (§ 1922 BGB).

14. Aufzeichnungspflichten

805 Für die Aufzeichnungspflichten ist maßgebend, ob der Arzt usw. als Kleinunternehmer (vgl. Rdnr. 750) seine Umsätze versteuert oder nach den allgemeinen Vorschriften des UStG.

a) Besteuerung als Kleinunternehmer

806 Der Arzt usw. hat als Kleinunternehmer nach **§ 65 UStDV** lediglich aufzuzeichnen:

● die Werte der erhaltenen **Gegenleistungen** für die von ihm ausgeführten Lieferungen und sonstigen Leistungen;

● den **Eigenverbrauch;**

● die **zu Unrecht** oder **zu hoch ausgewiesene Umsatzsteuer** (§ 65 UStG i. V. m. § 63 Abs. 3 UStG i. V. m. § 14 Abs. 2 und 3 UStG).

b) Besteuerung nach den allgemeinen Grundsätzen des Umsatzsteuergesetzes

807 Aus den Aufzeichnungen müssen nach § 22 UStG insbesondere zu ersehen sein:

● die **vereinbarten** Entgelte bzw. die **vereinnahmten** Entgelte, wenn diese Besteuerungsart vom Finanzamt zugelassen ist, für die vom Arzt usw. ausgeführten Lieferungen und sonstigen Leistungen. Dabei ist ersichtlich zu machen, wie sich die Entgelte auf die steuerpflichtigen Umsätze, getrennt nach Steuersätzen, und auf die steuerfreien Umsätze verteilen;

● die Bemessungsgrundlagen für den **Eigenverbrauch;**

● die **Entgelte für** steuerpflichtige **Lieferungen** und sonstige **Leistungen,** die **an** den **Arzt** usw. **für seine Praxis** ausgeführt worden sind, und die vor

Ausführung dieser Umsätze gezahlten Entgelte und Teilentgelte, soweit für diese Umsätze nach § 13 Abs. 1 Nr. 1a Satz 4 und 5 UStG die Steuer entsteht (Mindestistversteuerung), sowie die auf die Entgelte und Teilentgelte entfallenden Steuerbeträge.

Die **Aufzeichnungen** müssen im übrigen nach § 63 Abs. 1 UStDV so **beschaffen** sein, daß es einem sachverständigen Dritten innerhalb einer angemessenen Zeit möglich ist, einen Überblick über die Umsätze des Arztes und die abziehbaren Vorsteuern zu erhalten und die Grundlagen für die Steuerberechnung festzustellen. 808

15. Umsatzsteuervoranmeldung, Umsatzsteuererklärung

a) Umsatzsteuervoranmeldung

Der Arzt hat bis zum 10. Tag nach Ablauf jedes Kalendermonats **(Voranmeldungszeitraum)** – zuzüglich einer Schonfrist von fünf Tagen, deren Beginn und Ende durch Samstage und Sonn- und Feiertage verlängert wird – eine **Voranmeldung** nach amtlich vorgeschriebenem Vordruck abzugeben. In der Voranmeldung hat er die Steuer für den Voranmeldungszeitraum **(Vorauszahlung)** selbst zu berechnen. Gibt der Arzt die Voranmeldung nicht ab oder hat er die Vorauszahlung nicht richtig berechnet, so kann das Finanzamt die Vorauszahlung festsetzen. Die **Vorauszahlung** ist am 10. Tag nach Ablauf des Voranmeldungszeitraums **fällig** (zuzüglich einer Schonfrist von fünf Tagen, vgl. oben) (§ 18 Abs. 1 UStG). 809

Beträgt die Steuer für das vorangegangene Kalenderjahr nicht mehr als 6 000 DM, so ist das **Kalendervierteljahr** Voranmeldungszeitraum (§ 18 Abs. 2 Satz 1 UStG). 810

Beträgt die Steuer für das vorangegangene Kalenderjahr **nicht mehr als 600 DM,** so kann das Finanzamt den Arzt von der Verpflichtung zur Abgabe der Voranmeldungen und Entrichtung der Vorauszahlungen befreien (§ 18 Abs. 2 Satz 3 UStG). 811

b) Umsatzsteuererklärung

Der Arzt hat für das Kalenderjahr eine **Steuererklärung** nach amtlich vorgeschriebenem Vordruck abzugeben, in der er die zu entrichtende Steuer selbst zu berechnen hat (§ 18 Abs. 3 Satz 1 UStG). 812

Kapital VII:
Einheitsbewertung/Vermögensteuer

813   Für die Einheitsbewertung /Vermögensteuer sind folgende **Besonderheiten** zu beachten.

1. Ausübung eines freien Berufs

814   Die Ausübung eines freien Berufs ist **kein Gewerbebetrieb**; sie ist aber durch § 96 BewG für die Einheitsbewertung abweichend von der Behandlung bei der GewSt dem Betrieb eines Gewerbes **gleichgestellt** (Abschn. 8 Abs. 1 VStR).

2. Betriebsvermögen

815   Zum Betriebsvermögen gehören insbesondere: Praxiseinrichtung, Instrumentarium, Forderungen an die Kassenärztliche (-zahnärztliche) Verrechnungsstelle, Krankenkassen und Patienten, Medikamente, Verbandszeug, Material des Laboratoriums.

816   Zu dem einer freien Berufstätigkeit dienenden Betriebsvermögen gehören auch **Bargeld und Bankguthaben**, die aus der freien Berufstätigkeit herrühren, soweit nicht über die Beträge nachweisbar vor dem Bewertungsstichtag für private Ausgaben verfügt worden ist (BFH v. 11. 6. 71, BStBl II 682) und **Honoraransprüche**, die am Bewertungsstichtag entstanden sind, und zwar unabhängig von der Art der Gewinnermittlung. Der Honoraranspruch ist in dem Zeitpunkt entstanden, in dem der freiberuflich Tätige die von ihm zu erbringende Leistung vollendet hat. Honoraransprüche für **Teilleistungen** sind insoweit entstanden, als auf ihre Vergütung nach der Gebührenordnung oder aufgrund von Sonderabmachungen zwischen den Beteiligten ein Anspruch besteht (BFH v. 13. 3. 64, BStBl III 297).

3. Zur Altersversorgung angespartes Vermögen

Die Heranziehung eines freiberuflich tätigen Arztes mit dem von ihm zu sei- **817**
ner Altersversorgung angesparten **Vermögen (Barvermögen, Wertpapiere)**
zur VSt, entsprechend den Vorschriften des VStG und des BewG unter
Beachtung der darin vorgesehenen Freibeträge, verstößt nicht gegen verfas-
sungsrechtliche oder steuerliche Vorschriften (BFH v. 7. 9. 70, BStBl II 292).

4. Nicht zum sonstigen Vermögen gehörige Wirtschaftsgüter

Das der **Witwe eines Knappschaftsarztes** zustehende **Ruhegeld** ist weder nach **818**
§ 111 Nr. 1 noch nach § 111 Nr. 3 BewG von der VSt freigestellt (BFH
v. 28. 1. 77, BStBl II 450).

Versorgungsbezüge aus der „**erweiterten Honorarverteilung**" nach Maßgabe **819**
einer Satzung einer Kassenärztlichen Vereinigung sind als gesetzliche Versorgungsbezüge i. S. des § 111 Nr. 4 BewG von der Zurechnung zum sonstigen
Vermögen ausgenommen (BFH v. 14. 10. 87, BStBl 88 II 4). Mit dieser
Entscheidung hat der BFH seine frühere einschränkende Auslegung der Vorschrift aufgegeben, nach der gesetzliche Versorgungsbezüge i. S. der Vorschrift nur Versorgungsbezüge sind, die auf einem Gesetz im formellen Sinn
beruhen.

5. Schuldposten bei Ermittlung des Gesamtvermögens

Ein freiberuflich Tätiger, der als Gewinn nach § 4 Abs. 3 EStG den Über- **820**
schuß der Betriebseinnahmen über die Betriebsausgaben ansetzt, kann bei
der Ermittlung seines Gesamtvermögens **keinen Schuldposten** für die bei der
Vereinnahmung der im Veranlagungszeitpunkt noch ausstehenden Honorarforderungen zu erwartende ESt und KiSt vom Rohvermögen abziehen (BFH
v. 10. 3. 72, BStBl II 519).

6. Labor- und Apparategemeinschaften von Ärzten

Die Tätigkeit in den Labor- und Apparategemeinschaften gehört zu den **821**
Hilfstätigkeiten der ärztlichen Berufsausübung und ist lediglich aus technischen Gründen aus der Einzelpraxis ausgegliedert. Die Labor- und Apparategemeinschaften arbeiten also im Rahmen der den beteiligten Ärzten zuzu-

rechnenden freiberuflichen Tätigkeit, die dem Betrieb eines Gewerbes i. S. des BewG gleichsteht (§ 96 Abs. 1 BewG).

822 Für das der Ausübung des freien Berufs dienende Vermögen der Labor- und Apparategemeinschaften ist ein **Einheitswert gesondert und einheitlich** festzustellen. Die Einheitswertanteile sind im Einheitswert des Betriebsvermögens der beteiligten Ärzte zu erfassen (OFD D'dorf v. 7. 7. 81, Bp-Kartei, a. a. O., Ärzte, Abschn. D, f).

Kapital VIII:
Außenprüfung

1. Sinn und Zweck

Außenprüfungen sind notwendige Übel: Maßnahmen, die eine Gesellschaft 823
erfahrungsgemäß braucht, und eine Belastung für den einzelnen.

Jede Steuerprüfung bedeutet auch für den Arzt einen Eingriff des Staates in
den persönlichen Wirkungs- und Lebenskreis. Es ist nützlich, die Rechts-
grundlagen für diesen staatlichen Eingriff zu kennen und parat zu haben,
über den Ablauf des Prüfungsverfahrens und bestimmte steuerliche Grund-
satzfragen Bescheid zu wissen.

So mancher befürchtet, bei einer Außenprüfung dem Prüfer und Steuerfach-
mann hilflos ausgeliefert zu sein. Das stimmt nicht! Unsere Rechtsordnung
schützt den Bürger vor ungesetzlichen Ein- und Übergriffen, wenngleich es
auch vielfach schwer ist, sich gegen eine übermächtige Finanzverwaltung
durchzusetzen.

Außenprüfungen sind, wie gesagt, notwendige Übel, und die nächste kommt
bestimmt! Übrigens haben sie die Doppelfunktion, nicht nur das Steuerauf-
kommen zu sichern, sondern auch für Gerechtigkeit zu sorgen. Und das ist
immerhin ein gewisser Trost.

2. Zulässigkeit

Der Arzt unterliegt grundsätzlich der Außenprüfung (§ 193 Abs. 1 AO), 824
deren Zweck eine genaue Überprüfung seiner Steuererklärungen an Hand
der von ihm geführten Bücher und Aufzeichnungen ist. Eine Steuerprüfung
ist beim Arzt aber auch zulässig im

- **Rechtsmittelverfahren** zur Klärung streitiger Fragen rechtlicher oder tatsächlicher Art durch Untersuchung des ganzen Steuerfalles (§§ 365, 367,
  Abs. 2 AO);

- **Vollstreckungsverfahren** zur Ermittlung der Vermögens- und Einkommens-
  verhältnisse des Vollstreckungsschuldners (§ 249 Abs. 2 AO);

• **Erlaßverfahren** zur Prüfung der sachlichen Notwendigkeit einer Stundung;

• bei **Sonderprüfungen**, z. B. Nachprüfung der Wechselsteuer.

Eine Außenprüfung kann aber auch durchgeführt werden als:

• **Lohnsteueraußenprüfung** beim Arzt als Arbeitgeber, soweit er verpflichtet ist, für Rechnung eines anderen Steuern zu entrichten oder einzubehalten und abzuführen (§ 193 Abs. 2 Nr. 1 AO);

• **Umsatzsteuerprüfung**, bei der nur die Umsatzsteuer geprüft wird.

> **Beispiel:**
> Ein Arzt beschäftigt in seiner Praxis Hilfspersonal. Die lohnsteuerlichen Verhältnisse der Arbeitnehmer können überprüft werden.

825   Soll bei einem Arzt **außerhalb des allgemeinen Prüfungsrhythmus** aus besonderem Anlaß eine Prüfung durchgeführt werden, so müssen hierfür **Gründe in** den **Praxisverhältnissen** vorliegen. Die Finanzbehörde muß hierbei erwägen, ob die erforderliche Aufklärung auch ohne Prüfung erreicht werden kann (BFH v. 24. 1. 85, BStBl II 568).

826   Eine nach § 193 Abs. 1 AO angeordnete Prüfung kann auch **auf nichtbetriebliche Sachverhalte ausgedehnt** werden, ohne daß die Voraussetzungen des § 193 Abs. 2 Nr. 2 AO vorliegen müssen (BFH v. 28. 11. 85, BStBl 86 II 437).

827   Eine Außenprüfung beim Arzt ist aber auch möglich, wenn die für die Besteuerung erheblichen **Verhältnisse aufklärungsbedürftig** sind und eine Prüfung im Finanzamt nach Art und Umfang des zu prüfenden Sachverhalts nicht zweckmäßig ist (§ 193 Abs. 2 Nr. 2 AO).

> **Beispiel:**
> Ein Arzt hat umfangreiche und vielgestaltige Einkünfte aus Kapitalvermögen und Vermietung und Verpachtung. Daher kann eine Prüfung bei ihm durchgeführt werden.

828   In Zusammenhang mit einer Prüfung kann der Prüfer vom Arzt auch **Auskünfte** hinsichtlich eines nicht von der Prüfung betroffenen Veranlagungszeitraums **einholen**. Er muß jedoch deutlich machen, daß dies nicht im Rahmen der Außenprüfung geschieht (BFH v. 5. 4. 84, BStBl II 790).

3. Zuständigkeiten

829   Außenprüfungen werden von den für die Besteuerung zuständigen Finanzbehörden angeordnet (§ 195 AO). Das sind u. a. der Bundesminister der Finanzen, die Oberfinanzdirektionen, das Finanzamt usw.

- **Amtsbetriebsprüfungsstellen** sind grundsätzlich für die Prüfung der zum   830
  Zuständigkeitsbereich der Finanzämter gehörenden Arztpraxen zuständig,
  und zwar für Mittel-, Klein- und Kleinstpraxen (vgl. Rdnr. 836).

- **Groß- und Konzernbetriebsprüfungsstellen** sind in den meisten Ländern für   831
  Großbetriebe und Konzerne eingerichtet worden. Die Organisationsform
  ist jedoch von Land zu Land sehr unterschiedlich. Die gesetzliche Regelung
  in § 195 AO läßt auch die Bildung von Prüfungs-Finanzämtern zu.

- **Zentralisierte Sonderprüfstellen:** Nach § 17 Abs. 2 FVG können Zustän-   832
  digkeiten für den Bereich mehrerer Finanzämter einem **Zentral-Finanzamt**
  übertragen werden, so z. B. KapitalverkehrsSt-Ap, LSt-Ap, ErbSt usw. Bei
  einer derartigen Zentralisierung ist das Zentral-Finanzamt auch für die
  Durchführung von Außenprüfungen zuständig (§ 195 AO).

- **Bundesamt für Finanzen:** Es ist mit seiner eigenen Außenprüfungs-   833
  abteilung nach § 19 FVG zur Mitwirkung an Außenprüfungen der Landes-
  finanzbehörden berechtigt, und zwar durch eigene Prüfungstätigkeit oder
  durch Beteiligung an Besprechungen. Das Bundesamt kann im Einvernehmen mit dem Land auch eine Prüfung allein durchführen. Das kommt vor
  allem bei Auslandsbeziehungen und bei Prüfung über die Landesgrenze
  hinaus in Betracht.

- **Steuerfahndungsstellen (Steufa):** Die mit der Steuerfahndung betrauten   834
  Dienststellen können nach § 208 Abs. 2 Nr. 1 AO auf Ersuchen des
  zuständigen Finanzamts mit einer reinen Außenprüfung beauftragt werden.
  In einem derartigen Fall sind die Vorschriften über die Außenprüfung
  (§ 193 ff. AO) uneingeschränkt anwendbar.

Aufgabe der Steuerfahndung ist die **Verfolgung von Steuerstraftaten.** Die   835
normale Außenprüfung ermittelt dagegen die steuerlichen Verhältnisse des
Arztes (§ 194 Abs. 1 Satz 1 AO). Dem **Außenprüfungsdienst** können **keine
Steufa-Prüfungen** übertragen werden (§ 2 Abs. 2 BpO (St)). Wegen des Ver-
dachts einer Steuerstraftat während einer Außenprüfung vgl. Rdnr. 924 f.

4. Einteilung der Praxen in Größenklassen

Die Praxen werden in die Größenklassen Großbetrieb (G), Mittelbetrieb (M)   836
und Kleinbetrieb (K) eingeordnet. Merkmale der Einordnung werden jeweils
von den obersten Finanzbehörden der Länder im Benehmen mit dem Bundesminister der Finanzen regelmäßig alle drei Jahre festgesetzt.

Ab 1. 1. 1989 gelten folgende Bemessungsgrundlagen:

Bemessungsgrundlage	Größenklasse		
	Großbetriebe (G) DM	Mittelbetriebe (M) DM	Kleinbetriebe (K) DM
Gesamtumsatz oder steuerlicher Gewinn bzw.	über 5,15 Mio	über 927 000	über 190 000
Betriebseinnahmen aus freiberuflicher Tätigkeit oder steuerlicher Gewinn	über 721 000	über 155 000	über 36 000

5. Prüfungsanordnung

837   Die Finanzbehörde bestimmt den **Umfang** der Außenprüfung in einer **schriftlich** zu erteilenden Prüfungsanordnung (§ 196 AO). Sie ist ein **Verwaltungsakt** i. S. des § 118 AO. Daher ist **Schriftform** und ab 1. 1. 87 eine **Rechtsbehelfsbelehrung** erforderlich.

838   **Zuständig** für den Erlaß einer Prüfungsanordnung ist die für die Besteuerung zuständige Finanzbehörde i. S. des § 6 AO, das ist im allgemeinen das zuständige **Finanzamt**. Sie kann aber auch von einer **beauftragten Finanzbehörde** erlassen werden. Immer muß aber aus der Prüfungsanordnung klar hervorgehen, welches die erlassende Behörde ist (vgl. § 125 Abs. 2 Satz 1 AO). Unschädlich ist die **Unterzeichnung** durch den Sachgebietsleiter der Außenprüfung, sie ist vielmehr durch die Sachnähe bei der Auswahl der Prüffälle geboten (BFH v. 12. 1. 83, BStBl 83 II 360 mit weiteren Hinweisen).

839   **Inhaltlich** muß die Prüfungsanordnung enthalten

* die zu prüfenden Steuerarten,

* die zu prüfenden Sachverhalte,

* den Prüfungszeitraum (vgl. BFH v. 3. 12. 85, BStBl 86 II 439),

* den voraussichtlichen Beginn der Prüfung – Festlegung des Prüfungsbeginns und Prüfungsanordnung sind selbständige Verwaltungsakte (BFH v. 18. 12. 86, BStBl 87 II 408) – und

* den Namen des Prüfers oder der Prüfer, ggf. des Helfers, mit Amts- und Dienstbezeichnung.

Da bei dem Arzt, bei dem nach § 193 Abs. 1 AO eine Prüfung stattfindet, **840** bekannt ist, daß bei ihm **routinemäßige Prüfungen** durchgeführt werden, braucht eine aus diesem Grunde erlassene Prüfungsanordnung **nicht näher begründet** zu werden (BFH v. 10. 2. 83, BStBl II 286). Ein **Begründungsmangel** kann im übrigen dadurch **geheilt** werden, daß der Prüfer dem Arzt die **Gründe** für die Anordnung der Prüfung **mitteilt**; es ist **unschädlich**, daß die Begründung **nicht** in die später ergangene **Beschwerdeentscheidung** aufgenommen worden ist (BFH v. 28. 4. 83, BStBl II 621).

Eine auf **§ 193 Abs. 2 Nr. 2 AO gestützte Prüfungsanordnung muß begründet** **841** werden. Die Begründung muß ergeben, daß die gewünschte Aufklärung durch Einzelermittlungen nicht erreicht werden kann. Hierzu genügt nicht der Hinweis, daß beim **Ehegatten des Arztes** ohnehin eine Prüfung stattfinde (BFH v. 7. 11. 85, BStBl 86 II 435).

Ordnet das Finanzamt die **Erweiterung einer Prüfung** über den in § 4 Abs. 2 **842** BpO vorgesehenen Zeitraum von 3 Jahren hinaus an, weil für den erweiterten Prüfungszeitraum mit nicht unerheblichen Steuernachforderungen zu rechnen ist, so muß die **Erweiterung** der Prüfungsanordnung entsprechend **begründet** werden. Fehlt die hiernach erforderliche Begründung, kann dieser **Mangel** dadurch **geheilt** werden, daß die **Begründung nachträglich**, z. B. in einer Beschwerdeentscheidung, gegeben wird (BFH v. 10. 2. 83, BStBl II 286).

Bei einer **abgekürzten Prüfung** (vgl. Rdnr. 894) ist eine entsprechende **843** Benachrichtigung des Arztes erforderlich.

Prüfungsanordnungen gegen **Eheleute** können in einer Verfügung zusammen- **844** gefaßt werden. Zur Wirksamkeit der Bekanntgabe genügt die Übergabe einer Ausfertigung, wenn jeder Ehegatte Empfangsvollmacht für den anderen Ehegatten hat (BFH v. 5. 11. 81, BStBl 82 II 208).

In der Prüfungsanordnung ist der Arzt auf seine **wesentlichen Rechte und** **845** **Pflichten** bei der Außenprüfung hinzuweisen. Deshalb wird mit der Prüfungsanordnung ein entsprechendes Schreiben verbunden. Wird dieser Hinweis unterlassen, ist die Prüfungsanordnung **fehlerhaft**. Allerdings ist das Hinweisschreiben allein keine ordnungsmäßige Rechtsbehelfsbelehrung.

Das **Anfechtungsrecht** gegenüber einer Prüfungsanordnung wird nicht **846** dadurch verwirkt, daß sich der Arzt zunächst **widerspruchslos** auf die **Prüfung einläßt** (BFH v. 7. 11. 85, BStBl 86 II 435).

847   Wird eine Prüfungsanordnung wegen **Verfahrensfehlern** vom Gericht **aufgehoben** oder für rechtswidrig erklärt, kann das Finanzamt eine bereits abgeschlossene Prüfung aufgrund einer fehlerfreien erneuten Prüfungsanordnung wiederholen (BFH v. 7. 11. 85, a. a. O.).

848   Eine **Verwertung** der aufgrund einer **rechtswidrigen Prüfungsanordnung** erlangten Kenntnisse ist dann nicht zulässig, wenn ihre Rechtswidrigkeit rechtskräftig festgestellt wird (BFH v. 27. 7. 83, BStBl 84 II 285 mit weiteren Hinweisen). Ein Verwertungsverbot dürfte auch in Betracht kommen, wenn bereits auf die **Beschwerde** hin die Rechtswidrigkeit der Prüfungsanordnung anerkannt wird oder wenn sie nichtig ist (Bilsdorfer, NWB F. 17, 904).

6. Bekanntgabe der Prüfungsanordnung

849   Die Prüfungsanordnung ist, wie bereits erwähnt, ein Verwaltungsakt. Um rechtlich wirksam zu werden, muß sie deshalb dem Arzt, der geprüft werden soll, angemessene Zeit vor Beginn der Außenprüfung bekanntgegeben werden, wenn der Prüfungszweck dadurch nicht gefährdet wird.

850   Eine **Ausnahme** vom Grundsatz der vorherigen Bekanntgabe ist zulässig, wenn das Finanzamt bei begründetem Verdacht steuerlicher Vergehen auf das sog. „Überraschungsmoment" nicht verzichten kann. In derartigen Fällen soll der Arzt keine Möglichkeit mehr haben, an seiner Buchführung zu manipulieren oder Buchführungsunterlagen zu vernichten.

851   Auch bei einer Außenprüfung **ohne vorherige Ankündigung** hat jedoch der Prüfer bei seinem Erscheinen dem Arzt die Prüfungsanordnung zu übergeben. Spätestens dann hat der Arzt ein Recht darauf zu erfahren, welche Steuerarten geprüft werden sollen, welcher Prüfungszeitraum in Betracht kommt und wer bei ihm prüft.

852   Um dem Arzt Gelegenheit zu geben, sich rechtzeitig auf die Steuerprüfung durch Heraussuchen seiner Buchführungsunterlagen und Belege einzurichten, soll die **Bekanntgabe des Prüfungsbeginns** bei Mittel- und Großbetrieben in der Regel **14 Tage vor Beginn** der Außenprüfung erfolgen. Ein längerer Zeitraum ist insbesondere dann angemessen, wenn keine formlose Unterrichtung über die bevorstehende Prüfung erfolgt und beim Arzt voraussichtlich umfangreiche Vorbereitungen erforderlich werden. Der Arzt kann auf die **Einhaltung** der Frist **verzichten**.

853   Fühlt sich der Arzt durch die Prüfungsanordnung beschwert, kann er dagegen **Beschwerde** (§ 349 AO) einlegen (vgl. Rdnrn. 910 ff.).

7. Prüfungstermin

Grundsätzlich wird das Finanzamt keinen Prüfungstermin wählen, der für den Arzt ungünstig wäre. Das würde seinen berechtigten Interessen widersprechen. Ein störungsfreier und möglichst schneller Ablauf der Außenprüfung wäre nicht gesichert.   854

Auf **Antrag** des Arztes soll nach pflichtgemäßem Ermessen des Finanzamtes der Beginn der Außenprüfung auf einen anderen Zeitpunkt verlegt werden, wenn dafür wichtige Gründe glaubhaft gemacht werden.   855

Beispiel:

Erkrankung des Arztes oder seines für Auskünfte erforderlichen steuerlichen Beraters oder Mitarbeiters (Helferin); beträchtliche Störungen durch Umbau; Teilnahme an Kongreß oder Fortbildungsveranstaltung.

Dem Antrag des Arztes kann das Finanzamt auch unter **Auflagen** stattgeben.

Beispiel:

Der Arzt stellt einen Antrag auf Verlegung des Prüfungsbeginns aus wichtigem Grund. Das Finanzamt gibt dem Antrag unter der Auflage statt, daß Vorbereitungsarbeiten für die Außenprüfung erledigt werden.

Wird die Verlegung des Prüfungsbeginns abgelehnt, kann der Arzt diesen Verwaltungsakt mit der **Beschwerde** angreifen (vgl. Rdnrn. 910 ff.).   856

8. Prüfungsort

Nach § 200 Abs. 2 Satz 1 AO wird die Prüfung der vorzulegenden Unterlagen grundsätzlich in den **Praxisräumen des Arztes** durchgeführt; soweit keine geeigneten Praxisräume vorhanden sind, hat er die Unterlagen in seinen **Wohnräumen** oder an **Amtsstelle** vorzulegen. Die Aufzählung in der erwähnten Vorschrift bedeutet allerdings nicht, daß die Unterlagen in Ausnahmefällen nicht auch an einem **anderen Ort** gesichtet werden können, so etwa in einem **Verwaltungsgebäude** oder auch in der **Kanzlei des Steuerberaters**. Hieran kann der Arzt ein schützenswertes Interesse haben, wenn er die Buchführungsunterlagen für seine Praxis benötigt oder die Erörterung von Buchführungsvorgängen aufgrund telefonischer oder schriftlicher Anfragen bei einer Prüfung an Amtsstelle für ihn zu mühsam wäre; aus einem derartigen Grunde kann auch das Finanzamt an einer Prüfung an anderer Stelle interessiert sein. Über den **Antrag** des Arztes, eine Prüfung an einem anderen Ort durchzuführen, muß das Finanzamt in der **Prüfungsanordnung** oder in der **Beschwerdeentscheidung** nach pflichtgemäßem Ermessen befinden (vgl. BFH v. 10. 2. 87, BStBl II 360 sowie v. 30. 11. 88, BStBl 89 II 265).   857

9. Prüfungsablauf

a) Der Prüfer erscheint in der Praxis

858 Der Prüfer hat sich bei Erscheinen **unverzüglich** beim Arzt melden zu lassen. Er hat seinen **Dienstausweis** und die **Prüfungsanordnung vorzuzeigen** (§ 198 AO).

859 Der **Beginn der Außenprüfung** ist unter Angabe von Datum und Uhrzeit im Prüfungsbericht aktenkundig zu machen (§ 198 Satz 2 AO). Der Zeitpunkt des Beginns ist in zweifacher Hinsicht von Bedeutung:

(1) Mit Erscheinen des Prüfers zur steuerlichen oder steuerstrafrechtlichen Prüfung werden die Möglichkeiten der Selbstanzeige (vgl. Rdnr. 950) und damit das Erlangen von Straffreiheit u. a. bei Steuerhinterziehung ausgeschlossen (Rdnrn. 926 ff.).

(2) Der Ablauf der Festsetzungsfrist für die Steuer wird hinausgeschoben, wenn das Finanzamt **vor** Ablauf der Festsetzungsfrist mit der Prüfung beginnt oder den Beginn auf Antrag des Arztes hinausschiebt (§ 171 Abs. 4 AO).

860 Beginn der Außenprüfung ist in beiden Fällen das **erstmalige** Erscheinen des Prüfers in der Praxis. Der Prüfer muß beim erstmaligen Erscheinen in der Praxis echte Prüfungshandlungen vornehmen, z. B. Kontrolle der Buchführungsunterlagen. **Nicht** ausreichend sind **Scheinhandlungen**. Ein ernsthafter Prüfungsbeginn liegt nach Ansicht der Finanzverwaltung auch bei einer Anfangsbesprechung mit dem Arzt oder seinem Bevollmächtigten vor (BFH v. 7. 8. 80, BStBl 81 II 409).

b) Prüfungsgrundsätze

861 Bei Durchführung einer Außenprüfung hat der Prüfer insbesondere die beiden folgenden steuerlichen Grundsätze zu beachten.

(aa) Untersuchungsgrundsatz

862 Der Prüfer hat die tatsächlichen und rechtlichen Verhältnisse, die für die Steuerpflicht und für die Bemessung der Steuer maßgebend sind **(Besteuerungsgrundlagen)**, zugunsten wie zuungunsten des Arztes zu prüfen (§ 199 Abs. 1 AO). Gerade gegen diesen Grundsatz wird bei Außenprüfungen häufig verstoßen. Der Arzt hat im allgemeinen auch kein Verständnis für kleinliche Beanstandungen, die steuerlich meistens kaum eine Auswirkung haben.

(bb) Rechtliches Gehör

Schon während seiner Arbeit hat der Prüfer über festgestellte Sachverhalte 863
und mögliche steuerrechtliche Auswirkungen den Arzt zu unterrichten, wenn
dadurch Ablauf und Zweck der Prüfung nicht beeinträchtigt werden (§ 199
Abs. 2 AO). Die Unterrichtung hat **möglichst laufend** und nicht erst in der
Schlußbesprechung zu erfolgen. Das Entscheidungsrecht des Finanzamtes
wird durch die Information des Arztes nicht berührt.

Die Unterrichtung entspricht dem Verfassungsprinzip des **rechtlichen Gehörs**, 864
das nicht nur im Gerichtsverfahren, sondern ebenso im Verwaltungsverfah-
ren, also auch im Besteuerungsverfahren gilt. Der Arzt hat jedoch keinen
Anspruch auf Vorausinformation über beabsichtigte Prüfungshandlungen
(Ermittlungen). Die Unterrichtung ermöglicht eine schnelle und vollständige
Aufklärung einzelner Sachverhalte schon während der Außenprüfung und
entlastet die Schlußbesprechung.

Allgemein gültige Regeln für die Unterrichtung bestehen nicht. Eine **münd-** 865
liche Information des Arztes durch den Prüfer wird nicht zu beanstanden
sein.

Durch die Unterrichtung entscheidet jedoch der Prüfer niemals über die 866
Steueransprüche gegen den Arzt. Das ist ausschließlich Sache des Finanzamtes, da der Prüfer nur dessen Ermittlungsgehilfe ist.

Unterläßt der Prüfer entgegen der gesetzlichen Anweisung die Unterrichtung 867
des Arztes, so kann sich dieser dagegen mit der **Dienstaufsichtsbeschwerde**
(Rdnrn. 917 ff.) wehren.

c) Keine Totalprüfung

Die Außenprüfung ist auf das Wesentliche abzustellen, ihre Dauer auf das 868
notwendige Maß zu beschränken. Also **keine Totalprüfung**, sondern nur
Schwerpunktprüfung zur Verhinderung von endgültigen Steuerausfällen oder
Steuererstattungen oder nicht unbedeutenden Gewinnverlagerungen (§ 9
BpO). Der Prüfer hat gründlich, aber nicht kleinlich zu prüfen. Er muß stets
um größte Objektivität bemüht sein.

Die Prüfung kann sich auch auf **Steueransprüche** erstrecken, die möglicher- 869
weise **verjährt** sind (BFH v. 23. 7. 85, BStBl 86 II 433). In der Regel umfaßt
der **Prüfungszeitraum** die letzten drei Besteuerungszeiträume für die vor
Bekanntgabe der Prüfungsanordnung Steuererklärungen für die Ertrag-

steuern vorliegen (BFH v. 20. 6. 84, BStBl II 815). **Verfassungsrechtlich unbedenklich** ist es, wenn das Finanzamt eine **Ausdehnung des Prüfungszeitraumes** über die letzten drei Veranlagungszeiträume hinaus anordnet. Das ist durchaus sachgerecht, wenn mit **nicht unerheblichen Steuernachforderungen oder -erstattungen** zu rechnen ist (BVerfG v. 13. 9. 78, HFR 79, 203).

870 Die **Dauer** der Außenprüfung hängt von der Größe der Praxis und der Prüfungsanordnung ab. Sie wird maßgeblich beeinflußt vom Buchführungswerk, vom Grad der Mitwirkung des Arztes sowie natürlich auch von der beruflichen Tüchtigkeit des Prüfers.

871 Der Prüfer wird in einer Arztpraxis insbesondere eingehend die **Einnahmeseite** prüfen, weil hier bei oberflächlicher Behandlung endgültige Steuerausfälle eintreten können. Aber auch die **Ausgabenseite** wird er einer eingehenden Prüfung unterziehen. Vergleiche hierzu auch Walkhoff, a. a. O. Hier wird er vor allem die **Abgrenzung privater von beruflichen Unkosten** untersuchen, insbesondere bei den Positionen Berufskleidung, Berufskrankheit, Repräsentationsaufwendungen, Arbeits- oder Herrenzimmer in der Wohnung, Hausgehilfin, Kraftfahrzeugkosten, Reisekosten (Auslandstagungen), Wirtschaftsgüter der gehobenen Lebensführung (Waschmaschine, Heimbügler, Kühlschrank u. ä.), Versicherungsbeiträge usw. Denn bei all diesen Positionen kann durch eine falsche Abgrenzung ein endgültiger Steuerausfall eintreten.

d) Die Schlußbesprechung und ihre Folgen

872 Die Schlußbesprechung ist der letzte Akt der Außenprüfung, bevor der Prüfer seinen Bericht schreibt und die Steuer festgesetzt wird.

(aa) Zweck

873 Durch die Schlußbesprechung sollen Meinungsverschiedenheiten zwischen dem Prüfer und dem Arzt in tatsächlicher und rechtlicher Beziehung beseitigt werden. Zwischen Finanzamt und Arzt sollen Übereinstimmung erzielt, die Anzahl der strittigen Punkte vermindert, unnötiger Zeit- und Arbeitsaufwand erspart und Rechtsmittel vermieden werden.

874 Die Schlußbesprechung ist **zwingend** vorgeschrieben (§ 201 Abs. 1 AO). Sie kommt nur dann nicht in Betracht, wenn sich nach dem Prüfungsergebnis keine Änderung der Besteuerungsgrundlagen ergibt oder wenn der Arzt auf die Besprechung **verzichtet**.

Bei der Schlußbesprechung sind aber nicht nur strittige Sachverhalte zu klä- 875
ren und ihre rechtliche Beurteilung zu erörtern, sondern der Prüfer muß auch
einen **Überblick** über die **steuerlichen Auswirkungen** der Außenprüfung
geben (§ 201 Abs. 1 AO).

Gegen die Verweigerung der Schlußbesprechung ist die **Beschwerde** (vgl. 876
Rdnrn. 911 ff.) gegeben (BFH v. 24. 10. 72, BStBl 73 II 542).

(bb) Termin der Schlußbesprechung

Der Termin der Schlußbesprechung und die Besprechungspunkte werden 877
dem Arzt – ohne daß dies im Gesetz besonders hervorgehoben wird – angemessene Zeit **vor** der Besprechung mitgeteilt. Alle Beteiligten – Prüfer,
Finanzamt und Arzt – sollen sich auf die Schlußbesprechung vorbereiten
können.

Der Prüfer wählt den **Termin** in der Regel im Einvernehmen mit dem Arzt 878
aus. Eine Terminbestimmung **gegen** den Willen des Arztes ist für den Prüfer
im allgemeinen nicht erfolgversprechend. Der Arzt kann eine **Verschiebung**
der Schlußbesprechung aus wichtigem Grund beantragen. Wiederholte und
nicht hinreichend überzeugend begründete Terminverschiebungen sollte der
Arzt jedoch nicht beantragen. Damit schadet er sich nur selbst. Das Finanzamt könnte sein Interesse an einer Schlußbesprechung anzweifeln.

(cc) Teilnahme eines entscheidungsbefugten Vertreters des Finanzamtes

In Fällen von besonderer Bedeutung soll an der Schlußbesprechung ein für 879
die Veranlagung des Arztes entscheidungsbefugter Beamter des Finanzamtes
teilnehmen, Finanzamtsvorsteher oder Sachgebietsleiter, z. B. bei Entscheidung schwieriger Rechtsfragen oder erheblichen finanziellen Auswirkungen
der Außenprüfung.

(dd) Teilnahme des Steuerberaters des Arztes

Daß der steuerliche Berater des Arztes an der Schlußbesprechung teilnimmt, 880
sollte selbstverständlich sein; denn er ist in der Regel der gleichwertige
Gesprächspartner des Prüfers, der aus eigener Kenntnis den Wissensdurst des
Prüfers sachlich richtig und gezielt zu befriedigen vermag.

(ee) Absprachen und ihre Folgen

Absprachen, die in der Schlußbesprechung im Anschluß an die Prüfung, in 881
Anwesenheit der für die Steuerfestsetzung zuständigen Beamten, z. B.

Finanzamtsvorsteher, Sachgebietsleiter, getroffen werden, können rechtlich von Bedeutung sein. Zwar sind Absprachen über Rechtsfragen nicht möglich. Absprachen über **Fragen rein tatsächlicher Art** sind jedoch zulässig (BFH v. 6. 11. 62, BStBl 63 III 104). Insbesondere in **Schätzungssachen** ist eine „**tatsächliche Verständigung**" über schwierig zu ermittelnde tatsächliche Umstände zulässig und bindend (BFH v. 11. 12. 84, BStBl 85 II 354). Solche Absprachen haben nur dann Sinn, wenn sie eingehalten werden.

Beispiele:

(a) Absprache über Anerkennung der Kosten für Teilnahme an Fachtagung im Ausland nicht möglich, da Rechtsfrage.

(b) Absprache, ob Personenkraftwagen für beruflich bedingte Fahrten zu 75 v. H. oder zu 60 v. H. genutzt wird, zulässig, da Frage tatsächlicher Art.

882   Eine Absprache tatsächlicher Art ist nur **bindend**, wenn sie schriftlich niedergelegt ist oder im Prüfungsbericht steht.

883   Erkennt die Finanzbehörde **nachträglich**, daß eine in der Schlußbesprechung getroffene Absprache mit den tatsächlichen Verhältnissen unvereinbar und damit gesetzwidrig ist, muß sie die Veranlagung dem Gesetz entsprechend durchführen. Die Finanzbehörde kann ihre Ansicht ebenso ändern wie der Arzt, der gegen den das Prüfungsergebnis auswertenden Bescheid Einspruch einlegen kann, wenn seine neue Auffassung seiner Stellungnahme in der Schlußbesprechung widerspricht (BFH v. 1. 3. 63, BStBl 63 III 212).

(ff) Niederschrift über die Schlußbesprechung

884   Die Finanzverwaltung hat keine Bedenken, wenn über das Ergebnis einer Schlußbesprechung eine Niederschrift angefertigt und von den Beteiligten unterschrieben wird. Auch hier besteht keine Bindungswirkung, wenn einer der Beteiligten vom Inhalt der Niederschrift abweicht. **Unklare Niederschriften** über eine Schlußbesprechung gehen zu Lasten der Finanzbehörde (BFH v. 1. 3. 63, BStBl III 271).

(gg) Straf- und bußgeldrechtliche Würdigung und Schlußbesprechung

885   Falls aufgrund der Prüfungsfeststellungen ein Straf- oder Bußgeldverfahren eingeleitet werden muß, soll der Arzt darauf **hingewiesen** werden, daß die straf- und bußgeldrechtliche Würdigung einem besonderen Verfahren vorbehalten bleibt (§ 201 Abs. 2 AO). Die Erteilung des Hinweises ist aktenkundig zu machen (§ 11 Abs. 3 BpO). Dieser strafrechtliche Hinweis ist jedoch, weil ein konkreter Verdacht nicht vorliegt, noch **keine Einleitung eines Steuerstrafverfahrens** (vgl. auch Rdnrn. 924 ff.).

(hh) Ort der Schlußbesprechung

Die Schlußbesprechung kann in der **Praxis** oder in der **Wohnung** des Arztes 886
oder bei seinem Berater oder im Dienstgebäude des Finanzamtes stattfinden.
Zweckmäßig ist es, die Schlußbesprechung da stattfinden zu lassen, wo sich
die geprüften Unterlagen befinden. Das dürfte im allgemeinen in der Praxis
sein. Vgl. hierzu auch Rdnr. 857.

e) Der Prüfungsbericht

Über das Ergebnis der Außenprüfung ergeht ein **schriftlicher** Bericht – Prü- 887
fungsbericht. Er enthält die für die Besteuerung erheblichen Prüfungsfeststellungen in tatsächlicher und rechtlicher Hinsicht sowie die Änderungen der
Bemessungsgrundlagen (§ 202 Abs. 1 AO). Der Prüfungsbericht braucht
jedoch nicht den zu zahlenden Steuerbetrag zu enthalten. Die Darstellung des
Sachverhalts, z. B. Einnahmen und Betriebsausgaben, und dessen steuerrechtliche Beurteilung sollen knapp, klar und genau sein.

Der Prüfungsbericht darf nicht vom Ergebnis der Schlußbesprechung ohne
vorherige Unterrichtung des Arztes abweichen. Das wäre ein Verstoß gegen
den verfassungsrechtlich garantierten Grundsatz des rechtlichen Gehörs.

(aa) Mitteilung über ergebnislose Prüfung

Ergeben sich durch die Prüfung **keine Änderungen** der Besteuerungsgrund- 888
lagen, ist dies dem Arzt **schriftlich mitzuteilen** (§ 202 Abs. 1 Satz 3 AO). Die
Außenprüfung muß demnach entweder durch Steuerfestsetzung oder Mitteilung über ihre Ergebnislosigkeit abgeschlossen werden.

(bb) Prüfungsbericht kann angefordert werden

Die Finanzbehörden sind verpflichtet, den Prüfungsbericht **vor** dessen Aus- 889
wertung dem Arzt zu übersenden, wenn ein entsprechender **Antrag** gestellt
wird (§ 202 Abs. 2 AO). Für die **Klage** auf Übersendung des Berichts ist der
Finanzrechtsweg gegeben (BFH v. 11. 12. 80, BStBl 81 II 457). Durch die
vorherige Übersendung des Berichts wird es dem Arzt ermöglicht, gegen einzelne Prüfungsfeststellungen begründete Einwendungen noch vor Erlaß der
Berichtigungsbescheide zu erheben, denen das Finanzamt in der Regel entsprechen wird. So können Rechtsmittel gegen Berichtigungsbescheide von
Anfang an vermieden werden.

(cc) Beurteilung im Prüfungsbericht

890 Der Prüfungsbericht gibt dem Finanzamt nur Unterlagen für seine Entscheidungen bei der Steuerfestsetzung. Eine eigene Entscheidung über Steueransprüche steht dem Prüfer weder für die Vergangenheit noch für die Zukunft zu. Eine im Prüfungsbericht geäußerte Rechtsauffassung kann daher grundsätzlich nicht als verbindliche Auskunft der Finanzbehörden gewertet werden. Wenn allerdings im Prüfungsbericht **Buchführungsfragen** angesprochen werden, so kann dies jedoch gewisse Bindungswirkungen für die Zukunft auslösen und auch für die Frage neuer Tatsachen von Bedeutung sein (vgl. BFH v. 15. 12. 66, BStBl 67 III 212; v. 23. 9. 66, BStBl 67 III 23; v. 16. 7. 64, BStBl III 634; v. 8. 5. 74, BStBl II 525). Das Finanzamt ist bei der Veranlagung an Rechtsauffassungen, die es entsprechend dem Vorschlag des Prüfers den Veranlagungen der Vorjahre zugrunde gelegt hatte, grundsätzlich nicht gebunden. Dieser unerquickliche Zustand ist durch die Einführung einer **verbindlichen Zusage** im Rahmen einer Außenprüfung beseitigt worden.

(dd) Geheimbericht, Rotbericht, Arbeitsbögen

891 Im Rotbericht – so genannt, weil er auf rotem Papier geschrieben wird; vielfach auch als Geheimbericht oder Geheimvermerk bezeichnet – berichtet der Prüfer dem Finanzamt über besondere steuerliche Wahrnehmungen, die die Arztpraxis oder Dritte betreffen, z. B. Hinweise für den Veranlagungsbeamten oder für die nächste Prüfung, Stellungnahmen zu besonderen Aktenvorgängen, statistisches Material, steuerstrafrechtliche Würdigung usw. Unseres Erachtens sollte jedoch die steuerstrafrechtliche Würdigung nicht geheim bleiben.

892 Nach Ansicht der Finanzverwaltung dienen diese **Aktenvermerke** nur der **innerdienstlichen Unterrichtung** des Finanzamtes, so daß der Grundsatz rechtlichen Gehörs wohl nicht verletzt sein dürfte. Derartige Vermerke können jedoch in einem Gerichtsverfahren gegen den Arzt nicht verwendet werden, wenn sie ihm vorher nicht mitgeteilt wurden und ihm dadurch keine Gelegenheit zur Gegenäußerung, also kein rechtliches Gehör, gewährt worden ist.

893 Einen Anspruch auf **Einsichtnahme** in die **Arbeitsbögen** des Prüfers hat der Arzt nicht (BFH v. 27. 3. 61, BStBl III 290). Allerdings werden diese im Rahmen eines finanzgerichtlichen Verfahrens in der Regel beigezogen (BFH v. 17. 11. 81, BStBl 82 II 430).

10. Abgekürzte Außenprüfung

Eine abgekürzte Außenprüfung ist beim Arzt dann möglich, wenn das **894** Finanzamt eine Außenprüfung in regelmäßigen Zeitabständen nach den Umständen des Falles **nicht** für **erforderlich** hält. Sie hat sich auf die wesentlichen Besteuerungsgrundlagen zu beschränken (§ 203 Abs. 1 AO). Die abgekürzte Außenprüfung hat dieselben Voraussetzungen und löst dieselben Rechtsfolgen wie eine andere Außenprüfung aus. Ihre Anordnung liegt im pflichtgemäßen Ermessen des Finanzamtes. Alle Vorschriften über die Außenprüfung finden Anwendung. Allerdings ist eine **Schlußbesprechung** und eine **antragsgebundene Zusendung** des Prüfungsberichts vor seiner Auswertung gesetzlich nicht vorgeschrieben.

Beispiel:

Ein siebzigjähriger Arzt betreut nur noch einen ganz kleinen Patientenkreis. Das Finanzamt kann hier eine abgekürzte Außenprüfung nur zur Überprüfung der Einnahmen und Ausgaben anordnen.

Vor Abschluß der Prüfung sind dem Arzt die beabsichtigten Änderungen mit- **895** zuteilen. Darüber hinaus sind ihm die steuerlich erheblichen Feststellungen spätestens mit dem Steuerbescheid schriftlich bekanntzugeben (§ 203 Abs. 2 AO).

11. Rechte und Pflichten des Arztes während der Außenprüfung

Während der Prüfung ist der Arzt nicht nur zu einem Dulden, sondern im **896** Rahmen der gesetzlichen Vorschriften zu tätiger Mitarbeit verpflichtet. Der Arzt kann dem Prüfer nicht erklären, das interessiere ihn alles nicht, er solle sich an seinen steuerlichen Berater wenden.

Eine **Mitwirkungspflicht** des Arztes besteht in **897**

● spezieller Mitwirkung des Arztes selbst,
● Auskunftserteilung durch Praxisangehörige,
● Bereitstellung eines Raumes für den Prüfer,
● Ermöglichung der Prüfung während der üblichen Praxis- oder Arbeitszeit.

a) Anwesenheit und Mitwirkung des Arztes

Der Arzt hat insbesondere Auskünfte zu erteilen, Aufzeichnungen, Bücher, **898** Geschäftspapiere und andere Urkunden zur Einsicht und Prüfung **vorzulegen**. Er muß die vom Prüfer gewünschten Unterlagen **heraussuchen** oder **herbei-**

schaffen (§ 200 Abs. 1 Satz 1 AO). Er ist ferner verpflichtet, mündlich oder
schriftlich die zum Verständnis erforderlichen **Erläuterungen** zu geben (§ 194
Abs. 1 Satz 2 AO). Der Arzt braucht allerdings diese Pflichten nicht persönlich zu erfüllen. Er kann sich dabei anderer geeigneter Personen bedienen,
soweit seine unmittelbare Mitwirkung nicht erforderlich ist. Seine Auskunfts-
und Mitwirkungspflicht erlischt jedoch nicht mit der Bestellung von Auskunftspersonen.

899   Der **Prüfer** kann **nicht** verlangen, daß ihm eine Schreib- oder Rechen-
      maschine zur Verfügung gestellt wird, ferner nicht, daß der Arzt oder seine
      Helferin sich mit Aufgaben befassen, die zu den eigentlichen Prüfungshand-
      lungen gehören, etwa daß die Helferin Nachadditionen erledigt, Buch-
      überträge vergleicht oder daß ihm eine Schreibkraft für den Berichtsentwurf
      zur Verfügung gestellt wird.

900   In Grenzfällen entscheiden Billigkeit und Zweckmäßigkeit. Es dürfen keine
      Maßnahmen getroffen werden, die die Durchführung der Prüfung behindern
      oder erschweren. So darf der **Arzt** z. B. im Winter dem Prüfer keinen unge-
      heizten Arbeitsraum zur Verfügung stellen. Bestehen hinderliche oder
      erschwerende Maßnahmen muß sie der Arzt beseitigen. Beruflich notwendige
      Maßnahmen müssen jedoch vom Prüfer hingenommen werden, auch wenn
      sich daraus gewisse Unbequemlichkeiten für ihn ergeben.

901   Bei wiederholten **Verzögerungen** durch den Arzt oder die von ihm benannten
      Auskunftspersonen sollen nach den Umständen des Einzelfalles Zwangsmittel
      angewendet werden (§ 328 AO). In Betracht kommen Androhung und Fest-
      setzung eines **Zwangsgeldes** oder **Schätzung** etwa der Betriebseinnahmen,
      wenn nachdrückliche Hinweise des Finanzamtes keine Abhilfe geschaffen
      haben.

b) Patientenkartei

902   Der Arzt darf bei einer Außenprüfung die **Vorlage** der von ihm geführten
      Patientenkartei zur Einsichtnahme nur **insoweit verweigern**, als darin Eintra-
      gungen enthalten sind, auf die sich sein Recht zur Auskunftsverweigerung
      nach der AO erstreckt (vgl. § 102 Abs. 1 Nr. 3 c AO). Bestehen berechtigte
      Zweifel an der Richtigkeit und Ordnungsmäßigkeit der Buchführung des Arz-
      tes, kann das Finanzamt **Auszüge** und **Zusammenstellungen** über die einzel-
      nen Besuche und sonstigen Leistungen aus der Patientenkartei mit Namens-
      angabe verlangen (BFH v. 11. 12. 57, BStBl 58 III 86). Sie dienen nur zur

Nachprüfung der finanziellen Beziehungen zwischen Arzt und Patient und dürfen das Auskunftsverweigerungsrecht begründende Tatsachen nicht enthalten. Nach dem Beschluß des BVerfG v. 8. 3. 72 – 2 BvR 28/71 stellt es in aller Regel eine **Verletzung** des dem Patienten zustehenden Grundrechts auf Achtung seiner **Privatsphäre** dar, wenn in einem Strafverfahren bei einem Arzt die **Karteikarte** des Beschuldigten (Patienten) ohne dessen Wissen oder gegen dessen Willen **beschlagnahmt** wird. Unseres Erachtens läßt sich daraus folgern, daß die **Einsichtnahme** in eine Patientenkartei aus steuerlichen Gründen schlechthin durch Art. 2 Abs. 1, Art. 1 Abs. 1 GG verboten ist.

c) Befragung des Praxispersonals

Von anderen Praxisangehörigen können Auskünfte eingeholt werden, wenn 903
der Arzt oder die von ihm benannten Personen nicht in der Lage sind, die erforderlichen Auskünfte zu erteilen (§ 200 Abs. 1 Satz 3 AO). Zu den vom Arzt benannten Personen rechnen auch die im Laufe der Außenprüfung genannten Auskunftspersonen. Wenn deren Auskünfte unzureichend sind, soll der Arzt zur erneuten Benennung einer anderen Auskunftsperson aufgefordert werden (§ 7 BpO). Hierdurch wird sichergestellt, daß der Prüfer das Personal der Praxis ohne Kenntnis des Arztes nicht befragt.

d) Zeit der Außenprüfung

Die Außenprüfung findet während der üblichen Geschäfts- und Arbeitszeit 904
statt (§ 200 Abs. 3 AO). Eine Prüfung an Sonn- und Feiertagen oder zur Nachtzeit ist unzulässig. Auf die Gepflogenheiten in der jeweiligen Praxis sollte Rücksicht genommen werden. Bei einem Arzt ist eine Prüfung nicht nur während der Sprechstundenzeit, sondern während der üblichen Bürozeit zulässig.

e) Arbeitsraum für den Prüfer

Seine Unterlagen (Bücher, Aufzeichnungen usw.) hat der Arzt in seinen 905
Geschäftsräumen, also in der **Praxis** vorzulegen. Sind solche nicht vorhanden, findet die Prüfung nach dem Ermessen der Finanzverwaltung in den **Wohnräumen** oder im **Dienstgebäude** des Finanzamtes oder in der **Kanzlei seines Steuerberaters** statt. Das Betreten der Wohnräume kann aber nicht erzwungen werden. Vgl. hierzu Rdnr. 857.

Der **Arbeitsraum** für den Prüfer ist während der Prüfung instand zu halten. 906
Es soll folgenden **Anforderungen** entsprechen:

907   Der Arbeitsplatz muß dem Prüfer ein möglichst ungestörtes Arbeiten ermög-
      lichen. Der Raum muß sauber und aufgeräumt sein. Er muß mit Tisch und
      Sitzgelegenheit **möbliert** sein. Soweit erforderlich, muß er **beleuchtbar** und
      beheizbar sein. Raum, Arbeitsplatz sowie die notwendigen Hilfsmittel sind
      dem Prüfer unentgeltlich zur Verfügung zu stellen.

908   Der Arzt kann den Prüfer nicht darauf verweisen, daß die Prüfung in seinen
      Räumen ihm **unbequem** sei. Vom Arzt kann jedoch nichts Unzumutbares
      verlangt werden. Hat er keinen geeigneten Raum zur Verfügung, braucht er
      nicht eigens einen zu mieten.

f) Praxisbesichtigung

909   Der Prüfer ist berechtigt, die Praxis zu betreten und zu besichtigen (§ 203
      Abs. 3 AO). Bei Besichtigung der Praxis soll der Arzt oder sein Beauftragter
      hinzugezogen werden.

12. Rechtsbehelfe gegen Maßnahmen der Außenprüfung

910   Ob und welche Rechtsbehelfe dem Arzt zustehen, hängt davon ab, in welches
      Stadium der Außenprüfung die den Arzt beschwerende Maßnahme fällt. Es
      gibt z. B. keine Einwirkungsmöglichkeit des Arztes auf dienstinterne
      Maßnahmen des Finanzamtes, z. B. Aufstellung des sog. Prüfungsgeschäfts-
      planes.

a) Förmliche Beschwerde

911   Gegen bestimmte Verwaltungsakte der Finanzbehörden ist die förmliche
      Beschwerde gegeben (§ 349 AO). **Verwaltungsakt** ist jede Verfügung, Ent-
      scheidung oder andere hoheitliche Maßnahme, durch die die Finanzbehörde
      gegenüber dem Arzt einen Einzelfall regelt (§ 118 Satz 1 AO).

912   Verwaltungsakte, die der Arzt mit der **Beschwerde** angreifen kann sind:

      ● **Anordnung** der Außenprüfung,

      ● **Terminierung** der Außenprüfung,

      ● **Unterbrechung** der Außenprüfung,

      ● **Wiederaufnahme** unterbrochen gewesener Außenprüfung,

      ● **endgültiger Abbruch** der Außenprüfung,

      ● **Ablehnung** beantragter Außenprüfung,

- **Auskunftsersuchen** an Arzt, sonstige Beteiligte oder dritte Auskunfts-   913
  person,
- **Aufforderung, Hilfskräfte** und **Hilfsmittel** zu stellen,
- **Anordnung auf Vorlage von Unterlagen** an zuvor genannte Personen,
- **Ablehnung** einer **Schlußbesprechung,**
- **Ablehnung, Betriebsprüfungsbericht** zu **fertigen oder zu übersenden,**
- jede sonstige **Verletzung** der Vorschriften der **BpO,**
- **Befangenheit des Prüfers,** wenngleich gesetzlich kein derartiges Ablehnungsrecht besteht.

Nicht beschwerdefähig sind   914
- **Aktenkundigmachen des Prüfungstermins,**
- **Einsichtnahme in Unterlagen,**
- **Augenscheinseinnahme,** z. B. Praxisbesichtigung,
- **Rechtsansichten des Prüfers,**
- **Anfertigung von Kontrollmaterial,**
- **Berechnung der Besteuerungsgrundlagen,**
- **Abhaltung einer Schlußbesprechung,**
- **Übersendung des Prüfungsberichts.**

Der Arzt kann jedoch gegen den **berichtigen Steuerbescheid,** in den die   915
Rechtsansicht des Prüfers oder die anderweitig berechneten Besteuerungsgrundlagen eingegangen sind, **Einspruch** einlegen, sofern dessen Voraussetzungen gegeben sein sollten.

In den in Rdnrn. 912 f. genannten Fällen beträgt die **Beschwerdefrist** einen   916
Monat nach Bekanntgabe des Verwaltungsaktes. Die Beschwerde kann
schriftlich eingereicht oder zur **Niederschrift** des Finanzamtes erklärt werden.
Es genügt, wenn aus dem Schriftstück hervorgeht, wer den Rechtsbehelf eingelegt hat. Auch Einlegung durch **Telegramm** ist zulässig. Eine unrichtige
Bezeichnung der Beschwerde schadet nicht. Das Beschwerdeverfahren ist
kostenfrei.

b) Dienstaufsichtsbeschwerde

Der Arzt kann statt der förmlichen Beschwerde Dienstaufsichtsbeschwerde   917
einlegen. Sie setzt kein Vorliegen eines Verwaltungsaktes voraus. Sie kann
aber trotzdem gegen einen Verwaltungsakt gerichtet werden und ist auch
gegen sonstige Maßnahmen im Zusammenhang mit der Prüfung zulässig,

z. B. gegen mündliche oder schriftliche Ankündigungen, Meinungsäußerungen, Auskünfte, organisatorische Akte, Verhalten (Benehmen) des Prüfers usw.

918 Die Dienstaufsichtsbeschwerde ist an **keine Frist** gebunden. Sie kann **mündlich** erhoben werden. Schriftform ist jedoch stets zweckmäßig. Auch die Entscheidung über die Dienstaufsichtsbeschwerde ergeht **kostenfrei**.

c) Wirkung der Beschwerden

919 Förmliche Beschwerde und Dienstaufsichtsbeschwerde haben **keine aufschiebende Wirkung**. Wendet sich der Arzt gegen die Anordnung einer Außenprüfung, so wird dadurch grundsätzlich nicht der Prüfungsbeginn hinausgeschoben. Das Finanzamt kann jedoch **Aussetzung der Vollziehung** des Verwaltungsaktes „Außenprüfung" anordnen. Es muß bei seinen Ermessensentscheidungen stets darauf achten, daß nicht vollendete Tatsachen geschaffen werden, die dem Arzt schaden.

920 Das Finanzamt kann der förmlichen Beschwerde **abhelfen**.

Beispiel:
Das Finanzamt hatte den Prüfungsbeginn auf den 25. September 1987 angesetzt. An diesem Tag will der Arzt an einem ganztägigen Fortbildungskurs teilnehmen. Auf seine Beschwerde hin setzt das Finanzamt den Beginn der Prüfung auf den 28. September 1987 an. Damit hat das Finanzamt der Beschwerde des Arztes abgeholfen.

921 Will das Finanzamt der Beschwerde nicht abhelfen, hat es sie der Oberfinanzdirektion zur Entscheidung vorzulegen. Gegen deren Beschwerdeentscheidung ist der **Rechtsweg zu den Finanzgerichten** offen.

922 Die **Dienstaufsichtsbeschwerde** muß das Finanzamt **zur Kenntnis nehmen** und prüfen. Sie landet also nicht im Papierkorb! Das Finanzamt muß den Arzt über die Art der Erledigung benachrichtigen. Bleibt die Dienstaufsichtsbeschwerde beim Finanzamt ohne Erfolg, kann der Arzt eine weitere Dienstaufsichtsbeschwerde bei der Oberfinanzdirektion einlegen. Die Dienstaufsichtsbeschwerde eröffnet jedoch **keinen Rechtsweg zu den Finanzgerichten**, also keine Überprüfung durch ein unabhängiges Gericht.

923 Es ist daher ratsam, **stets** sofort **förmliche Beschwerde** statt einer Dienstaufsichtsbeschwerde einzulegen, wenn die Maßnahme des Finanzamtes oder des Prüfers mit der förmlichen Beschwerde angegriffen werden kann. Das Finanzamt bzw. die Oberfinanzdirektion müssen zur Entscheidung über beide vielfach tatsächliche Feststellungen treffen, den Prüfer oder andere Personen

hören. Das nimmt Zeit in Anspruch. Es ist daher möglich, daß bei den Ermittlungen der Finanzbehörden zur Entscheidung über eine Dienstaufsichtsbeschwerde die Frist von einem Monat zur Einlegung der förmlichen Beschwede abläuft. Der Arzt verliert damit diese Rechtsbehelfsmöglichkeit.

13. Außenprüfung und Strafverfahren

a) Tatverdacht und Einleitung eines Strafverfahrens

Im Verlauf einer Prüfung kann sich der Verdacht einer Steuerhinterziehung oder einer Steuerordnungswidrigkeit ergeben, wenn zureichende tatsächliche Anhaltspunkte für die Tat vorliegen. Ein einfacher Tatverdacht reicht aus. Es genügt der Anschein des Vorliegens eines Steuervergehens. **924**

Beispiel:
Der Prüfer stellt mehrere nicht verbuchte Einnahmen fest.

Ein Strafverfahren ist eingeleitet, sobald die Finanzbehörde eine Maßnahme trifft, die erkennbar darauf abzielt, gegen jemanden wegen einer Steuerstraftat strafrechtlich vorzugehen (§ 397 Abs. 1 AO). Vgl. hierzu auch Rdnr. 960.

b) Wie der Prüfer vorzugehen hat

Bei Einleitung eines Steuerstrafverfahrens laufen **Besteuerungsverfahren** und **strafrechtliches Ermittlungsverfahren nebeneinander**. Im Besteuerungsverfahren sind dann **Zwangsmittel** gegen den Arzt **unzulässig**, wenn er dadurch gezwungen würde, sich wegen einer von ihm begangenen Steuerstraftat selbst zu belasten (§ 393 AO). Sowohl für den Arzt als auch für den Prüfer ist es jedoch wichtig, genau zu wissen, ob die weitreichenden Mitwirkungspflichten im Außenprüfungsverfahren noch erzwungen werden können. Deshalb schreibt § 9 BpO die weitere Vorgehensweise des Prüfers verbindlich vor. Danach hat er unverzüglich die für die Bearbeitung dieser Straftat zuständige Stelle zu **unterrichten**. Richtet sich ein Verdacht gegen den Arzt, dürfen, soweit der Verdacht reicht, die Ermittlungen i. S. von § 194 AO bei ihm erst fortgesetzt werden, wenn ihm die Einleitung des Strafverfahrens **mitgeteilt** worden ist (§ 397 AO), so daß Klarheit über die verfahrensrechtliche Situation besteht. Weiterhin ist der Arzt darüber zu belehren, daß, soweit die Feststellungen auch für Zwecke des Strafverfahrens verwendet werden können, seine Mitwirkung im Besteuerungsverfahren **nicht erzwungen** werden kann. Diese **Belehrung** hat der Prüfer unter Angabe von Datum und Uhrzeit **aktenkundig** zu machen. **925**

Kapital IX:
Selbstanzeige

926 Ein Arzt, der sich einer Steuerhinterziehung oder einer leichtfertigen Steuerverkürzung schuldig gemacht hat, hat die Möglichkeit, sich durch Selbstanzeige Straffreiheit zu verschaffen.

927 **Selbstanzeige** besteht darin, daß unrichtige oder unvollständige Angaben bei der Finanzbehörde berichtigt oder ergänzt oder unterlassene Angaben nachgeholt werden (§ 371 Abs. 1 AO). Zur **strafbefreienden Nacherklärung** bei nicht deklarierten Kapitaleinkünften siehe Art. 17 StRG 1990 v. 25. 7. 88 (BStBl I 224).

1. Wer kann Selbstanzeige erstatten?

928 Selbstanzeige kann erstatten:

- der **Täter** – auch mittelbarer Täter oder Nebentäter (§ 25 Abs. 1 StGB),
- der **Mittäter** (§ 25 Abs. 2 StGB),
- der **Anstifter** (§ 26 StGB),
- der **Gehilfe** (§ 27 StGB).

929 In der Regel wird der Arzt **persönlich** Selbstanzeige erstatten. Er kann sie aber auch durch einen **bevollmächtigten Vertreter** abgeben lassen. Eine derartige Selbstanzeige ist aber nur dann wirksam, wenn sie aufgrund eines nach der Tat erteilten ausdrücklichen Auftrags abgegeben wird. Die Vorschriften über die Geschäftsführung ohne Auftrag (§ 677 ff. BGB) können nicht angewandt werden.

930 Die Selbstanzeige gibt dem Täter einer Steuerhinterziehung oder leichtfertigen Steuerverkürzung einen **persönlichen Strafaufhebungsgrund**. Daraus folgt, daß die von einem Mittäter erklärte Selbstanzeige regelmäßig nicht zugunsten des anderen Mittäters wirkt. Etwas anderes gilt nur dann, wenn der Erstatter der Anzeige ausdrücklich und nachweislich vom Mittäter beauftragt worden ist, sie auch mit Wirkung für ihn abzugeben.

Wenn für das Finanzamt nicht sofort erkennbar ist, ob der Auftrag zur Erstattung einer Selbstanzeige für einen Mittäter oder sonstigen Tatbeteiligten gilt, so bedeutet das noch nicht, daß die von einem Beauftragten erklärte Selbstanzeige für den Dritten nicht wirkt. Nach dem **Untersuchungsgrundsatz** hat das Finanzamt die Aufklärungspflicht, ob Mittäter oder sonstige Tatbeteiligte an der Steuerhinterziehung beteiligt waren und ob die Selbstanzeige ggf. auch in deren Auftrag abgegeben wurde (von Fürstenberg, a. a. O., S. 645).

Ob tatsächlich ein Auftrag zur Selbstanzeige bereits erteilt war oder nicht, wird sich in der Praxis nachträglich kaum feststellen lassen. Daher muß der Berater – bis zum Beweis des Gegenteils – im Mandanteninteresse darauf bestehen, daß tatsächlich ein Auftrag zur Selbstanzeige vorlag und daß die diesbezügliche Behauptung des Mandanten keine **bloße Schutzbehauptung** ist; denn Selbstanzeige ist auch in verdeckter Stellvertretung möglich (von Fürstenberg, a. a. O., S. 645). 931

2. Wo ist Selbstanzeige zu erstatten?

Nach § 371 Abs. 1 AO ist die Selbstanzeige „bei der **Finanzbehörde**" zu erstatten, die **örtlich und sachlich zuständig** ist. Finanzbehörde in diesem Sinne sind der Bundesminister der Finanzen, die Länderfinanzminister bzw. -senatoren, die Oberfinanzdirektionen sowie die Finanzämter und Hauptzollämter. Ob Selbstanzeige auch wirksam gegenüber **Außenprüfern** und Steuerfahndungsprüfern der Finanzbehörden erstattet werden kann, ist streitig. Auch wenn in der Praxis eine Selbstanzeige gegenüber diesen Personen als wirksam angesehen wird, ist Vorsicht geboten. Ratsam ist vielmehr immer Abgabe vor den oben genannten Finanzbehörden. Wird eine Selbstanzeige bei anderen Behörden abgegeben, z. B. Polizei, Staatsanwaltschaft, Strafgericht usw., so erfolgt keine Abgabe „bei der Finanzbehörde". Straffreiheit tritt in derartigen Fällen nur ein, wenn die Selbstanzeige von der unzuständigen Behörde an die zuständige Finanzbehörde weitergeleitet wird und dort rechtzeitig eintrifft. Die Wahl des unrichtigen Weges geht zu Lasten des Täters. 932

Eine wirksame Selbstanzeige liegt bei **Übergabe an irgendeinen Behördenangestellten** – Außenprüfer, Fahndungsprüfer, Beamter der Straf- und Bußgeldsachenstelle – nur dann vor, wenn dieser die Anzeige als Bote des Selbstanzeige erstattenden Arztes rechtzeitig bei der zuständigen Finanzbehörde abliefert (von Fürstenberg, a. a. O., S. 646). 933

934   Bezieht sich die Selbstanzeige auf **mehrere Steuerarten**, für die **verschiedene Finanzbehörden** sachlich und örtlich zuständig sind und kennt sich der Arzt, der Selbstanzeige erstattet, in der Organisation der Finanzverwaltung nicht aus, so muß es nach von Fürstenberg (a. a. O., S. 646) genügen, wenn die Selbstanzeige bei einer Finanzbehörde erstattet wird, von der erwartet werden kann, daß sie sie an die zuständige Finanzbehörde weiterleitet.

3. Form der Selbstanzeige

935   Eine besondere Form ist für die Selbstanzeige nicht vorgeschrieben. Sie kann daher mündlich oder zur Niederschrift erstattet werden. Zur Vermeidung von Zweifeln und aus Beweisgründen ist auf jeden Fall **Schriftform** oder Erklärung zur Niederschrift ratsam. Die Erklärung braucht weder das Wort „Selbstanzeige" noch einen Hinweis auf § 371 AO zu enthalten. Eine Unterschrift soll gleichfalls nicht erforderlich sein (von Fürstenberg, a. a. O., S. 646).

4. Inhalt der Selbstanzeige

936   Der eine Selbstanzeige erstattende Arzt muß unrichtige oder unvollständige Angaben berichtigen oder ergänzen oder unterlassene Angaben nachholen (§ 371 Abs. 1 AO). Er muß also unrichtige oder unvollständige Angaben **richtigstellen** oder, soweit bisher keine Angaben gemacht worden sind, **richtige und vollständige** Angaben machen. Er muß „Material liefern". Ein Antrag auf Durchführung einer Außenprüfung oder keine näheren Einzelheiten enthaltene Erklärungen reichen nicht aus.

937   Die **Angaben** des Arztes müssen so **vollständig** sein, daß das Finanzamt ohne weiter auf den guten Willen des Arztes angewiesen zu sein, ohne langwierige Ermittlungen die Steuer festsetzen oder frühere Steuerfestsetzungen berichtigen kann. Sind derartige Angaben wegen mangelhafter Aufzeichnungen und Buchführungsunterlagen nicht möglich, kann der Arzt dem Finanzamt einen schlüssig begründeten **Schätzungsvorschlag** machen, der eher zu hoch als zu niedrig sein sollte; denn wenn sich später eine zu hohe Schätzung herausstellen sollte, kann gegen berichtigte Steuerbescheide immer noch Einspruch eingelegt werden (von Fürstenberg, a. a. O., S. 647).

938   Nicht ungefährlich ist die sog. **gestufte Selbstanzeige**, bei der zunächst dem Grunde nach Selbstanzeige erstattet wird mit dem Hinweis, bestimmte Angaben unverzüglich nachzuholen oder genauer darzulegen. Denn ob das Finanzamt mit einer derartigen Selbstanzeige einverstanden sein wird, läßt sich vorher nicht sagen (von Fürstenberg, a. a. O.).

5. Fristgerechte Nachzahlung

Sind Steuerverkürzungen bereits eingetreten und Steuervorteile erlangt, tritt **939** für den an der Tat Beteiligten Straffreiheit nur ein, soweit er die zu seinen Gunsten **hinterzogenen Steuern** innerhalb der ihm bestimmten angemessenen Frist **entrichtet** (§ 371 Abs. 3 AO). Wird nicht oder nicht in voller Höhe gezahlt, kann in Höhe der nicht gezahlten Beträge Bestrafung bzw. Ahndung erfolgen.

Auch wenn die gesetzte **Zahlungsfrist ohne Schuld** des Arztes versäumt wird, **940** tritt keine Straffreiheit ein. Bei Fristversäumnis kommt auch **keine** Wiedereinsetzung in den vorigen Stand (§ 110 AO) in Betracht. **Vor** Fristablauf kann jedoch ein Antrag auf **Fristverlängerung** oder auf Bewilligung von **Teilzahlungen** gestellt werden.

Werden **Nebenleistungen**, wie Säumniszuschläge, Hinterziehungszinsen oder **941** Verspätungszuschläge, nicht fristgerecht gezahlt, so tritt trotzdem Straffreiheit ein, da steuerliche Nebenleistungen keine Steuern sind (vgl. § 3 AO).

Die Frist zur Nachzahlung der hinterzogenen Steuer bestimmt die **Straf- und 942 Bußgeldsachenstelle** im allgemeinen einvernehmlich mit der Veranlagungsstelle. Die Steuerfestsetzung braucht nicht rechtskräftig zu sein. Durch Einlegung eines **Rechtsbehelfs** wird die Zahlungsfrist nicht hinausgeschoben.

Es muß eine „**angemessene**" Frist gesetzt werden. Bei dieser Frage ist die **943** wirtschaftliche Lage des Täters mit zu berücksichtigen. Für die Angemessenheit der Frist kommt es auf die Umstände des Einzelfalles an.

Gegen die Fristsetzung ist der **Finanzrechtsweg nicht gegeben** (BFH v. **944** 17. 12. 81, BStBl 82 II 352).

Auf die **Bedeutung der Zahlungsfrist** muß in dem berichtigten Steuerbescheid **945** hingewiesen werden. Fehlt ein diesbezüglicher Hinweis, wird keine Zahlungsfrist in Lauf gesetzt (von Fürstenberg, a. a. O., S. 649).

Eine **unangemessene**, also zu kurze **Frist** hat keine Rechtswirkungen. Wird **946** eine zu kurze unangemessene Fristsetzung im Verfahren festgestellt, so wird das Strafverfahren bis zum Ablauf einer angemessenen Frist ausgesetzt (vgl. 228 StPO).

Wird die Steuer innerhalb der angemessenen Frist nicht nachentrichtet, tritt **947** keine Straffreiheit ein. Die Frist kann **nachträglich nicht verlängert** werden. Aussetzung der Vollziehung (§ 361 AO) und Stundung im Besteuerungsverfahren (§ 222 AO) verlängern **nicht** die strafrechtliche Zahlungsfrist (von Fürstenberg, a. a. O., S. 650).

6. Für Selbstanzeige kann es zu spät sein

948 Die Möglichkeit, **Straffreiheit** wegen Steuerhinterziehung durch Selbstanzeige zu erlangen besteht **nicht** mehr, wenn

● **vor** der Berichtigung, Ergänzung oder Nachholung

  – ein **Amtsträger der Finanzbehörde** zur steuerlichen Prüfung oder zur **Ermittlung** einer Steuerstraftat oder einer Steuerordnungswidrigkeit **erschienen** ist (§ 371 Abs. 2 Nr. 1 a AO) oder

  – dem Täter oder seinem Vertreter die **Einleitung des Straf- oder Bußgeldverfahrens** wegen der Tat **bekanntgegeben** worden ist (§ 371 Abs. 2 Nr. 1 b AO) oder

● die **Tat** im Zeitpunkt der Berichtigung, Ergänzung oder Nachholung **ganz oder zum Teil bereits entdeckt** war und der Täter dies wußte oder bei verständiger Würdigung der Sachlage damit rechnen mußte (§ 371 Abs. 2 Nr. 2 AO).

949 Die vorgenannten Tatbestände haben für die strafbefreiende Selbstanzeige eine sog. **Sperrwirkung.**

a) Erscheinen des Prüfers

950 Wenn **vor** Berichtigung, Ergänzung oder Nachholung ein Amtsträger zur steuerlichen Nachprüfung oder zur Ermittlung einer Steuerstraftat oder einer Steuerordnungswidrigkeit erscheint, tritt Straffreiheit nicht ein (§ 371 Abs. 2 Nr. 1 a AO).

951 **Amtsträger** sind u. a. Beamte und alle anderen Personen, die sonst dazu bestellt sind, Aufgaben der öffentlichen Verwaltung wahrzunehmen (§ 7 AO). Wegen der in Betracht kommenden **Finanzbehörden** vgl. Rdnr. 932. Ein Amtsträger kann demnach sowohl ein beamteter als auch nicht beamteter, also ein angestellter Betriebsprüfer sein.

952 „**Erschienen**" ist der Amtsträger, wenn er am Prüfungsort ins Blickfeld des Arztes tritt, wobei er dessen Praxis bzw. Wohnung noch nicht betreten zu haben braucht. Eine telefonische oder schriftliche **Ankündigung**, z. B. durch Übersenden der Prüfungsanordnung, reicht nicht aus. Wird der Arzt zur Vor-

lage und Prüfung von Unterlagen zum Finanzamt bestellt, so ist sein **Eintreten** in das **Dienstzimmer** des zuständigen Prüfers als dessen Erscheinen beim
Arzt anzusehen, so daß keine Selbstanzeige mehr möglich ist (von Fürstenberg, a. a. O., S. 650).

Die **Sperrwirkung** ist grundsätzlich **persönlich** auf den **Täter begrenzt**, bei   953
dem der Amtsträger erschienen ist. Demnach kann ein Mittäter bzw. Teilnehmer an der Steuerhinterziehung noch wirksam Selbstanzeige erstatten, sofern
kein anderer Ausschlußgrund vorliegt.

Der Prüfer muß mit der ernsthaften Absicht zu prüfen erschienen sein.   954
Scheinhandlungen reichen nicht aus. Eine derartige Handlung liegt vor, wenn
ein Prüfer nur zum Schein einige Prüfungshandlungen kurz vor Jahresende
vornimmt und dann die Prüfung abbricht, um sie im nächsten Jahr fortzusetzen.

Sachlich erstreckt sich die Sperrwirkung nicht auf alle Steuerarten und   955
Steuerabschnitte, sondern nur auf die Steuerverfehlungen, die in der ange-
ordneten Prüfung entdeckt werden können. Erscheint bspw. ein Lohnsteuer-
Außenprüfer zur Lohnsteuerprüfung beim Arzt, so ergibt sich daraus keine
Sperrwirkung für eine Selbstanzeige auf dem Gebiet der Grunderwerbsteuer
(von Fürstenberg, a. a. O., S. 652).

Der **Umfang** der Sperrwirkung ergibt sich aus der Prüfungsanordnung, die die   956
Steuerarten, Sachverhalte und Prüfungszeiträume bestimmt. In dem vorgenannten Umfang ist nach Erscheinen des Prüfers eine Selbstanzeige ausgeschlossen (von Fürstenberg, a. a. O.).

Nach **Abschluß der Außenprüfung**, d. h., wenn das Finanzamt die Steuer-   957
bescheide usw. abgesandt hat, die aufgrund der Prüfung berichtigt oder erst-
malig erlassen wurden, kann Selbstanzeige jedoch für solche Steuerhinterzie-
hungen bzw. leichtfertige Steuerverkürzungen wieder erstattet werden, die
der Prüfer nicht entdeckt hat.

b) Bekanntgabe der Einleitung eines Straf- oder Bußgeldverfahrens

Straffreiheit tritt ferner nicht ein, wenn dem Täter oder seinem Vertreter die   958
Einleitung des Straf- oder Bußgeldverfahrens wegen der Tat bekanntgegeben
worden ist (§ 371 Abs. 2 Nr. 1 b AO).

Tat ist der strafprozessuale Strafbegriff i. S. des § 264 StPO.   959

960 Das **Strafverfahren** ist **eingeleitet**, sobald die Finanzbehörde, die Polizei, die Staatsanwaltschaft, einer ihrer Hilfsbeamten oder der Strafrichter Maßnahmen trifft, die erkennbar darauf abzielen, gegen jemanden wegen einer Steuerstraftat strafrechtlich vorzugehen (§ 397 Abs. 1 AO). Das gilt auch für das Bußgeldverfahren (§ 410 Abs. 1 Nr. 6 AO).

961 Die Maßnahme ist unter Angabe des Zeitpunkts unverzüglich in den **Akten** zu **vermerken** (§ 397 Abs. 2 AO).

962 Die **Einleitung** des Strafverfahrens ist dem Beschuldigten **spätestens mitzuteilen**, wenn er dazu aufgefordert wird, Tatsachen darzulegen oder Unterlagen vorzulegen, die im Zusammenhang mit der Straftat stehen, derer er verdächtigt ist (§ 397 Abs. 3 AO). Eine bestimmte **Form** ist für die Bekanntgabe nicht vorgeschrieben; sie kann mündlich, schriftlich oder auch durch konkludente Handlungen erfolgen.

963 Die Einleitung des Straf- oder Bußgeldverfahrens muß dem **Täterr** oder **seinem Vertreter** bekanntgegeben worden sein. Täter in diesem Sinne können auch Teilnehmer der Tat sein. Vertreter sind nicht nur gesetzliche Vertreter oder Bevollmächtigte, sondern auch Personen, die wegen ihrer besonderen Beziehungen zum Täter als Adressat für die Bekanntgabe der Einleitung eines Steuerstrafverfahrens in Betracht kommen. Es ist demnach keine rechtsgeschäftliche oder gesetzliche Vertretungsmacht notwendig (von Fürstenberg, a. a. O., S. 654).

964 Die Tat, derentwegen ein Verfahren eingeleitet wird, muß nach Art und Umfang möglichst **genau bezeichnet** werden; denn je enger die Tat umschrieben ist, um so weiter reicht die Möglichkeit, wegen anderer Steuerverfehlungen Selbstanzeige noch erstatten zu können (von Fürstenberg, a. a. O.).

965 **Nach Einstellung** des Straf- und Bußgeldverfahrens lebt die Möglichkeit zur Selbstanzeige wieder auf, wenn kein Verdacht auf eine Steuerstraftat oder eine Steuerordnungswidrigkeit bestehen bleibt (von Fürstenberg, a. a. O.).

c) Entdeckung der Tat

966 Straffreiheit tritt schließlich nicht ein, wenn die Tat im Zeitpunkt der Berichtigung, Ergänzung oder Nachholung ganz oder zum Teil bereits entdeckt war und der Täter dies wußte oder bei verständiger Würdigung der Sachlage damit rechnen mußte (§ 371 Abs. 2 Nr. 2 AO).

Entdeckt ist die Tat, wenn eine nicht zum Täterkreis gehörende Person das 967
Vorliegen einer Steuerverfehlung erkannt hat. Zu diesem Kreis gehören aber
nicht die Ehefrau oder der steuerliche Berater, da dies Personen sind, die das
Vertrauen des Täters besitzen. Entdeckung der Tat liegt aber bspw. vor,
wenn die Behörde davon soviel weiß, daß sie nach ihrem pflichtgemäßen
Ermessen die Strafverfolgung betreiben muß (von Fürstenberg, a. a. O.,
S. 654).

Kenntnis hat der Täter von der Entdeckung, wenn er aus ihm bekannten Tat- 968
sachen folgern kann, daß die Tat nicht verborgen geblieben ist. Dieser posi-
tiven Kenntnis von der Entdeckung ist gleichgestellt, wenn der Täter bei verständiger Würdigung der Sachlage mit der Entdeckung rechnen muß (von
Fürstenberg, a. a. O., S. 655). Die **irrige Annahme der Entdeckung** allein hin-
dert die Wirksamkeit der Selbstanzeige jedoch nicht.

7. Selbstanzeige bei leichtfertiger Steuerverkürzung

Eine Geldbuße wird nicht festgesetzt, soweit der Täter unrichtige oder 969
unvollständige Angaben bei einer Finanzbehörde **berichtigt** oder **ergänzt** oder
unterlassene Angaben **nachholt**, bevor ihm oder seinem Vertreter die Einleitung eines Straf- oder Bußgeldverfahrens wegen der Tat bekanntgegeben
worden ist und er die verkürzten Steuern **fristgerecht nachzahlt** (§ 378 Abs. 3
AO).

Bei einer leichtfertigen Steuerverkürzung, die bspw. bei einer Prüfung aufge- 970
deckt wird, ist für den Arzt eine ordnungsmäßige und rechtzeitige Berichtigung besonders schwierig, da er etwas berichtigen muß, von dem er positiv –
im Gegensatz zum Vorsatzdelikt Steuerhinterziehung – keine Kenntnis hat.
Er kann abweichend von der Selbstanzeige bei Steuerhinterziehung (vgl.
Rdnr. 948) noch **nach Erscheinen des Prüfers Selbstanzeige** bei leichtfertiger
Steuerverkürzung erstatten. Das ist selbst dann noch möglich, wenn der Prüfer die Tat in ihrem gesamten Ausmaß bereits entdeckt hat (von Fürstenberg,
a. a. O., S. 655 mit Hinweisen zur Rechtsprechung).

Eine **Anerkennung des Prüfungsberichts** ohne jede weitere berichtende 971
Mitwirkung reicht indessen als Selbstanzeige nicht aus.

Eine **ausreichende Aufklärungshilfe** leistet der Arzt, wenn er durch eigene 972
Tätigkeit einen wesentlichen Beitrag zur Ermöglichung einer richtigen Steuerfestsetzung leistet. Dabei ist die **Mitverwertung** des vom Prüfer ohne Mitwir-

kung des Arztes festgestellten Materials möglich, wenn der Arzt darüber hinaus durch eine eigene Tätigkeit weiteres **Material liefert**.

973 **Keine ausreichende Aufklärungshilfe** des Arztes liegt z. B. vor, wenn er nur einen Antrag auf Durchführung einer Prüfung stellt oder wenn er lediglich zu Beginn der Prüfung erklärt, seine Buchführung sei stark vernachlässigt und dadurch seien Steuerverkürzungen möglich oder wenn er zu Beginn der Prüfung freiwillig seine Buchführung vorlegt oder wenn er die durch die Prüfung festgestellten Steuern sofort bezahlt.

974 Stellt der Prüfer für ein Jahr Steuerverkürzungen fest, und erklärt der Arzt nunmehr, daß auch in anderen Jahren die gleichen Verkürzungen in etwa der gleichen Höhe vorgekommen sein können, so kann eine Selbstanzeige auch für das erste Jahr wirksam sein.

975 **Nach Einleitung des Straf- oder Bußgeldverfahrens** ist in Fällen leichtfertiger Steuerverkürzung keine Selbstanzeige mehr möglich (§ 378 Abs. 3 Satz 1 AO).

976 Leistet der Arzt **Aufklärungshilfe** während der Prüfung und wird erst **danach** das Straf- oder Bußgeldverfahren eröffnet, bleibt die durch die Mitarbeit des Arztes erstattete Selbstanzeige rechtswirksam, weil sie bereits **vor** Einleitung des Verfahrens erstattet worden war.

8. Beispiele

977 Die folgenden Beispiele richtiger bzw. fehlerhafter Selbstanzeigen sind dem Beitrag von von Fürstenberg „Vermeidung des Steuerstrafverfahens durch rechtzeitige Selbstanzeige", NWB F. 13, 643 ff., entnommen.

978 • **Form und Inhalt der Selbstanzeige**

– Ein Arzt hatte die Aufnahme seiner ärztlichen Tätigkeit dem Finanzamt nicht angezeigt. Die Abgabe seiner Steuererklärung ist eine Selbstanzeige.

– Gibt der Arzt eine Lohnsteuer-Anmeldung verspätet ab, enthält sie konkludent die entsprechende Selbstanzeige.

– Ein Arzt schreibt dem Finanzamt mit der Überschrift „Selbstanzeige gemäß § 371 AO". Er teilt mit, daß seine vor vier Jahren abgegebene Steuererklärung falsch gewesen sei. Keine wirksame Selbstanzeige, weil sein Schreiben keine berichtigenden und ergänzenden Angaben enthält, aus denen sich die früher verkürzte Steuer ergibt.

- **Keine wirksame Selbstanzeigen**   979
  - Erklärung des Arztes „Selbstanzeige erstatten zu wollen"
  - Antrag auf Durchführung einer Außenprüfung
  - Mitteilung, abgegebene Steuererklärungen seien unrichtig
  - Zurverfügungstellung der Buchhaltung
  - Anerkennung eines Prüfungsergebnisses als richtig
  - stillschweigende Nachzahlung verkürzter Steuerbeträge

- **Beginn der Sperrwirkung**   980

  - Prüfer P will bei Arzt A prüfen. Er begibt sich deshalb in das Praxisgebäude, in dem A in den oberen Stockwerken seine Wohnung hat. Er trifft niemanden an. Er hinterläßt daher eine schriftliche Nachricht, daß er am übernächsten Tag wiederkommen werde. Dieses Schreiben gibt P

    - der in der Praxis tätigen Putzfrau mit der Bitte, es an ihren Chef weiterzuleiten;

    - in den am Gartentor befindlichen Briefkasten des A, weil das Praxisgebäude verschlossen ist.

    In beiden Fällen ist die Sperrwirkung eingetreten. P war zur Prüfung an dem hierfür geeigneten Ort „Praxis" erschienen. Hieran ändert nichts, daß er im Fall der Alternative die Praxis nicht hat betreten können.

- Prüfer P erscheint gelegentlich einer Dienstfahrt am Montag bei Dr. A und kündigt ihm an, er wolle am Mittwoch der gleichen Woche die dem A bereits vor Wochen angekündigte Außenprüfung durchführen. Ursprünglich war für diese Prüfung ein anderer Termin vereinbart worden. Dr. A kann hier am Montag und auch noch am Dienstag wirksam Selbstanzeige erstatten; denn P war am Montag gelegentlich einer anderen Diensthandlung, nicht zum Zwecke der Durchführung der Außenprüfung, bei Dr. A erschienen.

- **Scheinhandlungen**   981

  - Eine Prüfung wird nur deshalb kurz vor Jahresende angesetzt, um den mit Jahresende erfolgenden Ablauf der Festsetzungsfrist zu hemmen

(§ 171 Abs. 4 AO). Das bloße Erscheinen des Prüfers bewirkt noch keine Sperrwirkung. Es handelt sich um eine Scheinhandlung. Der Prüfer hat nicht in Prüfungsabsicht gehandelt.

– Ebenso handelt es sich um eine Scheinhandlung, wenn ein Prüfer kurz vor Jahresende einige Prüfungshandlungen vornimmt, dann aber die Prüfung abbricht, um sie im nächsten Jahr fortzusetzen.

Kapital X:
Praxisaufgabe/Praxisveräußerung

1. Allgemeines

Im ärztlichen und zahnärztlichen Bereich ist die Veräußerung einer Praxis zu 982
einem immer wichtiger werdenden Faktor geworden. Vor zehn Jahren und
länger konnte ein Arzt in der Regel bei der Veräußerung seiner Praxis nur
geringe Gewinne verzeichnen. Dies führte dazu, daß viele Ärzte die Praxis
nicht veräußerten, sondern solange weiter betrieben, bis sie altersmäßig dazu
nicht mehr in der Lage waren. Dies hat sich grundlegend gewandelt. Der Praxiswert ist aufgrund der großen Nachfrage heute stark angestiegen. Nicht selten werden 50 v. H. des bereinigten Jahresumsatzes allein für den ideellen
Wert bezahlt.

2. Praxiswert

Man unterscheidet zwischen **materiellem und ideellem Praxiswert**. 983

Der **materielle** Wert einer Arztpraxis setzt sich zusammen aus der Summe der 984
Veräußerungspreise für Einrichtungsgegenstände der Praxis (Mobiliar, Fachbücher), medizinische Geräte, Vorräte an Praxisverbrauchsartikeln, Außenstände, falls sie übertragen werden, abzüglich der Verbindlichkeiten, die
übernommen werden (Wollny, a. a. O., Rdnr. 2277).

Wertbeeinflussende Faktoren einer Arztpraxis sind (Wollny, a. a. O., 985
Rdnr. 2278): starke oder geringe Arztdichte, geringe oder hohe Anzahl niedergelassener Ärzte gleicher Fachrichtung in unmittelbarer Umgebung der
Praxis, unter Umständen im selben Gebäude, verkehrsgünstige Lage, Nähe
zu Haltestellen öffentlicher Verkehrsmittel, Parkplatzmöglichkeiten, Nähe
von Einkaufsmöglichkeiten, Veränderungen, die durch städtebauliche Maßnahmen zu erwarten sind, Größe und Ausstattung der Praxis (ausreichende
Praxisgröße, mehrere Untersuchungs- und Behandlungszimmer, Anzahl der
Toiletten, Sozialraum für Personal, Aus- und Umbaumöglichkeiten, Lärm-
empfindlichkeit der Praxisräume), Übereinstimmung der fachlichen Praxis-
ausübung vom übertragenden und übernehmenden Arzt, ausreichendes und

gut eingearbeitetes Personal, Höhe der Vergütung des Personals, Patienten-
struktur (Privatpatienten, Kassenpatienten, Rentneranteil, Häufigkeit der
Fallzahlen), Nähe eines Krankenhauses bei belegärztlicher Tätigkeit, ausreichende Vertretungsregelung durch Nachbarkollegen (insbesondere bei Land-
praxen).

Beim materiellen Praxiswert werden Schätzwerte zwischen dem Buchwert
und dem Anschaffungswert entsprechend dem Alter und der Nutzungsdauer
der Wirtschaftsgüter ermittelt. Neuerungen auf dem Markt beeinflussen die
Wertfeststellung. Daher muß ein ggf. eingeschalteter Gutachter über erhebliche technische Kenntnisse verfügen. Hilfestellung können hier u. a. auch
Fachfirmen geben. Materialien, Medikamente und sonstiger Praxisbedarf
werden in der Regel zu Anschaffungspreisen mit bestimmten Abschlägen
bewertet.

986 Zur **Ermittlung des Wertes einer Arztpraxis** kommen folgende Methoden in
Betracht:

- Die Konferenz der Rechtsberater der Bundesärztekammer bemißt den
  Praxiswert mit 25 v. H. des Durchschnittsumsatzes einer Kassenpraxis oder
  mit 50 v. H. des Jahresbruttogewinns der Kassenpraxis. Jahresgewinn in
  diesem Sinne ist der Jahresbruttoumsatz abzüglich der Betriebsausgaben
  (Westfälisches Ärzteblatt 62, 400).

- Nentwig (Juramed, Kirchheim Verlag, Mainz 1982, Gruppe 2, 10 ff.) hält
  es für gerechtfertigt, als Praxiswert bis zu 25 v. H. des durchschnittlichen
  Jahresumsatzes der letzten drei Jahre oder 50 v. H. des durchschnittlichen
  Jahresgewinns der letzten drei Jahre anzusetzen.

- Nach Schade (Arzt und Wirtschaft 84, 11 ff.) muß sich der Gesamtüber-
  nahmepreis an den Neugründungskosten ohne Anlaufverluste orientieren.
  Da bei der Praxisübernahme zumindest ein Patientenschwund von rd. 10
  bis 15 v. H. auftritt, der aber sofort fallwertmäßig ausgeglichen wird,
  bleiben damit nach seiner Ansicht betriebswirtschaftlich Umsatz und
  Gewinn stabil. Umsatz und Gewinn sowie Patientenzahl sind nach Schade
  bei einer Gemeinschaftspraxis und auch bei einer Nachfolgegemeinschaft
  regelmäßig steigend. Sie verlaufen damit betriebswirtschaftlich entgegenge-
  setzt. Die Theorie, beim Kauf eines gefährlichen Wirtschaftsgutes wie dem
  ideellen Praxiswert müsse ein Abschlag vorgenommen werden, berücksichtigt nach Schade nicht, daß ein solcher Wertverlust tatsächlich nicht eintritt.

- Lang/Bauer (a. a. O., S. 15) berechnen den Praxiswert mit 25 v. H. des durchschnittlich bereinigten Jahresumsatzes der Kassenvereinigungshonorare der (mindestens) letzten drei bis fünf Jahre, wenn eine kontinuierliche Entwicklung der Praxis vorliegt. Bei rückläufigen Fallzahlen sollten nur die Umsätze des letzten Jahres vor Abgabe oder des letzten Quartals vor Abgabe zugrunde gelegt werden.

- Das Wirtschaftsprüfer-Handbuch (81, 102 f.) sieht eine detaillierte Ermittlung nach folgendem Schema vor: Für die Bewertung einer Praxis sind die Umsätze der letzten Jahre heranzuziehen. Der Jahresumsatz ist um Ausfallzeiten, wie z. B. ärztliche Vertretung wegen Krankheit u. a., zu bereinigen. Dem bereinigten Jahresumsatz werden die Betriebsausgaben, wie Personal-, Labor-, Materialkosten, Mieten u. a. m. gegenübergestellt. Vom Überschuß aus bereinigtem Jahresumsatz und Betriebsausgaben wird zugunsten des Praxisübernehmers eine Vergütung eines Arztes, z. B. Gehalt eines Chefarztes im Krankenhaus, abgerechnet. Der verbleibende Überschuß soll demnach Grundlage für die Berechnung des Veräußerungswertes sein. Es wird davon ausgegangen, daß für den Aufbau einer Praxis etwa fünf Jahre benötigt werden. Daher errechnet sich der Übernahmepreis der Praxis in der Weise, daß der fünffache Nettoüberschuß durch Abzinsung barwertmäßig erfaßt wird. Der Kapitalisierungszeitraum kann je nach Größe der Praxis verringert oder erhöht werden. Diese Wertermittlungsmethode ist unseres Erachtens zu schematisch, was zu falschen Werten führen kann. Zu Recht wollen die kassenärztlichen Vereinigungen eine individuelle Wertermittlung für den Praxiswert (Bauer, Praxis-Praktikum/Novum 81, 14).

Eine Tendenz ist heute erkennbar: Der **ideelle Praxiswert** wird deutlich mit über 25 v. H. des bereinigten Jahresumsatzes bewertet. Hierauf haben schon Lang/Bauer (a. a. O., S. 14 f.) hingewiesen. Werte von 50 v. H. des bereinigten Jahresumsatzes sind nicht selten. Dies hat dazu geführt, daß die Bundeskassenärztliche Vereinigung den ideellen Wert auf 25 v. H. begrenzen wollte. Hierbei sollte ein Oberarztgehalt mit berücksichtigt werden. Diese Lösung wurde allerdings zwischenzeitlich zurückgestellt.   987

3. Praxiswert bei Ehescheidung

Problematisch ist bei freiberuflich tätigen Ärzten infolge der immer knapper werdenden Praxen auf dem Markt die Bemessung des Praxiswertes im Rahmen eines Scheidungsverfahrens.   988

989 In der Regel wird bei Freiberuflern keine Gütertrennung vereinbart, so daß
die Partner im sog. „gesetzlichen Güterstand" der Zugewinngemeinschaft
leben. Bei der Ehe muß ein etwaiger Zugewinn, den die Ehegatten während
der Ehe erzielt haben, bekanntlich ausgeglichen werden. In der Aufbauphase
der Praxis ist der **Zugewinnausgleich** kein Problem, da entsprechende Schulden bestehen, die dem Praxiswert gegengerechnet werden müssen. Anders ist
jedoch die Situation, wenn der freiberuflich tätige Arzt mit etwa 50 bis
55 Jahren seine Schulden, die Praxisdarlehen, abgelöst hat und damit weitgehend schuldenfrei ist. Unter Umständen **existenzbedrohend** kann der Zugewinnausgleich werden, wenn – wie es z. B. bei Zahnarztpraxen deutlich wird
– steigende Praxiswerte gezahlt werden, um überhaupt eine Praxis übernehmen zu können. Gerade im Bereich der Zahnärzte ergab sich in den letzten
Jahren eine Entwicklung, die fast zu einer Verdoppelung der Praxiswerte
führte. Wurde früher als Richtgröße ein bereinigter Quartalsumsatz als
Abfindung für den ideellen Praxiswert zugrundegelegt, sind heute Werte
zwischen 30 und 40 %, ja Spitzenwerte bis zu 50 % des bereinigten Jahresumsatzes üblich.

Prekär wird die Lage dann, wenn etwa ein Gemeinschaftspartner aus der Praxis ausscheidet und gleichzeitig eine Ehescheidung ansteht, so daß neben den
Zahlungen an den ausscheidenden Partner auch Zugewinnausgleich geleistet
werden muß. Nachstehend ein Beispiel, um dies zu verdeutlichen:

Beispiel:
Dr. Gerhard betreibt mit Dr. Wolfgang seit mehreren Jahren eine zahnärztliche
Gemeinschaftspraxis. Beide Partner gehen im Einvernehmen auseinander. Die
Gemeinschaftspraxis hatte einen bereinigten Jahresumsatz von 800 000 DM. Auf Dr.
Gerhard entfielen 50 %. Nach der Trennung der beiden Zahnärzte reicht die Partne-
rin von Dr. Gerhard die Scheidung ein. Das Familiengericht stellt den Praxiswert
fest und setzt für den ideellen Wert 140 000 DM an. Hinzu kommt der materielle
Wert mit etwa 100 000 DM. Da die Praxis schon über 15 Jahre besteht und die Darlehen restlos zurückgezahlt sind, ergibt sich eine Zugewinnausgleichsverpflichtung
von 120 000 DM.

990 Dieser Betrag wäre bei einer gutgehenden Praxis ohne weiteres zahlbar.
Doch hinzu kommt, daß das Familiengericht die üblichen **Unterhaltszahlungen** festsetzt. Da Gerhard noch zwei Kinder hat, muß er monatlich etwa
4 000 DM Unterhalt an die Familie zahlen.

991 Die **Doppelwirkung** von Unterhaltsleistung und Zugewinnausgleich aus der
Praxis sowie natürlich der Zugewinnausgleich aus dem privaten Vermögen –
wie z. B. Grundvermögen, Kapitalvermögen usw. – führt zu einer so hohen

Belastung, daß Gerhard in ernsthafte finanzielle Schwierigkeiten kommen kann.

Bei dieser Belastung stellt sich die Frage, inwieweit die Familiengerichte 992 Unterhaltszahlungen ohne Rücksicht auf den betrieblichen Zugewinnausgleich festsetzen dürfen, da sich beide Größen gleichzeitig bedingen. Dadurch, daß der Zugewinnausgleich bezahlt werden muß und dafür in der Regel ein Darlehen aufgenommen wird, ergibt sich kein geringerer Praxisgewinn, da sich der **Zugewinnausgleich** in der Vermögenssphäre abspielt und somit **einkommensteuerlich nicht relevant** ist. Privat wird Gerhard mit **Zinsen** belastet, die er **steuerlich nicht geltend machen** kann. Unseres Erachtens wäre es ein sinnvoller Ausgleich, wenn beim Zugewinnausgleich die Unterhaltsleistung um die monatlichen Zinszahlungen, weitergehend sogar um Zinszahlungen und Tilgungen, gekürzt würden. Bei einem Betrag von 120 000 DM wie im Beispiel wären dies monatlich bei einer Zins- und Tilgungslast von 8 % etwa 800 DM. Dennoch ist damit die Problematik der Realisierung des Ausgleichsanspruchs noch nicht hinreichend gelöst. Ratzl/ Lang (a. a. O.), die sich auf eine Richtlinie der ständigen Konferenz der Rechtsberater der Ärztekammern stützen, unterscheiden zwischen Fortführungs-, Übergabe- und Beteiligungswert. Für die Praxisbewertung im Rahmen der **Durchführung des Zugewinnausgleichs** ist auf den Fortführungswert abzustellen. Der Fortführungswert wird zwar zu einem bestimmten Stichtag berechnet, dennoch sind bereits zu diesem Stichtag erkennbare zukünftige Entwicklungen, wie vorgerücktes Alter, schlechte Gesundheit sowie Eignungsmängel des Praxisinhabers, etwa drohende Entziehung der Kassenzulassung und dergleichen mehr, zu berücksichtigen.

Nach der oben erwähnten Richtlinie kann der ideelle Wert einer Arztpraxis 993 mit einem Drittel des ermittelten durchschnittlichen Jahresumsatzes dieser Praxis angenommen werden, wobei selbstverständlich auch bei dieser Berechnung die Besonderheiten des Einzelfalles zu berücksichtigen sind. Neu – aber auch sachgerechter – ist, daß von dem die Praxis ermittelten durchschnittlichen Jahresumsatz ein **kalkulatorischer Arztlohn** für den Praxisinhaber abzusetzen ist. Dieser kalkulatorische Arztlohn wird ausgerichtet auf das Jahresgehalt eines Oberarztes nach BAT 1 b, brutto, verheiratet, 2 Kinder, Endstufe ohne Mehrarbeitsvergütung. Der Betrag wird mit etwa 83 000 DM angesetzt. **Wichtig** ist nach Ratzl/Lang (a. a. O.), daß der kalkulatorische Arztlohn für den Fall der Praxisveräußerung, im Gegensatz zum Scheidungsfalle, bei dem ja der Arzt weiterhin in seiner Praxis tätig ist, nicht in gleicher Weise abgezogen werden kann.

994 Der kalkulatorische **Arztlohn** wird entsprechend der Umsatzhöhe **differenziert** abgesetzt. Bei 50 000 DM Umsatz sind 25 % des Oberarztgehaltes, bei
100 000 DM 50 %, bei 200 000 DM 75 % und ab 300 000 DM 100 % des
zugrunde gelegten Gehalts abzusetzen. Bei einer Umsatzgröße unter
50 000 DM entfällt ein derartiger Ansatz.

995 Der Ansatz des kalkulatorischen Arztlohnes ist deshalb sinnvoll und
gerechtfertigt, weil derjenige Arzt, der seine Praxis fortführt, seine **Arbeitskraft nicht anderweitig verwerten** kann. Damit kommt der Grundsatz, daß
die Praxis ja weiterhin als Quelle des Unterhalts für die ganze Familie auch
nach der Scheidung dient, zum Tragen. Zum anderen wird der Tatsache
Rechnung getragen, daß die Praxiswerte eindeutig gestiegen sind, was sich
zwangsläufig auch in der Vermögenssphäre niederschlägt. Somit stellt die
soeben skizzierte Berechnungsmethode einen vernünftigen Kompromiß zwischen gestiegenem Marktwert einerseits und realistischer Einschätzung der
Zusammenhänge zwischen Zugewinnausgleich und Unterhaltszahlung andererseits dar.

996 Eine bloße **Gegenüberstellung von Anfangs- und Endvermögen** führt nach
Ratzl/Lang (a. a. O.) regelmäßig zu falschen Berechnungsgrundlagen. Vielmehr sind Kaufkraftschwund und die Entwicklung der allgemeinen Lebenshaltungskosten während der Ehezeit zu berücksichtigen. Das Anfangs-
vermögen ist daher mittels des allgemeinen Lebenshaltungskostenindexes des
Statistischen Bundesamtes auf die **Kaufkraftverhältnisse** des Stichtages
umzurechnen. Hierzu dient folgende Formel:

$$\frac{\text{Anfangsvermögen} \times \text{Index Endstichtag}}{\text{Index Anfangsstichtag}} = \text{bereinigtes Anfangsvermögen}$$

Beispiel (nach Ratzl/Lang, a. a. O.)

1. Alte Methode 25 % ohne Abzug Arztlohn, Jahresumsatz 400 000 DM

   Praxiswert 1972   50 000 DM

   Praxiswert 1987   200 000 DM

   (davon 100 000 DM ideeller Praxiswert)

   Zugewinn nicht 150 000 DM, sondern $50\,000 \text{ DM} \times \dfrac{120,9}{68,3} =$

   88 506,58 DM. Zugewinn mithin gerundet
   111 500 DM (200 000 DM ⁒ 88 500 DM)
   davon ½ als Ausgleichsbetrag   55 750,— DM

2. Neue Methode unter Berücksichtigung des
kalkulatorischen Arztlohnes sowie gestiegener Praxiswerte

Jahresumsatz	400 000,— DM
ab 100 % eines Oberarztgehaltes BAT 1 b,	
2 Kinder, verheiratet, 35 Jahre, Endstufe etwa	83 000,— DM
verbleiben	317 000,— DM
ideeller Praxiswert ⅓ =	105 666,— DM
materieller Praxiswert	100 000,— DM
Praxiswert 1987	205 666,— DM
abzüglich Praxiswert 1972 hochgerechnet mit	
Kaufkraftschwund	88 506,58 DM
Zugewinn	117 159,42 DM
Ausgleichsforderung gerundet	58 580,— DM

Der Unterschied in den Ausgleichsforderungen in den beiden Beispielen ist
nur geringfügig. Es dürfte Ratzl/Lang (a. a. O.) zuzustimmen sein, weil unter
Zugrundelegung der alten Berechnungssätze bei weithin gestiegenen Praxis-
werten ein wesentlich höherer Ausgleichsbetrag berechnet würde.

Fazit: 997

Um **hohe Belastungen** in einem **Scheidungsverfahren** zu **vermeiden**, sind folgende Möglichkeiten gegeben:

- Vereinbarung der Gütertrennung vor der Ehe,

- notariell beurkundeter Ehevertrag Gütertrennung noch während der Ehe,
bevor die Schulden weitgehend zurückbezahlt sind,

- notarielle Vereinbarung, daß die Praxis insgesamt oder auch der ideelle
Praxiswert bei einem ggf. in der Zukunft durchzuführenden Zugewinnaus-
gleichsverfahren außer Betracht bleiben soll,

- Berücksichtigung eines Oberarztgehaltes BAT 1 b, Endstufe, als kalkulatorischer Arztlohn bei der Berücksichtung des Praxiswertes, da hierdurch
eine erhebliche Milderung beim Praxiswert eintritt,

- evtl. Ansatz des Praxiswertes mit 10 v. H., was jedoch argumentativ
Schwierigkeiten verursachen dürfte.

4. Praxisübertragung

a) Praxisveräußerung

998 Veräußert ein Arzt/Zahnarzt seine Praxis oder gibt er seine freiberufliche Tätigkeit z. B. aus gesundheitlichen Gründen auf, so kann sich ein Veräußerungsgewinn oder ein Aufgabegewinn ergeben. Dieser **Gewinn** ist wie jeder andere Gewinn aus der ärztlichen Tätigkeit zu **versteuern**, jedoch auf **Antrag begünstigt**.

Veräußert ein Arzt durch **notariellen Vertrag** seinen Grundbesitz, in dem er seine Praxis betrieb, an einen anderen Arzt, so begründet der Vertrag die Vermutung, daß die beurkundeten Erklärungen richtig und vollständig sind (BFH v. 22. 1. 62, StRK, EStG § 4 R. 546). Da in dem Vertrag des Streitfalles nicht von einem Verkauf der Praxis gesprochen wurde, kann auch steuerlich von keiner Praxisveräußerung die Rede sein.

999 Der Arzt/Zahnarzt erhält die Vergünstigungen des § 16 i. V. m. § 34 EStG nur dann, wenn er tatsächlich seine **Tätigkeit beendet** und sie **nicht** etwa wieder an einem **anderen Ort aufnimmt** (BFH v. 10. 10. 63, BStBl 64 III 120). Wird die **Tätigkeit erneut aufgenommen**, gehen die Steuervergünstigungen verloren. Diese Gefahr besteht häufig, wenn noch rüstige Praxisabgeber weiterhin Patienten betreuen.

1000 Nicht erforderlich ist, daß der Arzt/Zahnarzt jegliche selbständige Tätigkeit endgültig aufgibt. Zu denken wäre etwa an wissenschaftliche, gutachtliche oder schriftstellerische Tätigkeit. Allerdings muß die ärztliche Tätigkeit eingestellt werden. Es geht also nicht an, daß ein Allgemeinarzt seine Tätigkeit einstellt, jedoch eine neurologische Tätigkeit, die er in geringem Umfang ausübte, zukünftig am gleichen Ort betreibt.

1001 Anders ist die Rechtslage bei einem **Ortswechsel**, bei dem sichergestellt ist, daß frühere Patienten nicht mehr betreut werden können. Er ist in den Fällen gegeben, in denen ein Arzt/Zahnarzt aus gesundheitlichen Gründen seine Praxis veräußert oder etwa ein Zahnarzt in einem Gebiet keine hinreichende Existenzgrundlage mehr findet und an einem neuen, günstigeren Ort eine Praxis eröffnet. Allerdings ist Voraussetzung, daß die **Patientenkartei** vollständig an den Nachfolger übergeben wird (BFH v. 30. 6. 61, HFR S. 222).

1002 Weitere Voraussetzung für die Steuervergünstigung ist, daß die **wesentlichen Grundlagen** der Praxis auf den Erwerber übertragen werden oder vom veräußernden oder aufgebenden Arzt/Zahnarzt in sein Privatvermögen überführt werden. Eine Praxisveräußerung wird dann verneint, wenn der Arzt/ Zahnarzt etwa nur einen Teil seiner Praxis veräußert. Wegen der Veräußerung einer Teilpraxis siehe Rdnr. 1003.

Die Veräußerung einer **Teilpraxis** setzt voraus, daß organisatorisch im wesentlichen verselbständigte Teile mit jeweils eigenem Patientenkreis veräußert werden (BFH v. 7. 12. 72, DStR 73, 413 mit Anmerkung von Becker). Betreibt ein **Facharzt** bei einheitlichem Patientenkreis **Praxis und Klinik nebeneinander**, so liegt in der Veräußerung der Klinik **nicht** die Aufgabe einer selbständigen **Teilpraxis** (FG Hamburg v. 16. 12. 74, EFG 75, 256). **1003**

Welche Folgerungen aus der **Weiterbeschäftigung** eines veräußernden Arztes in der bisherigen Praxis als sog. freier Mitarbeiter oder als Arbeitnehmer zu ziehen sind, ist vielfach unklar, ebenso, welche Anforderungen an die Mindestdauer der ggf. erforderlichen Wartefrist zu stellen sind. **1004**

Die vom Arzt nach der Veräußerung der Praxis oder des Praxisanteils in der betroffenen Praxis aufgenommene Tätigkeit als **freiberuflicher Mitarbeiter** stellt sich regelmäßig folgendermaßen dar (OFD Köln v. 29. 9. 88, NWB, EN-Nr. 1707/88): Wesentliche Änderungen hinsichtlich des Arbeitsplatzes und der zu bearbeitenden Fälle als Gegenstand seiner Tätigkeit treten nicht ein. Der Arzt übt seine neue Tätigkeit in geänderter Funktion und unter neuen organisatorischen Bedingungen aus. Er unterhält keine unmittelbaren Rechtsbeziehungen mehr zu den Patienten, sondern nur noch zu den Inhabern der Praxis. Er trägt nicht mehr die bisherige Verantwortung und Haftung. Insgesamt gesehen weist seine Mitarbeit aber noch so viele Parallelen zur früheren Tätigkeit als Inhaber der betreffenden Praxis auf, daß **nicht** von einer **Einstellung der freiberuflichen Tätigkeit** in dem bisherigen örtlich begrenzten Wirkungskreis ausgegangen werden kann. Die Tarifbegünstigung des § 34 Abs. 1 EStG kann nicht gewährt werden. **1005**

Dagegen ist die Tätigkeit als **nichtselbständig tätiger Mitarbeiter** bereits von der Einkunftsart her gegenüber der früheren freiberuflichen Tätigkeit abgrenzbar. Der Veräußerer hat i. d. R. keine vermögensmäßigen Grundlagen seiner freiberuflichen Tätigkeit zurückbehalten, da er keine freiberufliche Tätigkeit mehr ausübt. Seine nichtselbständige Tätigkeit ist für die Anwendung des § 34 Abs. 1 EStG nicht schädlich, sofern kein Rechtsmißbrauch vorliegt. Diese Auffassung wird bestätigt durch BFH v. 7. 11. 85 (BStBl 86 II 335), das ausdrücklich darauf abhebt, ob die bisherige „freiberufliche Tätigkeit" des Veräußerers für eine gewisse Zeit eingestellt wird. **1006**

1007 Welche Anforderungen an die **Mindestdauer** der ggf. erforderlichen Warte-
      frist zu stellen sind, läßt sich nicht allgemein festlegen. Der BFH hält die Ein-
      haltung der Wartefrist in den Veräußerungsfällen i. S. des § 34 Abs. 1, Abs. 2
      Nr. 1 EStG für notwendig, damit vorhandene „immaterielle Wirtschaftsgüter
      wie die Beziehung des Praxisinhabers zu seinen bisherigen Mandanten und
      das durch den Praxisnamen bestimmte Wirkungsfeld" in engem zeitlichen
      Zusammenhang mit der Veräußerung voll auf den oder die Praxiserwerber
      übergehen können. Der BFH hat die für notwendig erachtete Wartefrist nicht
      mit der Nutzungsdauer des betroffenen Praxiswerts gleichgesetzt, sondern
      ausdrücklich nur vorausgesetzt, daß der Veräußerer seine freiberufliche
      Tätigkeit in dem bisherigen örtlich begrenzten Wirkungskreis für eine gewisse
      Zeit einstellt. Dieser allgemein umschriebene Zeitraum ist von den Umstän-
      den des Einzelfalls abhängig. Von Bedeutung kann beispielsweise sein, ob
      der Veräußerer im Zentrum des bisherigen örtlichen Wirkungskreises oder
      am Rande dieses Wirkungskreises (z. B. Innenstadt/Vorort) tätig wird oder
      ob der Wert der übertragenen Vermögensgegenstände mehr personen- oder
      mehr kapitalbezogen ist.

b) Praxisaufgabe

1008 Eine **Aufgabe der ärztlichen Tätigkeit** wird immer dann angenommen, wenn
      der Arzt seine Tätigkeit einstellt und das Betriebsvermögen auf einen Nach-
      folger überträgt. An die Stelle eines Veräußerungsgewinns bei der Veräuße-
      rung tritt bei der Aufgabe der gemeine Wert der einzelnen Praxisgegen-
      stände, d. h. der im gewöhnlichen Geschäftsverkehr bei einer Veräußerung zu
      erzielen wäre. Im Zeitpunkt der Aufgabe sind diese Buchwerte dem gemei-
      nem Wert gegenüberzustellen. Abzüglich der Kosten der Praxisaufgabe ergibt
      sich dann der Aufgabegewinn.

1009 Die selbständige Tätigkeit eines sog. „**Belegarztes**" wird durch Einstellung
      der ärztlichen Praxis aufgegeben. Er entscheidet grundsätzlich selbst, ob er
      im Falle der Praxisaufgabe sein (restliches) Betriebsvermögen ins Privatver-
      mögen übernimmt oder fortführt. Das gilt auch für eine Rückstellung, über
      deren Auflösung er ebenfalls selbst entscheidet (FG Rheinl.-Pf. v. 1. 6. 87,
      EFG S. 558, Nichtzulassungsbeschwerde eingelegt). Bringt ein Arzt zum
      Ausdruck, daß er sein restliches, der selbständigen Arbeit dienendes Vermö-
      gen nicht in das Privatvermögen überführen will, indem er in seinen Bilanzen
      weiterhin die im Inventarverzeichnis enthaltene, nicht veräußerte Praxisein-
      richtung und eine Rückstellung fortführt, ist es nicht Sache des Finanzamtes,

einen Veräußerungsgewinn zu ermitteln, den der Arzt ausdrücklich nicht erzielen wollte, weil er mit der Möglichkeit rechnete, noch einmal seine ärztliche Tätigkeit trotz seines Alters aufzunehmen.

Unseres Erachtens beurteilt die Finanzverwaltung in letzter Zeit die Aufgabe der ärztlichen Tätigkeit bzw. die Aufgabe der Berufstätigkeit nicht mehr ganz so eng. So haben wir die Erfahrung über eine **Allgmeinarztpraxis** im Stuttgarter Raum, die **aufgegeben** wurde und deren Inhaber sich auf **psychotherapeutischem Gebiet** betätigen wollte. Er verkaufte seine Praxis, zog 20 km vom bisherigen Praxisort weg und übte hier eine Tätigkeit als Psychotherapeut aus. Das Finanzamt war nach verbindlicher Auskunft mit dieser Lösung einverstanden, gewährte ihm die vollen Vergünstigungen der §§ 16, 18, 34 EStG, forderte jedoch, daß er die Kassenzulassung zurückgab, um damit sicherzustellen, daß er nicht wieder in einem gewissen Umfang als Allgemeinarzt tätig wurde. Es ist daher unseres Erachtens durchaus möglich, daß ein Allgemeinarzt seine Tätigkeit aufgibt, sie jedoch als Dermatologe an einem anderen Ort fortsetzt, ohne daß im Aufgabe- oder Veräußerungsfalle die steuerlichen Vergünstigungen nicht gewährt werden. | 1010

c) Veräußerung eines Praxisanteils

Die tarifbegünstigte Veräußerung eines Praxisanteils (§§ 18 Abs. 3, 34 EStG) setzt nach BFH v. 7. 11. 85 (BStBl 86 II 335) die **Übertragung aller wesentlichen vermögensmäßigen Grundlagen** der freiberuflichen Tätigkeit auf den Erwerber voraus; dazu gehört auch, daß die freiberufliche **Tätigkeit** in dem bisherigen, örtlich begrenzten Wirkungskreis wenigstens für eine **gewisse Zeit eingestellt** wird. Zu den vermögensmäßigen Grundlagen einer ärztlichen Praxis gehören insbesondere auch immaterielle Wirtschaftsgüter wie die Beziehung des Praxisinhabers zu seinen bisherigen Patienten, das durch den Praxisnamen bestimmte Wirkungsfeld, das die maßgebende Grundlage für die Möglichkeit darstellt, Patienten neu zu erlangen. Diese Grundsätze gelten ebenso für eine Gemeinschaftspraxis oder bei anderen Freiberuflern für eine Sozietät. Siehe hierzu auch Rdnrn. 999 ff. | 1011

d) Unengeltliche Übertragung einer ärztlichen Einzelpraxis

Bei einer unentgeltlichen Übertragung einer ärztlichen Einzelpraxis, z. B. beim Übergang durch Erbfolge, vorweggenommene Erbfolge oder Schenkung, muß der **Erwerber** die Buchwerte fortführen (§ 7 EStDV). | 1012

Beim **Veräußerer** fällt kein Veräußerungsgewinn an. | 1013

e) Wohnsitzverlegung in die Schweiz nach Praxisveräußerung

1014 Veräußert ein freiberuflich tätiger Arzt seine **inländische Praxis** und wird als Entgelt eine Beteiligung an den künftigen Honorareinnahmen des Erwerbers vereinbart, sind die nachträglich erzielten Einkünfte aus der Praxisveräußerung auch dann in der Bundesrepublik Deutschland steuerpflichtig, wenn der Veräußerer inzwischen seinen Wohnsitz in die **Schweiz verlegt** hat (BFH v. 12. 10. 78, BStBl 79 II 64).

f) Freibeträge; Tarifvergünstigung

(aa) Freibeträge

1015 Der **Veräußerungsgewinn** wird bei der Veräußerung einer **Praxis im ganzen** zur Besteuerung nur herangezogen, soweit er **30 000 DM** und bei einer Veräußerung einer **Teilpraxis** oder eines Anteils am Betriebsvermögen den entsprechenden **Anteil** von 30 000 DM **übersteigt**. Er **ermäßigt** sich um den Betrag, um den der Veräußerungsgewinn des ganzen Betriebs 100 000 DM oder bei der Veräußerung eines Teilbetriebs den entsprechenden Teil von 100 000 DM übersteigt. Wenn der Arzt/Zahnarzt **nach Vollendung seines 55. Lebensjahres** oder wegen **dauernder Berufsunfähigkeit** seine Praxis veräußert oder aufgibt, tritt an die Stelle der Beträge von 30 000 DM jeweils der Betrag von 120 000 DM und an die Stelle der Beträge von 100 000 DM jeweils der Betrag von 300 000 DM. Die Steuervergünstigung gilt auch für den Aufgabegewinn (§§ 18 Abs. 3 i. V. m. § 16 Abs. 1 Nr. 1 letzter Halbsatz, Abs. 2 bis 4 EStG). Wird eine Arztpraxis durch die **Erben** veräußert, so müssen die Voraussetzungen für die Gewährung des erhöhten Freibetrags in der Person des Erben erfüllt sein (Nieders. FG v. 2. 9. 87, EFG 88, 120).

(bb) Tarifvergünstigung gem. § 34 EStG

1016 Der Veräußerungs-/Aufgabegewinn gehört zu den außerordentlichen Einkünften. Sind derartige Einkünfte im Einkommen enthalten, so ist gem. § 34 Abs. 1 EStG auf **Antrag** die darauf entfallende ESt nach einem **ermäßigten Steuersatz** zu bemessen, der die Hälfte des durchschnittlichen Steuersatzes beträgt, der sich ergeben würde, wenn die tarifliche ESt nach dem gesamten zu versteuernden Einkommen zu bemessen wäre.

1017 Die in Rdnr. 1016 erwähnte **Vergünstigung** ist mit Wirkung ab Veranlagungszeitraum **1990** (vgl. insoweit § 52 Abs. 1 EStG) **eingeschränkt** worden. Der halbe Steuersatz wird nach dem Gesetz zur Änderung des StRefG

1990 sowie zur Förderung des Mietwohnungsbaus und von Arbeitsplätzen in Privathaushalten ab 1. 1. 1990 nur für außerordentliche Einkünfte gewährt werden, die 30 Mio DM nicht übersteigen. Veräußerungsgewinne, die über 30 Mio DM hinausgehen, werden insoweit nicht mehr begünstigt.

Im ärztlichen/zahnärztlichen Bereich werden die Veräußerungs-/Aufgabe-gewinne selten über 30 Mio DM liegen, so daß weiterhin die in Rdnr. 1016 erwähnte Vergünstigung gilt. Die Einschränkung kann eventuell im Bereich von kleinen Kliniken mit hohen stillen Reserven von Bedeutung sein. 1018

g) Praxisveräußerung durch Erben bei fehlender Berufsqualifikation

Wird eine **Praxis von Erben veräußert** und ist die berufsspezifische Qualifika-tion als Arzt/Zahnarzt nicht gegeben, erzielen die Witwe bzw. die Nachkom-men keine Einkünfte aus freiberuflicher, sondern aus gewerblicher Tätigkeit, und zwar solange, bis ein Nachfolger die Berufsqualifikation erlangt hat (BFH v. 14. 2. 56, BStBl III 103; v. 15. 4. 75, BStBl 77 II 539; v. 19. 5. 81, BStBl II 665). Der BFH begründet dies damit, daß zwar das Praxisvermögen vererbt wurde, nicht jedoch das Recht zur eigenverantwortlichen und selb-ständigen Ausübung der beruflichen Tätigkeit, die durch den Tod erloschen ist (BFH v. 19. 5. 81, a. a. O.; a. A. Costede, DStR 81, 303 f.). Eine weitere Folge ist, daß bei nicht sofortiger Aufgabe der Praxis nach dem Tod des Ehe-mannes und allmählicher Abwicklung – wie dies in vielen Fällen geschieht –, die Freibetragsregelung entfällt, da zwischen der Beendigung der freiberuf-lichen Tätigkeit und dem Veräußerungsvorgang kein Zusammenhang besteht. Aus diesen Gründen sollte schon frühzeitig abgeklärt werden, was im Falle des Todes des Praxisinhabers geschieht. Die Abwicklung muß schnell erfol-gen, und zwar sowohl im Interesse des zukünftigen Praxisübernehmers als auch der Nachkommen. 1019

5. Praxis im eigenen Haus und Praxisveräußerung

Viele Ärzte haben ihre Praxis im eigenen Haus. Beim Tod des Praxisinhabers oder bei der Veräußerung der Praxis aus Altergründen kann diese Gestaltung erhebliche **Konsequenzen** haben. 1020

Der **Anteil des Hauses**, der bisher für die beruflichen Zwecke des Arztes genutzt wurde und daher **notwendiges Betriebsvermögen** war, wird durch die 1021

Aufgabe der Praxis ins Privatvermögen überführt mit dem Ergebnis, daß die Differenz zwischen dem Zeitwert des Anteils am Gebäude und Grund und Boden (Anschaffungskosten/Herstellungskosten ∕. AfA) **versteuert** werden muß.

Beispiel:

Dr. Müller kaufte vor einigen Jahren ein Dreifamilienhaus. Im Erdgeschoß und in einem Teil des zweiten Geschosses sind die Praxisräume. Die andere Hälfte des Hauses wird von der Familie selbst bewohnt. Die damaligen Gestehungskosten einschließlich Grund und Boden betrugen 350 000 DM. 1988 wird die Praxis altershalber an einen Kollegen abgegeben, und die Räume werden an ihn vermietet.

Der Zeitwert des Hauses beträgt angenommen etwa 800 000 DM. Das Gebäude war auf 130 000 DM abgeschrieben worden. Die Anschaffungskosten von Grund und Boden betrugen 20 000 DM. Für Dr. Müller bedeutet dies, daß zu seinem zusätzlichen Veräußerungsgewinn aus dem Verkauf der Praxis nunmehr 325 000 DM Veräußerungsgewinn aus der Überführung des beruflich genutzten Hausanteils in das Privatvermögen entsteht, wie sich aus folgender Berechnung ergibt:

Zeit- bzw. Verkehrswert des Gebäudes	800 000 DM
∕. verbleibender Buchwert Gebäude/Grund und Boden	
(130 000 DM + 20 000 DM)	150 000 DM
Veräußerungsgewinn	650 000 DM
Der berufliche Anteil beträgt 50 %	325 000 DM

Obwohl die Versteuerung des Veräußerungsgewinns nach § 34 EStG begünstigt ist, ergibt sich eine erhebliche einkommensteuerliche Belastung von etwa 30 % aus 325 000 DM = 97 500 DM (unterstellt ESt und KiSt mit 60 %, davon nach § 34 EStG hälftiger Steuersatz = 30 %).

1022 Schon beim **Bau oder Kauf** eines Hauses sollte man an derartige **Konsequenzen** bei Praxisaufgabe denken und zu deren Vermeidung steuerlich zulässige Gestaltungsmöglichkeiten wählen.

1023 Die **Ehefrau** könnte, sofern sie **vermögend** ist, das Haus selbst bauen oder kaufen und einen Mietvertrag mit dem Arzt-Ehemann schließen und ihm die Hälfte des Hauses für seine Praxis vermieten.

1024 Bedenken bestehen jedoch gegen Gestaltungen wegen des **Mißbrauchs von Gestaltungsmöglichkeiten i. S. des § 42 AO**, wenn der Arzt-Ehemann seiner vermögenslosen Frau ein Grundstück schenkt, sie darauf ein Gebäude errichtet, der Arzt-Ehemann aber die gesamten Gebäudeherstellungskosten aus einem von ihm aufgenommenen und mit seinem Vermögen abgesicherten Darlehen finanziert, die Darlehenszinsen von ihm getragen werden, das Darlehen aus seinem Vermögen (Lebensversicherung) zurückgezahlt werden soll und er (nach dem Mietvertrag) auch alle laufenden mit dem Gebäude zusammenhängenden Kosten zu tragen hat. Siehe dazu die zur USt zitierte Rechtsprechung in Rdnr. 747.

Das **Anmieten von Praxisräumen** außerhalb des eigenen Hauses ist auf jeden Fall ein steuerlich zulässiger Weg, um die oben aufgezeigten Konsequenzen zu vermeiden.

6. Abschreibung des Praxiswerts

Der Praxiswert entspricht dem Geschäftswert der gewerblichen Unterneh- 1025
mungen. Er wird steuerlich grundsätzlich als abnutzbar behandelt. In dieser Hinsicht hat die Neuregelung der Abschreibbarkeit des Geschäftswerts durch das Bilanzrichtliniengesetz für die Abschreibbarkeit des Praxiswerts grundsätzlich keine Änderung gebracht. Die Abschreibung auf den Praxiswert ist nach der im Einzelfall zu schätzenden Nutzungsdauer zu bemessen (BFH v. 15. 4. 58, BStBl III 330). In der Regel wird der **ideelle Praxiswert in drei bis fünf Jahren abgeschrieben**. Das ist in aller Regel sinnvoll, da in den ersten zwei bis drei Jahren nach der Praxisübernahme noch nicht allzu hohe Gewinne entstehen und der junge niedergelassene Arzt noch nicht die Umsätze erwirtschaftet, wie sie der Praxisabgeber erwirtschaftet hat.

Die **Finanzverwaltung** läßt nunmehr in den Fällen, in denen nach der bishe- 1026
rigen Rechtsprechung des BFH der erworbene Praxiswert sich nicht abnutzen soll, zu, daß die jetzt für den Geschäftswert maßgeblichen Vorschriften des § 7 Abs. 1 Satz 3 EStG über die Nutzungsdauer und des § 52 Abs. 6 EStG über den Abschreibungsbeginn entsprechend angewandt werden (BMF v. 20. 11. 86, BStBl I 532). Gemeint sind die Fälle, in denen der Praxisinhaber weiterhin entscheidenden Einfluß im Unternehmen ausübt (BFH v. 23. 1. 75, BStBl II 381).

Man geht von einem **Abschreibungszeitraum von fünfzehn Jahren** aus. Dies 1027
gilt z. B. auch, wenn eine Einzelpraxis in eine GmbH eingebracht wird und der frühere Praxisinhaber Alleingesellschafter der GmbH wird oder wenn eine freiberufliche Gemeinschaft unter Beibehaltung der bisherigen persönlichen Einflüsse aller Beteiligten lediglich ihre Rechtsform ändert oder wenn eine Sozietät als Sacheinlage in eine GmbH eingebracht wird.

Diese **Gleichsetzung von Geschäftswert und Praxiswert** ist auf Kritik ge- 1028
stoßen. So ist nach Auffassung der Bundessteuerberaterkammer (v. 13. 4. 87,

Der Steuerberater, S. 239) der entgeltlich erworbene Praxiswert in jenen Fällen, in denen der bisherige Praxisinhaber weiterhin persönlich Einfluß in der
Praxis ausübt, genauso zu behandeln wie beim Ausscheiden des bisherigen
Praxisinhabers. Der neu eingetretene Partner, z. B. im Fall der Aufnahme in
eine Gemeinschaftspraxis oder Sozietät, wird Mitinhaber des Praxiswertes.
Dieser erworbene Praxiswert stellt für den neu eingetretenen Partner jedoch
lediglich eine günstige Chance dar, sich durch Fleiß in seinem Wirkungskreis
auszuzeichnen und dadurch die Patienten oder Mandanten zu halten. Er muß
also die Fähigkeit mitbringen und einsetzen, die über Erfolg oder Mißerfolg
im freien Beruf entscheidet. Er kann sich nicht auf den Vertrauensvorschuß
verlassen, den sein Partner – der ehemalige Alleininhaber – mitbringt. Kann
der neu eingetretene Partner die in ihn gesetzten Erwartungen nicht erfüllen,
so wird die Folge sein, daß die Zahl der Patienten oder Mandanten sinkt, was
sich auf den Praxiswert negativ auswirken wird. Dies zeigt deutlich, daß der
erworbene Praxiswert für den Neuling in gleicher Weise sich verflüchtigen
kann wie für den Erwerber, dessen bisheriger Praxisinhaber sich gänzlich aus
dem Berufsleben zurückzieht. Meines Erachtens ist die bei Gemeinschaftspraxen bei Fortbestehen des persönlichen Vertrauensverhältnisses unterstellte
längere Abschreibungszeit von 15 Jahren (so auch Borst, BB 86, 2170 ff.) ein
Widerspruch. Denn wenn nunmehr die Möglichkeit der Abschreibung grundsätzlich auch für den Praxiswert einer Gemeinschaftspraxis besteht, § 7
Abs. 1 Satz 3 EStG aber nur für den Geschäftswert bzw. Firmenwert Gültigkeit hat, kann nicht gefordert werden, daß der Praxiswert der Nutzungsdauer
des Geschäftswerts bzw. Firmenwerts folgt. Daher muß meines Erachtens der
Praxiswert einer Gemeinschaftspraxis ebenfalls in einem Zeitraum von fünf
Jahren abgeschrieben werden. Auch Bordewien (NWB, F. 17 a, 899 f.) hält
die kürzere Nutzungsdauer für den Praxiswert für zutreffend. Nach Meinung
des FG Rheinl.-Pf. (U. v. 23. 3. 87, Nichtzulassungsbeschwerde eingelegt,
EFG S. 449) ist eine Abschreibung eines Praxiswerts nur bei tatsächlicher
und nachweisbarer Verflüchtigung zulässig. Das Urteil kann unseres Erachtens nicht verallgemeinert werden. Es äußert sich zum Praxiswert einer
Steuerberatungs-Sozietät, die unter der Bezeichnung „Dr. X und Partner" fir-
mierte, eine Bezeichnung, die standesrechtlich bei Ärzten zur Zeit noch nicht
zulässig ist. Der neu eintretende Gesellschafter war außerdem bereits seit
Jahren in der Praxis tätig, die auch nach dem Eintritt familienbezogen auf die
Familie weiter ausgeübt wurde.

7. Einkommensteuerliche Behandlung der bei Praxisübertragung gezahlten Beträge

Zahlungen anläßlich einer Praxisübertragung können auf unterschiedliche Weise geleistet werden. 1029

Problemlos ist die Zahlung des Kaufpreises in einer Summe. Schwieriger ist 1030
die einkommensteuerliche Behandlung, wenn laufende Bezüge in Form von
Kaufpreisraten oder von **Renten** gezahlt werden. Die laufende Übersicht von
Jansen (NWB F. 3, 6473 ff.) gibt dazu kurze Hinweise.

a) Kaufpreisraten

Kaufpreisraten liegen vor, wenn der Kaufpreis lediglich zum Zwecke der 1031
Zahlungserleichterung gestundet ist

Behandlung beim Berechtigten (Veräußerer)	Behandlung beim Verpflichteten (Erwerber)
Es gibt kein Wahlrecht. Zwingend ist die sofortige Versteuerung des Veräußerungsgewinns nach §§ 14, 16, 18 Abs. 3 EStG (mit Gewährung der Freibeträge und der Tarifvergünstigung des § 34 Abs. 1 EStG). Die in den Ratenzahlungen enthaltenen Zinsen sind nach § 20 Abs. 1 Nr. 7 EStG zu versteuern.	Behandlung wie im Abschn. 7 b (Rdnr. 1032)

b) Betriebliche Veräußerungsleibrenten bei Gewinnermittlung nach § 4 Abs. 1 EStG

Gehen die Vertragsparteien von der Gleichwertigkeit des Rentenbarwerts 1032
und der veräußerten Gegenstände aus, so handelt es sich um eine Veräußerung,
die betrieblich ist, wenn zum Betriebsvermögen (Praxisvermögen)
gehörende Wirtschaftsgüter veräußert werden.

Behandlung beim Berechtigten (Veräußerer)	Behandlung beim Verpflichteten (Erwerber)
(1) Es handelt sich um Gewinneinkünfte nach § 24 Nr. 2 EStG, sobald die Zahlungen das Kapitalkonto und die vom Berechtigten getragenen Veräußerungskosten übersteigen. Keine Freibeträge für Veräußerungsgewinne und	Versicherungsmathematisch zu ermittelnder Rentenbarwert wird in Eröffnungsbilanz aktiviert (verteilt auf übernommene Wirtschaftsgüter – ggf. auch auf Praxiswert –, und zwar nach Verhältnis der Teilwerte der Wirtschafts-

Behandlung beim Berechtigten (Veräußerer)	Behandlung beim Verpflichteten (Erwerber)
keine Tarifermäßigung nach § 34 Abs. 1 EStG. (2) Nach Abschn. 139 Abs. 13 EStR kann der Berechtigte sofortige Versteuerung des Gewinns nach §§ 14, 16, 18 Abs. 3 EStG i. V. m. 34 Abs. 1 EStG wählen. Dann ist der Rentenbarwert als Veräußerungspreis anzusehen. Die laufenden Rentenzahlungen sind mit Ertragsanteil nach § 22 Nr. 1 Satz 3 a EStG zu versteuern.	güter untereinander) und passiviert. Jährliche Rentenleistung ist Aufwand, die jährliche Barwertminderung Ertrag; damit wirkt sich nur die Differenz zwischen Rentenleistung und Barwertminderung gewinnmindernd oder gewinnerhöhend aus. Nach weit verbreiteter Meinung können laufende Rentenleistungen auch gegen die Rentenverpflichtung verbucht werden (sog. buchhalterische Methode). Die Rentenleistungen mindern dann den Gewinn erst in dem Zeitpunkt, in dem sie Rentenverpflichtung übersteigen.

c) Betriebliche Veräußerungsleibrenten bei Gewinnermittlung nach § 4 Abs. 3 EStG

	Behandlung beim Berechtigten (Veräußerer)	Behandlung beim Verpflichteten (Erwerber)
1033	Durch die Veräußerung Übergang zum Betriebsvermögensvergleich nach § 4 Abs. 1 EStG (Abschn. 17 Abs. 6 EStR). Versteuerung der Renten wie in Abschn. 7 b (Rdnr. 1031). Veräußerer hat also Wahlrecht.	Rentenbarwert und Rentenleistungen sind nach Verhältnis der Teilwerte der einzelnen Wirtschaftsgüter auf diese aufzuteilen. Soweit Rentenleistungen auf Umlaufvermögen entfallen, sind sie in vollem Umfang Betriebsausgaben. Soweit sie auf abnutzbare Wirtschaftsgüter des Anlagevermögens entfallen, ist Barwert AfA-Bemessungsgrundlage; Zinsanteil, der wie in Abschn. 7 b (Rdnr. 1032) zu berechnen ist, ist Betriebsausgabe. Bei nichtabnutzbaren Wirtschaftsgütern des Anlagevermögens ist § 4 Abs. 3 Satz 5 EStG zu beachten. Siehe auch Abschn. 17 Abs. 3 EStR wegen Vereinfachungsregelung.

d) Betriebliche Veräußerungszeitrenten

Veräußerungszeitrenten – das sind Renten mit einer Laufzeit von mindestens **1034** zehn Jahren – sind von Kaufpreisraten abzugrenzen. Die Zeitrente ist mit einem Wagnis behaftet und/oder dient der Versorgung des Veräußerers (Jansen, a. a. O.).

Behandlung beim Berechtigten (Veräußerer)	Behandlung beim Verpflichteten (Erwerber)
Es besteht Wahlrecht zwischen sofortiger Versteuerung des Veräußerungsgewinns (mit Gewährung der Freibeträge und der Tarifermäßigung nach § 34 Abs. 1 EStG) oder nachträglicher Versteuerung. Vgl. Abschn. 7 b (Rdnr. 1032). Bei sofortiger Versteuerung sind die in den Rentenleistungen enthaltenen Zinsen Einnahmen i. S. des § 20 Abs. 1 Nr. 7 EStG.	Behandlung wie in Abschn. 7 b (Rdnr. 1032). Der Rentenbarwert ist nach den Hilfstafeln des BewG zu ermitteln.

e) Gewinn- und Umsatzbeteiligung

Behandlung beim Berechtigten (Veräußerer)	Behandlung beim Verpflichteten (Erwerber)	**1035**
Berechtigter kann nach h. M. zwischen nachträglicher Versteuerung und Sofortversteuerung wählen. Behandlung dieselbe wie in Abschn. 7 b (Rdnr. 1032). Bei Sofortversteuerung ist Barwert der Gewinn- und Umsatzbeteiligung zu schätzen. Streitige Behandlung der laufenden Leistungen. Nach Jansen (a. a. O.) ist der in ihnen steckende Zinsanteil, der jährlich zu ermitteln ist, Einnahme i. S. des § 20 Abs. 1 Nr. 7 EStG.	Barwert der Gewinn- und Umsatzbeteiligung ist zu aktivieren, bei schwer bewertbaren immateriellen Wirtschaftsgütern kann Verpflichteter zwischen sofortiger und nachträglicher Aktivierung wählen. Entsprechend ist Passivierung vorzunehmen. Streitig Behandlung der laufenden Bezüge. Nach Jansen (a. a. O.) ist buchhalterische Methode (vgl. Abschn. 7 b, Rdnr. 1032) zu bevorzugen. Nach anderer Meinung ist jährlicher Zinsanteil zu ermitteln.	

f) Betriebliche Versorgungsrenten

1036 Die betriebliche Versorgungsrente wird aus betrieblichem (beruflichen) Anlaß der Übertragung einer Praxis, Teilpraxis oder Praxisanteils zur Versorgung des Berechtigten geleistet. Die betriebliche Veräußerungsrente soll dagegen das angemessene Entgelt für die Übertragung von Betriebsvermögen (Praxisvermögen) sein.

Behandlung beim Berechtigten (Veräußerer)	Behandlung beim Verpflichteten (Erwerber)
Die Rentenbezüge sind mit Zufluß voll stpfl. nachträgliche Einnahmen nach § 24 Nr. 2 EStG, die nicht in Höhe des Kapitalkontos steuerfrei sind.	Rentenbarwert ist nicht zu passivieren. Laufende Zahlungen in voller Höhe Betriebsausgaben, sie sind nicht mit dem Kapitalkonto zu verrechnen. Da Praxis, Teilpraxis, Praxisanteil unentgeltlich erworben wurde, sind die Buchwerte des Vorgängers fortzuführen (§ 7 Abs. 1 EStDV).

g) Private Versorgungsleibrenten

1037 Eine private Versorgungsleibrente wird aus privatem Anlaß zur Versorgung gegeben. Sie kommen insbesondere bei Vereinbarung zwischen Eltern und Kindern vor, wenn aus Anlaß der Versorgung eine Gegenleistung erbracht wird (kein kaufmännisches Abwägen von Leistung und Gegenleistung) und der Wert der Gegenleistung bei überschlägiger Berechnung mindestens die Hälfte des Barwerts der Rente ausmacht (vgl. Abschn. 123 Abs. 3 EStR).

Behandlung beim Berechtigten (Veräußerer)	Behandlung beim Verpflichteten (Erwerber)
Die Rente ist mit dem Ertragsanteil stpfl. nach § 22 Nr. 1 Satz 3 a EStG bei Leibrenten, anderenfalls mit vollem Betrag der wiederkehrenden Bezüge. Bei Vereinbarung einer Zeitrente sind die vollen Beträge zu versteuern.	Bei Leibrenten ist der Ertragsanteil Sonderausgabe nach § 10 Abs. 1 Nr. 1 a EStG, bei Zeitrenten in voller Höhe (Jansen/Wrede, a. a. O., S. 202).

h) Unterhaltsleibrenten

Behandlung beim Berechtigten (Veräußerer)	Behandlung beim Verpflichteten (Erwerber)	
Die Rente ist nach § 22 Nr. 1 EStG nicht zu versteuern, wenn Verpflichteter unbeschränkt stpfl. ist. Vgl. ferner § 10 Abs. 1 Nr. 1 EStG.	Erwerber kann wiederkehrende Bezüge nach § 12 Nr. 2 EStG nicht abziehen. Vgl. aber § 10 Abs. 1 Nr. 1 EStG.	1038

8. Haftung des Erwerbers einer Praxis

Wird ein Unternehmen oder ein in der Gliederung eines Unternehmens gesondert geführter Betrieb im ganzen übereignet, so haftet der Erwerber nach § 75 AO für Steuern, bei denen sich die Steuerpflicht auf den Betrieb des Unternehmens gründet, und für Steuerabzugsbeträge. 1039

Als **Unternehmen** i. S. der Vorschrift bezeichnet man die organisierte Zusammenfassung von Einrichtungen und dauernden Maßnahmen zur Erzielung von wirtschaftlichen Zwecken. Unter diesen Begriff fallen nicht nur gewerbliche Betriebe im engeren Sinne, sondern auch der „Betrieb" eines Freiberuflers, z. B. die Praxis eines Arztes/Zahnarztes (Burhoff/Charlier, a. a. O., S. 164). 1040

Ein in der Gliederung eines Unternehmens **gesondert geführter Betrieb** muß als **Teilbetrieb** bereits in der Hand des Veräußerers gesondert geführt worden sein und für sich einen lebensfähigen Organismus darstellen, so daß er vom Erwerber ohne erhebliche Veränderungen selbständig fortgeführt werden kann (Burhoff/Charlier, a. a. O., S. 164). Ein Teilbetrieb im vorstehenden Sinne könnte z. B. bei einem Allgemeinarzt und Urologen bei Vorliegen der genannten Voraussetzungen übereignet werden, wenn er die urologische Praxis veräußert. 1041

Der Begriff „**Übereignung**" ist in erster Linie nach bürgerlich-rechtlichen Gesichtspunkten auszulegen. Er ist aber insofern weiter, als er auch Wirtschaftsgüter umfassen kann, die nicht im bürgerlich-rechtlichen Sinne übereignet werden können, z. B. Erfahrungen, Beziehungen zu Patienten, Mitarbeitern usw. (Wollny, a. a. O., Rdnr. 4023). Voraussetzung für eine Übereignung ist, daß der Eigentümer des Unternehmens wechselt. In der Regel wird der Übereignung einer Praxis ein Kaufvertrag zugrunde liegen. Ein Erwerb im Wege des Erbgangs begründet keine Haftung gem. § 75 Abs. 1 AO, da 1042 hier nicht eine Übereignung, sondern ein Eigentumswechsel kraft Gesetzes vorliegt.

1043 Bei **mehrfacher Übereignung** haftet jeder weitere Erwerber. Die Haftung erstreckt sich auch auf etwaige Haftungsschulden des Vorbesitzers.

> **Beispiel:**
>
> Dr. A verkauft seine Praxis an Dr. B, der die Praxis im selben Jahr an Dr. C weiter veräußert. C haftet im Rahmen des § 75 Abs. 1 AO sowohl für die betrieblichen Steuerschulden des B als auch für die Haftungsschulden des B, die durch den ersten Eigentumsübergang ausgelöst worden sind.

1044 Von einer **Übereignung im ganzen** kann nur dann gesprochen werden, wenn die **wesentlichen Grundlagen** der Praxis auf den Erwerber übergehen. Die Haftung wird nicht dadurch ausgeschlossen, daß einzelne Gegenstände nicht mitveräußert werden. Es muß jedoch eine lebende und **lebensfähige Praxis** übertragen werden.

Die **Praxis** muß **fortsetzbar** sein, das heißt der Erwerber muß in der Lage sein, sie ohne größere Umstellung fortzuführen. Es kommt nicht darauf an, daß sie tatsächlich fortgeführt wird. Auch wenn die Praxis vom Erwerber aus welchen Gründen auch immer sofort nach dem Erwerb aufgegeben wird, haftet er nach § 75 Abs. 1 AO.

1045 Die **Haftung** des Praxiserwerbers ist **beschränkt**. Der Übernehmer haftet nach § 75 Abs. 1 AO nur für die in der Praxis begründeten Steuern sowie für Erstattung von Steuervergütungen. In Betracht kommen demnach in einer ärztlichen Praxis die **USt**, z. B. für Inventarveräußerungen anläßlich von Modernisierungskäufen einige Monate vor der Praxisveräußerung, sowie die **KfzSt** für beruflich genutzte Kraftfahrzeuge. Für **Gemeindesteuern** haftet der Erwerber nur, soweit auf sie § 75 AO anwendbar ist und dessen Voraussetzungen erfüllt sind.

Der Erwerber haftet nach § 75 Abs. 1 AO **nicht** für **Personensteuern**, z. B. ESt des Praxisveräußerers.

Der Praxiserwerber haftet gem. § 75 Abs. 1 AO ferner für die **Steuerabzugsbeträge**. Hierzu gehört z. B. die **LSt**.

1046 Weitere Voraussetzung für die Haftung des Erwerbers ist, daß die Steuern und Erstattungsansprüche seit dem Beginn des letzten, vor der Übertragung liegenden Kalenderjahres entstanden sind und **innerhalb eines Jahres** nach Anmeldung der Praxis durch den Erwerber festgesetzt oder angemeldet worden sind. Die Jahresfrist beginnt frühestens mit dem Zeitpunkt der Praxisübernahme. Es ist ausreichend, wenn die Steuern gegenüber dem Veräußerer innerhalb der Jahresfrist festgesetzt worden sind. Der Haftungsbescheid kann später erlassen werden. In Fällen von Praxisübernahmen ist nach den Weisungen der Finanzbehörden die **Steuerfestsetzung beschleunigt** durchzuführen ggf. ist zu schätzen.

Die **Haftung** des Übernehmers **beschränkt** sich gem. § 75 Abs. 1 Satz 2 AO   1047 auf den **Bestand des übernommenen Vermögens** einschließlich der Surrogate entsprechend § 419 Abs. 2 Satz 1 BGB.

§ 75 Abs. 2 AO enthält einen **Haftungsausschluß** für Erwerbe aus einer **Konkursmasse**, aus der **Liquidationsmasse**, beim Liquidationsvergleich im gerichtlichen Vergleichsverfahren und für Erwerber im **Vollstreckungsverfahren**.

Beispiel: 1048

Dr. A übereignet am 20. 12. 1988 seine Praxis an Dr. B. B haftet als Erwerber für die Betriebssteuern (USt) und Steuerabzugsbeträge (LSt) des Jahres 1987 und für die Zeit vom 1. 1. bis 20. 12. 1988. Erfolgt die Anmeldung der Praxis durch den Erwerber am 20. 12. 1988, so muß die Finanzbehörde spätestens bis zum 30. 12. 1989 die Steuern gegen den Veräußerer A festsetzen, wenn sie einen Haftungsbescheid gegen den Erwerber B erlassen will.

9. Praxisübergabe

Auch der **Zeitpunkt der Praxisübergabe** sollte frühzeitig geplant werden,   1049 wobei der Arzt sich überlegen sollte, ob Praxisaufgabe- und übergabe am Jahresende oder erst am folgenden Jahresanfang steuerlich günstiger ist.

Beispiel:

Arzt plant Praxisaufgabe zum Jahresende 1988. Er meint, die KV-Einnahmen ließen sich nach 1989 verlagern und dadurch würden in 1988 sein Einkommen und seine zu zahlende ESt niedriger, weil nach Aufgabe und Übergabe nur noch wenige Einnahmen ihm aus seiner früheren Praxis zuflössen. Hier übersieht der Arzt folgendes: Bei der Gewinnermittlung durch Einnahme-Überschußrechnung gem. § 4 Abs. 3 EStG muß er bei Praxisaufgabe zum sog. Bestandsvergleich übergehen. Er muß sämtliche Forderungen an die KV und sonstige Leistungsempfänger sowie seine Schulden zum 31. 12. 1988, dem Zeitpunkt der Praxisaufgabe, erfassen. Dadurch fallen die laufenden Einnahmen aus 1988 mit den zu erfassenden Honorarforderungen zusammen. **Steuerlich richtig** ist daher die **Praxisaufgabe zu Anfang** 1989, weil dann nur noch einige laufende Honorare sowie unerledigte KV-Abrechnungen in 1989 anfallen und zu versteuern sind. Das Beispiel zeigt im übrigen auch, daß nach Praxisaufgabe **nachträgliche Praxiseinnahmen** und ggf. auch **nachträgliche Praxisausgaben** anfallen können.

1050   Etwa 5 Jahre bevor der Arzt seine Praxis an einen Nachfolger abgeben will sollte er sich überlegen, inwieweit es notwendig ist, noch einmal zu investieren. Eine modern eingerichtete Arztpraxis mit der entsprechenden Geräteausstattung wird mit Sicherheit einen höheren Preis erzielen als eine veraltete Praxis. Für den übernehmenden jungen Arzt ist dies insofern von Interesse, als er nicht auf einmal die Praxis kaufen muß und zugleich hohe Investitionen, die sich heute ohne weiteres auf 200 000 bis 300 000 DM belaufen können, tätigen muß.

1051   Für den Praxisabgeber ist es eine interessante Lösung, bei der er viel Geld sparen kann. Einmal kann er in den Jahren vor der Praxisaufgabe seinen steuerlichen Gewinn durch die Abschreibung auf die Investition mindern und zum zweiten kann er einen höheren Preis für den Praxisverkauf erzielen. Der Veräußerungserlös ist im übrigen durch den Freibetrag nach § 16 Abs. 4 EStG bis zu einem Betrag von 120 000 DM von der ESt voll freigestellt, und der darüber hinausgehende Veräußerungserlös wird nur mit dem halben Steuersatz erfaßt.

1052   Diese Wirkung kann unter Umständen durch Leasing noch verstärkt werden, da Leasingverträge durchschnittlich 3½ Jahre laufen und durch den späteren Verkauf der relativ neuen Geräte noch hohe Einnahmen zu erzielen sind.

1053   Neben den Vergünstigungen aus dieser Abwicklung arbeitet es sich natürlich mit modernen Geräten erheblich leichter. Patienten werden angezogen, so daß auch daraus Vorteile zu ziehen sind.

10. Checklisten

a) Checkliste für die Angehörigen bei Ableben des Praxisinhabers

1054   Ungern spricht der Mensch vom eigenen Tod. Für die Angehörigen ist das Leid mit einer Vielzahl existentieller Fragen verbunden. Eine Checkliste – von Land/Schade/Lautenschläger (a. a. O., S. 502 ff.) entwickelt – soll den Angehörigen die Praxisübergabe erleichtern. Der Beitrag eines jeden sollte sein, daß zu Lebzeiten des Arztes schon Listen über Versicherungen, Kreditinstitute, berufliche Institutionen, Wertpapiere, Kontennummern, Daueraufträge, Adressen, Schulden usw. erstellt werden.

An folgende Institutionen ist der Tod des Praxisinhabers durch amtlich beglaubigte Todesbescheinigung (30 Stück) zu melden:

(aa) Versicherungsgesellschaften

- Rentenversicherung (falls Anspruch besteht)   1055
- Krankenversicherung (evtl. auch wegen Sterbegeld)
- Lebensversicherungen, Sterbekassen
- Bausparkassen
- Unfallversicherung
- Haftpflichtversicherung
- Praxisversicherungen

(bb) Kreditinstitute

- Banken, Sparkassen, Volks- und Raiffeisenbanken, Hypothekenbanken   1056

(cc) Öffentliche Stellen

- Amtsgericht (Erbschein)   1057
- Finanzamt
- Kirche

(dd) Berufliche Institutionen

- Ärzteversorgungswerk/Zahnärzteversorgungswerk   1058
- Kassen(zahn)ärztliche Vereinigung
- Verwaltungsbezirk der Ärztekammer/Zahnärztekammer
- Gemeinschaftshilfe Ärzte/Zahnärzte
- Berufsverband (Hartmannbund, FDA, Freier Verband etc.)
- Vereine und sonstige Organisationen

Sonstige Angelegenheiten:

(ee) Vertragskündigungen bei Praxisaufgabe/Praxisveräußerung
Klärung, ob Nachfolger Verträge übernimmt.

- Kündigung der Mitarbeiter   1059
- Kündigung von Mietverträgen (Praxisräume), Leasingverträgen (medizinisches Gerät)
- Kündigung von Lieferungen an Praxis, z. B. Essen, Zeitschriften, Materialien etc.

- Abmeldung Gas, Heizung, Strom, Telefon, Wasser etc.
- Krankenversicherungen der Arbeitnehmer (Arbeitgeberkonto löschen lassen)
- Alle Abbuchungen und Daueraufträge kündigen.

(ff) Feststellung Honorare, Forderungen, Schulden

1060
- Ausstehende Honorare feststellen
- Sonstige Forderungen
- Finanzielle Schwierigkeiten – Einschalten der Ärztekammer/Zahnärztekammer

(gg) Steuerliche Angelegenheiten

1061
- Feststellung des Einheitswerts der Praxis wegen Erbschaftsteuer, Vermögensteuer
- Einnahme-Überschuß-Rechnung erstellen lassen
- Beerdigungskosten abzugsfähig bei ErbSt

(hh) Einschaltung eines Praxistreuhänders

1062
- Anzeige in Zeitung
- Änderung der Postzustellung
- Suche nach Praxisnachfolger
- Anzeigen, Gespräche mit Kassenärztlicher (Zahnärztlicher) Vereinigung, Verbände wegen Nachfolge

(ii) Verträge der Praxisveräußerung

1063
- Schriftliche Abfassung
- Vorlage bei Ärztekammer/Zahnärztekammer
- Schätzung des Praxiswerts (evtl. unabhängigen Sachverständigen beauftragen)
- Empfehlungen der Berufsverbände beachten

b) Checkliste für Praxisabgeber bei Praxisveräußerung

1064   Bei der Praxisveräußerung bzw. Praxisaufgabe treten für den aufgebenden Arzt zahllose Fragen auf, die im folgenden dargestellt werden:

● **Feststellung des Praxiswerts**

Evtl. Einschaltung von Praxisvermittler und -gutachter, Schätzung materieller 1065
Praxiswert, Schätzung ideeller Praxiswert, Einschaltung Gutachter, Pflege der
Patientenkartei, Höhe der Honorare der letzten fünf Jahre, Scheine der letz-
ten vier Quartale.

● **Bestandsaufnahme bei Altersversorgung**

Altersversorgung beeinflußt Praxiswert, Antrag an Versorgungswerk etc., 1066
Versorgung der mitarbeitenden Ehefrau.

● **Nachfolgersuche**

Praxisbörse, Verbände, Annoncen in Fachzeitschriften, evtl. Übergangsge- 1067
meinschaft, Konkurrenzklausel, Einführung bei Kollegen und Patienten.

● **Verträge**

Praxisübernahmevertrag, evtl. Vorvertrag, Mietvertrag, Arbeitsverträge, Ein- 1068
tritt in Mietvertrag bzw. Arbeitsvertrag Nachfolger, Musterverträge (Vorsicht!), Kündigung bestehender Verträge, z. B. Leasingverträge, Versicherungen etc.

● **Steuerliche Fragen**

Zeitlichen Termin der Aufgabe mit Berater besprechen, Kapitalbetrag, Ver- 1069
rentung, Teilverrentung, Steuerliche Belastung, Einmalbetrag, Sukzessivver-
steuerung, Freibeträge.

● **Personal**

Schriftliche Kündigung Arbeitsverträge, evtl. Abschluß von Arbeitsverträgen, 1070
soweit nicht vorliegend, Klärung (evtl. Verankerung in Praxis-Übernahme-
vertrag), ob Übernahme durch Nachfolger, evtl. Unterbringung bei Berufskollegen oder Krankenhaus.

Für Nachfolger folgende Punkte festhalten:
Gehälter, Weihnachtsgeld bzw. 13. Monatsgehalt, Urlaubsgeld, Fahrtkosten,
Direktversicherungen, Krankenkassen.

• Organisation

1071   Übergabe von Zahlenmaterial an Nachfolger, Größe, Arbeitsablauf, Hono-
rareinzug, Hilfestellung durch Kollegen, Hinweise für Hilfskräfte, Ausbildung Personal, geleaste Geräte, Aufstellung Anlagevermögen, Beteiligungen,
z. B. an Laborgemeinschaften, Kassen-, Privatpatienten.

1072   Es werden mit Sicherheit zahllose **andere Fragen** auftreten. Zu empfehlen ist,
geeignete **Berater** einzuschalten.

c) Checkliste für Praxisübernehmer/Praxisabgeber

Praxisübernehmer

• Kassenzulassung

1073   Wenn kassenärztliche Vorbereitungszeit noch nicht abgeleistet ist, mit abge-
bendem Arzt eine Assistenten- oder Vertretertätigkeit bis zur Erfüllung der
Vorbereitungszeit für die Kassenzulassung treffen.
Nachweis über Einführungslehrgang

• Abschluß bzw. Übernahme von Verträgen

1074   Mietvertrag
Versicherungen
Leasingverträge für Einrichtung etc.
Anstellungsverträge mit nichtärztlichem Personal, jedoch mit dessen Einver-
ständnis.
Ausbildungsverträge müssen grundsätzlich neu abgeschlossen werden.
Übernahmeinformation (Brief) an
– Fernmeldeamt
– Elektrizitäts- oder Gaswerk

• Beteiligungen an Apparategemeinschaften

1075   Kann Nachfolger in bereits bestehende Beteiligungen an Labor- oder anderen
Apparategemeinschaften eintreten (Vertragsdauer, Preis)?

Praxisabgeber

• KV- und Verzichtserklärung

1076   Mitteilung an zuständige KV mit Ababe der Verzichtserklärung gegenüber
RVO und Ersatzkassen.

Beispiel:
Abgabetermin 1. 4.: Abgabe der Verzichtserklärung bis spätestens 30. 12. des Vorjahres.

● **Kündigung bzw. Übertragung von Verträgen**

Mietverträge   1077
Versicherungen
Leasingverträge für Einrichtungen
Anstellungsverträge mit nichtärztlichem Personal, jedoch nur mit dessen Einverständnis.
Abbuchungen und Daueraufträge kündigen
Abmeldung Gas, Heizung, Strom, Telefon, Wasser etc.

● **Assistentengenehmigung**

Antrag auf Assistentengenehmigung bei der zuständigen KV, wenn über-   1078
nehmender Arzt zunächst als Assistent tätig ist, um noch erforderliche Vorbereitungszeiten für kassenärztliche Zulassung abzuleisten.

● **Kassenärztliche Unterlagen**

Rückgabe sämtlicher kassenärztlicher Unterlagen an die KV (Kassenarzt-   1079
stempel, Vertragsordner KBV, BMÄ/EGO/GOÄ, KV-Satzung, Rezeptformulare mit eingedruckter Kodiernummer)
Selbstvernichtung nur für Rezepte möglich.

● **Beteiligung an Apparategemeinschaften**

Kann Nachfolger in bereits bestehende Beteiligungen an Labor- oder anderen   1080
Apparategemeinschaften eintreten (Vertragsdauer)?

● **Honorare**

Ausstehende Honorare feststellen   1081
Sonstige Forderungen.

d) Checkliste Nachfolgeregelung

● Welche testamentarischen Regelungen sind bisher gemacht worden? Genü-   1082
gen diese Abmachungen, d. h. entspricht das Testament noch den heutigen
Gegebenheiten?

1083 • Exakte Aufteilung des Erbes zur Vermeidung von familiären Streitigkeiten. Absicherung des verbleibenden Ehegatten (evtl. durch Erbvertrag) und unmündiger Kinder.

1084 • Vermeidung komplizierter Auseinandersetzungen im Erbfalle.

1085 • Sicherung des Bestandes der Praxis und Übergabe an den geeigneten Nachfolger.

1086 • Frühzeitige Übertragung einzelner Vermögensteile im privaten Bereich. So z. B. die Übertragung von Grundvermögen.

1087 • Liquiditätsvorsorge für den Ausscheidungs- oder Erbfall durch Erbschaftsteuerversicherung oder Teilhaberversicherung.

1088 • Aussprache mit dem Steuerberater, Rechtsanwalt und Vermögensberater mit jeweiliger Überprüfung der Vermögensänderungen in einem Zeitraum von ca. 5 Jahren.

1089 • Berücksichtigung von Pflichtteilsansprüchen, Ausgleichsansprüchen durch den Versorgungsausgleich etc. Auflagen für die Beschenkten und Erben.

1090 • Einbeziehung einer Adoption von Fremden, um evtl. Freibeträge zu berücksichtigen.

1091 • Die Geltendmachung der schenkungsteuerlichen Freibeträge im 10-Jahres-Zeitraum.

1092 • Schaffung einer Übersicht über Testament, Bankkontenvollmachten, Aufbewahrungsorte von Vermögen, Übersichten über Versicherungsverträge, Hinweise auf Anträge, die gestellt werden müssen (so z. B. Sterbegelder).

1093 • Gegebenenfalls Benennung eines **Testamentsvollstreckers**.

1094 Diese checklistenartige Aufführung soll lediglich die Problematik aufzeigen, die mit der Nachfolgeregelung verbunden ist. Im Einzelfall kann die Sachlage viel komplizierter liegen.

Kapital XI:
Musterverträge/Arbeitshilfen

1. Merkblatt für Kassenzulassung

Folgende Unterlagen sind einzureichen:

(1) ein Antrag auf Zulassung zur RVO-Kassenpraxis,   1095

(2) ein Auszug aus dem Arztregister, aus dem der Tag der Bestallung, der Tag der Eintragung in das Arztregister und gegebenenfalls der Tag der Anerkennung als Facharzt und das Fachgebiet hervorgehen müssen,

(3) Bescheinigungen über die seit der Eintragung in das Arztregister ausgeübten ärztlichen Tätigkeiten,

(4) eine Erklärung über im Zeitpunkt der Bewerbung bestehende Dienst- oder Beschäftigungsverhältnisse unter Angabe des frühestmöglichen Endes des Beschäftigungsverhältnisses,

(5) ein Lebenslauf,

(6) eine Bescheinigung über die Teilnahme an einem Einführungslehrgang in die kassenärztliche Tätigkeit, der nicht länger als vier Jahre zurückliegen darf,

(7) eine Rauschgifterklärung,

(8) Bescheinigungen der Kassenärztlichen Vereinigungen, in deren Bereich der Antragsteller bisher niedergelassen oder zur Kassenpraxis zugelassen war, aus denen sich Ort und Dauer der bisherigen Niederlassung oder Zulassung und der Grund einer etwaigen Beendigung ergeben.

Außerdem ist ein poliz. Führungszeugnis – **Belegart O** – (zur Vorlage bei einer Behörde) zu beantragen, jedoch nicht früher als 3 Monate vor der Antragstellung auf Zulassung zur Kassenpraxis.

Für das Verfahren wird gem. § 46 Abs. 1 ZAÖ eine Gebühr von 50 DM erhoben, die bei Antragstellung auf das Konto Nr. 8400 der Kassenärztlichen Vereinigung Nordrhein, Bezirksstelle Köln, bei der Kreissparkasse Köln – oder an die jeweils örtlich zuständige Vereinigung – zu überweisen ist.

Für die Beteiligung an der Ersatzkassenpraxis ist das vereinbarte Antragsformular zu verwenden.

2. Mietvertrag Arztpraxis

1096 Zwischen   Herrn Dr. Franz Fuchs,
                    Hangweg 4, 5300 Bonn 1

                                              – als Vermieter –

      und   Herrn Dr. Wolfgang Bruch,
                    Kasernenstraße 12, 5300 Bonn 1

                                              – als Mieter –

      wird folgender Vertrag geschlossen:

§ 1 Vertragszweck

1. Der Vermieter überläßt dem Mieter im Hause Hangweg 4, 5300 Bonn 1,
   eine internistische Praxis mit einer Fläche von ca. 120 m^2 gemäß den beigefügten Planungsunterlagen. Die Planung ist im Erdgeschoß nach Maßgabe der beigefügten Planungsunterlagen vorgesehen.

2. Unentgeltlich mitbenutzt werden dafür folgende gemeinsame Einrichtungen:
   1. Einstellplätze
   2. Kellerräume
   3. Aufzug.

§ 2 Nutzung

1. Die Räume werden zur uneingeschränkten Nutzung als Arztpraxis vermietet. Behördliche Auflagen hierzu werden ebenfalls von dem Vermieter
   berücksichtigt.

2. Eine Untervermietung oder Änderung der Nutzung zu anderen als Praxis-
   zwecken ist nur mit Zustimmung des Vermieters möglich. Nicht als Änderung der Nutzungsart oder als Untervermietung gilt die Aufnahme weiterer Ärzte zum Zwecke der gemeinsamen Ausübung der ärztlichen Tätigkeit.

§ 3 Mietzeit

1. Das Mietverhältnis beginnt am 1. 1. 1989 und wird fest abgeschlossen auf
   15 Jahre. Der Vermieter ist verpflichtet, alles in seiner Macht Stehende zu
   unternehmen, um die Praxis zu diesem Zeitpunkt fertigzustellen.

2. Dem Mieter steht nach jeweils 5 Jahren ein Recht auf Vertragsbeendigung zu, wenn 1 Jahr vorher gekündigt wurde.

3. Die Kündigung muß mittels eingeschriebenem Brief erklärt werden. Die Kündigungsfrist gilt als gewahrt, wenn das Kündigungsschreiben noch am dritten Werktag des ersten zur Kündigungsfrist gehörigen Monats bei dem anderen Vertragspartner eingeht.

§ 4 Mietzins-Vorauszahlung

1. Der Mietzins ist monatlich im voraus zu zahlen. Er beträgt bei einer Größe von 120 M^2 je m^2/Monat 1 200 DM.

2. Die Gesamtsumme ist zahlbar bis zum 3. eines jeden Monats auf das Konto . . . . . .

3. Neben der Miete sind vom Mieter Anteile der Nebenkosten für Haftpflichtversicherung, Stadtabgaben (Abwasser, Straßenreinigung), Schornsteinfeger sowie Allgemeinstrom nach einem gesonderten Schlüssel zu tragen. Die Organisation der Abfallbeseitigung obliegt dem Mieter.

4. Die Verrechnung der Heizungs- und Warmwasserbereitungskosten werden über eigene zentrale Warmzähler vorgenommen. Der Wasserverbrauch wird über einen eigenen Zähler ermittelt. Betriebskosten des Aufzugs fallen für den Mieter nicht an.

§ 5 Außerordentliche Kündigung

1. Eine Kündigung während der fest abgeschlossenen Mietzeit durch den Vermieter ist vorbehaltlich der nachstehenden Regelung grundsätzlich nicht vorgesehen. Eine Kündigung durch den Vermieter ist lediglich aus wichtigem Grund mittels eingeschriebenem Brief möglich, wenn:

   1. der Mieter mit mehr als zwei Monatsmieten oder mit einem entsprechenden Betrag mehr als zwei Monate im Rückstand ist und nach Aufforderung durch eingeschriebenen Brief den Betrag nicht innerhalb von 14 Tagen nach Zugang der Aufforderung bezahlt hat,

   2. über das Vermögen des Mieters ein Vergleichs- oder Konkursverfahren eröffnet wird,

   3. der Mieter ungeachtet einer Mahnung des Vermieters einen vertragswidrigen Gebrauch der Räume fortsetzt oder die Mieträume in ihrer Pflege trotz Abmahnung vernachlässigt.

§ 6 Wertsicherungsklausel

1. Der Mietzins ist für 5 Jahre festgeschrieben.

2. Sollte sich ab dem 1. 1. 1989 der vom Statistischen Bundesamt für die gesamte Bundesrepublik festgestellte Lebenhaltungskostenindex für einzelne Personen in Arbeitnehmerhaushalten nach dem Beginn des Mietverhältnisses um mehr als 10 Punkte nach oben oder nach unten gegenüber dem Index für den Monat, in welchem das Mietverhältnis beginnt, verändern, so verändert sich auf Verlangen eines Teils der Vertragsparteien jeweils auch der Mietzins in dem gleichen prozentualen Verhältnis, und zwar vom Beginn des nächsten auf die Überschreitung der 10-Punkte-Grenze folgenden Kalendermonats an, in dem eine der Vertragsparteien das Verlangen nach Änderung ausspricht.

   Der Mietzins ist erneut anzupassen, sobald sich der Lebenshaltungskostenindex gegenüber seinem Stand im Zeitpunkt der vorangegangenen (letzten Anpassung) des Mietzinses erneut um mehr als 10 Punkte nach oben oder nach unten verändert hat. Als Basisjahr soll dann das vom Statistischen Bundesamt letztgenannte Basisjahr gelten.

3. Die Parteien beantragen die Erteilung der erforderlichen Genehmigung durch die Landeszentralbank.

§ 7 Übernahmeprotokoll

1. Über den Zustand des Mietgegenstandes ist bei der Übergabe ein Protokoll aufzunehmen, in dem der Zustand des Mietgegenstandes aufgrund einer gemeinsamen Besichtigung festgestellt wird. Soweit nicht das Besichtigungsprotokoll etwas anderes besagt, erkennt der Mieter den Zustand des Mietgegenstandses insoweit als vertragsgemäß an, ausgenommen von nicht erkennbaren Mängeln.

2. Mängel hat der Vermieter bis spätestens 30 Tage nach Meldung (auf seine Kosten) zu beseitigen.

§ 8 Bauliche Veränderungen

1. Der Mieter ist berechtigt, in den angemieteten Räumen die fachmännischen und ggf. baurechtlich genehmigten Veränderungen vorzunehmen, die aus dem betrieblichen Ablauf der ärztlichen Praxis erforderlich werden. Bauliche Veränderungen wird der Mieter vorher mit dem Vermieter abstimmen.

2. Die gesetzlich oder behördlich vorzuhaltenden Parkplätze oder Abstellplätze sind Sache des Vermieters.

§ 9 Instandhaltung/Schönheitsreparaturen

1. Die Instandhaltung des Mietgegenstandes obliegt dem Vermieter. Der Mieter hat auftretende Schäden und Mängel dem Vermieter unverzüglich anzuzeigen.

2. Die Schönheitsreparaturen hat der Mieter auszuführen: Das Tapezieren, Anstreichen der Wände und Decken, das Streichen der Fußböden, Heizkörper einschl. Heizrohr.

§ 10 Werbung

Der Mieter darf außerhalb des Hauses übliche, berufsrechtlich zulässige Praxisschilder und innerhalb des Hauses angemessene Hinweisschilder auf die Praxis anbringen. Außenschilder wird der Vermieter nach dem Auszug des Mieters auf dessen Wunsch mit einem entsprechenden Zusatz ein Jahr hängen lassen.

§ 11 Heizung/Warmwasser

1. Der Vermieter verpflichtet sich, die Sammelheizung in Betrieb zu halten, soweit es die Außentemperaturen erforderlich machen, mindestens aber in der Zeit vom 1. Oktober bis zum 31. Mai. Die Warmwasserversorgung ist während des ganzen Jahres aufrechtzuerhalten.

2. Die Raumtemperatur muß mindestens 22 Grad Celsius betragen. In den Räumen, in denen sich Patienten ausziehen, müssen die technischen Anlagen so beschaffen sein, daß eine Raumtemperatur von mindestens 24 Grad Celsius ganzjährig möglich ist.

§ 12 Konkurrenzschutz

Der Vermieter verpflichtet sich, Räume für eine andere Arztpraxis in demselben Haus oder in ihm gehörenden Häusern in derselben Straße bzw. in 2 km Umkreis nur mit schriftlicher Zustimmung des Mieters zu vermieten, zu verkaufen oder anderweitig zum Gebrauch zu überlassen.

§ 13 Untermietvertrag/Teilhaber

1. Der Mieter ist berechtigt, im Zuge einer Ausweitung der Praxistätigkeit oder aus anderen Gründen einen oder mehrere Kollegen als Mitarbeiter oder Teilhaber in die Praxis und damit die Praxisräume aufzunehmen.

2. Soweit es sich um Teilhaber handelt, treten diese auf seiten des Mieters zusätzlich in den Mietvertrag ein. Dieses Recht besteht nur, sofern ein Wettbewerbsverbot eines anderen Mietvertrages des Vermieters nicht beeinträchtigt wird.

3. Mehrere Ärzte als Mieter haften als Gesamtschuldner mit der Maßgabe, daß sich die Haftung eines aus dem Mietverhältnis ausscheidenden Partners auf den Zeitraum bis zu seinem Ausscheiden beschränkt. Beim Ausscheiden eines Mieters wird der Vertrag mit dem verbleibenden Mieter fortgesetzt.

4. Sind mehrere Personen Mieter, so bevollmächtigen sie sich hiermit gegenseitig, Willenserklärungen des Vermieters mit Wirksamkeit für die anderen entgegenzunehmen und etwa von Mieterseite abzugebende Erklärungen mit Wirkung für alle dem Vermieter gegenüber abzugeben.

§ 14 Berufsunfähigkeit

1. Wird der Mieter berufsunfähig oder kann er die Praxis aus anderen Gründen nicht fortführen, so hat er das Recht, die Praxis einem anderen Arzt zu übertragen und diesen an seiner Stelle in den Vertrag eintreten zu lassen.

2. Dies gilt auch, wenn sich die Ausübung des freien Berufes als freipraktizierender internistischer Arzt in einer Praxis/ Gemeinschaftspraxis/Praxisgemeinschaft am Praxisort als wirtschaftlich nicht mehr tragbar erweisen sollte. Die Beweislast trägt der Mieter.

§ 15 Todesfall

1. Stirbt der einzige Mieter, so haben seine Erben, wenn sie den Vertrag nicht innerhalb von 8 Wochen nach Kenntnis des Erbfalls kündigen, das Recht, die Praxis einem anderen Arzt zu übertragen und diesen an ihre Stelle in den Vertrag eintreten zu lassen.

2. Kündigen die Erben, so haben sie den Mietzins in jedem Fall bis zur vollständigen Räumung der Mietsache weiterzuzahlen, es sei denn, sie schlagen das Erbe aus.

§ 16 Zugang der Vermieters

1. Der Vermieter darf außer im Zuge einer drohenden Gefahr die Mietsache nur nach Voranmeldung betreten. Dabei hat er auf die Belange des ungehinderten Praxisbetriebes Rücksicht zu nehmen, das heißt, er darf während der Sprechstundenzeiten nur in begründeten Fällen den Zugang begehren.

2. Die Parteien sind sich darüber einig, daß bei einer Begehung der Praxis durch den Vermieter sowie der Vornahme von Reparaturen usw. der Betrieb in der Arztpraxis nicht in unzumutbarer Weise beeinträchtigt werden darf.

§ 17 Rückgabe des Mietgegenstandes

1. Bei Beendigung des Mietverhältnisses hat der Mieter die Mieträume besenrein an den Vermieter zurückzugeben. Der Mietgegenstand muß sich bei der Rückgabe in dem Zustand befinden, der einer normalen Abnutzung entspricht.

2. Soweit der Mieter Einrichtungen zu entfernen, Instandsetzungsarbeiten auszuführen oder sonstige Maßnahmen vorzunehmen hat, müssen alle erforderlichen Arbeiten vor Beendigung des Mietverhältnisses durchgeführt und bei Rückgabe des Mietgegenstandes beendet sein.

3. Über die Rückgabe ist ein Protokoll anzufertigen, aus welchem sich der Zustand des Mietgegenstandes in diesem Zeitpunkt ergibt.

§ 18 Besondere Vereinbarungen

§ 19 Erfüllungsort und Gerichtsstand

Erfüllungsort für alle Verpflichtungen und Gerichtsstand für alle Streitigkeiten aus diesem Vertrage ist das für die Mietsache zuständige Gericht.

§ 20 Vertragsänderungen

1. Mündliche Nebenabreden neben diesem Vertrag bestehen nicht.

2. Etwaige Änderungen, Ergänzungen oder Berichtigungen dieses Vertrages bedürfen zu ihrer Gültigkeit der Schriftform. Dies gilt auch für eine Abbedingung der Schriftform.

3. Sollten einzelne Bestimmungen dieses Vertrages nichtig oder unwirksam sein oder werden, so wird die Gültigkeit des Vertrages im übrigen nicht berührt.

4. Die Vertragspartner verpflichten sich, etwaige nichtige, rechtswidrige oder undurchführbare Vertragsbestimmungen durch solche zu ersetzen oder zu ergänzen, die sie bei Kenntnis des Mangels und unter Berücksichtigung des Vertragszweckes und der Vertragstreue vereinbart hätten.

5. Die zu errichtenden Nachtragsurkunden sind fortlaufend zu numerieren und mit dem Hauptvertrag zu verbinden.

§ 21 Ausfertigungen

Dieser Vertrag ist in zwei Ausfertigungen von den Vertragspartnern unterzeichnet worden. Der Vermieter und der Mieter erhalten jeder eine Ausfertigung.

Bonn, den 22. Dezember 1988

....

(Vermieter)   (Mieter)

1097 ## 3. Praxisgemeinschaftsvertrag

zwischen

Herrn Dr. Hans Meier, Fuldastr. 7, 5000 Köln 41

und

Herrn Dr. Arthur Groß, Stuttgarter Str. 3, 5300 Bonn 1

wird folgender **Praxisgemeinschaftsvertrag** geschlossen:

§ 1 Gründung der Praxisgemeinschaft

Die Vertragspartner betreiben ab 1. Januar 1989 in Form einer Praxisgemeinschaft ihre Allgemeinarztpraxen. Der Sitz der Praxisgemeinschaft ist Fuldastraße 1, 5000 Köln 41.

§ 2 Umfang der Praxisgemeinschaft

Beide Partner üben ihre ärztliche Tätigkeit insoweit gemeinsam aus, als sie Praxisräume, Apparaturen, Einrichtungen der bisherigen Praxis Dr. Meier gemeinschaftlich nutzen. Die von Dr. Meier bisher geschlossenen Verträge werden zum 1. 1. 1989 umgestellt.

Beide Ärzte, Dr. Meier und Dr. Groß, treten gegenüber den Patienten selbständig auf. Die Honorare werden getrennt liquidiert. Die ärztliche Tätigkeit wird unabhängig voneinander ausgeübt.

Beide Vertragspartner verpflichten sich, die Interessen der gemeinschaftlichen Berufsausübung in der Praxisgemeinschaft zu fördern und alles zu unterlassen, was die Tätigkeit in der ärztlichen Praxis beeinträchtigen könnte. Die Zusammenarbeit ist kollegial zu fördern. Beide Partner vertreten sich gegenseitig und informieren sich über die Geschehnisse in der Arztpraxis. Die freie Arztwahl wird gewährleistet.

§ 3 Führung der Geschäfte

Die Führung der Geschäfte der Praxisgemeinschaft obliegt beiden Partnern grundsätzlich gemeinschaftlich. Bei Rechtsgeschäften bis zu einem Wert von 5 000 DM pro Monat kann jeder Partner allein entscheiden.

In Personalangelegenheiten treffen beide Partner die Entscheidung gemeinsam. Ist die Entscheidung unverzüglich zu treffen, so kann jeder Partner dies tun, sollte jedoch den anderen Partner unterrichten.

Hinsichtlich der Einstellung von Mitarbeitern, der Ablauforganisation in der Praxis, des Einsatzes von Apparaten und Einrichtungsgegenständen sind einvernehmlich Regelungen zu treffen.

§ 4 Kontenführung

Die Konten werden getrennt geführt. Sollte ein gemeinschaftliches Bankkonto unterhalten werden, können beide Partner über dieses Konto verfügen.

§ 5 Vertretungsbefugnis

Nach außen hin ist jeder Partner berechtigt, die Gemeinschaft allein zu vertreten. Gibt ein Partner rechtsgeschäftliche Erklärungen gegenüber einem Dritten mit Wirkung für die Praxisgemeinschaft ab, die vom anderen Partner nicht getragen wird, so ist er im Innenverhältnis so zu stellen, als habe er die Entscheidung nur im eigenen Namen und nicht mit Wirkung für die Praxisgemeinschaft getroffen. Entstehende Kosten sind an die Gesellschaft zu ersetzen.

§ 6 Eigentumsverhältnisse

Die bisher im Alleineigentum von Dr. Meier stehenden Einrichtungsgegenstände und medizinischen Apparaturen bleiben weiterhin in dessen Eigentum. Neuanschaffungen werden von Dr. Groß übernommen, bis in etwa der Wert der Gegenstände von Dr. Meier erreicht ist. Ab diesem Zeitpunkt werden die Geräte gemeinschaftlich angeschafft. Sonderausstattungen bleiben im Sondereinzelvermögen der Partner.

§ 7 Praxiskosten

Die Praxisausgaben der Gemeinschaft sind entweder über das gemeinschaftliche Konto oder die getrennten Konten zu führen. Sie sind gesondert aufzuzeichnen.

Laufende Kosten sind Personalkosten, Mieten, Versicherungen, Heizöl, Porto usw. Nicht hierzu zählen die Kosten für Kraftfahrzeug, Ausstattung der jeweiligen Sprechzimmer, Aufwendungen für Fachliteratur, Kongreßreisen, evtl. Finanzierungskosten.

§ 8 Kostenübernahme

Die der Praxisgemeinschaft entstehenden Kosten sind im Verhältnis der im Wirtschaftsjahr erzielten Umsätze zu erstatten (Kontoauszüge der KV), bei den Privatliquidationen entsprechend der tatsächlichen Gutschriften auf den Konten. Entscheidend ist die durch den Steuerberater erstellte Einnahme-Überschuß-Rechnung. Die Partner leisten monatliche Abschlagszahlungen an die Gemeinschaft. Die Höhe dieser Abschläge wird von beiden Partnern gemeinschaftlich bestimmt.

Gegenüber der Kassenärztlichen Vereinigung und den Privatpatienten werden die Einnahmen getrennt liquidiert.

§ 9 Urlaubsvertretung

Während der Urlaubszeit vertreten sich die Vertragspartner gegenseitig. Die erbrachten Leistungen werden auf eigene Rechnung abgerechnet. Die Urlaubszeiten sind gemeinsam abzustimmen.

Im Krankheitsfalle erfolgt ebenfalls eine gegenseitige Vertretung. Das Risiko sollte durch eine Krankentagegeldversicherung abgedeckt werden.

§ 10 Kündigung

Aus folgenden Gründen kann gekündigt werden:

a) ordentliche Kündigung

b) fristlose Kündigung

c) Eröffnung des Konkurs- oder Vergleichsverfahrens (zukünftig Insolvenzverfahren) über das Vermögen eines Partners

d) Eintritt der Berufsunfähigkeit

e) Tod.

Bei Ausscheiden eines Vertragspartners übernimmt der verbleibende Partner alle Gegenstände, ausgenommen die des Sondereinzeleigentums. Es kann ein anderer Partner in die Praxisgemeinschaft eintreten.

Jeder Vertragspartner hat das Recht, den Praxisgemeinschaftsvertrag aus wichtigen Gründen zu kündigen. Die Kündigung hat schriftlich mit Angabe des Grundes zu erfolgen.

Die ordentliche Kündigung kann unter Einhaltung einer Frist von sechs Monaten erfolgen. Sie bedarf der Schriftform.

§ 11 Praxisfortführung

Der die Praxis fortführende Partner hat die Hälfte der gemeinschaftlich angeschafften Wirtschaftsgüter dem Ausscheidenden oder dessen Erben zu vergüten. Der Auseinandersetzungsanspruch ist dem Ausscheidenden oder dessen Erben innerhalb von einem halben Jahr auszubezahlen.

Der ideelle Wert der anderen Praxis wird durch einen Schätzer oder durch Einvernehmen festgelegt. Auch die materiellen Werte sollen durch einen Schätzer oder einvernehmlich festgestellt werden.

§ 12 Schiedsgerichtsbarkeit

Etwaige Meinungsverschiedenheiten der Vertragspartner, die sich aus dem Gesellschaftsvertrag oder seiner Auflösung ergeben, sind unter Ausschluß des ordentlichen Rechtswegs durch ein Schiedsgericht zu entscheiden.

§ 13 Schlußbestimmungen

Änderungen dieses Vertrags bedürfen der Schriftform. Der Vertrag hat auch Gültigkeit, wenn einzelne Vorschriften gesetzlichen Bestimmungen widersprechen. Beide Partner verpflichten sich, den Vertrag – soweit erforderlich – anzupassen. Unwirksame Bestimmungen sind durch neue zu ersetzen.

4. Vertrag einer Gemeinschaftspraxis

1098   Zwischen Frau Dr. Annegret Schildgens, Kölner Straße 117, 5300 Bonn 1
und

Frau Dr. Nora Jopp, Euskirchener Straße 7, 5300 Bonn 1

wird folgender Gemeinschaftspraxis-Vertrag geschlossen:

§ 1   Vertragszweck

Frau Dr. Schildgens und Frau Dr. Jopp betreiben ab 1. Januar 1989 ihre kassenärztliche und privatärztliche Tätigkeit als Internisten gemeinsam. Sie führen die bisher von Frau Dr. Schildgens allein ausgeübte Praxis ab 1. 1. 1989
als Gemeinschaftspraxis weiter und errichten zu diesem Zweck eine Gesellschaft des bürgerlichen Rechts.

Die Vorschriften der §§ 705 bis 740 BGB finden Anwendung, es sei denn, aus
diesem Vertrag ergibt sich Abweichendes.

§ 2   Name und Sitz der Praxis

Die Praxis führt die Bezeichnung

„Gemeinschaftspraxis Dr. med Schildgens/Dr. med. Jopp
                             Internisten".

Die Gemeinschaftspraxis wird aufgrund des Mietvertrages vom 3. 12. 1986 in
der Poppelsdorfer Allee 88, 5300 Bonn 1, ausgeübt.

§ 3

Die beiden Vertragspartner stellen der Gemeinschaftspraxis ihre volle
Arbeitskraft zur Verfügung.

Nebentätigkeiten bedürfen der Zustimmung des anderen Vertragspartners.
Die Ausübung von Ehrenämtern in Standesorganisationen oder bei Berufsverbänden stellt keine Nebentätigkeit dar.

Von den beiden Vertragspartnern wird sichergestellt, daß mit Ausnahme von
Not- und Vertretungsfällen, jeder Patient den Arzt seines Vertrauens innerhalb der Gemeinschaftspraxis frei wählen kann.

§ 4   Geschäftsführung, Vertretung und Bankvollmacht

Die Geschäftsführung und die Vertretung stehen den Vertragspartnern
gemeinschaftlich zu. Für jedes Geschäft ist die Zustimmung aller Partner
erforderlich.

Dies gilt jedoch nicht für die Geschäftsführung und Vertretung in Angelegenheiten, deren Wert 5 000 DM je Quartal nicht übersteigen.

Für die Gemeinschaftspraxis wird bei der Volksbank Bonn ein Konto errichtet, für das jeder Gesellschafter allein zeichnungsberechtigt ist (wichtig im Falle der Verhinderung eines Partners).

§ 5 Praxiseinrichtung und Gesellschaftsvermögen

Die Gesellschaft schafft die für die Ausübung der Gemeinschaftspraxis erforderlichen Geräte, Instrumente und Einrichtungsgegenstände gemeinsam an. Kraftfahrzeuge bleiben Sondereigentum der einzelnen Gesellschafter. Sämtliche gemeinsam angeschafften Gegenstände werden Gesellschaftsvermögen. Sie sind fortlaufend in einem Inventarverzeichnis aufzunehmen.

Frau Dr. Schildgens räumt der Gemeinschaftspraxis an Geräten, Instrumenten und Einrichtungsgegenständen das Nutzungsrecht ein. Diese Gegenstände sind in einer besondere Anlage als Anhang zu diesem Vertrag aufgeführt. Frau Dr. Jopp bezahlt für den materiellen Wert 25 000 DM, für den ideellen Wert 30 000 DM. Die Zahlungen werden in vierteljährlichen Raten von jeweils 5 000 DM abgehalten.

§ 6 Vertragsübernahme

Frau Dr. Jopp tritt in die bestehenden Arbeitsverträge und alle sonstigen bestehenden Verträge, die in Anlage 2 dieses Vertrages aufgeführt sind, ein.

§ 7 Rechnungsabgrenzung

Alle nach dem 31. 12. 1989 eingehenden Einnahmen für Leistungen, die zu diesem Zeitpunkt erbracht wurden, und Ausgaben, die nach diesem Zeitpunkt noch geleistet werden, die jedoch durch die Einzelpraxis verursacht wurden, gehen zu Lasten von Frau Dr. Schildgens.

§ 8 Personal

Das Ärztehilfspersonal wird gemeinsam durch die Vertragspartner angestellt. Ihr Einsatz sowie Vertragsänderungen oder Kündigungen erfolgen ebenso im Einvernehmen.

§ 9   Sprechstundenregelung, Freizeit, Urlaub

Die Sprechstundenzeiten, Freizeit und Urlaub werden im gegenseitigen Einvernehmen festgelegt. Die Ankündigungen erfolgen nach den einschlägigen kassenärztlichen und berufsrechtlichen Vorschriften.

Jeder Gesellschafter hat Anspruch auf einen jährlichen Erholungsurlaub von 5 Wochen. Die Zeit wird unter Berücksichtigung der Erfordernisse der Praxis sowie der familiären Belange vereinbart.

Fortbildungsveranstaltungen sollten besucht werden. Ihre maximale Dauer sollte jedoch 12 Arbeitstage pro Jahr nicht überschreiten.

§ 10   Krankheit

Die Vertragspartner verpflichten sich, eine Krankentagegeldversicherung mit einem Tagessatz von mindestens 250 DM abzuschließen. Im Falle einer Erkrankung wird der erkrankte Vertragspartner vom anderen bis zur Dauer von drei Monaten im Jahr vertreten. In jedem Fall kann eine Vertretung bestellt werden. Im Falle der Nichtvertretung erhält der andere Partner einen Gewinn in der üblichen Vertretervergütung. Ist ein Vertragspartner länger als sechs Monate krank, erlischt die Gewinnbeteiligung für die Dauer der Erkrankung.

§ 11   Jahresabschluß und Buchführung

Über sämtliche Einnahmen und Ausgaben ist laufend Buch zu führen. Mit der Buchführung wird ein Steuerberater beauftragt. Jeder Vertragspartner hat das Recht zur Einsichtnahme in sämtliche Bücher und Geschäftsunterlagen. Der Jahresabschluß sollte in beiderseitigem Einvernehmen frühzeitig erstellt werden. Die Kosten für eine gemeinsame Gewinnfeststellung sind gemeinschaftlich zu tragen. Die Kosten für die persönliche Steuererklärung tragen die Beteiligten selbst.

§ 12   Gewinn- und Verlustverteilung

Von dem verbleibenden Gewinn erhalten die Gesellschafter

Frau Dr. Schildgens   60 %
Frau Dr. Jopp   40 %.

Eine evtl. Beteiligung am Verlust richtet sich nach den gleichen Verhältnissen.

Der Gewinnanteil von Frau Dr. Jopp steigt pro Jahr um 2 % bis ebenfalls 50 v. H. erreicht sind.

§ 13 Haftung

Wird ein Vertragspartner von einem Patienten wegen einer in Ausübung der ärztlichen Tätigkeit begangenen unerlaubten Handlung oder Vertragsverletzung des anderen Vertragspartners als Gesamtschuldner in Anspruch genommen, so ist der andere Vertragspartner verpflichtet, ihn im Innenverhältnis von der Haftung insoweit freizustellen, als der andere Vertragspartner den Schaden allein verschuldet hat und der Schaden durch die Berufshaftpflichtversicherung nicht gedeckt wird.

§ 14 Vertragsdauer

Der Gesellschaftsvertrag wird zunächst bis zum 31. 12. 1994 abgeschlossen. Er verlängert sich auf unbestimmte Zeit. In den ersten fünf Jahren ist der Vertrag – es sei denn aus wichtigem Grunde – nicht kündbar. Während der Verlängerungszeit kann der Vertrag von jedem Vertragspartner mit einer Frist von einem Jahr zum Jahresende gekündigt werden. Dies hat durch eingeschriebenen Brief zu erfolgen.

Das Recht zur fristlosen Kündigung aus wichtigem Grunde bleibt davon unberührt. Ein wichtiger Grund ist, wenn ein Vertragspartner in grober Weise gegen den Vertragszweck und die Interessen der Gemeinschaftspraxis verstößt oder sich grob standeswidrig verhält. Bei einer dauernden Berufsunfähigkeit endet der Vertrag am Ende des Jahres, in dem die dauernde Berufsunfähigkeit durch einen ärztlichen Sachverständigen festgestellt wird.

§ 15 Ausscheiden eines Gesellschafters

Scheidet ein Gesellschafter aus der Praxis aus, ist der verbleibende berechtigt und verpflichtet, die Praxis alleine oder mit einem Nachfolger seiner Wahl fortzusetzen. Der ausscheidende Partner wird mit der Hälfte des Wertes des Inventars sowie einem festzustellenden hälftigen ideellen Praxiswert abgefunden. Die Zahlungen erfolgen quartalsweise mit 5 000 DM.

§ 16 Schriftform, Teilnichtigkeit

Änderungen und Ergänzungen dieses Vertrages sind nur dann verbindlich, wenn sie schriftlich vereinbart werden.

Die Erklärung eines Partners an den anderen, durch die ein Gestaltungsrecht ausgeübt werden soll, insbesondere Kündigungs- und Ausschließungserklärungen, sind nur wirksam, wenn sie schriftlich erfolgen.

§ 17 Salvatorische Klausel

Sollten Bestimmungen dieses Vertrages oder künftig in den Vertrag aufgenommene Bestimmungen ganz oder teilweise nicht rechtswirksam oder nicht durchführbar sein oder die Rechtswirksamkeit oder Durchführbarkeit später verlieren, so soll hierdurch die Gültigkeit der übrigen Bestimmungen des Vertrages nicht berührt werden.

Das gleiche gilt, soweit sich herausstellen sollte, daß der Vertrag eine Regelungslücke enthält. Hier soll eine angemessene Regelung gelten, die – soweit rechtlich möglich – dem am nächsten kommt, was die Gesellschafter gewollt haben oder nach dem Sinn und Zweck des Vertrages gewollt haben würden, sofern sie bei Abschließung dieses Vertrages oder bei der späteren Aufnahme einer Bestimmung den Punkt bedacht hätten. Das gilt auch, wenn die Unwirksamkeit einer Bestimmung etwa auf einen im Vertrag vorgeschriebenen Maß der Leistung oder Zeit beruht. Es soll dann ein dem Gewollten möglichst nahekommendes, rechtlich zulässiges Maß der Leistung oder Zeit als vereinbart gelten.

§ 18 Schiedsgericht

Für Streitigkeiten aus diesem Vertrag wird die Zuständigkeit eines Schiedsgerichts von den Vertragsparteien vereinbart. Die Einzelheiten über die Zusammensetzung des Schiedsgerichts und über das Schiedsverfahren werden in einem besonderen Schiedsvertrag geregelt.

§ 19 Kosten

Die Kosten für Abschluß und Durchführung dieses Vertrages werden von den Vertragsparteien je zur Hälfte getragen.

Bonn, den 14. Dezember 1988

Dr. Annegret Schildgens   Dr. Nora Jopp

5. Praxisübernahmevertrag

Die **Übernahme** von freiberuflichen Praxen kann an und für sich grundsätz- 1099
lich **nicht über Musterverträge** erfolgen, da die Fragen zu komplex sind. Dennoch ist es wichtig, diese Musterverträge vorliegen zu haben, da erst durch
das Vertragsmuster Fragen angesprochen werden, an die evtl. noch nicht
gedacht wurde oder zusätzliche Hinweise für eine Verbesserung des eigenen
Vertragsvorschlags oder der Gegenseite gemacht werden können.

Dies bedeutet, daß ein **Mustervertrag das Rohgerippe** für den endgültigen 1110
Vertrag sein kann. Er kann ergänzt werden, und es können auch Passagen
gestrichen werden.

Auch ist es wichtig, dem Vertrag eine **Schiedsgerichtsvereinbarung** bei- 1111
zufügen, da es sich immer wieder gezeigt hat, daß trotz beiderseitigem Willen
es zu Interpretationsdifferenzen kam und durch eine Schiedsgerichtsvereinbarung die Streitigkeiten geschlichtet werden mußten. Durch diese Schiedsgerichtsvereinbarung kann viel Geld gespart werden, da der gerichtliche Weg
vermieden wird.

(a) Praxisübernahmevertrag

Praxisübernahmevertrag einer Zahnarztpraxis 1112

zwischen

Herrn Dr. Heinz Schroeder (Praxisübergeber)

und

Frau Carla Bettermann (Praxisübernehmer)

wird folgender Praxisübernahmevertrag geschlossen:

§ 1

Herr Dr. Schroeder übergibt an Frau Dr. Bettermann seine Zahnarztpraxis in
Bonn-Bad Godesberg. Die Praxiseinrichtung besteht aus zwei Stühlen,
Instrumenten usw. (siehe Anlage).

§ 2

Frau Dr. Bettermann zahlt Herrn Dr. Schroeder als Kaufpreis den Betrag
von 100 000 DM für die Einrichtung. Für den ideellen Praxiswert zahlt sie
den Betrag von 80 000 DM. Die Veräußerung des ideellen Werts ist nicht
umsatzsteuerpflichtig.

Der Preis ist in vier Raten ab Juni 1988 vierteljährlich zu entrichten. Bei Verzug sind Verzugszinsen in Höhe von 8 % auf die ausstehende Rate zu entrichten.

§ 3

Dr. Schroeder ist Mieter der im Hause Mittelgasse 15 gelegenen Praxisräume. Die Praxis weist eine Gesamtfläche von 140 m² auf.

Dr. Schroeder verpflichtet sich, der Praxisübernehmerin Frau Dr. Bettermann das Mietrecht an den Räumen zu verschaffen und hierfür alle erforderlichen Schritte zu unternehmen. Frau Dr. Bettermann schließt mit dem Hauseigentümer, Herrn Runkel, einen neuen Mietvertrag ab.

Kommt Herr Dr. Schroeder diesen Verpflichtungen nicht nach, so ist jeder der Vertragspartner berechtigt, von dem Vertrag zurückzutreten.

§ 4

Frau Dr. Bettermann übernimmt mit Wirkung vom 1. Juni 1988 die Praxis von Herrn Dr. Schroeder und führt sie in den bisherigen Räumen in der Mittelgasse 15, 5300 Bonn 2, im eigenen Namen und auf eigene Rechnung weiter.

§ 5

Forderungen und Verbindlichkeiten von Herrn Dr. Schroeder gehen nicht auf Frau Dr. Bettermann über. Frau Dr. Bettermann haftet jedoch für alle Verbindlichkeiten vom Zeitpunk der Praxisübernahme am 1. 6. 1988 an.

§ 6

Herr Dr. Schroeder verpflichtet sich, alle Maßnahmen zu treffen, um die alsbaldige Umschreibung des Telefonanschlusses auf Frau Dr. Bettermann sicherzustellen.

§ 7

Herr Dr. Schroeder versichert, daß die in der Inventarliste aufgeführten Praxisgegenstände in seinem alleinigen Eigentum stehen und frei von Rechten Dritter, wie z. B. Eigentumsvorbehalt, Pfandrecht usw., sind.

Herr Dr. Schroeder übereignet sämtliche Einrichtungsgegenstände, Instrumente und Materialien sowie die Patientenkartei nebst Unterlagen.

Die Übergabe erfolgt zum 31. 3. 1988 wie gesehen. Eine Haftung für Sachmängel kann nicht übernommen werden.

Das Eigentum von Frau Dr. Bettermann an den in § 1 genannten Gegenständen geht erst mit der vollständigen Zahlung des Kaufpreises auf Frau Dr. Bettermann über.

§ 8

Mit Übernahme der Praxis durch Frau Dr. Bettermann verzichtet Herr Dr. Schroeder auf eine Kassenzulassung bzw. Privatpraxis im Raume von Bonn-Bad Godesberg. In Zweifelsfällen ist das Schiedsgericht anzurufen.

§ 9

Der Vertrag wird erst wirksam, wenn Frau Dr. Bettermann die Zulassung zu den RVO-Kassen erhalten hat.

§ 10

Mündliche Nebenabreden wurden nicht getroffen. Änderungen und Ergänzungen dieses Vertrages bedürfen der Schriftform.

Der vorstehende Vertrag gilt auch, wenn einzelne Bestimmungen unwirksam oder nichtig sein sollten. Herr Dr. Schroeder und Frau Dr. Bettermann verpflichten sich zu einer Änderung bzw. Aufhebung der nichtigen oder unwirksamen Vertragsbestimmungen.

§ 11

Unterschiedliche Meinungen über Inhalt und Auslegung der Vertrages zwischen Herrn Dr. Schroeder und Frau Dr. Bettermann werden durch ein Schiedsgerichtsverfahren geschlichtet (siehe anliegender Schiedsvertrag).

Bonn-Bad Godesberg, den 3. Mai 1988

Dr. Heinz-Schröder   Dr. Carla Bettermann

(b) Schiedsvertrag

Wir haben ebenfalls einen Schiedsvertrag beigelegt, da es sehr häufig zwischen den beteiligten Zahnärzten zu Meinungsverschiedenheiten anläßlich einer Praxisübertragung kommen kann.   1113

Folgendes Muster, das durchaus auf praxisindividuelle Vereinbarungen erweitert werden kann, soll den Praxisübernahmevertrag ergänzen.

Zwischen

Herrn Dr. Heinz Schröder

und

Frau Dr. Carla Bettermann

wird aufgrund des § 11 des Vertrags vom 3. Mai 1988 betreffend die Praxisübernahme folgendes vereinbart:

§ 1

Alle Meinungsverschiedenheiten aus dem zwischen den obigen Parteien geschlossenen Vertrag einschließlich der Streitigkeiten über die Gültigkeit dieses Vertrages und der Schiedsabrede werden unter Ausschluß des öffentlichen Rechtsweges von einem Schiedsgericht entschieden.

§ 2

Das Schiedsgericht besteht aus einem Vorsitzenden, der die Befähigung zum Richteramt haben muß, und zwei Zahnärzten als Beisitzer.

Je ein Beisitzer wird von der Zahnärztekammer und der Kassenzahnärztlichen Vereinigung ernannt.

Der Vorsitzende des Schiedsgerichts wird von den beiden Beisitzern benannt. Bei Streitigkeiten entscheidet der Präsident der regionalen Rechtsanwaltskammer.

Die Ernennung der Beisitzer und der Zusammentritt des Schiedsgerichts wird durch eine der Parteien bei der Zahnärztekammer beantragt.

Ist einer der Schiedsrichter auf Anruf des Schiedsgerichts durch Tod oder aus einem anderen Grunde nicht verfügbar oder verweigert er die Übernahme des Amtes in dieser Sache, so tritt an seine Stelle der für ihn gewählte Stellvertreter.

§ 3

Das Schiedsgericht ist in der Gestaltung des Verfahrens frei. Der Vorsitzende sorgt für eine schnelle Durchführung. Die Verhandlung soll mündlich erfolgen. Vor Erlassung des Schiedsspruchs sollte eine gütliche Einigung der Parteien erfolgen. Die Vorschriften der §§ 1025 ff. ZPO über das Schiedsgerichtsverfahren gelten.

§ 4

Der Schiedsspruch ist in zwei gleichlautenden Exemplaren zu erstellen. Jedes Exemplar ist vom Vorsitzenden zu unterzeichnen. Die Kosten des Verfahrens sind nach den §§ 91 ff. ZPO zu tragen.

Die Vergütung des Vorsitzenden erfolgt nach den jeweiligen Grundsätzen des zuständigen Oberlandesgerichts. Die Beisitzer erhalten Sitzungsgelder nach dem Verfahren, wie sie bei Körperschaften gelten, von denen sie ernannt wurden.

§ 5

Das Schiedsgericht hat seinen Sitz in Bonn. Das für die Vollstreckbarkeit des Schiedsspruchs zuständige Gericht und Beschlußgericht ist das zuständige Landgericht in Bonn.

Bonn-Bad Godesberg, den 3. Mai 1988

Dr. Heinz Schroeder   Dr. Carla Bettermann

6. Arbeitsvertrag für Weiterbildungsassistent

zwischen der Praxis 1114
und
Herrn/Frau/Frl. ....
wohnhaft in ....

Herr/Frau/Frl. .... wird vom .... bis .... als Weiterbildungsassistent beschäftigt.

1. Die Voraussetzung für die Beschäftigung ist die Gewährung von Förderungsmaßnahmen durch die Kassenärztliche Vereinigung ....

2. Die ersten vier Wochen der Beschäftigung gelten als Probezeit. Dabei können beide Seiten das Arbeitsverhältnis jederzeit ohne Angabe von Gründen mit einer Frist von einem Monat zum Monatsabschluß beenden.

   Danach kann das Beschäftigungsverhältnis von jedem Vertragspartner mit einer Frist von einem Monat zum Monatsende oder mit einer Frist von 6 Wochen zum Quartalsende gekündigt werden. Die Kündigung hat schriftlich zu erfolgen. Die Vorschriften über eine Kündigung aus wichtigem Grund bleiben unberührt.

3. Die regelmäßige Wochenarbeitszeit richtet sich nach den Erfordernissen der Praxis.

4. Die monatliche Bruttovergütung richtet sich nach den Vergütungsgruppen des Bundesangestelltentarifes (BAT) in der jeweils gültigen Fassung. Gutachten und Untersuchungen nach dem Jugendarbeitsschutzgesetz werden zusätzlich vergütet. Für jeden Monat bestehen zwei Tage Urlaubsanspruch, wobei der Urlaubsanspruch rechtzeitig anzumelden ist.

5. Die Unterbringung in einem eigenen Zimmer sowie das Mitagessen (Getränke zu eigenen Lasten) sind kostenfrei. Diese Sachbezugswerte müssen jedoch, sofern die Bestimmung es verlangt, der Lohnsteuer unterworfen werden. Arbeitskleidung stellt der Beschäftigte selbst; für regelmäßige, kostenlose Reinigung wird gesorgt. Weitere Ansprüche (Weihnachtsgeld, vermögenswirksame Leistungen etc.) bestehen nicht.

6. Im Erkrankungsfall wird dem Beschäftigten bis zum Ende der sechsten Woche der Arbeitsunfähigkeit, längstens jedoch bis zur Beendigung des Angestelltenverhältnisses, das Gehalt weiterbezahlt, sofern der Beschäftigte die Arbeitsunfähigkeit nicht grob fahrlässig herbeigeführt hat. Etwaige Leistungen der gesetzlichen Unfallversicherung werden auf die Lohnfortzahlung angerechnet.

7. Die Praxisinhaber melden den Assistenten zur gesetzlichen Unfallversicherung und ggf. zur gesetzlichen Krankenversicherung an und entrichten anteilmäßig, wie auch für die Ärzteversorgung, die entsprechenden Beiträge.

   Die Praxisinhaber versichern, daß deren Berufshaftpflichtversicherung die Mitbeschäftigung eines Assistenzsarztes deckt. Der Assistent versichert, daß er für seine persönliche Haftung eine ausreichende Versicherung abgeschlossen hat.

8. Der Assistent ist verpflichtet, den Weisungen des Praxisinhabers zu entsprechen. Der Assistent verpflichtet sich zur Einhaltung der kassenärztlichen Vorschriften, einschließlich der von der zuständigen Kassenärztlichen Vereinigung abgeschlossenen Verträge und erklärt ausdrücklich, daß er sich über diese Verpflichtungen ausreichend informiert hat. Entsprechendes Material hierüber stellen die Praxisinhaber zur Verfügung.

   Der Assistent ist bei Bedarf zur Teilnahme am ärztlichen Bereitschaftsdienst verpflichtet, wobei dafür Freizeitausgleich gewährt wird.

9. Für die Hausbesuche verwendet der Assistent seinen Pkw. Dafür werden km-Vergütungen nach den steuerlich zulässigen Sätzen gezahlt (z. Zt. 0,42 DM/km.

10. Der Assistent erhält einen Praxisschlüssel und verpflichtet sich, damit verantwortlich umzugehen. Die Praxisinhaber weisen ihm einen Pkw-Stellplatz zu.

Nicht praxisbezogene Telefongespräche können nur über die Vermittlung geführt werden, wobei die Gebührenabrechnung lt. Gebührenzähler in bar erfolgt. Private Fotokopieraufträge werden lt. Zählwerk erfaßt, Kostenabrechnung in bar (0,50 DM pro Kopie).

11. Der Praxisinhaber hat in die Approbationsurkunde, (ggf. Promotionsurkunde) sowie sämtliche bisherigen Weiterbildungszeugnisse des Assistenten anhand der Originale bzw. beglaubigten Abschriften Einblick genommen.

12. Der Weiterbildungsassistent verpflichtet sich für den Zeitraum von zwei Jahren von der Beendigung dieses Arbeitsvertrages an, nicht als niedergelassener Arzt im Einzugsbereich der Praxis .... tätig zu werden. Als Ausgleich dafür erhält er für die Dauer von zwei Jahre monatlich am Schluß eines jeden Monats .... DM. Es ist mindestens die Hälfte der zuletzt bezogenen vertragsmäßigen Leistungen zu zahlen. Hierauf muß er sich anrechnen lassen, was § 74 c HGB als anrechnungsfähig festlegt.

Während der Dauer des Wettbewerbsverbotes ist auf Verlangen Auskunft über die Höhe der Bezüge zu geben. Die Anschrift des jeweiligen Arbeitgebers oder des Niederlassungsortes ist mitzuteilen. Am Ende des Kalenderjahres ist die Lohnsteuerkarte vorzulegen. Bei selbständiger Tätigkeit sind andere einschlägige Unterlagen zu übersenden. Für jeden Fall einer Zuwiderhandlung gegen dieses Wettbewerbsverbot ist eine Vertragsstrafe von .... DM zu zahlen.

Anmerkung

Die Ziffer 12 dieses Arbeitsvertrages ist zu streichen, wenn keine Konkurrenzschutzklausel gewünscht wird.

........................, den ....

. . . .

    (Praxisinhaber)   (Assistent)

1115 ## 7. Berufsausbildungsvertrag für Arzthelferin

Zwischen Frau / Herrn Dr. med. . . . .
                                    (Vor- und Zuname)

wohnhaft in . . . .
                              (Ort und Straße der Praxis)

als Ausbildende(r)

und

Fräulein / Frau / Herr . . . .
                                    (Vor- und Zuname)

wohnhaft in . . . .
                                    (Ort und Straße)

geb. am . . . .   in . . . .

als Auszubildende

gesetzlich vertreten durch*)

Vater (Vormund): . . . .

und

Mutter: . . . .

wohnhaft in . . . .
                                    (Ort und Straße)

wird folgender Vertrag zur Ausbildung im Ausbildungsberuf der

Arzthelferin

nach Maßgbabe der Ausbildungsordnung geschlossen**);

§ 1: Ausbildungs- und Probezeit, Weiterbeschäftigung

(1) Die **Ausbildungszeit** beträgt zwei Jahre.
Das Berufsausbildungsverhältnis beginnt am . . . .
und endet am . . . .

---

*) Vertretungsberechtigt sind beide Eltern gemeinsam, soweit nicht die Vertretungsberechtigung
   nur einem Elternteil zusteht. Ist ein Vormund bestellt, so bedarf dieser zum Abschluß des Ausbildungsvertrages der Genehmigung des Vormundschaftsgerichts.
**) Solange die Ausbildungsordnung für den Ausbildungsberuf Arzthelferin nicht erlassen ist, sind
   gemäß § 108 Abs. 1 Berufsbildungsgesetz (BBiG) vom 14. 8. 1969 (BGBl I, S. 1112) i. d.
   jeweils gültigen Fassung die bisherigen Ordnungsmittel des Bundesministers für Arbeit vom 12.
   1. 1965 (Az. II a 5-2561-BK-8157) anzuwenden.

(2) Die **Probezeit** beträgt drei Monate. Wird die Ausbildung während der Probezeit um mehr als ⅓ dieser Zeit unterbrochen, so verlängert sich die Probezeit um den Zeitraum der Unterbrechung.

(3) Besteht die Auszubildende vor Ablauf der vereinbarten Ausbildungszeit die Abschlußprüfung, so endet das Berufsausbildungsverhältnis mit Bestehen der Abschlußprüfung (§ 14 BBiG).

(4) Besteht die Auszubildende die Abschlußprüfung nicht, so verlängert sich das Berufsausbildungsverhältnis auf ihr Verlangen bis zur nächstmöglichen Wiederholungsprüfung, höchstens jedoch um ein Jahr.

(5) Die Weiterbeschäftigung nach Abschluß der Ausbildung in derselben Praxis begründet ein Arbeitsverhältnis auf unbestimmte Zeit (§ 17 BBiG). Ist ein Arbeitsverhältnis als Arzthelferin beabsichtigt, sollte ein Arbeitsvertrag innerhalb der letzten 3 Monate des Berufsausbildungsverhältnisses geschlossen werden.

§ 2: Pflichten des ausbildenden Arztes

Der ausbildende Arzt verpflichtet sich,

a) dafür zu sorgen, daß der Auszubildenden die Fähigkeiten und Kenntnisse vermittelt werden, die zum Erreichen des Ausbildungsziels erforderlich sind, und die Berufsausbildung in einer durch ihren Zweck gebotenen Form planmäßig, zeitlich und sachlich gegliedert so durchzuführen, daß das Ausbildungsziel in der vorgesehenen Ausbildungszeit erreicht werden kann;

b) der Auszubildenden kostenlos die Ausbildungsmittel zur Verfügung zu stellen, die für die Ausbildung und zur Ablegung von Zwischen- und Abschlußprüfungen, auch soweit solche nach Beendigung des Berufsausbildungsverhältnisses und in zeitlichem Zusammenhang damit stattfinden, erforderlich sind;

c) die Auszubildende zum Besuch der Berufsschule anzuhalten und freizustellen;

d) der Auszubildenden nur Verrichtungen zu übertragen, die dem Ausbildungzweck dienen und ihren körperlichen Kräften angemessen sind;

e) dafür zu sorgen, daß die Auszubildende charakterlich gefördert sowie sittlich und körperlich nicht gefährdet wird;

f) sich von der jugendlichen Auszubildenden eine Bescheinigung darüber aushändigen zu lassen, daß diese
1) vor der Aufnahme der Ausbildung untersucht (§ 32 JArbSchG) und
2) vor Ablauf des 1. Ausbildungsjahres nachuntersucht worden ist (§ 33 JArbSchG);

g) unverzüglich nach Abschluß des Berufsausbildungsvertrages die Eintragung in das Verzeichnis der Berufsausbildungsverhältnisse über den Ärztlichen Kreisverband bei der Bayerischen Landesärztekammer unter Beifügung von 4 Ausfertigungen dieses Vertrages mit dem entsprechenden Antragsvordruck und bei jugendlichen Auszubildenden unter Vorlage der ärztlichen Bescheinigung über die Erstuntersuchung nach § 32 JArbSchG zu beantragen; entsprechendes gilt bei späteren Änderungen des wesentlichen Vertragsinhaltes;

h) spätestens 1 Jahr nach Aufnahme der ersten Beschäftigung sich die ärztliche Bescheinigung über die Nachuntersuchung nach § 33 JArbSchG vorlegen zu lassen; die Nachuntersuchung darf nicht länger als drei Monate zurückliegen;

i) die Auszubildende rechtzeitig zu den angesetzten Zwischen- und Abschlußprüfungen anzumelden und für die Teilnahme freizustellen;

j) die Auszubildende anzuhalten, die aus Gründen der Gesundheitspflege und zur Verhütung von Berufskrankheiten notwendigen, mindestens aber die gesetzlich vorgeschriebenen ärztlichen Untersuchungen vornehmen zu lassen;

k) auf die Regelungen im Jugendarbeitsschutzgesetz, Mutterschutzgesetz und den Mutterschaftsurlaub wird verwiesen.

§ 3: Pflichten der Auszubildende

Die Auszubildende hat sich zu bemühen, die Fertigkeiten und Kenntnisse zu erwerben, die erforderlich sind, um das Ausbildungsziel zu erreichen. Sie verpflichtet sich, insbesondere

a) die ihr im Rahmen ihrer Berufsausbildung übertragenen Verrichtungen und Aufgaben sorgfältig auszuführen;

b) am Berufsschulunterricht und an Prüfungen sowie an Ausbildungsmaßnahmen außerhalb der Ausbildungsstätte teilzunehmen, für die sie nach § 2 Buchstaben c und i, freigestellt wird;

c) den Weisungen zu folgen, die ihr im Rahmen der Berufsausbildung vom ausbildenden Arzt erteilt werden;

d) die für die Ausbildungsstätte geltende Ordnung zu beachten;

e) die Praxiseinrichtung und das Arbeitsmaterial nur zu den ihr übertragenen Arbeiten zu verwenden, keinen Mißbrauch damit zu treiben und sorgsam damit umzugehen;

f) auf Sauberkeit und Hygiene in den Praxisräumen zu achten;

g) alle Praxisvorgänge sowie den Personenkreis der Patienten geheimzuhalten (§ 203 StGB), und zwar auch nach Beendigung des Ausbildungsverhältnisses oder eines späteren Arbeitsverhältnisses;

h) alle im Rahmen der ärztlichen Praxis wichtigen Vorkommnisse unverzüglich dem ausbildenden Arzt mitzuteilen;

i) bei Fernbleiben von der Ausbildung in der Praxis, vom Berufsschulunterricht oder von sonstigen Ausbildungsveranstaltungen dem ausbildenden Arzt unter Angabe von Gründen unverzüglich Nachricht zu geben und ihm bei Krankheit oder Unfall spätestens am vierten Kalendertag eine ärztliche Bescheinigung zuzuleiten;

j) soweit auf sie die Bestimmungen des Jugendarbeitsschutzgesetzes Anwendung finden, sich gemäß §§ 32, 33 dieses Gesetzes ärztlich

  a) vor Beginn der Ausbildung untersuchen,

  b) vor Ablauf des 1. Ausbildungsjahres nachuntersuchen zu lassen und die Bescheinigung hierüber dem ausbildenden Arzt auszuhändigen;

k) die aus Gründen der Gesundheitspflege und zur Verhütung von Berufskrankheiten notwendigen, mindestens aber die gesetzlich vorgeschriebenen ärztlichen Untersuchungen vornehmen zu lassen.

§ 4: Vergütung und sonstige Leistungen

(1) Der ausbildende Arzt zahlt der Auszubildenden eine angemessene Vergütung. Ihre Höhe richtet sich nach den jeweils gültigen Tarifverträgen, die die Arbeitsgemeinschaft zur Regelung der Arbeitsbedingungen der Arzthelferinnen mit den Gewerkschaften abgeschlossen hat. Die Auszubildendenvergütung
beträgt zur Zeit monatlich,

brutto im 1. Jahr . . . . DM und im 2. Jahr . . . . DM.

Die Vergütung wird spätestens am 15. des Monats gezahlt. Das auf die Urlaubszeit entfallende Entgelt wird vor Antritt des Urlaubs ausgezahlt. Die Beiträge für die Sozialversicherung tragen die Vertragschließenden nach Maßgabe der gesetzlichen Bestimmungen.

(2) Für die Gewährung von Kost und Wohnung sind die aufgrund des § 160 Abs. 2 Reichsversicherungsordnung in den Ländern festgesetzten Bewertungssätze anzurechnen, jedoch nicht mehr als die Hälfte der Ausbildungsvergütung.

(3) Der ausbildende Arzt trägt die Kosten für Maßnahmen außerhalb der Ausbildungsstätte gemß § 2 Buchstaben b, soweit sie nicht anderweitig gedeckt sind. Der ausbildende Arzt trägt ebenfalls das Fahrgeld zum regelmäßigen Besuch einer Berufsschule. Eine Befreiung hiervon tritt ein, wenn die Erstattung von einer anderen Stelle erfolgt.

(4) Der Auszubildenden wird die Vergütung auch gezahlt

    a) für die Zeit der Freistellung gemäß § 2 Buchstaben c und i;

    b) bis zur Dauer von 6 Wochen, wenn sie

       – sich für die Berufsausbildung bereithält, diese aber ausfällt,

       – infolge unverschuldeter Krankheit nicht an der Berufsausbildung teilnehmen kann, oder

       – aus einem sonstigen, in ihrer Person liegenden Grund unverschuldet verhindert ist, ihre Pflichten aus dem Berufsausbildungsverhältnis zu erfüllen.

§ 5: Ausbildungszeit

(1) Die durchschnittliche Ausbildungszeit beträgt bei Auszubildenden, die das 18. Lebensjahr noch nicht vollendet haben, höchstens 40 Arbeitsstunden. Die tägliche Arbeitszeit der Jugendlichen darf acht Stunden nicht überschreiten. Im übrigen gelten die Vorschriften des Jugendarbeitschutzgesetzes in der jeweils gültigen Fassung über die wöchentliche und tägliche Arbeitszeit, die Ruhepausen, die Nacht-, Samstag-, Sonn- und Feiertagsarbeit und den Berufsschulbesuch.

(2) Bei Auszubildenden, für die das Jugendarbeitsschutzgesetz nicht gilt, richtet sich die durchschnittliche wöchentliche Ausbildungszeit nach den von der Arbeitsgemeinschaft zur Regelung der Arbeitsbedingungen der Arzthelferinnen mit den Gewerkschaften abgeschlossenen Tarifverträgen.

(3) Es bleibt dem ausbildenden Arzt überlassen, die Stunden unter Berücksichtigung der gesetzlichen und tarifvertraglichen Vorschriften auf die einzelnen Wochentage nach den Erfordernissen der Praxis zu verteilen.

(4) Persönliche Angelegenheiten hat die Auszubildende grundsätzlich außerhalb der Ausbildungszeit zu erledigen. Ein Fernbleibn ist nur mit vorheriger Zustimmung des ausbildenden Arztes gestattet. Kann diese Zustimmung den Umständen nach vorher nicht eingeholt werden, so ist der ausbildende Arzt unverzüglich über die Gründe des Fernbleibens zu unterrichten.

(5) Der Auszubildende ist

– am Prüfungstag und an dem Arbeitstag, der der schriftlichen Abschlußprüfung unmittelbar vorangeht, und

– für die Teilnahme an Ausbildungsmaßnahmen, die auf Grund öffentlich-rechtlicher oder vertraglicher Bestimmungen außerhalb der Ausbildungsstätte durchzuführen sind, freizustellen.

§ 6: Urlaub

(1) Der ausbildende Arzt gewährt der Auszubildenden Urlaub nach den geltenden Bestimmungen. Es besteht ein Urlaubsanspruch
auf . . . . Arbeitstage im Jahr.

(2) Der Urlaubsanspruch entfällt bei verschuldeter fristloser Kündigung oder vertragswidriger Beendigung des Ausbildungsverhältnisses durch die Auszubildende.

(3) Der Urlaub soll möglichst zusammenhängend und in der Zeit der Berufsschulferien erteilt und genommen werden.

§ 7: Kündigung

(1) Während der Probezeit kann das Berufsausbildungsverhältnis ohne Einhaltung einer Kündigungsfrist und ohne Angabe von Gründen gekündigt werden.

(2) Nach Beendigung der Probezeit kann das Berufausbildungsverhältnis nur aus

a) einem wichtigen Grund ohne Einhaltung einer Kündigungsfrist und

b) von der Auszubildenden mit einer Kündigungsfrist von vier Wochen, wenn sie die Berufsausbildung aufgeben oder sich für einen andere Berufstätigkeit ausbilden lassen will,

gekündigt werden (§ 15 BBiG).

(3) Die Kündigung muß schriftlich, im Falle von Absatz (2), Buchstabe b, unter Angabe des Kündigungsgrundes erfolgen.

(4) Eine Kündigung aus einem wichtigen Grund ist unwirksam, wenn die ihr zugrundeliegenden Tatsachen dem zur Kündigung Berechtigten länger als zwei Wochen bekannt sind. Ist ein Schlichtungsverfahren gemäß § 9 eingeleitet, so wird zu dessen Beendigung der Lauf dieser Frist gehemmt.

(5) Wird das Berufsausbildungsverhältnis nach der Probezeit vorzeitig gelöst, kann der ausbildende Arzt oder die Auszubildende Ersatz des Schadens verlangen, wenn der andere den Grund für die Auflösung zu vertreten hat. Das gilt nicht bei Kündigungen wegen Aufgabe oder Wechsel der Berufsausbildung. Der Anspruch erlischt, wenn er nicht innerhalb von drei Monaten nach Beendigung des Berufsausbildungsverhältnisses geltend gemacht wird.

(6) Das Berufsausbildungsverhältnis endet grundsätzlich mit dem Tode des ausbildenden Arztes, es sein denn, daß es durch den Rechtsnachfolger des Arztes fortgesetzt wird. Der Ausbildungsvertrag kann ferner gekündigt werden, wenn der ausbildende Arzt seine Praxis aufgibt oder an einen anderen Ort verlegt. In diesem Fall soll sich der ausbildende Arzt darum bemühen, mit Hilfe des Arbeitsamtes und des Ärztlichen Kreisverbandes der Auszubildenden eine andere Ausbildungsstelle nachzuweisen, in der die Ausbildung fortgesetzt und beendet werden kann.

§ 8: Zeugnis

Bei Beendigung des Ausbildungsverhältnisses ist vom ausbildenden Arzt der Auszubildenden ein Zeugnis auszustellen. Es muß Angaben enthalten über Art, Dauer und Ziel der Berufsausbildung sowie über die erworbenen Fertigkeiten und Kenntnisse der Auszubildenden; auf Verlangen der Auszubildenden auch Angaben über Führung, Leistung und besondere fachliche Fähigkeiten.

§ 9: Beilegung von Streitigkeiten

Bei Streitigkeiten aus dem Berufsausbildungsverhältnis ist vor Inanspruchnahme des Rechtsweges eine gütliche Einigung unter Mitwirkung des Ärztlichen Kreisverbandes anzustreben.

§ 10: Sonstige Vereinbarungen

(1) Ergänzend zu diesem Ausbildungsvertrag finden die Bestimmungen des Berufsbildungsgesetzes (BBiG) sowie die von der „Arbeitsgemeinschaft zur Regelung der Arbeitsbedingungen der Arzthelferinnen" mit dem Berufsverband der Arzthelferinnen, Dortmund, der Deutschen Angestellten Gewerkschaft, Hamburg, dem Verband der weiblichen Angestellten, Hannover, abgeschlossenen Tarifverträge für Arzthelferinnen in der jeweils gültigen Fassung Anwendung.

(2) Rechtswirksame Nebenabreden, die das Berufsausbildungsverhältnis betreffen, bedürfen der Schriftform.

Der Vertrag wird vierfach (bei Mündeln fünffach) ausgefertigt und von den Vertragsschließenden eigenhändig unterschrieben.

Der ausbildende Arzt: Die Auszubildende:

. . . .
   (Stempel und Unterschrift)   (Unterschrift mit Vor- und Zuname)

. . . . , den   . . . . den . . . . . .

Die gesetzlichen Vertreter der Auszubildenden: (Falls ein Elternteil verstorben, bitte vermerken.)

Vater: . . . .

und

Mutter: . . . .

oder

Vormund: . . . .
                 (Unterschrift mit Vor- und Zuname)

Kenntnis genommen: Ärztlicher Kreisverband

. . . .
            (Stempel)   (Unterschrift, Datum)

Bayerische Landesärztekammer
– oder ggf. örtlich zuständige Kammer –

Dieser Vertrag wird mit der Eintragung in das Berufsausbildungsverzeichnis der Bayerischen Landesärztekammer wirksam.

München, den

. . . .
       (Ort, Datum)   Siegel   (Unterschrift)

8. Berufsausbildungsvertrag für Zahnarzthelferin 1116

Zwischen der Zahnärztin/dem Zahnarzt
– Ausbilder – (Name, Anschrift) **und** der Auszubildenden (Name, Anschrift)

geb. am _____ in _____

gesetzlich vertreten durch[1]

Herrn (Vater)_____

Frau (Mutter)_____

Straße_____

Wohnort_____

wird folgender Berufsausbildungsvertrag zur Ausbildung als Zahnarzthelferin nach Maßgabe der beigefügten Ausbildungordnung geschlossen:[2]

§ 1 Ausbildungsdauer

1. Die Ausbildungszeit beträgt nach der Ausbildungsordnung 3 Jahre.*)
   Das Berufsausbildungsverhältnis beginnt am _____ und endet am _____.
   Wird die Prüfung vor Ablauf des Vertrages abgelegt, so endet das Ausbildungsverhältnis mit dem Tag des Bestehens der Prüfung. Eine Kürzung der Ausbildungsdauer gem. § 29 Abs. 2 BBiG erfolgt unter den in der Prüfungsordnung § 9 festgelegten Voraussetzungen.

2. Die Probezeit beträgt 3 Monate. Während dieser Zeit kann jede Partei ohne Kündigungsfrist und ohne Entschädigungspflicht jederzeit vom Ausbildungsvertrag zurücktreten. Wird die Ausbildung während der Probezeit

---

*) Die Berufsgrundbildungsjahr-Anrechnungs-Verordnung vom 17. 7. 1978 gilt nicht für den Ausbildungsberuf Zahnarzthelferin (BGBl I S. 1061 ff.).

1 Vertretungsberechtigt sind beide Eltern gemeinsam, soweit nicht die Vertretungsberechtigung nur einem Elternteil zusteht. Ist ein Vormund bestellt, so bedarf dieser zum Abschluß des Ausbildungsvertrages der Genehmigung des Vormundschaftsgerichtes.

2 Bis zum Erlaß einer neuen Ausbildungsordnung sind gemäß § 108 Abs. 1 BBiG die bisherigen Ordnungen anzuwenden.

um mehr als ein Drittel unterbrochen, so verlängert sich die Probezeit um den Zeitlauf der Unterbrechung.

3. Besteht die Auszubildende die Abschlußprüfung nicht, so verlängert sich das Berufsausbildungsverhältnis auf Verlangen der Auszubildenden bis zur nächstmöglichen Wiederholungsprüfung, höchstens um ein Jahr.

4. Hat die Auszubildende wegen Krankheit oder Unfall oder anderer in ihrer Person liegenden Gründe innerhalb der Ausbildungszeit mehr als zwei Monate gefehlt, so kann jede der Parteien die Verlängerung der Ausbildungszeit um die versäumte Zeit verlangen, falls das Ausbildungsziel infolge des Versäumnisses nicht erreicht werden kann. Dieses Verlangen ist dem Vertragspartner spätestens drei Monate vor Ablauf der Ausbildung schriftlich mitzuteilen.

§ 2   Ausbildungszeit und Urlaub

1. Die regelmäßige tägliche Ausbildungszeit beträgt 8 Stunden.[3]

2. Der Ausbildende gewährt der Auszubildenden Erholungsurlaub nach den geltenden Bestimmungen. Es besteht ein Urlaubsanspruch

auf _____ Werktage im Jahre _____ auf _____ Werktage im Jahre _____

auf _____ Werktage im Jahre _____ auf _____ Werktage im Jahre _____

auf _____ Werktage im Jahre _____ auf _____ Werktage im Jahre _____

3. Der Urlaub soll zusammenhängend und in der Zeit der Berufsschulferien genommen werden. Während des Urlaubs darf die Auszubildende keine dem Urlaubszweck widersprechende Erwerbsarbeit leisten.

§ 3   Ausbildungsstätte

Die Ausbildung findet in der zahnärztlichen Praxis des Ausbildenden statt. Eine Ausbildung außerhalb dieser Ausbildungsstätte ist möglich, wenn es der Ausbildungszweck erfordert und ist in der Ausbildungsordnung zu vermerken.

---

3 Nach dem Jugendarbeitsschutzgesetz beträgt die höchstzulässige tägliche Arbeitszeit (Ausbildungszeit) bei noch nicht 18 Jahre alten Personen 8 Stunden. Wenn an einzelnen Werktagen die Arbeitszeit auf weniger als 8 Stunden verkürzt ist, können Jugendliche an den übrigen Werktagen derselben Woche achteinhalb Stunden beschäftigt werden. Im übrigen sind die Vorschriften des Jugendarbeitsschutzgesetzes über die höchstzulässigen Wochenarbeitszeiten zu beachten.

§ 4 Pflichten des Ausbildenden

Der Ausbildende verpflichtet sich,

1. **(Ausbildungsziel)**

   dafür zu sorgen, daß der Auszubildenden die Fertigkeiten und Kenntnisse vermittelt werden, die zum Erreichen des Ausbildungszieles nach der Ausbildungsordnung erforderlich sind, und daß die Berufsausbildung planmäßig nach den beigefügten Angaben zur sachlichen und zeitlichen Gliederung des Ausbildungsablaufs so durchgeführt wird, daß das Ausbildungsziel in der vorgesehenen Ausbildungszeit erreicht werden kann;

2. **(Ausbildereignung)**

   sich selbst in der fachlichen Eignung zur Berufsausbildung, insbesondere die erforderlichen berufs- und arbeitspädogogischen Kenntnisse zu erwerben;

3. **(Ausbildungsordnung)**

   der Auszubildenden vor Beginn der Ausbildung die Ausbildungsordnung[4] kostenlos auszuhändigen;

4. **(Ausbildungsmittel)**

   der Auszubildenden kostenlos die Ausbildungsmittel sowie notwendige Fachliteratur zur Verfügung zu stellen, die für die Ausbildung in den Ausbildungsstätten und zum Ablegen von Zwischen- und Abschlußprüfungen erforderlich sind;

5. **(Besuch der Berufsschule und von Ausbildungsmaßnahmen außerhalb der Ausbildungsstätte)**

   die Auszubildende zum Besuch der Berufsschule anzuhalten und freizustellen. Das gleiche gilt, wenn Ausbildungsmaßnahmen außerhalb der Ausbildungsstätte vorgeschrieben oder nach Nr. 11 durchzuführen sind. Die Unterrichtszeit in der Berufsschule einschließlich der Pausen wird auf die Beschäftigungszeit angerechnet; als Arbeitszeit gilt nicht der Weg zur und von der Berufsschule. Wenn der Berufsschulunterricht vor 9 Uhr beginnt, darf vorher die Jugendliche nicht beschäftigt werden. An einem Berufsschultag mit mehr als fünf Unterrichtsstunden von mindestens je 45 Minuten ist die Auszubildende ganz von der Beschäftigung freizustellen jedoch nur einmal in der Woche (§ 9 Jugendarbeitsschutzgesetz);

---

4 siehe Anmerkung 2

6. **(Ausbildungsbezogene Tätigkeiten)**

   der Auszubildenden nur Verrichtungen zu übertragen, die dem Ausbildungszweck dienen und ihren körperlichen Kräften angemessen sind;

7. **(Sorgepflicht)**

   dafür zu sorgen, daß die Auszubildende charakterlich gefördert sowie sittlich und körperlich nicht gefährdet wird;

8. **(Ärztliche Untersuchungen)**

   von der jugendlichen Auszubildenden sich eine ärztliche Bescheinigung gemäß §§ 32, 33 Jugendarbeitsschutzgesetz darüber vorlegen zu lassen, daß diese

   a) vor der Aufnahme der Ausbildung untersucht und

   b) vor Ablauf des ersten Ausbildungsjahres nachuntersucht worden ist;

   c) diese Kopie oder Mehrfertigung der ärztlichen Bescheinigung ist der Zahnärztekammer Westfalen-Lippe jeweils einzureichen gemäß § 63 JArbSchG.

9. **(Eintragungsantrag)**

   unverzüglich nach Abschluß des Berufsausbildungsvertrages die Eintragung in das Verzeichnis der Berufsausbildungsverhältnisse bei der Zahnärztekammer Westfalen-Lippe unter Beifügung der Vertragsniederschriften zu beantragen; entsprechendes gilt bei späteren Änderungen des wesentlichen Vertragsinhaltes;

10. **(Ameldung zu Prüfungen)**

    die Auszubildende rechtzeitig zu den angesetzten Zwischen- und Abschlußprüfungen anzumelden, für die Teilnahme freizustellen und die Prüfungsgebühr an die Zahnärztekammer Westfalen-Lippe zu zahlen;

11. **(Ausbildungsmaßnahmen außerhalb der Ausbildungsstätte)**

    _____

    _____

§ 5 Pflichten der Auszubildenden

Die Auszubildende hat sich zu bemühen, die Fertigkeiten und Kenntnisse zu erwerben, die erforderlich sind, um das Ausbildungsziel zu erreichen. Sie verpflichtet sich, insbesondere

1. **(Lernpflicht)**

   die ihr im Rahmen ihrer Berufsausbildung übertragenen Verrichtungen und Aufgaben sorgfältig auszuführen;

2. **(Berufsschulunterricht, Prüfungen und sonstige Maßnahmen)**

   a) am Berufsschulunterricht und an Prüfungen sowie an Ausbildungsmaßnahmen außerhalb der Ausbildungsstätte teilzunehmen, für die sie nach § 4 Nr. 5 und 11 freigestellt wird,

   b) auf Verlangen des Ausbildenden die in der Berufsschule geschriebenen Klassenarbeiten, erteilten Zeugnissen und sonstigen Prüfungszeugnisse vorzulegen;

3. **(Weisungsgebundenheit)**

   den Weisungen zu folgen, die ihr im Rahmen der Berufsausbildung vom Ausbildenden, vom Ausbilder oder von anderen weisungsberechtigten Personen, soweit sie als weisungsberechtigt bekannt gemacht worden sind, erteilt werden;

4. **(Betriebliche Ordnung)**

   die für die Ausbildungsstätte und die zahnärztliche Praxis geltende Ordnung zu beachten, insbesondere die Unfallverhütungsvorschriften einzuhalten;

5. **(Sorgfaltspflicht)**

   Instrumente, Geräte und sonstige Einrichtungen pfleglich zu behandeln und sie nur zu den ihr übertragenen Arbeiten zu verwenden;

6. **(Schweigepflicht)**

   über alle aus der Praxis bekanntwerdenden Umstände Stillschweigen zu wahren. Die Auszubildende ist vom Ausbildenden eingehend darüber belehrt worden, daß sie verpflichtet ist, über alle aus der Praxis bekanntwerdenden Umstände, sei es die Behandlung selbst betreffend, seien es die persönlichen Umstände der Patienten und deren Erklärungen in der Praxis, absolutes Stillschweigen zu bewahren und hierüber niemand Kenntnis zu geben, auch gegenüber nahen Verwandten. Die Auszubildende ist auch darüber belehrt worden, daß ein Bruch dieser Verschwiegenheitspflicht nicht nur eine Verletzung arbeitsrechtlicher Aufgaben darstellt, sondern auch strafrechtlich verfolgt werden kann (§ 203 des Strafgesetzbuches);

7. **(Benachrichtigung)**

   bei Fernbleiben von der betrieblichen Ausbildung, vom Berufsschulunterricht oder von sonstigen Ausbildungsveranstaltungen dem Ausbildenden unter Angabe von Gründen unverzüglich Nachricht zu geben und ihm bei Krankheit oder Unfall spätestens am dritten Tag eine ärztliche Bescheinigung zuzuleiten;

8. **(Ärztliche Untersuchungen)**

   soweit auf sie die Bestimmungen des Jugendarbeitschutzgesetzes Anwendung finden, sich gemäß §§ 32, 33 dieses Gesetzes ärztlich

   a) vor Beginn der Ausbildung untersuchen,

   b) vor Ablauf des ersten Ausbildungsjahres nachuntersuchen zu lassen; und die Bescheinigungen hierüber dem Ausbildenden vorzulegen;

9. sich der Abschlußprüfung und der Zwischenprüfung zu unterziehen;

10. den Abschluß einer Hauptschule oder einer anderen gleichwertigen Schulform während der Ausbildungszeit nachzuholen und das Abschlußzeugnis vorzulegen, sofern nicht der Nachweis bei Beginn der Ausbildung erbracht werden konnte.

§ 6 Pflichten der gesetzlichen Vertreter

Die gesetzlichen Vertreter der Auszubildenden verpflichten sich, sie bei der Erfüllung aller in diesem Vertrag übernommenen Pflichten zu unterstützen und sie zur Pflichterfüllung anzuhalten. Die gesetzlichen Vertreter überwachen zusammen mit dem Ausbildenden den Fortgang der Berufsausbildung.

§ 7 Vergütung und sonstige Leistungen

1. **(Höhe und Fälligkeit)**

   Der Ausbildende zahlt der Auszubildenden eine angemessene Vergütung, sie beträgt z. Zt. monatlich im

   ersten Ausbildungsjahr _____ DM

   zweiten Ausbildungsjahr _____ DM

   dritten Ausbildungsjahr _____ DM

Soweit Vergütungen tariflich geregelt sind, gelten mindestens die tariflichen Sätze. Die Vergütung ist spätestens am letzten Tag eines Monats zu zahlen.

2. **(Berufskleidung)**

Wird vom Ausbildenden eine besondere Berufskleidung vorgeschrieben, so wird sie von ihm zur Verfügung gestellt. Sofern Berufskleidung nicht gestellt wird, gilt § 6 des Tarifvertrages.

3. **(Fortzahlung der Vergütung)**

Der Auszubildenden wird die Vergütung auch gezahlt

a) für die Zeit der Freistellung gem. § 4 Nr. 5 und 11

b) bis zur Dauer von 6 Wochen, wenn sie

    aa) sich für die Berufsausbildung bereithält, diese aber ausfällt,

    bb) infolge unverschuldeter Krankheit nicht an der Berufsausbildung teilnehmen kann oder

    cc) aus einem sonstigen, in ihrer Person liegenden Grund unverschuldet verhindert ist, ihre Pflichten aus dem Berufausbildungsverhältnis zu erfüllen.

§ 8 Kündigung

1. **(Kündigung während der Probezeit)**

Während der Probezeit kann das Berufsausbildungsverhältnis ohne Einhaltung einer Kündigungsfrist und ohne Angabe von Gründen gekündigt werden.

2. **(Kündigungsgründe)**

Nach der Probezeit kann das Berufsausbildungsverhältnis nur gekündigt werden:

a) aus einem wichtigem Grund ohne Einhaltung einer Kündigungsfrist;

b) von der Auszubildenden mit einer Kündigungsfrist von 4 Wochen, wenn sie die Berufsausbildung aufgeben oder sich für eine andere Berufstätigkeit ausbilden lassen will.

3. **(Form der Kündigung)**

Die Kündigung muß schriftlich, im Falle der Nr. 2 unter Angabe der Kündigungsgründe erfolgen.

4. **(Unwirksamkeit einer Kündigung)**
   Eine Kündigung aus einem wichtigen Grunde ist unwirksam, wenn die ihr
   zugrunden liegenden Tatsachen dem zur Kündigung Berechtigten länger
   als 2 Wochen bekannt sind. Ist ein Schlichtungsverfahren gem. § 11 eingeleitet, so wird bis zu dessen Beendigung der Lauf dieser Frist gehemmt.

5. **(Schadenersatz bei vorzeitiger Beendigung)**
   Wird das Berufsausbildungsverhältnis nach Ablauf der Probezeit vorzeitig
   gelöst, so kann der Ausbildende oder die Auszubildende Ersatz des Schadens verlangen, wenn der andere den Grund für die Auflösung zu vertreten hat. Das gilt nicht bei Kündigung wegen Aufgabe oder Wechsels der
   Berufsausbildung (Nr. 2b). der Anspruch erlischt, wenn er nicht innerhalb
   von 3 Monaten nach Beendigung des Berufausbildungsverhältnisses geltend gemacht wird.

6. **(Tod des Ausbildenden, Wegfall der Ausbildungseignung)**
   Durch den Tod des Ausbildenden wird das Ausbildungsverhältnis beendet. Wird die Praxis durch einen Vertreter befristet fortgeführt, so endet
   das Ausbildungsverhältnis spätestens mit dem Zeitpunkt, an dem die Vertretung endet. Bei Aufgabe der Praxis ist der Ausbildende verpflichtet,
   sich mit Hilfe der Berufsberatung des zuständigen Arbeitsamtes und im
   Einvernehmen mit der Zahnärztekammer um eine Fortsetzung der Beruf-
   ausbildung in einer anderen Ausbildungsstätte zu bemühen.

§ 9 Anschließendes Dienstverhältnis

Das Ausbildungsverhältnis kann in ein Dienstverhältnis überführt werden,
wenn dies in den letzten 3 Monaten vor Beendigung des Ausbildungsverhältnisses vereinbart oder das Dienstverhältnis von beiden Teilen aufgenommen
wird.

§ 10 Zeugnis

Der Ausbildende stellt der Auszubildenden bei Beendigung des Berufsausbildungsverhältnisses ein Zeugnis aus. Hat der Ausbildende die Berufsausbildung nicht selbst durchgeführt, so soll auch der Ausbilder das Zeugnis unter-
schreiben. Es muß Angaben enthalten über Art, Dauer und Ziel der Berufsausbildung sowie über die erworbenen Fertigkeiten und Kenntnisse der
Auszubildenden, auf Verlangen der Auszubildenden auch Angaben über
Führung, Leistung und besondere fachliche Fähigkeiten.

§ 11 Beilegung von Streitigkeiten

Bei Streitigkeiten aus dem Berufsausbildungsverhältnis ist vor Inanspruchnahme des Arbeitsgerichts der nach § 111 Abs. 2 des Arbeitsgerichtsgesetzes errichtete Ausschuß anzurufen.

§ 12 Erfüllungort und Gerichtsstand

Erfüllungsort für alle Ansprüche aus diesem Vertrag ist der der Ausbildungsstätte; er gilt auch als Gerichtsstand.

§ 13 Sonstige Vereinbarungen

Rechtswirksame Nebenabreden, die das Berufsausbildungsverhältnis betreffen, können nur durch schriftliche Ergänzung im Rahmen des § 13 dieses Berufsausbildungsvertrages getroffen werden.

_____

_____

Vorstehender Vertrag ist in drei gleichlautenden Ausfertigungen (bei Mündeln vierfach) ausgestellt und von den Vertragsschließenden eigenhändig unterschhrieben worden.

_____, den _____

Der Ausbildende: Die Auszubildende:

_____   _____

(Stempel und Unterschrift)   (Voller Vor- und Zuname)

Die gesetzlichen Vertreter der Auszubildenden:[5]

Vater _____   und Mutter: _____

Vormund: _____   jeweils volle Vor- und Zunamen

Dieser Vertrag ist in das Verzeichnis der Bundesausbildungsverhältnisse eingetragen am _____

Siegel

_____

5 Falls ein Elternteil verstorben, bitte vermerken.

Stichwortverzeichnis

Die Ziffern verweisen auf die Randnummern.